Autoren der Balmer-Etienne

Frank Rutishauser
lic. iur., Rechtsanwalt, dipl. Steuerexperte

Adrian Schmid
lic. iur., Rechtsanwalt

Reto Giger
lic. iur., dipl. Steuerexperte

Armin Suppiger
Mehrwertsteuer-Experte FH

Christoph M. Meier
lic. oec. publ., Mehrwertsteuer-Experte FH

Steuern und Immobilien

Handbuch

Steuern und Immobilien

Stand der Gesetzgebung, Literatur und Judikatur:
1. Juli 2007

Impressum

ISBN: 978-3-909363-27-8

Verlag: Hauseigentümerverband Schweiz
Copyright: Hauseigentümerverband Schweiz
Druck: Ostschweiz Druck, Kronbühl

Vorwort der Herausgeber

Wohneigentümer werden vom Fiskus keineswegs geschont, sondern auf vielfältige Art und Weise zu Kasse gebeten: So fallen im Zusammenhang mit einer Liegenschaft beispielsweise Handänderungs-, Grundstückgewinn- und Vermögenssteuern, Eigenmietwertbesteuerung bzw. Ertragssteuern und Mehrwertsteuern an. Umso wichtiger ist es, die zulässigen Abzüge zu kennen, um diese Belastungen zu mildern.

Der Steuerratgeber bietet dem Leser einen umfassenden Überblick über die Steuern im Zusammenhang mit seiner Liegenschaft. Die informative und verständliche Wegleitung vermittelt das erforderliche Grundlagenwissen und beinhaltet nebst Fallbeispielen auch zahlreiche praktische Steuertipps. Anhand des Steuerratgebers lernt der Leser, steuerliche Fallstricke zu umgehen, Abzugsmöglichkeiten zu erkennen und weitere Gestaltungsmöglichkeiten optimal auszuschöpfen.

Dabei folgt der Steuerratgeber dem Lebenszyklus einer Immobilie: Der Steuerratgeber beginnt mit der steueroptimalen Finanzierung des Kaufs, fährt fort mit der steueroptimalen Nutzung und endet schliesslich mit dem möglichst steuerschonenden Verkauf oder der steueroptimalen Übertragung der Liegenschaft auf die nächste Generation.

Der Steuerratgeber enthält für jeden Leser – vom Steuerlaien bis zum praktizierenden Profi – wertvolle Hinweise, wie er seine Steuern im Zusammenhang mit einer Liegenschaft senken kann.

Zürich, im November 2007   Hauseigentümerverband Schweiz

Vorwort der Verfasser

Seit der Hauseigentümerverband Schweiz den letzten Steuerratgeber für Hauseigentümer herausgegeben hat, sind mehr als zehn Jahre vergangen. In dieser Zeit hat sich die Steuerlandschaft Schweiz nicht revolutionär, aber doch grundlegend gewandelt. Dies ist Anlass für die Neukonzeption des Buches für den privaten Immobilienbesitzer.

Seit 2001 ist das Steuerharmonisierungsgesetz für alle Kantone verbindliche Leitplanke für die Einkommens- und Vermögensbesteuerung. Das Bundesgericht lässt kaum eine Gelegenheit aus, diese als Rahmengesetz konzipierte gesetzliche Grundlage im Sinne einer materiellen Steuerharmonisierung auszulegen. Unter dem Deckmantel der vertikalen Steuerharmonisierung werden den Kantonen die «Lösungen» der direkten Bundessteuer aufgezwungen, wie bspw. die Anwendung der Dumont-Praxis aufgrund eines angeblich bundesrechtlichen Begriffs des Liegenschaftsunterhalts oder die sachlich unbefriedigende absolute Methode bei der Ersatzbeschaffung selbstgenutzten Wohneigentums. Seiner Rolle als Wächterin über die Grundsätze einer verfassungsmässigen Besteuerung ist das höchste Gericht in jüngster Zeit jedoch mit seiner Kehrtwende bei der interkantonalen Doppelbesteuerung nachgekommen, indem es den Vorrang des Besteuerungsrechts der Liegenschaftskantone eingeschränkt hat.

Eine erfreuliche «Liberalisierungswelle» ist auf kantonaler Ebene im Gange, die mit zunehmender Dauer an Mächtigkeit zuzunehmen scheint. Reihenweise fiel der Widerstand gegen die Befreiung direkter Nachkommen von der Erbschafts- und Schenkungssteuer in sich zusammen.

Der ganz grosse Wurf – der Systemwechsel bei der Eigenmietwertbesteuerung – wurde vom Schweizer Volk in letzter Sekunde gestoppt. Die politischen Aktivitäten in dieser Frage lassen jedoch darauf schliessen, dass in Kürze erneut über die Umsetzung des verfassungsrechtlichen Auftrags zur Förderung des Wohneigentums entschieden werden wird.

Ungebrochen ist leider der Wildwuchs im Bereich der Handänderungssteuern und -gebühren. Es bleibt zu hoffen, dass die gänzliche Aufhebung dieser Steuerart per 1. Januar 2005 im Kanton Zürich ihre Nachahmer findet.

Das vorliegende Buch richtet sich an ein interessiertes Laienpublikum, soll aber auch dem praktizierenden Profi Gedankenanstösse vermitteln und ihm den Zugang zu Quellen und den Vergleich der mannigfaltigen kantonalen Bestimmungen erleichtern.

Dank schulden die Verfasser dem Redaktionsteam sowie den Juristen des Hauseigentümerverbandes Schweiz für die zahlreichen Anregungen und kritischen Fragen. Dank gebührt auch den Partnern der Balmer-Etienne Gruppe, deren unternehmerisches Feuer die notwendige Unterstützung und die Freiheit in der Bearbeitung ermöglichte. Zu danken ist schliesslich all den Mitarbeiterinnen und Mitarbeitern von Balmer-Etienne, welche in zahllosen Stunden recherchiert, redigiert, zusammengetragen, kopiert und gestaltet haben.

Zürich/Luzern, im November 2007   Frank Rutishauser
                                       Adrian Schmid
                                       Reto Giger
                                       Armin Suppiger
                                       Christoph M. Meier

Inhaltsübersicht

Vorwort der Herausgeber 5
Vorwort der Verfasser 6
Inhaltsübersicht 8
Inhaltsverzeichnis 9
Tabellenverzeichnis 19
Abbildungsverzeichnis 20
Verzeichnis der Praxisbeispiele 21
Abkürzungsverzeichnis 23
A. Erwerb 28
1.   Wohneigentumsstatistik 28
2.   Immobilien als Vermögensanlage 28
3.   Standortwahl 30
4.   Eigenheim: Erwerb oder Miete? 34
5.   Steuerfolgen beim Eigentumserwerb 41
6.   Finanzierung mittels Hypotheken 51
7.   Finanzierung mittels Vorsorgeguthaben 60
8.   Erwerb einer Liegenschaft im Ausland 76
9.   Steuersicherung mittels Pfandrechten 80
B. Nutzung 85
1.   Eigennutzung und Eigenmietwert 85
2.   Fremdnutzung 106
3.   Abzüge 114
4.   Besteuerung der Substanz 145
5.   Ergänzende Vermögenssteuer 158
6.   Interkantonale und internationale Steuerausscheidung 160
C. Verkauf 167
1.   Grundstückgewinnsteuer 167
2.   Handänderungssteuer 223
D. Vererbung und Schenkung 231
1.   Einführung 231
2.   Erbschafts- und Schenkungssteuern 231
E. Besondere Fragen 249
1.   Ferienhäuser und -wohnungen 249
2.   Immobiliengesellschaften 258
3.   Mehrwertsteuer und Immobilien 265
Anhänge 293
Literaturverzeichnis 321
Verzeichnis der Kreisschreiben und Weisungen 325
Sachregister 330

Inhaltsverzeichnis

Vorwort der Herausgeber 5
Vorwort der Verfasser 6
Inhaltsübersicht 8
Inhaltsverzeichnis 9
Tabellenverzeichnis 19
Abbildungsverzeichnis 20
Verzeichnis der Praxisbeispiele 21

Abkürzungsverzeichnis 23

A. Erwerb 28
1. Wohneigentumsstatistik 28
2. Immobilien als Vermögensanlage 28
3. Standortwahl 30
   3.1. Die wichtigsten Standortkriterien 30
   3.2. Steuerliche Kriterien 31
      3.2.1. Einkommens- und Vermögenssteuern
          am Standort 31
      3.2.2. Liegenschaftssteuer 33
      3.2.3. Nachlass- und Erbschaftssteuern ...33
      3.2.4. Immobilien und Quellenbesteuerung .33
4. Eigenheim: Erwerb oder Miete? 34
   4.1. Miete selbst bewohnten Wohneigentums ..34
      4.1.1. Im Allgemeinen 34
      4.1.2. Vor- und Nachteile der Miete 35
      4.1.3. Steuerliche Behandlung 36
   4.2. Kauf von selbst bewohntem Wohneigentum .36
      4.2.1. Im Allgemeinen 36
      4.2.2. Kostenvergleich zwischen Kauf und Miete 37
   4.3. Wahl der Eigentumsart 39
5. Steuerfolgen beim Eigentumserwerb 41
   5.1. Erwerb von Bauland 41
      5.1.1. Zusammenrechnungspraxis 41
      5.1.2. Pfandrechte 42
      5.1.3. Baukreditzinsen 42
   5.2. Erwerb bestehender Liegenschaften 43
      5.2.1. Dumont-Praxis 43
      5.2.2. Notariatsgebühren 46

      5.2.3. Grundbuchgebühren 47
      5.2.4. Grundstückgewinnsteuern 47
      5.2.5. Ersatzbeschaffung insbesondere 48
      5.2.6. Handänderungssteuer 49
      5.2.7. Gesetzliches Pfandrecht 50
  5.3. Erwerb über eine Kapitalgesellschaft 50
6. Finanzierung mittels Hypotheken 51
  6.1. Hypothekarmodelle 51
  6.2. Rücktrittsprämien (Vorfälligkeitsentschädigungen) 51
  6.3. Steueroptimale Höhe der Hypothek 52
  6.4. Hypothekarstaffelung 54
  6.5. Beschränkung des Schuldzinsenabzuges 54
  6.6. Abgrenzung private und geschäftliche Schuldzinsen 56
  6.7. Amortisation von Hypotheken .57
      6.7.1. Direkte Amortisation 57
      6.7.2. Indirekte Amortisation .58
7. Finanzierung mittels Vorsorgeguthaben 60
  7.1. Einleitung 60
  7.2. Finanzierung über die berufliche Vorsorge (2. Säule) . . .60
      7.2.1. Voraussetzungen 60
      7.2.2. Steuerliche Auswirkungen des Vorbezuges 62
      7.2.3. Einkauf von Beitragsjahren bei ausstehendem
            Vorbezug 64
      7.2.4. Rückzahlung des Vorbezuges 64
      7.2.5. Vorbezug und Konkubinat
            (Lebensgemeinschaft) 65
      7.2.6. Bezug und Ehescheidung 66
      7.2.7. Bezug und Erbrecht 67
      7.2.8. Zusatzversicherung 67
      7.2.9. Verpfändung 68
           7.2.9.1. Steuerliche Auswirkungen der
                  Verpfändung 68
           7.2.9.2. Verpfändung und Konkubinat 69
           7.2.9.3. Verpfändung und Ehescheidung 69
           7.2.9.4. Verpfändung und Erbrecht 69
  7.3. Finanzierung mit der gebundenen Selbstvorsorge
      (Säule 3a) 70
      7.3.1. Bezugsvoraussetzungen .70
      7.3.2. Steuerfolgen 71
      7.3.3. Steuerplanerische Aspekte 71

7.4. Finanzierung und Privatversicherungen 72
    7.4.1. Einsatz von Risikoversicherungen 72
    7.4.2. Fremdfinanzierte Kapitalversicherungen 73
8. Erwerb einer Liegenschaft im Ausland 76
    8.1. Grundsätze 76
    8.2. Finanzierung 77
    8.3. Erwerb zwecks Wohnsitzverlegung im Alter 79
9. Steuersicherung mittels Pfandrechten 80
    9.1. Zweck und Funktionsweise 80
    9.2. Bei Ersatzbeschaffung 81
    9.3. Bei Erwerb aus Zwangsvollstreckung 81

B. Nutzung 85
1. Eigennutzung und Eigenmietwert 85
    1.1. Einführung 85
    1.2. Eigennutzung als Besteuerungsvoraussetzung 86
        1.2.1. Nutzung durch den Eigentümer 86
        1.2.2. Unentgeltliche Nutzung durch Nahestehende, Nutzniessungs- und Wohnberechtigte 87
    1.3. Eigenmietwertbestimmungen beim Bund und in den Kantonen 87
        1.3.1. Marktmiete 87
        1.3.2. Herabsetzung des Eigenmietwertes im Vergleich zur Marktmiete 88
        1.3.3. Vorzugsmiete 89
        1.3.4. Stockwerk- und Gesamteigentum 92
        1.3.5. Fristgerechte Einsprache .93
    1.4. Spezialfragen zur Eigenmietwertbestimmung 93
        1.4.1. Baurecht 93
        1.4.2. Luxushäuser 94
        1.4.3. Ferienhäuser und -wohnungen 94
        1.4.4. Liegenschaften im Ausland 96
        1.4.5. Schweizerische Liegenschaften von Personen mit Wohnsitz im Ausland 96
        1.4.6. Aufwandbesteuerung 97
    1.5. Unternutzungsabzug 98
        1.5.1. Rechtsgrundlage 98
        1.5.2. Voraussetzungen 98
        1.5.3. Kantonale Praxis im Besonderen 98
        1.5.4. Nachweis tatsächlicher Unternutzung 102

  1.5.5. Berechnung des Einschlags
     auf dem Eigenmietwert 103
 1.6. Einschlag in Härtefällen 104
 1.7. Beiträge Dritter an die Kosten der eigenen Wohnung . . 105
   1.7.1. Wohnbau- und Eigentumsförderung 105
   1.7.2. Subventionen 105
   1.7.3. Versicherungsleistungen 106
2. Fremdnutzung 106
 2.1. Vermietung und Verpachtung 106
 2.2. Leasing 107
 2.3. Einkünfte aus Vorkaufs-, Kaufs- und Rückkaufsrechten 108
 2.4. Einkünfte aus Nutzniessung und Wohnrecht 108
   2.4.1. Rechtsgrundlage 108
   2.4.2. Unentgeltliche Nutzniessung 109
   2.4.3. Entgeltliche Nutzniessung 109
   2.4.4. Wohnrecht 110
 2.5. Baurechtseinkommen 110
 2.6. Ausbeutung des Bodens 111
 2.7. Entschädigung bei Nichtausübung eines Rechts 112
 2.8. Einkommen aus selbständiger Erwerbstätigkeit 113
   2.8.1. Im Allgemeinen 113
   2.8.2. Gewerbsmässiger Liegenschaftenhandel
      insbesondere 113
3. Abzüge 114
 3.1. Einführung und Überblick 114
 3.2. Richterliche Eingriffe in die Autonomie der Kantone . . 116
 3.3. Pauschalabzug 117
 3.4. Effektive Kosten, Abgrenzung zur Wertvermehrung . . . 121
 3.5. Unterhaltskosten 121
 3.6. Eigenleistungen 122
 3.7. Verwaltungskosten 123
 3.8. Luxusaufwendungen 124
 3.9. Energiesparende und dem Umweltschutz
    dienende Investitionen 124
 3.10. Denkmalpflege 128
 3.11. Einlagen in Erneuerungsfonds 129
 3.12. Kosten bei Nutzniessung und Wohnrecht 129
 3.13. Vermietung 130
 3.14. Baukreditzinsen 130
 3.15. Baurechtszinsen 133

    3.16. Schuldzinsen (inkl. Hypothekarzinsen) 134
          3.16.1. Bedeutung und Begriff .134
          3.16.2. Begrenzung für Privatschulden 135
          3.16.3. Rücktrittsprämien 136
          3.16.4. Zinsen für Wohneigentumsförderungsobjekte . .137
    3.17. Mieterabzug 138
    3.18. Negative Einkünfte aus Liegenschaften 138
    3.19. Geschäftsliegenschaften, Abschreibungen, Verluste 139
    3.20. Bausparen 143
    3.21. Zeitpunkt der Abzugsfähigkeit 143
    3.22. Übersicht Liegenschaftsunterhaltskosten 144
4. Besteuerung der Substanz 145
    4.1. Begriff des unbeweglichen Vermögens 145
    4.2. Liegenschaft im Privat- oder Geschäftsvermögen 146
    4.3. Bewertung von Immobilien 146
          4.3.1. Allgemeines 146
          4.3.2. Selbstgenutztes Wohneigentum 147
          4.3.3. Vermietetes Wohneigentum 147
    4.4. Wertveränderungen 147
          4.4.1. Werterhöhung 147
          4.4.2. Wertreduktion 148
    4.5. Neubewertung 149
    4.6. Vermögensumschichtung mittels Liegenschaftspassiven .149
    4.7. Steuerausscheidung 150
    4.8. Ermittlung des steuerbaren Vermögens 150
    4.9. Beginn und Ende der Besteuerung 151
    4.10. Steuertarif Vermögenssteuer .152
    4.11. Minimalsteuern 152
    4.12. Liegenschaftssteuern (Grundstücksteuern) 155
5. Ergänzende Vermögenssteuer 158
    5.1. Wesen 158
    5.2. Kantonale Regelungen 158
6. Interkantonale und internationale Steuerausscheidung 160
    6.1. Grundsätzliches 160
    6.2. Vorgehen zur Faktorenaufteilung 161
    6.3. Herausforderungen 164
    6.4. Deklaration 165

C. Verkauf 167
1. Grundstückgewinnsteuer 167

- 1.1. Charakter und Steuerhoheit 167
- 1.2. Grundstückbegriff 167
- 1.3. Monistisches und dualistisches System 169
- 1.4. Abgrenzung Geschäfts- und Privatliegenschaft 171
  - 1.4.1. Präponderanzmethode 171
  - 1.4.2. Sphärenwechsel 171
- 1.5. Realisationstatbestände 173
  - 1.5.1. Zivilrechtliche Veräusserung 174
    - 1.5.1.1. Voraussetzungen 174
    - 1.5.1.2. Massgebender Zeitpunkt für die Besteuerung 175
  - 1.5.2. Wirtschaftliche Veräusserung bzw. Handänderung 176
    - 1.5.2.1. Begriff 176
    - 1.5.2.2. Kettenhandel 176
    - 1.5.2.3. Übertragung einer Beteiligung an einer Immobiliengesellschaft 178
  - 1.5.3. Steuersystematische Realisationstatbestände ...179
    - 1.5.3.1. Überführung einer Privatliegenschaft ins Geschäftsvermögen 179
    - 1.5.3.2. Sacheinlage und Sachentnahme 180
    - 1.5.3.3. Änderung im Gesellschafterbestand 180
    - 1.5.3.4. Realteilung 181
    - 1.5.3.5. Belastung mit privatrechtlichen Dienstbarkeiten und öffentlich-rechtlichen Eigentumsbeschränkungen 181
    - 1.5.3.6. Planungsmehrwerte 183
- 1.6. Gewerbsmässiger Liegenschaftenhandel 183
  - 1.6.1. Begriff 183
  - 1.6.2. Kriterien 184
  - 1.6.3. Abgabenfolgen 186
    - 1.6.3.1. Im Bund 186
    - 1.6.3.2. In Kantonen mit dualistischem System .186
    - 1.6.3.3. In Kantonen mit monistischem System .187
  - 1.6.4. Erbengemeinschaft als gewerbsmässige Liegenschaftenhändlerin? 187
- 1.7. Steueraufschub 189
  - 1.7.1. Allgemeines 189
  - 1.7.2. Erbschaft, Erbvorbezug und Schenkung 190

- 1.7.3. Steueraufschub bei Eigentumswechsel unter Ehegatten 190
- 1.7.4. Ersatzbeschaffung von selbstbewohntem Grundeigentum 193
  - 1.7.4.1. Begriff der Ersatzbeschaffung 193
  - 1.7.4.2. Veräusserungsobjekt 193
  - 1.7.4.3. Ersatzobjekt 195
  - 1.7.4.4. Örtliche Voraussetzung 196
  - 1.7.4.5. Identität Veräusserer und Erwerber ... 196
  - 1.7.4.6. Fristen 196
  - 1.7.4.7. Begehren um Ersatzbeschaffung 198
  - 1.7.4.8. Umfang der Reinvestition 198
  - 1.7.4.9. Nachträgliche Besteuerung 201
- 1.8. Steuersubjekt der Grundstückgewinnsteuer 201
  - 1.8.1. Allgemeines 201
  - 1.8.2. Ehefrau, Kinder und Rechtsnachfolger 202
  - 1.8.3. Nutzniessung und Treuhandverhältnisse 203
  - 1.8.4. Miteigentum 203
  - 1.8.5. Gesamteigentum 203
  - 1.8.6. Steuerüberwälzung und Gewinnbeteiligungsrechte 204
  - 1.8.7. Zugehörigkeit 204
  - 1.8.8. Steuerbefreite Personen 204
- 1.9. Objekt der Grundstückgewinnsteuer 205
  - 1.9.1. Gewinn 205
  - 1.9.2. Grundsatz der vergleichbaren Verhältnisse 205
  - 1.9.3. Veräusserungserlös 207
    - 1.9.3.1. Verkaufspreis 207
    - 1.9.3.2. Weitere Leistungen 208
    - 1.9.3.3. Zusammenrechnungspraxis 208
    - 1.9.3.4. Ausgenommene Leistungen 209
    - 1.9.3.5. Verkauf von Immobiliengesellschaften .209
  - 1.9.4. Anlagekosten 209
    - 1.9.4.1. Erwerbspreis 209
    - 1.9.4.2. Ersatzwerte, insb. bei langer Besitzdauer 210
    - 1.9.4.3. Weitere anrechenbare Kosten 213
    - 1.9.4.4. Wertvermehrende Aufwendungen 213
  - 1.9.5. Gesamtveräusserung 216
  - 1.9.6. Teilveräusserung 216
  - 1.9.7. Verlustverrechnung 217

  1.10. Steuerberechnung 217
    1.10.1. Tarifautonomie und Leitplanken der
       Festlegung der Steuersätze 217
    1.10.2. Besitzesdauer 219
       1.10.2.1. Bedeutung 219
       1.10.2.2. Berechnung 222
    1.10.3. Bagatellgewinne 222
  1.11. Verfahren 223
2. Handänderungssteuer 223
  2.1. Charakter und Steuerhoheit 223
  2.2. Steuerobjekt 225
  2.3. Steuersubjekt 226
    2.3.1. Gesetzliche Regelung 226
    2.3.2. Parteivereinbarungen 227
    2.3.3. Haftung 227
  2.4. Steuerbefreiung 227
    2.4.1. Subjektive Steuerbefreiung 227
    2.4.2. Objektive Steuerbefreiung 227
  2.5. Steuerbemessungsgrundlage .228
    2.5.1. Grundsatz 228
    2.5.2. Zusammenrechnungspraxis 229
  2.6. Steuersätze 230

D. Vererbung und Schenkung 231
1. Einführung 231
2. Erbschafts- und Schenkungssteuern 231
  2.1. Steuerhoheit 231
    2.1.1. Kompetenzaufteilung 231
    2.1.2. Begrenzung der Besteuerungsbefugnis 232
  2.2. Steuerarten bei der Erbschaftssteuer 232
  2.3. Subjektive Steuerpflicht 233
    2.3.1. Grundsatz 233
    2.3.2. Bei Nutzniessung 233
    2.3.3. Bei Nacherbeneinsetzung 233
    2.3.4. Ausnahmen von der Steuerpflicht 235
       2.3.4.1. Gemeinwesen, gemeinnützige
          Institutionen und Anstalten 235
       2.3.4.2. Ehegatten und Nachkommen 236
  2.4. Steuerbezug 239
  2.5. Haftung für die Erbschafts- und Schenkungssteuern . . .240

2.6.	Steuerobjekt	240
2.7.	Gemischte Schenkungen	241
2.8.	Querschenkungen	243
2.9.	Steuerbemessungsgrundlage	243
	2.9.1. Zeitpunkt der Bewertung	243
	2.9.2. Steuerfreibeträge und persönliche Abzüge	244
	2.9.3. Bewertung des Nachlasses	244
	2.9.4. Bewertung von Liegenschaften insbesondere	245
	2.9.5. Ermittlung des Nettovermögens bei Erbschaften	245
	2.9.6. Bewertung bei Vor- und Nacherbschaft	246
2.10.	Steuertarife und -belastungen	246

E. Besondere Fragen 249

1. Ferienhäuser und -wohnungen 249
   - 1.1. Begriffe Ferien-, Zweit- und Mietwohnung 249
   - 1.2. Ferien- und Zweitwohnungen in der Schweiz 249
     - 1.2.1. Erwerb 249
     - 1.2.2. Nutzung 250
     - 1.2.3. Veräusserungssteuern 252
     - 1.2.4. Erbschaftssteuern 252
   - 1.3. Ferien- und Zweitwohnungen im Ausland 253
     - 1.3.1. Deklarationspflicht 253
     - 1.3.2. Erwerb 254
     - 1.3.3. Laufende Steuern und Steuerausscheidung ...254
     - 1.3.4. Veräusserungssteuern 256
     - 1.3.5. Erbschaftssteuern 256
   - 1.4. Mietwohnungen in der Schweiz und im Ausland 257
2. Immobiliengesellschaften 258
   - 2.1. Qualifikation 258
   - 2.2. Steuerfolgen 259
     - 2.2.1. Gewinn- und Einkommensbesteuerung 259
     - 2.2.2. Veräusserung der Mehrheitsbeteiligung 260
     - 2.2.3. Veräusserung einer Minderheitsbeteiligung .262
     - 2.2.4. Immobiliengesellschaft im Erbgang und bei Schenkung 264
     - 2.2.5. Steuerprivilegierte Liquidation 264
   - 2.3. Exkurs: Private Immobilienfonds 265
3. Mehrwertsteuer und Immobilien 265
   - 3.1. Einleitende Bemerkungen 265
   - 3.2. Historischer Rückblick und Steuersätze 266

- 3.3. Funktionsweise der MWST 267
- 3.4. Steuerpflicht 268
- 3.5. Freiwillige Unterstellung unter die Steuerpflicht 272
- 3.6. Steuerbare Aktivitäten und Umsätze 272
  - 3.6.1. Eigenverbrauchssteuer 273
  - 3.6.2. Parkplatz-Vermietung 273
  - 3.6.3. Liegenschaftsverwaltung 274
  - 3.6.4. Stockwerkeigentümergemeinschaften (STWEG) 274
- 3.7. Freiwillige Versteuerung ausgenommener Umsätze 274
  - 3.7.1. Grundsätze 274
  - 3.7.2. Vermietung 276
  - 3.7.3. Verkauf 280
  - 3.7.4. Auswirkungen auf die Bemessungsgrundlage der Grundstückgewinnsteuer 281
- 3.8. Nutzungsänderungen 282
  - 3.8.1. Allgemeines 282
  - 3.8.2. Eigenverbrauchssteuer 283
    - 3.8.2.1. Eigenverbrauch aus Nutzungsänderungen sowie dessen Berechnung 283
    - 3.8.2.2. Baugewerblicher Eigenverbrauch sowie dessen Berechnung 285
  - 3.8.3. Einlageentsteuerung 286
- 3.9. Übertragungen von Liegenschaften im Meldeverfahren .287
- 3.10. Anforderungen an Belege und deren Aufbewahrung ...288
  - 3.10.1. MWST-konforme Belege 288
  - 3.10.2. Belegaufbewahrung und Verjährungsfristen 289
- 3.11. Ausblick 290

Anhänge 293
Literaturverzeichnis 321
Verzeichnis der Kreisschreiben und Weisungen 325
Sachregister 330

Tabellenverzeichnis

Tabelle 1 - Abzugsfähigkeit Baukreditzinsen 43
Tabelle 2 - Steuerbelastung bei einem Bezug von
BVG-Guthaben 63
Tabelle 3 - Übersicht über die Folgen des Einsatzes von
BVG-Mitteln für den Eigentumserwerb 70
Tabelle 4 - Sicherung der GGSt durch gesetzliche Pfandrechte . .82
Tabelle 5 - Gesetzliche kantonale Regelungen der Vorzugsmiete . .90
Tabelle 6 - Unternutzungsabzug bei der EMW-Festlegung 100
Tabelle 7 - Pauschalabzug versus effektive Kosten 118
Tabelle 8 - Abzugsfähigkeit von Energiesparmassnahmen
und dem Umweltschutz dienenden Massnahmen . .125
Tabelle 9 - Unterschiede Privat-/Geschäftsliegenschaft 140
Tabelle 10 - Minimalsteuer auf Grundstücken 154
Tabelle 11 - Liegenschaftssteuern 156
Tabelle 12 - Ergänzende Vermögenssteuer in den Kantonen 159
Tabelle 13 - Steuerart für die Erfassung von Grundstück-
gewinnen in den Kantonen 170
Tabelle 14 - Kriterien gewerbsmässiger Liegenschaftenhandel . .184
Tabelle 15 - Fristen für die Ersatzbeschaffung bei der GGSt 197
Tabelle 16 - Ersatzwert bei der Bestimmung der Anlagekosten
bei langer Besitzdauer 212
Tabelle 17 - Einfluss der Besitzesdauer auf die Tarifstruktur
der GGSt 220
Tabelle 18 - Steuerfreie Bagatellgewinne 223
Tabelle 19 - Steuerhoheit Handänderungssteuern 224
Tabelle 20 - Steuersubjekt der Handänderungssteuer 226
Tabelle 21 - Bemessungsgrundlage Handänderungssteuer 229
Tabelle 22 - Erbschafts- und Schenkungssteuerbefreiungen
und Maximalbeträge 236
Tabelle 23 - Eigenmietwertfestlegung in den Kantonen 294

Abbildungsverzeichnis

Abbildung 1 - Standortwahl 31
Abbildung 2 - Vor- und Nachteile der Miete 35
Abbildung 3 - Einfluss Grenzsteuerbelastung auf Rendite 53
Abbildung 4 - Staffelung Hypotheken 54
Abbildung 5 - Ermittlung Eigenmietwert bei Baurecht 93
Abbildung 6 - Deklarationspflicht bei Nutzniessung
und Wohnrecht 110
Abbildung 7 - Energiesparmassnahmen 127
Abbildung 8 - Vorgehen Steuerausscheidung 162
Abbildung 9 - Sphärenwechsel im dualistischen System 173
Abbildung 10 - Sphärenwechsel im monistischen System 173
Abbildung 11 - Funktionsweise Kettenhandel 177
Abbildung 12 - Anlagekosten unter Reinvestitionskosten 200
Abbildung 13 - Ermittlung des Grundstückgewinns 205
Abbildung 14 - Erwerbspreis bei langem Besitz im
monistischen System (ZH) 212
Abbildung 15 - Aufzubewahrende Belege bei der GGSt 216
Abbildung 16 - Mehrwertsteuersätze 267
Abbildung 17 - Gliederung steuerbare - nicht steuerbare
Umsätze 272
Abbildung 18 - Muster-Formular Option für die Versteuerung
von Immobilien 278
Abbildung 19 - Phasen der Liegenschaftennutzung i.S.
der MWST 281
Abbildung 20 - Drei Möglichkeiten der mehrwertsteuerlichen
Liegenschaftsübertragung 283
Abbildung 21 - Lieferung und baugewerblicher
Eigenverbrauch 285
Abbildung 22 - Anlagekosten i.S. der MWST bei Immobilien ...286

Verzeichnis der Praxisbeispiele

Praxisbeispiel 1 - Steuerbelastung vs. Immobilienpreis 32
Praxisbeispiel 2 - Begründung Stockwerkeigentum 40
Praxisbeispiel 3 - Dumont-Praxis 43
Praxisbeispiel 4 - Ersatzbeschaffung 49
Praxisbeispiel 5 - Direkte Amortisation 57
Praxisbeispiel 6 - Indirekte Amortisation 58
Praxisbeispiel 7 - BVG-Vorbezug 62
Praxisbeispiel 8 - Fremdfinanzierte Versicherung 74
Praxisbeispiel 9 - Prüfung Gesamtvermögenssituation 75
Praxisbeispiel 10 - Vergleich Aufwand und Ertrag 75
Praxisbeispiel 11 - Pfandhaft 84
Praxisbeispiel 12 - Vorzugsmiete 91
Praxisbeispiel 13 - Ermittlung Bruttomiete Ferienhaus 94
Praxisbeispiel 14 - Berechnung Unternutzungsabzug 103
Praxisbeispiel 15 - Härtefallklausel bei
 Eigenmietwertbemessung 104
Praxisbeispiel 16 - Entschädigung für den Rückzug
 einer Baueinsprache 112
Praxisbeispiel 17 - Begrenzung Schuldzinsenabzug 136
Praxisbeispiel 18 - Steuereffekt bei zeitlicher Staffelung
 von Unterhalt 144
Praxisbeispiel 19 - Schuldzinsenverlegung im internationalen
 Verhältnis 164
Praxisbeispiel 20 - Privater Investor als Liegenschaftenhändler .185
Praxisbeispiel 21 - Erben als Liegenschaftenhändler 188
Praxisbeispiel 22 - Steueraufschub bei der GGSt 189
Praxisbeispiel 23 - Berechnung Steueraufschub bei Scheidung ..192
Praxisbeispiel 24 - Anlagekosten bei gemischtem Rechts-
 geschäft 210
Praxisbeispiel 25 - Erbschaftsplanung Patchworkfamilie 238
Praxisbeispiel 26 - gemischte Schenkung 242
Praxisbeispiel 27 - Nacherbeneinsetzung in Patchworkfamilie ..247
Praxisbeispiel 28 - Erbvorbezug zwecks Ferienhauskaufs 252
Praxisbeispiel 29 - Grundstückgewinnberechnung bei Immobi-
 liengesellschaften 260
Praxisbeispiel 30 - MWST-Pflicht einer Personal-
 vorsorgestiftung 270

Praxisbeispiel 31 - Ausweis des Verkaufspreises
 bei optiertem Verkauf 280
Praxisbeispiel 32 - Berechnung Eigenverbrauchssteuer aus Nutzungsänderung 284
Praxisbeispiel 33 - Berechnung Einlageentsteuerung 287

Abkürzungsverzeichnis

Die schweizerischen Kantone werden mit den für die Autokennschilder gültigen Abkürzungen zitiert. In Tabellen erfolgt die Aufzählung in alphabetischer Reihenfolge.

A.	Auflage
a.a.O.	am angegebenen Ort
Abs.	Absatz
Absch.	Abschnitt
abzgl.	Abzüglich
AG	Aktiengesellschaft
AHV	Alters- und Hinterlassenenversicherung
AHV-Praxis	Alters-, Hinterlassenen- und Invaliden-Praxis (Periodikum)
AJP	Allgemeine juristische Praxis (Periodikum)
alt	frühere Fassung des betreffenden Gesetzes
a.M.	anderer Meinung
Art.	Artikel
AS	Amtliche Sammlung der Bundesgesetze und Verordnungen (Amtliche Sammlung), seit 1948
ASA	Archiv für schweizerisches Abgaberecht (Periodikum)
ASR	Abhandlungen für schweizerisches Recht, Bern
AStG	Aktiensteuergesetz
AStJ	Aargauische Steuerjustizentscheide (Periodikum)
AStP	Aargauer Steuerpraxis (Periodikum)
BB	Branchenbroschüre
BBl	Bundesblatt der Schweizerischen Eidgenossenschaft
Bd./Bde.	Band/Bände
BG	Bundesgesetz
BGE	Bundesgerichtsentscheid, aus: Amtliche Sammlung der Entscheide des Bundesgerichts
BGer	Bundesgericht
BR	Bundesrat / Broschüre
BRB	Bundesratsbeschluss
bspw.	beispielsweise
Bst.	Buchstabe
BV	Bundesverfassung der Schweizerischen Eidgenossenschaft vom 18. April 1999, in Kraft seit 1. Januar 2000
bzw.	beziehungsweise

CDFI	Cahiers de droit fiscal international
CHF	Schweizer Franken
DBA	Doppelbesteuerungsabkommen
DBG	Bundesgesetz über die direkte Bundessteuer
dgl.	dergleichen
d.h.	das heisst
Diss.	Dissertation
E.	Erwägung(en)
ebd.	ebenda
etc.	et cetera
EFD	Eidgenössisches Finanzdepartement
Eidg.	Eidgenössisch(e)
EIDI-V	Verordnung über elektronisch übermittelte Daten und Informationen vom 30. Januar 2002 (SR 641.201.1)
EO	Erwerbsersatzordnung
EP	Einstandspreis
ESTV	Eidgenössische Steuerverwaltung
EU	Europäische Union
EV	Eigenverbrauch
EVG	Eidgenössisches Versicherungsgericht
evtl.	eventuell
EWR	Europäischer Wirtschaftsraum
exkl.	exklusiv
EZV	Eidgenössische Zollverwaltung
f./ff.	Der/die folgende / und folgende
FL	Fürstentum Liechtenstein
FN	Fussnote(n)
Form.	Formular
FStR	IFF Forum für Steuerrecht (Periodikum)
FusG	Bundesgesetz über Fusion, Spaltung, Umwandlung und Vermögensübertragung (Fusionsgesetz, FusG) vom 3. Oktober 2003 (SR 221.301)
ev.	eventuell
FZG	Bundesgesetz über die Freizügigkeit in der beruflichen Alters-, Hinterlassenen- und In-validenvorsorge vom 17. Dezember 1993 (SR 831.42)
gl.A/gl.M.	gleicher Ansicht / gleicher Meinung
GmbH	Gesellschaft mit beschränkter Haftung
GGSt	Grundstückgewinnsteuer
GVA	Gebäudeversicherungsanstalt

HäSt	Handänderungssteuer
HEV	Hauseigentümerverband
Hrsg.	Herausgeber
i.d.R.	in der Regel
InfoB	Informationsblatt der EZV und ESTV
inkl.	inklusive
i.S.	in Sachen
i.V.m.	in Verbindung mit
IFA	International Fiscal Association
IFF	Institut für Finanzwirtschaft und Finanzrecht an der Universität St.Gallen
IKStR	Interkantonales Steuerrecht
insb.	insbesondere
KG	Kollektivgesellschaft (Personengesellschaft)
Komm.	Kommentar
KS	Kreisschreiben
Kt.	Kanton(e) / kantonal(e)
lit.	Litera
m.a.W.	mit anderen Worten
MB	Merkblatt
MWST	Mehrwertsteuer
MWSTG	Mehrwertsteuergesetz
MWSTGV	Verordnung zum Bundesgesetz über die Mehrwertsteuer
N.	Note/Randnote
nom.	nominal
Nr.	Nummer
NStP	Neue Steuerpraxis; Monatschrift für bernisches und eidgenössisches Steuerrecht (Periodikum)
NZZ	Neue Zürcher Zeitung
OECD	Organisation für wirtschaftliche Zusammenarbeit und Entwicklung
OR	Schweizerisches Obligationenrecht
OZD	Oberzolldirektion
Para.	Paragraph(en)
p.a.	per annum (pro Jahr)
p.m.	pro memoria
PStA	Pauschale Steueranrechnung
Publ.	Publiziert

RB	Rechenschaftsbericht des Zürcher Verwaltungsgerichtes; vor 1960 Rechenschaftsbericht der Oberrekurskommission des Kantons Zürich
RDAF	Revue de droit administratif et de droit fiscal (Periodikum)
Reg.-Nr.	Registernummer der Mehrwertsteuer
resp.	Respektive
Rz.	Randziffer(n)
S.	Seite(n)
s.	siehe
SAG	Schweizerische Aktiengesellschaft, seit 1990 Schweizerische Zeitschrift für Wirtschaftsrecht (SZW, Periodikum)
SB	Spezialbroschüre
sep.	separat
SJIR	Schweizerisches Jahrbuch für Internationales Recht; seit 1991 Schweizerische Zeitschrift für internationales und europäisches Recht (SZIER, Periodikum)
sog.	so genannte
SR	Systematische Sammlung des Bundesrechts (Systematische Sammlung)
ST	Schweizer Treuhänder (Periodikum)
StA	Steueramt
StE	Der Steuerentscheid (Periodikum)
StG/...	Steuergesetz des Kantons...
StHG	Bundesgesetz über die Harmonisierung der direkten Steuern der Kantone und Gemeinden vom 14. Dezember 1990 (SR 642.14)
StHGV	Verordnung über die Anwendung des Steuerharmonisierungsgesetzes im interkantonalen Verhältnis vom 9. März 2001 (SR 642.141)
S+P	Die Neue Steuerpraxis; Monatsschrift für bernisches und eidgenössisches Steuerrecht
Stpfl.	steuerpflichtige Person / Steuerpflichtige(r)
StR	Steuer Revue (Periodikum)
StWE	Stockwerkeigentum
SZW	Schweizerische Zeitschrift für Wirtschaftsrecht; bis 1989 Schweizerische Aktiengesellschaft (SAG, Periodikum)
u.	und

u.a.	unter anderem /-n
UbBest.	Übergangsbestimmungen
u.E.	unseres Erachtens
USt	Umsatzsteuer
usw.	und so weiter
u.U.	unter Umständen
v.a.	vor allem
VGer	Verwaltungsgericht des Kantons ...
vgl.	vergleiche
VO	Verordnung
VOSt	Vorsteuer
VP	Verkaufspreis
VPB	Verwaltungspraxis des Bundes (Periodikum)
VVV	Verkehrsversicherungsverordnung
WEFV	Wohneigentumsförderungsverordnung
WEG	Wohnbau- und Eigentumsförderungsgesetz vom 4. Oktober 1974 (WEG), SR 843.
WFG	Wohnraumförderungsgesetz; BG über die Förderung von preisgünstigem Wohnraum (WFG) vom 21. März 2003, SR 842.
Z	Randziffer in der Wegleitung 2001 zur Mehrwertsteuer
ZAZ	zentralisiertes Abrechnungsverfahren der Zollverwaltung
z.B.	zum Beispiel
ZBJV	Zeitschrift des bernischen Juristenvereins (Periodikum)
ZBl	Schweizerisches Zentralblatt für Staats- und Gemeindeverwaltung (Periodikum)
ZG	Zollgesetz
ZGB	Schweizerisches Zivilgesetzbuch
ZGBR	Schweizerische Zeitschrift für Beurkundungs- und Grundbuchrecht
ZStP	Zürcher Steuerpraxis (Periodikum)

A. Erwerb

1. Wohneigentumsstatistik[1]

Im Vergleich zu anderen europäischen Ländern hat die Schweiz die geringste Wohneigentumsquote: Nur 34,6% aller dauernd bewohnten Wohnungen wurden 2000 von ihren Eigentümern selbst genutzt. Seit 1970 hat die Wohneigentumsquote etwas zugenommen, was hauptsächlich der Beliebtheit des Stockwerkeigentums zu verdanken ist. Der überwiegende Teil des Wohnraums in der Schweiz gehört Privatpersonen (2000: 73,3%; 1990: 68,8%), nicht etwa juristischen Personen.

Etwa 11% der Haushalte (ca. 340 000) verfügen sogar über eine Zweitwohnung (1998). Von diesen Zweitwohnungen befinden sich 69% in der Schweiz und sind im Eigentum von Schweizer Bürgern (56%) oder werden von Schweizern ganzjährig gemietet (13%). Der Anteil der Zweitwohnungen ist bei den ausländischen Haushalten in der Schweiz überdurchschnittlich hoch (15%; Schweizer: 10%); bei diesen zu drei Vierteln im Ausland liegenden Wohnungen dürfte es sich zum grossen Teil um frühere und/oder künftige Wohnsitze im Herkunftsland handeln. Seit 1986 hat sich der Anteil der Haushalte mit Zweitwohnungen um einen Prozentpunkt erhöht.

Die Wohneigentumsstatistik zeigt, dass der Anteil der kleineren Wohnungen (1–2 Zimmer) zurück geht und die Nachfrage nach Neubauwohnungen mit 5 und mehr Zimmern sowie Einfamilienhäusern steigt. Kleinere Wohnungen mit geringerer Wohnfläche und einer kleineren Anzahl Zimmern sind auf dem Wohnungsmarkt immer weniger gefragt.

Dieser Trend ist auch beim Erwerb einer Immobilie als Vermögensanlage zu berücksichtigen: Eigentümer von älteren Mehrfamilienhäusern mit Wohnungsgrundrissen, die die Mieterbedürfnisse vor 50 Jahren widerspiegeln, werden vermehrt Mühe bekunden, die Wohnungen lückenlos zu vermieten bzw. die Renditen auf den Liegenschaften zu halten.

2. Immobilien als Vermögensanlage

Immobilien werden von den meisten Menschen als die langfristig sicherste Vermögensanlage betrachtet. Landläufig sieht die Argumentation etwa wie folgt aus:

---

[1] Bundesamt für Statistik: Das Panorama zu «Bau- und Wohnungswesen», Februar 2007.

> «Aktien, Obligationen, Sparguthaben können an Wert verlieren und sind mir zu riskant. Mein Grund und Boden bleibt jedoch greifbar. Boden wird doch knapper und kann nur an Wert gewinnen. Wenn auch die Welt sich dreht, mein Grund und Boden kann mir niemand nehmen. In Notsituationen pflanze ich Rüben in meinem eigenen Garten und werde Selbstversorger...»

Sicherlich unterscheiden sich Immobilien in wesentlichen Punkten von anderen Vermögensanlagen. Wer Immobilien unter dem Aspekt der Vermögensanlage beurteilen will, sollte sich deren Besonderheiten bewusst sein:

- **Liegenschaften sind immobil:** Verschlechtert sich die Lage eines Grundstücks durch Immissionen, durch soziodemografischen Wandel oder durch politische und steuerliche Rahmenbedingungen, ist das investierte Vermögen gebunden. Soll die Liegenschaft verkauft werden, braucht dies meistens viel Zeit – dies vor allem dann, wenn sich die Rahmenbedingungen verschlechtert haben. Mit selbst bewohntem Wohneigentum ist man intensiv mit einem Ort verbunden: Die eigenen Kinder haben dort Freunde und gehen an diesem Ort zur Schule. Selbst bewohntes Wohneigentum wird deshalb selten mit Blick auf Marktzyklen verkauft.
- **Liegenschaftspreise richten sich nach dem Markt:** Immobilien richten sich wie alle Anlageinstrumente nach Angebot und Nachfrage. Entsprechend kann sich der Wert eines bestimmten Grundstückes auf dem Immobilienmarkt wesentlich verändern. Die Nachfrage nach einer bestimmten Lage oder einer Bau- und Wohnkonzeption oder eines als üblich angesehenen Wohnkomforts kann kleiner werden. Zusammen mit der Immobilität können sich dadurch zusätzliche Anlagerisiken ergeben.
- **Liegenschaften bergen Klumpenrisiken:** Der gewöhnliche Immobilienanleger verfügt über ein bis drei Immobilien. Anders als bei Aktien, wo derselbe Investitionsbetrag in über 20 bis 100 Titel angelegt würde, setzt der Immobilienanleger auf sehr wenige Anlageobjekte. Dadurch konzentrieren sich die Risiken unverhältnismässig. In den allermeisten Fällen dürfte es sogar so sein, dass der überwiegende Teil des Familienvermögens in

einem einzigen Objekt gebunden ist. Sollen Immobilien als Anlageinstrumente dienen, empfiehlt sich für den Anleger meist eine Investition in Immobilienfonds.
- **Wohneigentum ist ein Gebrauchsgut:** Mieten ist in der Regel günstiger als Kaufen. Nicht nur ein Vergleich der anfallenden Kosten spricht für das Mieten. Meist wird mit dem Erwerb von selbst bewohntem Wohneigentum grosszügiger gewohnt: Statt einer 5½-Zimmer-Wohnung wird ein 7-Zimmer-Einfamilienhaus bewohnt. Haben die Kinder das Elternhaus verlassen, wird das für die aktuellen Verhältnisse überdimensionierte Haus noch während Jahren weiter bewohnt und es fallen Wohnkosten an, die unter wirtschaftlichen Gesichtspunkten als unverhältnismässig resp. als reiner Luxus zu betrachten sind.
- **Wohneigentum ist Lebensqualität:** Beim Erwerb von selbst bewohntem Wohneigentum wird nicht eine Renditeinvestition getätigt, sondern ein Traum verwirklicht. Der Erwerber gestaltet sich seinen Wohnraum nach eigenen Vorstellungen und kann sich so individuelle Wohnverhältnisse schaffen.

3. Standortwahl

3.1. Die wichtigsten Standortkriterien

Mit einer Liegenschaft (Bauland, Eigenheim, Eigentumswohnung oder Renditeobjekt) erwirbt man immobiles Vermögen. Die Auswahl des Objektes will selbstredend gut überlegt sein. Nicht nur der Erwerbspreis, sondern auch die Wertbeständigkeit eines Grundstücks hängen sehr stark von der Lage bzw. dem Standort ab. Bei einer allfälligen Wertsteigerung eines Grundstücks gewinnt die Lage und selten die sich darauf befindliche Baute an Wert[2]. Für die Standortwahl sind u.a. folgende Kriterien zu beachten[3]:

---

[2] Diese Erkenntnis ist der Hauptgrund dafür, dass die Wertzuwachsgewinne immer dem Ort der gelegenen Sache zur Besteuerung zugewiesen werden (vgl. B.6, S. 160). Sie müsste aber auch dazu führen, dass bei Geschäftsliegenschaften auch auf dem Landwert abgeschrieben werden könnte, was nach geltender Praxis nicht der Fall ist (vgl. B.3.19, S. 139 ff.).

[3] Aus: STECHER, HEINZ, Skript ETH Zürich, Immobilien-Schätzung in der Praxis, S. 20 f.

Angebot	Preisniveau	Infrastruktur Gemeinde		Reputation Gemeinde	Entwicklungsplan Gemeinde
Aussicht, Fernsicht	Nachbarschaft			Verkehrserschliessung	
Immissionen[4]	Freizeitangebot	Verkehrslage Steuerbelastung, Steuerfreundlichkeit		Arbeitsplatzangebot	Sozio-/Demografische Struktur

Abbildung 1 - Standortwahl

Kriterien, die für die Wahl einer Liegenschaft sprechen, können sich verändern und auch die individuellen Bedürfnisse. Dieselben Kriterien, welche einst für einen Standort sprachen, können bei Veränderung der Umstände (z. B. zusätzliche Immissionen) den Wert der Liegenschaft beeinträchtigen.

3.2. Steuerliche Kriterien

Oft werden steuerliche Überlegungen für die Wahl des Wohn- und Liegenschaftsortes herangezogen, wobei insbesondere das Steuerbelastungsniveau für die Einkommens- und Vermögenssteuern im Vordergrund steht. Selten sind jedoch steuerliche Kriterien allein massgebend. Eine rein steuerlich motivierte Standortwahl rechnet sich nur bei überdurchschnittlich hohen Einkommen und Vermögen. Aber selbst dann sind nicht nur die Steuertarife zu vergleichen, sondern auch das materielle Steuerrecht bzw. die Steuerpraxis und nicht zuletzt das Steuerklima, d. h. der unkomplizierte Zugang zu den Behörden und die Art des Umgangs der Beamten mit den Steuerpflichtigen.

3.2.1. Einkommens- und Vermögenssteuern am Standort

Bei selbst bewohntem Wohneigentum wird am Standort der Liegenschaft eine unbeschränkte Steuerpflicht begründet. Einkommen aus beweglichem Vermögen unterliegen dem Steuerrecht und den Tarifen am Standort. Die Einkommenssteuertarife sind bekanntlich sehr unterschiedlich. Eine niedrige Steuerbelastung schlägt sich aber auf den Liegenschaftspreisen nieder. Der Umkehrschluss kann allerdings nicht gezogen werden, weil an extrem gesuchten Lagen selbst höchs-

---

[4] Bahnimmissionen, Elektrosmog, Strassenlärm, Fluglärm, Schiesstand, Restaurants, Geruchsimmissionen, Schulen, Spielplätze, Freiluft-Bäder, Sportanlagen, Industrie etc.

te Steuersätze Investoren nicht abschrecken können, wie bspw. die Städte Genf oder Zürich beweisen. Diese haben im Vergleich zu angrenzenden Gemeinden eine hohe Steuerbelastung und das Preisniveau für Immobilien ist dennoch sehr hoch. Im Allgemeinen gilt aber, dass je tiefer die Steuerbelastung ist, desto höher die Erwerbskosten für die Liegenschaften ausfallen. Lohnt es sich deshalb eine teurere Liegenschaft an einem steuerlich günstigeren Ort zu erwerben? Die Antwort auf diese Frage ist in der Praxis nicht ganz einfach zu geben, denn auf dem Immobilienmarkt lassen sich vergleichbare Objekte meist nur schwer finden (unterschiedliche Lage und Infrastruktur, mangelndes Angebot). Sollten zwei vergleichbare Objekte gefunden sein, kann die Rechnung vereinfacht wie folgt aussehen:

Praxisbeispiel 1 - Steuerbelastung vs. Immobilienpreis
Der Wohnort A liegt im steuergünstigsten Kanton der Schweiz, die Immobilienpreise für vergleichbare Objekte sind entsprechend höher als im Wohnort B, der in einem Kanton liegt, der im schweizweiten Steuervergleich im Mittelfeld liegt.

Kosten für vergleichbares Einfamilienhaus	Wohnort A	Wohnort B
Preis Einfamilienhaus	999 000	863 000
Mehrpreis für Erwerb Immobilie	136 000	
Jährliche Steuerbelastung		
Gesamtsteuerbelastung	29 812	34 762
Steuermehrbelastung		4 950

Derjenige Einfamilienhauskäufer, der sich für den steuergünstigen Wohnort A entscheidet, zahlt wohl CHF 136 000 mehr für seine Immobilie, spart demgegenüber aber pro Jahr CHF 4950 an Steuern. **Vorliegend würden allerdings rund 25 Jahre verstreichen, bis die Mehrkosten des Erwerbs durch die steuerliche Minderbelastung wettgemacht sind.**
Es bleibt aber festzuhalten, dass der Wiederverkaufswert einer Liegenschaft, die in einem steuerlich attraktiven Umfeld liegt, höher sein kann als bei einer Liegenschaft in einer «Steuerhölle». Natürlich können sich auch steuerliche Rahmenbedingungen verändern und ein Standort kann an steuerlicher Attraktivität gewinnen (oder verlieren).

Dort, wo der Ort der Liegenschaft und das Steuerdomizil auseinander fallen (was bei einer Renditeliegenschaft oder einer Ferienliegenschaft oft der Fall ist), begründet die Liegenschaft eine beschränkte Steuerpflicht in einem anderen Kanton (oder im Ausland). Werden Liegenschaften in steuerlich attraktiveren Kantonen erworben, ergibt sich dadurch eine Reduktion bei der Steuerbelastung des Gesamtvermögens. Umgekehrt kann der Erwerb eines Ferienhauses in einem finanzschwachen Bergkanton aber eine den steuergünstigen Wohnort «neutralisierende» Wirkung haben[5].

3.2.2. Liegenschaftssteuer

Einige Kantone erheben eine zusätzliche Liegenschaftssteuer auf Kantons- und/oder Gemeindeebene. Der Steuersatz für die Liegenschaftssteuer variiert zwischen 0,3 und 3,0 Promille und wird vom Verkehrswert, Ertragswert oder einer Kombination von beiden berechnet, wobei die Schulden jeweils steuerlich nicht abzugsfähig sind[6]. Die Liegenschaftssteuern sind in der Praxis jedoch selten ein entscheidendes Kriterium für die Standortwahl.

3.2.3. Nachlass- und Erbschaftssteuern

Viel eher als Liegenschaftssteuern oder Gebühren, können Rechtsverkehrssteuern, welche nach dem Tod fällig werden, den Entscheid für oder gegen den Eigentumserwerb an einem Standort beeinflussen. Dies insbesondere bei Personen, welche keine nächsten Verwandten haben[7].

3.2.4. Immobilien und Quellenbesteuerung

In der Schweiz unterliegen einerseits v. a. ausländische Arbeitnehmer ohne Niederlassungsbewilligung (Ausländerausweis C) und anderseits im Ausland wohnhafte Künstler und Sportler sowie Empfänger von Verwaltungsratsentschädigungen und Vorsorgeleistungen einer Quellenbesteuerung. Die Steuer wird vom Arbeitgeber direkt vom Salär in Abzug gebracht. Die Quellensteuer tritt an Stelle der Selbstdeklaration mittels einer Steuererklärung.

Bei Eigentümern einer schweizerischen Liegenschaft, welche grundsätzlich der Quellensteuerpflicht unterliegen, wird das Erwerbs-

---

[5] Als Extrembeispiele sind der breiten Öffentlichkeit die Gemeinden Mürren BE und Freienbach SZ als Steuerhölle und Steuerparadies bekannt.
[6] Ausführungen dazu finden sich in Abschnitt B.4.12, S. 155.
[7] Die Erbschaftssteuersituation in der Schweiz wird in Abschnitt D, ab S. 231, dargestellt.

einkommen mindestens für die Berechnung der Steuerprogression berücksichtigt. Die Praxis in den Kantonen ist unterschiedlich. Im Kanton Zürich beispielsweise ist eine separate Steuererklärung auszufüllen und es wird eine ergänzende Veranlagung erstellt. In anderen Kantonen (z.B. Luzern) wird der Quellenbesteuerte mit Erwerb einer Liegenschaft aus der Quellensteuerpflicht entlassen und ordentlich besteuert, was den Vorgaben des Steuerharmonisierungsgesetzes entgegenstehen dürfte[8].

4. Eigenheim: Erwerb oder Miete?

4.1. Miete selbst bewohnten Wohneigentums

4.1.1. Im Allgemeinen

65% der Schweizer sind Mieter. Nur ein Drittel der Schweizer lebt in eigenen Wänden. Die Meisten wollen zwar Eigentum erwerben, aber viele können oder wollen sich nicht dazu entscheiden. Nur jeder zehnte Stadtzürcher, Basler oder Genfer wohnt im eigenen Haus oder der eigenen Wohnung. Eine Umfrage der Zürcher Kantonalbank zeigt, dass rund 80% der Schweizer Wohneigentum kaufen würden, wenn es ihre Finanzen zuliessen. Rund die Hälfte davon prüft diesen Schritt ernsthaft.

Warum werden eigentlich nicht mehr Mieter zu Eigentümern? Ein Hindernis ist meist der Preis und natürlich die eigene Vermögenslage. Zudem wird die Nachhaltigkeit der Einkommensquellen meist als ungünstig bzw. instabil beurteilt. Schliesslich ergeben sich mit dem Erwerb von Wohneigentum oft finanzielle Einschränkungen.

Hemmend wirkt sich auf einen Kaufentscheid auch der Umstand aus, dass es attraktivere und flexiblere Vermögensanlagen als Immobilien gibt. Welche Personengruppen erwerben Wohneigentum? In einer Studie der Zürcher Kantonalbank kommt diese zu folgenden Schlüssen:

- Personen mit Kindern bevorzugen Wohneigentum. Sie brauchen mehr Wohnraum und suchen deshalb grosse Familienwohnungen, die auf dem Mietmarkt schwieriger zu finden sind;
- Auf dem Lande wird häufiger selbst bewohntes Wohneigentum erworben als in Städten und Agglomerationen. Der Grund liegt darin, das auf dem Land mehr gebaut wird und diese Immobilien auch günstiger sind als in den Zentren;

---

[8] Vgl. Art. 32 u. 34 Abs. 1 StHG.

- Gut und sehr gut Ausgebildete erwerben eher Wohneigentum, was sich mit dem zumeist höheren Einkommen begründen lässt;
- Doppelverdiener sind meist Eigentümer. Das hängt wiederum mit dem höheren Einkommen zusammen, aber auch mit dem geringeren Mobilitätsbedürfnis. Man bleibt sesshaft, auch wenn ein Partner die Stelle wechselt. Dafür werden selbst lange Arbeitswege von drei Stunden und mehr pro Tag in Kauf genommen;
- Mit steigendem Alter wird Wohneigentum immer häufiger, da das Vermögen zunehmend wächst und das Sicherheitsbedürfnis steigt;
- Ausländer sind meist Mieter. Sie wollen sich nicht unmittelbar nach Zuzug dauerhaft an unser Land binden;
- Auch die Unverheirateten wohnen häufig zur Miete. Die Mobilität spielt in jungen Jahren eine grössere Rolle.

Die typischen Wohneigentümer sind in festen Händen oder verheiratet, erwerbseinkommensstark oder wohlhabend, haben Kinder, sind gut ausgebildet und leben oft in ländlichen Gegenden.

4.1.2. Vor- und Nachteile der Miete

Vorteile	Nachteile
Flexibilität: Schnelle Wohnsitzwechsel bei sich verändernden Verhältnissen (private, berufliche, gesetzliche Rahmenbedingungen, Raumbedürfnisse etc.)	**Mangelnde Individualität:** Gestaltung und Ausbau können nicht selber bestimmt werden.
Mobilität des investierten Eigenkapitals	Geringe Steuerplanungsmöglichkeiten
Keine Teilnahme an negativer Wertentwicklung der Immobilie	Keine Teilnahme an positiver Wertentwicklung der Immobile[9]

Abbildung 2 - Vor- und Nachteile der Miete

---

[9] An der Marktentwicklung kann über den Kauf von Immobilienfonds oder -zertifikaten aber selbstverständlich partizipiert werden.

4.1.3. Steuerliche Behandlung

Im Gegensatz zum Erwerb von Wohneigentum hat die Miete grundsätzlich keine steuerlichen Konsequenzen. Zu erwähnen sind in diesem Zusammenhang allerdings die vielfach abzuschliessenden Mieterkautionssparkonti, die von den Mietern versteuert werden müssen. Sie dienen dem Vermieter lediglich als Sicherheit, gehen aber nicht in sein Eigentum über.

Als steuerliche Besonderheit gewähren die Kantone ZG, BS, BL (bis Ende 2006) und VD den Mietern einen Mieterabzug[10].

Als Lebenshaltungskosten können im Übrigen Aufwendungen im Zusammenhang mit der gemieteten Wohnung nie in Abzug gebracht werden. Auch ein Unternutzungsabzug ist mangels Versteuerung der Miete nicht möglich. Zur angestrebten Gleichstellung von Eigentümern und Mieter vgl. nachstehend die Ausführungen zum Eigenmietwert[11].

4.2. Kauf von selbst bewohntem Wohneigentum

4.2.1. Im Allgemeinen

Bei einem Vergleich zwischen Miete und Kauf kann grundsätzlich auf vorstehende Ziffer 4.1.2. verwiesen werden, wobei die Nachteile der Miete i.d.R. die Vorteile des Eigentums sind und umgekehrt. Hervorzuheben gilt es, dass der Erwerb von selbst bewohntem Wohneigentum nicht regelmässig eine lohnende Vermögensanlage darstellt. Vielmehr dient es primär der Befriedigung individueller Wohnbedürfnisse. Mit dem Kauf werden eigene Wohnvorstellungen realisiert. Entgegen einer landläufigen Meinung kostet selbst bewohntes Wohneigentum oft mehr, als die Miete eines vergleichbaren Objekts. Meist werden in den eigenen Kalkulationen nicht alle anfallenden Kosten einberechnet. Zudem wird oft nicht berücksichtigt, dass beim Kauf vielfach überdimensioniert gewohnt wird: So wird z.B. ein Haus für eine Familie mit drei Kindern erworben, lange bevor der Kindersegen die Familie tatsächlich erreicht. Und sind die drei Kinder wieder ausgezogen und die Eltern pensioniert, bewohnen diese das ihnen ans Herz gewachsene Haus weiter. Noch später, wenn ihnen das Eigenheim wegen des Umschwungs zur Last wird, ziehen Sie nicht aus, in der Hoffnung demnächst werde eines ihrer Kinder die Liegenschaft

---

[10] Vgl. B.3.17, S. 138, insbesondere auch zur Verfassungsmässigkeit und zur Bundesrechtswidrigkeit solcher Abzüge.
[11] B.1.1, S. 85; vgl. auch StE 1996 Nr. 39.

übernehmen wollen. Demgegenüber passt ein Mieter die Mietverhältnisse stärker seinen unmittelbaren Bedürfnissen an. Für ihn ist der Wechsel einer Wohnung kostengünstiger und Angebot und Nachfrage sind wesentlich transparenter. Einen Wohnungswechsel würde der Mieter schliesslich auch vornehmen, wenn sich z.B. berufliche Veränderungen (Arbeitsweg) ergeben oder das von ihm gewählte Wohnquartier sich ungünstig entwickelt.

4.2.2. Kostenvergleich zwischen Kauf und Miete

Das nachfolgende schematische Beispiel zeigt den Finanzaufwand über einen Zeitraum von zehn Jahren bei der Miete einer Liegenschaft im Vergleich zum Kauf eines entsprechenden Objekts.

Ausgangslage bildet im Beispiel folgende Mietsituation:

Miete		Ende Jahr 1	Jahr 2	Jahr 3	Jahr 10	Total
Mietzins Aktuell	inkl. NK	40 000	40 000	40 000	40 000	400 000
Ertrag Eigenkapital						
(CHF 200 000)	2,0%	-4 000	-4 260	-4 520	-6 340	-51 700
Abzüglich Steuern						
Ertrag Eigenkapital	26,9%	1 078	1 148	1 218	1 709	13 933
Total Aufwand Miete		37 078	36 888	36 698	35 369	**362 233**

Vorliegend wird davon ausgegangen, dass der Mieter mit einer Jahresmiete von rund CHF 40 000 über rund CHF 200 000 Eigenkapital verfügt. Im Gegensatz zum Immobilienbesitzer investiert er dieses nicht in eine Liegenschaft, sondern legt es sehr defensiv in Wertschriften an. Mit der Anlage des Eigenkapitals erzielt er eine eher bescheidene Rendite von 2% pro Jahr (vor Steuern). Im Vergleich amortisiert der Immobilienbesitzer seine Hypotheken. Der Mieter kann im Gegensatz diesen Betrag ebenfalls in Wertschriften anlegen. Entsprechend erhöht sich der Ertrag auf dem Eigenkapital im Beispiel um die Sparquote. Um die Situation mit dem Erwerb einer Liegenschaft zu vergleichen, müssen die Erträge auf dem Eigenkapital vom Mietzins in Abzug gebracht werden. Denn bei einem Liegenschaftserwerb würde dieses Kapital unverzinst bleiben. Die Kosten während der Gesamtbetrachtung betragen rund CHF 362 000.

Die Situation des Mieters kann nun mit dem eines Wohneigentümers wie folgt verglichen werden:

Steuern und Immobilien

Kauf Finanzierung		Beginn Jahr 1	Ende Jahr 1	Jahr 2	Jahr 3	Jahr 10	Total
Eigenkapital	20%	**200 000**	213 000	226 000	239 000	330 000	330 000
1. Hypothek	67%	670 000	670 000	670 000	670 000	670 000	670 000
2. Hypothek	13%	130 000	117 000	104 000	91 000	-0	-0.00
Erwerbspreis	100%	**1 000 000**	1 000 000	1 000 000	1 000 000	1 000 000	**1 000 000**
Eigenmietwert	3,5%	35 000	35 000	35 000	35 000	35 000	35 000

Der Mieter überlegt sich, für CHF 1 000 000 eine Liegenschaft in Brugg zu erwerben. Hierzu verwendet er sein Eigenkapital von CHF 200 000. Die Fremdfinanzierung erfolgt über eine erste sowie über eine zweite Hypothek. Die zweite Hypothek soll über die Betrachtungsdauer von 10 Jahren amortisiert werden.

Kapitalkosten							
Entgangener Zins							
Eigenkapital (netto)	2,0%		2 922	3 112	3 302	4 631	37 767
1. Hypothek	4,00%		26 800	26 800	26 800	26 800	268 000
2. Hypothek	5,00%		6 500	5 850	5 200	650	35 750
Total Kapitalkosten			36 222	35 762	35 302	32 081	**341 517**
Laufende Kosten	1,0%		10 000	10 000	10 000	10 000	**100 000**
Amortisation (10 Jahre)							
1. Hypothek			-	-	-	-	-
2. Hypothek	10%		13 000	13 000	13 000	13 000	130 000

Aus den Kapitalkosten sowie den Unterhaltskosten ergeben sich Lasten von gesamthaft rund CHF 440 000 über die Betrachtungsdauer von 10 Jahren. Hierbei ist wiederum die entgangene Verzinsung auf dem eingesetzten Eigenkapital von CHF 200 000 zu berücksichtigen. Die Kostenfaktoren können selbstverständlich variieren. Insbesondere können die laufenden Kosten für Betrieb, Unterhalt und Verwaltung des Wohneigentums je nach Zustand des Kaufobjekts sehr unterschiedlich ausfallen. Schliesslich könnte man die Hypothekarschuld einer inflationsbedingten Entwertung unterziehen, worauf vorliegend verzichtet wurde, um das Beispiel lesbarer zu halten.

Bei der Steuerbelastung ergeben sich verschiedene massgebliche Einflussfaktoren. Vorab kann sich eine steuerliche Veränderung alleine aufgrund eines neuen Wohnsitzes nach dem Erwerb von Wohneigentum einstellen. Eine steuerliche Standortattraktivität zeigt sich meist auch über den erhöhten Preis für das Erwerbsobjekt. Im vorliegenden Berechnungsbeispiel zieht der Mieter (verheiratet, kinderlos, reformiert) von Zürich in ein Eigenheim in der Gemeinde Brugg. Für die laufende Steuerbelastung ergeben sich geringe Unterschiede (vor Korrektur der Sonderfaktoren Wohneigentum):

Steuern und Immobilien

Steuerbares Einkommen	100 000					
Steuerliche Belastung Brugg (Ort Kauf)		14,7%	14 700	14 700	14 700	14 700 147 000
Steuerliche Belastung Zürich (Ort Miete)		14,8%	14 800	14 800	14 800	14 800 148 000
Differenz zu Gunsten Kauf			100	100	100	100 **1 000**

Zusätzlich zu berücksichtigen ist, dass mit dem Erwerb von Wohneigentum die Schuldzinsen (Hypothekarzinsen) und Unterhaltskosten steuerlich abzugsfähig sind. Gleichzeitig ergibt sich regelmässig der steuerliche Nachteil, dass der Eigenmietwert der Einkommenssteuer unterliegt. Gesamthaft ergeben sich über den Zeitraum von zehn Jahren somit folgende Aufwendungen:

Total periodische Kosten vor Steuern			46 222	45 762	45 302	42 081 **441 517**
Steuervorteil Schuldzinsenabzug	14,7%		-5 483	-5 426	-5 368	-4 967 -52 251
Steuervorteil Unterhaltskostenabzug	14,7%		-1 470	-1 470	-1 470	-1 470 -14 700
Steuernachteil Eigenmietwert	14,7%		5 145	5 145	5 145	5 145 51 450
Steuerdifferenz zu Mietwohnort			-100	-100	-100	-100 -1 000
Total periodische Kosten von Eigentum nach Steuern			44 314	43 911	43 509	40 689 **425 016**

Fazit: Über einen Zeitraum von zehn Jahren hat der Mieter in Zürich mit einer Miete von jährlich CHF 40 000 rund CHF 63 000 weniger Aufwendungen als wenn er in Brugg eine Liegenschaft für CHF 1 000 000 erwerben würde. Diese vorstehende Berechnung ist natürlich schematisch und leidet eigentlich daran, dass in der Praxis Wohneigentum selten mit einer Mietwohnung verglichen werden kann. Überdies ist eine mögliche Wertsteigerung bei der Liegenschaft nicht eingerechnet. Die Berechnung zeigt aber eindrücklich, dass bei Wohneigentum nicht nur die anfallenden Schuldzinsen mit den Mietzinsen verglichen werden.

4.3. Wahl der Eigentumsart

Grundsätzlich hat der Entscheid, ob eine Liegenschaft im Alleineigentum, Miteigentum oder Gesamteigentum gehalten wird, keinen Einfluss auf die laufende steuerliche Behandlung. Bei Miteigentum und Gesamteigentum unterliegt die Eigentumsquote den Vermögenssteuern bzw. der entsprechende Aufwand- und Ertragsanteil der Einkommensbesteuerung.

Unter Ehegatten ist die Wahl der Eigentumsart aufgrund der Familienbesteuerung steuerlich praktisch unbeachtlich und hauptsächlich mit dem Ehegüterrecht abzustimmen[12].

Zu beachten gilt es den Sonderfall der so genannten Realteilung. Hier werden Gesamteigentum oder Miteigentum in der Art aufgelöst, dass das Grundeigentum entsprechend den Eigentumsquoten in Alleineigentumsanteile aufgeteilt wird. Keine Realteilung liegt vor, wenn Gesamteigentum entsprechend den Quoten lediglich in Miteigentumsanteile umgewandelt wird. Je nach kantonaler Regelung kann eine Realteilung dazu führen, dass die Umwandlung in Alleineigentumsanteile als steuerlich relevante Handänderung betrachtet wird[13].

> **Praxisbeispiel 2 - Begründung Stockwerkeigentum**
> Vier Eigentümer verfügen über gleich hohe Miteigentumsanteile an einem Mehrfamilienhaus und beabsichtigen, dieses in vier Stockwerkeigentumseinheiten aufzuteilen. Die Stockwerkeigentumseinheiten sind gleich gross, so dass die Eigentümer vorher und nachher denselben Vermögensstand haben. Es liegt keine Realteilung vor, weil sich die Eigentumsverhältnisse bei der Umwandlung von Mit- in Stockwerkeigentum nicht verändern.
> Anders sieht es aber aus, wenn die vier Eigentümer die Terrassenwohnungen in Alleineigentum überführen. Nach der Praxis des Kantons Zürich liegen dann vier zivilrechtliche und steuerliche Handänderungen im Umfang der Fremdquote von jeweils 3/4 vor[14]. Entsprechend sind Grundstückgewinnsteuern abzurechnen[15].

---

[12] Idealerweise wird für den ordentlichen Güterstand der Errungenschaftsbeteiligung Miteigentum, für die Gütergemeinschaft Gesamteigentum und für die Gütertrennung Alleineigentum gewählt.
[13] Dazu auch 1.5.3.4, S. 181.
[14] RICHNER/FREI/KAUFMANN/MEUTER, ZH-Komm., § 216 Rz. 51 ff.
[15] Handänderungssteuern kennt der Kanton Zürich seit 1. Januar 2005 nicht mehr.

5. Steuerfolgen beim Eigentumserwerb

Ob eine bestehende Liegenschaft gekauft wird oder die Wohnträume auf der grünen Wiese durch einen Neubau verwirklicht werden, hängt wesentlich von der Verfügbarkeit entsprechender Objekte ab. Auch zeitliche Aspekte dürften eine Rolle spielen, weil die Auswahl, Planung und Umsetzung eines Bauprojekts nicht nur viel Knowhow erfordert, sondern vor allem Zeit. Die Angst vor Baumängeln und Streiterein mit dem Architekten und Handwerkern hält nicht wenige davon ab, ihre Wohnträume selbst zu verwirklichen. Sodann wird der Entscheid bei vielen Menschen durch mangelndes räumliches Vorstellungsvermögen beeinflusst. Sie kaufen lieber eine bestehende Baute, welche vielleicht nicht in allen Belangen ihren Wunschvorstellungen entspricht, die sie aber in bautechnischer und ästhetischer Hinsicht (be-)greifen können. Aus steuerlichem Gesichtswinkel ist die Frage ebenfalls nicht unwesentlich, weil ganz andere Gesichtspunkte zu berücksichtigen sind. Nachfolgend werden die beim Erwerb von Bauland sich stellenden speziellen Steuerfragen deshalb in einem separaten Kapitel dargestellt, wobei auch für Baulandkäufer die Ausführungen zur Grundstückgewinnsteuer und zu den Notariats- und Grundbuchgebühren relevant sind[16].

5.1. Erwerb von Bauland

5.1.1. Zusammenrechnungspraxis

Wird mit dem Bauland ein Projekt mitgekauft, so ist sorgfältig zu klären, ob bei der Bemessung der Handänderungssteuer und allenfalls auch der Grundstückgewinnsteuer die sog. Zusammenrechnungspraxis zur Anwendung kommt. Dies ist insbesondere der Fall bei Kaufverträgen über schlüsselfertige Bauten und Stockwerkeinheiten, sowie Landkaufverträgen, die mit einem Werkvertrag derart verbunden sind, dass eine schlüsselfertige Baute oder Stockwerkeinheit erworben wird. Bemessungsgrundlage bildet in solchen Fällen der Gesamtpreis, d.h. der Landpreis plus der Werkpreis. Dies kann selbst dann der Fall sein, wenn der öffentlich beurkundete Landkaufvertrag und der Werkvertrag in getrennten Dokumenten und zu verschiedenen Zeitpunkten abgeschlossen werden. Mehr Details dazu werden im Kapitel über die Handänderungssteuer dargestellt[17].

---

[16] Vgl. nachfolgenden Abschnitt A.5.2, ab S. 43.
[17] Vgl. C.2, S. 223.

5.1.2. Pfandrechte

Die weiter hinten vertieft dargestellte Problematik der gesetzlichen Pfandrechte[18], erfährt beim Erwerb von Bauland unter zwei Aspekten eine unliebsame Erweiterung. Je nach Erschliessungsgrad des Baulands hat der Erwerber sicherzustellen, dass die Grundeigentümerbeiträge an Zonenpläne, Quartierplanverfahren, Gestaltungspläne, sowie die Perimeterbeiträge etc. bezahlt sind. Den Gemeinden steht in den meisten Kantonen nämlich ein Pfandrecht am Grundstück zur Sicherung solcher Abgaben zu. Zum Zweiten ist in den wenigen Kantonen, welche eine ergänzende Vermögensbesteuerung kennen[19], sicherzustellen, dass eine bisher landwirtschaftlich genutzte Parzelle vom Verkäufer ordnungsgemäss nachversteuert wird.

Nebst den gesetzlichen Pfandrechten zur Sicherung von öffentlichen-rechtlichen Forderungen sieht sich der Bauherr auch mit privatrechtlichen Pfandrechten konfrontiert. Insbesondere steht den Handwerkern zur Sicherung ihrer Forderungen für die am Bau geleisteten Arbeiten ein Bauhandwerkerpfandrecht zu[20]. Im Architekten- oder Generalunternehmervertrag ist insbesondere sicherzustellen, dass der Geldfluss vom Bauherrn kontrolliert werden kann, so dass keine solchen Bauhandwerkerpfandrechte definitiv eingetragen werden.

5.1.3. Baukreditzinsen

Für die steuerliche Behandlung von Baukreditzinsen sind grundsätzlich drei Modelle zu unterscheiden:

- In einigen Kantonen werden die Baukreditzinsen zu den Anlagekosten gezählt und sind somit bei der Einkommenssteuer nicht abzugsfähig. Allerdings werden bei einem späteren Verkauf die Baukreditzinsen zur Berechnung des Grundstückgewinns als Anlagekosten vom Verkaufserlös abgezogen.
- In anderen Kantonen können die Baukreditzinsen als Schuldzinsen vom steuerbaren Einkommen in Abzug gebracht werden.
- Schliesslich besteht in einigen wenigen Kantonen wiederum ein Wahlrecht, die Baukreditzinsen vom Einkommen abzuziehen oder beim Verkauf an die Anlagekosten anrechnen zu lassen.

---

[18] A.9, S. 80.
[19] B.5, S. 158.
[20] Art. 837 Ziff. 3 ZGB.

Tabelle 1 - Abzugsfähigkeit Baukreditzinsen		
Baukreditzinsen sind Anlagekosten	Baukreditzinsen sind abzugsfähige Schuldzinsen	Wahlrecht ob Anlagekosten oder Schuldzinsen
AI, BS, FR, GE, GL, GR a), JU a), LU a), NE, NW, OW a), SG, SH d), SO, SZ, TG a), TI a), UR, VD, ZG, ZH c), BUND	AG, AR, SH a), VS, ZG b), ZH b)	BE, BL, SZ b)
a) Bis zum Beginn der Nutzung der Liegenschaft Anlagekosten, danach Schuldzinsen		
b) Nur im Bereich des Privatvermögens		
c) Nur im Bereich des Geschäftsvermögens		
d) Bis zum Beginn der Nutzung der Liegenschaft Anlagekosten. Wird eine Hypothek kurz vor der Durchführung baulicher Massnahmen erhöht, so ist die Erhöhung gleich zu behandeln wie ein Baukredit. Die Pflichtigen können jedoch nachweisen, dass sowohl der Baukredit wie die Hypothekerhöhung einzig der Finanzierung von Liegenschaftsunterhalt dienen (z. B. Grossrenovation).		

Die steuersystematische Würdigung dieser unterschiedlichen Praxen und die Abgrenzung zu den Schuldzinsen wird weiter hinten umfassend dargestellt[21].

5.2. Erwerb bestehender Liegenschaften

5.2.1. Dumont-Praxis

Kosten von Unterhaltsarbeiten, die innert 5 Jahren nach dem Grundstückserwerb vorgenommen werden, können grundsätzlich nicht vom Einkommen abgezogen werden. Dies hat der Kaufinteressent bei der Kalkulation seiner künftigen Wohnkosten zu berücksichtigen. Die dieser Praxis zu Grunde liegende Problemstellung lässt sich am Einfachsten anhand eines Praxisbeispiels darstellen.

> **Praxisbeispiel 3 - Dumont-Praxis**
> A. Meier erwirbt eine gut erhaltene Liegenschaft zu einem Preis von CHF 1 Mio. Der Erwerbspreis (Anlagekosten) bildet bei einem Verkauf die Basis für die Erhebung der Grundstückgewinnsteuern. Unterhaltskosten fallen in den ersten Jahren seit Erwerb praktisch keine an.
> B. Müller erwirbt die Nachbarliegenschaft. Da der Unterhalt der Liegenschaft etwas vernachlässigt wurde, bezahlt B. Müller lediglich CHF 750 000. Er saniert diese in den kommenden zwei Jahren umfassend für gesamthaft CHF 250 000. Die angefallenen Unterhaltskosten will er als Aufwendungen von seinem Einkommen steuerlich in Abzug bringen.

---
[21] B.3.14, S. 130.

Gemäss Rechtsprechung des Bundesgerichts weist im Zeitpunkt, bei dem die Liegenschaft in das Vermögen des Steuerpflichtigen eintritt, diese einen inneren Wert auf, der insbesondere auch vom Unterhaltszustand abhängt. Einzig die zur Wiederherstellung oder Aufrechterhaltung dieses Zustandes notwendigen Ausgaben können daher als Unterhaltskosten vom Roheinkommen abgezogen werden.

Unterhaltsaufwendungen, durch die der innere Wert der Liegenschaft vermehrt wird, sind als Aufwendungen für die Anschaffung oder Verbesserung von Vermögensgegenständen zu betrachten. Deshalb können Kosten von Unterhaltsarbeiten, die unmittelbar nach dem Grundstückserwerb vorgenommen werden, grundsätzlich nicht vom Einkommen abgezogen werden.

Nach Ansicht des Bundesgerichts soll auf diese Weise die Rechtsgleichheit hergestellt werden zwischen dem Steuerpflichtigen, der eine Liegenschaft nach der Renovation durch den früheren Eigentümer erwirbt, und demjenigen, der eine im Unterhalt vernachlässigte Liegenschaft – zu einem entsprechend niedrigeren Preis – kauft, um sie anschliessend zu renovieren[22].

Die Verordnung des Bundesrates über den Abzug der Kosten von Liegenschaften des Privatvermögens bei der direkten Bundessteuer bestimmt denn auch, nicht abzugsfähig seien die Kosten, die ein Steuerpflichtiger zur Instandstellung einer neu erworbenen, «vom bisherigen Eigentümer vernachlässigten Liegenschaft» in den ersten fünf Jahren aufwenden muss[23].

Anders verhält es sich bei Liegenschaften, die vom bisherigen Eigentümer instand gehalten worden sind und bei denen folglich nicht von einer Entwertung wegen fehlenden Unterhalts gesprochen werden kann. Hier bezwecken die Renovationsarbeiten, die Liegenschaft in ihrem bisherigen baulichen und nutzungsgemässen Zustand zu erhalten. Es handelt sich um Arbeiten, die den Wert des Grundstückes nicht oder höchstens kurzfristig über denjenigen im Zeitpunkt des Erwerbs erhöhen. Das ist beispielsweise der Fall, wenn der neue Eigentümer einer gut unterhaltenen Mietliegenschaft bei einem Mieterwechsel Unterhaltsarbeiten ausführen lässt, die erforderlich sind oder sich bald als notwendig erweisen. Auch wenn die diesbezüglichen Ausgaben unmittelbar nach dem Erwerb der Liegenschaft getätigt werden und den Wert des Grundstückes vielleicht sogar vorüberge-

---

[22] BGE 99 Ib 362 E. 3c.
[23] Art. 1 Abs. 1 VO BR vom 24. August 1992 über den Abzug der Kosten von Liegenschaften des Privatvermögens bei der direkten Bundessteuer.

hend erhöhen können, so beeinflussen sie diesen nicht dauernd und nachhaltig. Davon zu unterscheiden ist der Fall, wo der neue Vermieter oder Verpächter die Liegenschaft renoviert, um den Miet- oder Pachtertrag zu steigern, oder wo eine (auch selbstgenutzte) Liegenschaft ganz oder teilweise umgebaut oder einer neuen Nutzung zugeführt wird. Hier dienen die Ausgaben nicht dazu, die Liegenschaft in ihrem bisherigen vertrags- oder nutzungsmässigen Zustand zu erhalten, sondern zielen darauf ab, die Einkommensquelle zu verbessern[24].

Nach der geltenden Dumont-Praxis[25] können deshalb Unterhaltskosten während den ersten 5 Jahren seit dem Erwerb geltend gemacht werden, soweit folgende Voraussetzungen kumulativ erfüllt sind:

- die betreffende Liegenschaft darf in ihrem Unterhalt nicht vernachlässigt worden sein;
- durch die Unterhaltsarbeiten dürfen die Miet- und Pachterträge nicht gesteigert werden;
- es darf kein Umbau erfolgt sein, der eine geänderte Nutzung nach sich zieht;
- mit den Instandstellungskosten muss der bisherige vertrags- oder nutzungsmässige Zustand erhalten bleiben.

Somit sind die Kosten für den Unterhalt neu erworbener, nicht vernachlässigter Liegenschaften lediglich dann vom Einkommen abziehbar, wenn es um den periodischen Unterhalt geht.

Es ist nicht notwendig, dass der Steuerpflichtige das Grundstück durch einen gewöhnlichen Kauf erwirbt. Die Dumont-Praxis wird auch bei einem Erbvorbezug[26], einer Schenkung oder einem Vermächtnis ausgelöst. Demgegenüber findet die Dumont-Praxis keine Anwendung bei Eigentumsübertragungen zwischen Ehegatten, die in rechtlich und tatsächlich ungetrennter Ehe leben und zwar ungeachtet dessen, ob die Übertragung entgeltlich oder unentgeltlich erfolgt[27]. Wird ein ererbtes Grundstück innerhalb der Fünfjahresfrist durch einen Alleinerben oder durch alle Erben einer Erbengemeinschaft unterhalten, kommt die Dumont-Praxis in der Regel nicht oder nicht

---

[24] BGE 123 II 212 E.1c.
[25] BGE 123 II 218 ff., vgl. auch BGE 108 1B 316 ff., 103 IB 197 ff.; BGE 99 IB 362 ff.; StE B 25.6 1991 Nr. 20 (keine Gültigkeit bei Energiesparmassnahmen).
[26] StE B. 25.6 1991 Nr. 20.
[27] StE 25.6 1998 Nr. 32; StE 25.6 1997 Nr. und 2000 Nr. 38; RICHNER/FREI/KAUFMANN, DBG Handkommentar, Art. 32 N. 49 mit weiteren Hinweisen.

vollumfänglich zur Anwendung[28]. Hingegen bewirkt eine Aufteilung des Gesamteigentums in Miteigentum bereits, dass die Dumont-Praxis – wie natürlich nach einer Erbteilung – angewendet wird.

5.2.2. Notariatsgebühren[29]

Die Kosten für die Erstellung des Kaufvertrages und dessen öffentliche Beurkundung sind vom Objekt, vom Umfang der Verträge etc. abhängig. Grundsätzlich beinhaltet die Notariatsgebühr das Entgelt für die Vorbereitung der Urkunde, den eigentlichen Beurkundungsakt und die entsprechenden Arbeiten im Zusammenhang mit der Anmeldung eintragungsbedürftiger Rechtsgeschäfte. Zusatzarbeiten und Spesenauslagen können vom Notar nebst der Gebühr zusätzlich in Rechnung gestellt werden. Jeder Kanton kennt eigene Gesetze und Verordnungen über die Beurkundungsgebühren und demzufolge auch verschieden ausgestaltete Tarife. Es kommt das Gesetz des Kantons zur Anwendung, in welchem die zu übertragende Liegenschaft liegt. Beurkundungsgebühren werden nicht nur bei entgeltlichen Rechtsgeschäften (Kauf), sondern auch bei unentgeltlichen Übertragungen (Schenkung, Tausch) erhoben. Dies gilt sowohl für die Übertragung von Grundeigentum als auch von Stockwerkeigentum. Die Gebühr berechnet sich in der Regel von der Vertragssumme, es kann aber auch der Katasterwert bzw. der mutmassliche Verkehrswert als Basis herangezogen werden, wenn im Vertrag keine oder eine niedrigere Vertragssumme angegeben wird. Notariatsgebühren fallen beispielsweise weiter an für die Aufhebung/Abänderung von Eigentumsbeschränkungen oder bei der Bestellung einer Nutzniessung oder eines Wohnrechts. Schliesslich wird auch für die Errichtung einer Grundlast oder eines Grundpfandes (Basis für Gebührenberechnung: Pfandsumme) eine Gebühr für die Beurkundung erhoben. In der Regel betragen die Beurkundungsgebühren zwischen 1‰ und 7‰, wobei zum Teil auch feste Gebühren (Mindest- und Maximalbeträge) vorgesehen sind.

Im Rahmen des Kaufvertrages wird meist geregelt, wer die Notariatsgebühren zahlt. Üblicherweise werden diese hälftig geteilt. Die beim Verkauf angefallenen Beurkundungsgebühren können vom Verkäufer bei der Grundstückgewinnsteuer vom Verkaufserlös in Abzug gebracht werden. Der Käufer hat die Möglichkeit, die bezahlten

---

[28] U. a. Kt. AG, BS, BE, FR, GL, GR, NW, OW, SZ, SG, TG, ZG, ZH.
[29] Die Notariats- und Grundbuchgebühren sind teilweise erklecklich: vgl. den Bericht von Wüest&Partner, Immo-Monitoring 2007, Band 3, dazu auch BLEISCH, ANDREAS, Mehr als blosse Gebühren, in Hauseigentümer Nr. 9 vom 15. März 2007, S. 5.

Gebühren bei einem allfälligen Weiterverkauf zu seinen Anlagekosten hinzuzurechnen, was ebenfalls – allerdings zeitlich verzögert – eine Reduktion des Grundstückgewinns zur Folge hat.

5.2.3. Grundbuchgebühren

Die Kantone dürfen für die Eintragungen in das Grundbuch und für die damit verbundenen Verrichtungen Gebühren erheben[30]. Grundbuchgebühren fallen an für die Grundbucheintragung von Eigentum, Stockwerkeigentum, Miteigentum, Dienstbarkeiten und Grundlasten, selbständigen und dauernden Baurechten sowie für die Eintragung von Grundpfandrechten. Als Grundlage für die Berechnung der Grundbuchgebühr wird in der Regel auch die Vertragssumme herangezogen. Ist die Vertragssumme nicht angegeben oder niedriger als der Kataster- oder Verkehrswert, so werden Letztere als Basis für die Berechnung der Gebühren angewendet. Für die Eintragung eines Grundpfandrechtes wird die Gebühr aufgrund der Pfandsumme berechnet. Wie bei den Notariatsgebühren betragen die Grundbuchgebühren je nach Kanton 0 bis 5‰ oder es werden feste Beträge erhoben.

Die Grundbuchämter sind berechtigt, vor der Eintragung der Mutationen die Begleichung bzw. Sicherstellung der Gebühren zu verlangen. Zudem besteht für die Grundbuchgebühren und entsprechende Auslagen in vielen Kantonen ein den übrigen Pfandrechten im Rang vorgehendes gesetzliches Pfandrecht von zwei Jahren seit Fälligkeit.

Die Grundbuchgebühren werden grundsätzlich von beiden Parteien je hälftig getragen und können überdies bei der Grundstückgewinnsteuer geltend gemacht werden.

Insgesamt ist die Vielfalt der kantonalen Regelungen beängstigend. Zu Recht wird deshalb gefordert, der Wildwuchs sei einzudämmen.

5.2.4. Grundstückgewinnsteuern

Beim Erwerb eines Grundstückes fallen grundsätzlich keine Grundstückgewinnsteuern an. Vertraglich kann jedoch ausgehandelt werden, dass der Käufer die Grundstückgewinnsteuer übernimmt. Dabei ist zu berücksichtigen, dass die übernommene Grundstückgewinnsteuer Bestandteil des Kaufpreises ist und in die Grundstückgewinnsteuerberechnung mit einfliesst. Im Übrigen wird auf Ausführungen über die Grundstückgewinnsteuer verwiesen[31].

---

[30] Art. 954 ZGB.
[31] C.1, S. 167.

5.2.5. Ersatzbeschaffung insbesondere

Begrifflich liegt eine Ersatzbeschaffung vor, wenn ein Vermögensgegenstand veräussert wird und der Erlös zeitnah für den Erwerb eines gleichartigen Vermögensgegenstandes verwendet wird. Die Bundesgesetzgebung[32] schreibt den Kantonen vor, dass die Grundstückgewinnsteuer aufgeschoben wird, wenn beim Verkauf einer dauernd und ausschliesslich selbst genutzten Wohnliegenschaft der erzielte Erlös innert angemessener Frist in eine gleich genutzte Ersatzliegenschaft in der Schweiz investiert wird. Vorausgesetzt wird somit,

- dass die Eigentümerin und der Eigentümer sowohl beim Verkauf als auch bei der Ersatzbeschaffung identisch sind (sog. Subjektidentität)[33] und
- dass sowohl die verkaufte als auch die erworbene Liegenschaft dauernd und ausschliesslich von den Eigentümern selbst genutzt (bewohnt)[34] wird und
- dass der Verkaufserlös in das Ersatzobjekt fliesst (Reinvestition) sowie
- dass die Ersatzbeschaffung innert angemessener Frist[35] und innerhalb der Schweiz erfolgt.

Bei einer Ersatzbeschaffung des Eigenheims erfolgt ein vollständiger Steueraufschub, wenn der Veräusserungserlös (nicht der realisierte Veräusserungsgewinn) in das Ersatzobjekt reinvestiert wird.

---

[32] Art. 12 Abs. 3 lit. e des Bundesgesetzes vom 14. Dezember 1990 über die Harmonisierung der direkten Steuern der Kantone und Gemeinden (Steuerharmonisierungsgesetz, StHG); SR 642.14.

[33] Zu beachten ist, dass u. U. bei einem Wechsel von Alleineigentum zu Miteigentum (v. a. unter Ehegatten) kein vollständiger Steueraufschub gewährt wird und nur auf dem hälftigen Anteil eine Reinvestition vorliegt (Steuer Revue Nr. 9/2000, Seite 604 f., Fälle 3 und 4). Anders aber z.B. der Kanton Zürich: Rundschreiben der Finanzdirektion an die Gemeinden über den Aufschub der GGSt bei Ersatzbeschaffung einer dauernd und ausschliesslich selbstgenutzten Wohnliegenschaft vom 19. November 2001, Rz 11.

[34] Beim Veräusserungsobjekt wird in der Regel ein Bewohnen durch den Eigentümer bis zum Zeitpunkt des Verkaufs verlangt. Wird nur ein Teil der verkauften Liegenschaft oder der Ersatzliegenschaft selbstbewohnt, wird in der Regel der Steueraufschub lediglich auf dem selbstbewohnten Anteil gewährt. Soweit der nicht selber bewohnte Teil der Liegenschaft eine untergeordnete Rolle spielt (z.B. kleine Einliegerwohnung in Einfamilienhaus) kann u.U. der volle Steueraufschub gewährt werden (SR Nr. 9/2000, Seite 606, Fall 5).

[35] Tabelle 15 - Fristen für die Ersatzbeschaffung bei der GGSt, S. 197.

> **Praxisbeispiel 4 - Ersatzbeschaffung**
> Herr X. verkauft sein Einfamilienhaus für CHF 1 000 000. Die Anlagekosten (Erwerbspreis plus wertvermehrende Aufwendungen) betragen CHF 600 000. Herr X. investiert den gesamten Verkaufserlös in ein anderes Einfamilienhaus. Vorliegend wird die Besteuerung des Grundstückgewinns von CHF 400 000 vollumfänglich aufgeschoben.

Wird der Erlös aus dem Verkauf der Liegenschaft nicht vollumfänglich reinvestiert, wird die Besteuerung des Grundstückgewinns nicht vollumfänglich aufgeschoben. Je nach kantonaler Regelung sind grundsätzlich zwei Berechnungsmethoden zu unterscheiden: Die absolute Methode und die relative Methode, wobei erstere von der Eidgenössischen Steuerkonferenz empfohlen wird[36]. In einem neueren Entscheid hat auch das Bundesgericht in diesem Sinne entschieden[37], so dass in diesem Buch nur auf die absolute Methode eingegangen wird. Bei der Anwendung der absoluten Methode wird der nicht reinvestierte Gewinnanteil als Grundstückgewinn besteuert.

Beim Kauf einer Liegenschaft ist deshalb zu klären, ob der Verkäufer eine Ersatzbeschaffung geltend machen wird. Dies ist insbesondere unter dem Aspekt der Sicherung auch der aufgeschobenen Steuerforderung mittels gesetzlichen Pfandrechts[38] wichtig[39].

5.2.6. Handänderungssteuer

Beim Kauf eines Eigenheims fallen Handänderungssteuern an, die in den meisten Kantonen vom Erwerber zu bezahlen sind (Ausnahme Kanton Uri: steuerpflichtig ist dort der Verkäufer). In den Kantonen BL und OW ist die Handänderungssteuer je zur Hälfte vom Käufer und Verkäufer geschuldet. In einigen Kantonen können vom Gesetz abweichende Vereinbarungen getroffen werden (v. a. AG, OW, TG, VD, ZG und ZH).

Bemessungsgrundlage bildet der Verkaufspreis der Liegenschaft. Zu beachten ist vom vorsichtigen Käufer die Zusammenrechnungspraxis[40]. Der Tarif ist in der Regel proportional. Die Kantone UR, TI und VS kennen einen progressiven Tarif, abhängig vom Verkaufspreis der Liegenschaft. Für die technischen Details und Übersichten über

---

[36] Eidgenössische Steuerkonferenz, Kreisschreiben Nr. 19 vom 31. August 2001.
[37] BGE 130 II 202.
[38] A.5.2.7 u. A.9.
[39] Weitergehende Ausführungen zur Eratzbeschaffung finden sich in C.1.7.4, S. 193.
[40] A.5.1.1, S. 41 u. C.2.5.2, S. 229.

die kantonalen Regelungen wird auf das Kapitel über die Handänderungssteuer verwiesen[41].

5.2.7. Gesetzliches Pfandrecht

Ohne anderslautende Vereinbarung hat der Verkäufer die Grundstückgewinnsteuer zu bezahlen. Kann der Verkäufer die Steuerschuld nicht bezahlen, steht dem Fiskus zur Sicherung der Steuerforderung am neu erworbenen Eigenheim vielerorts ein gesetzliches Pfandrecht zu[42]. Die Errichtung des gesetzlichen Pfandrechts kann vermieden werden, wenn vom Verkäufer die Sicherstellung der Grundstückgewinnsteuer und allfälliger Handänderungssteuer verlangt wird. Im Kaufvertrag wird denn häufig vereinbart, dass als Absicherung der entsprechende Betrag vom Kaufpreis abzuziehen und auf ein Sperrkonto einzuzahlen ist. Schliesslich kann auch die Zahlung vom Erwerber ans Steueramt selbst übernommen werden und im Gegenzug der Betrag vom Kaufpreis abgezogen werden. Die Funktionsweise des Pfandrechts wird weiter hinten ausführlich dargestellt[43].

5.3. Erwerb über eine Kapitalgesellschaft[44]

Insbesondere ausländische Käufer erwägen oft, eine Immobilie nicht direkt, sondern indirekt zu erwerben. Sie versprechen sich davon eine reduzierte Steuerbelastung, erhöhte Flexibilität und Anonymität[45]. Wird das Kaufobjekt bereits von einer Immobiliengesellschaft gehalten, ist eine genaue Analyse der auf dem Objekt lastenden latenten Steuern dringend zu empfehlen. Wird die Immobilie für eine lang andauernde Nutzung erworben, kommen die latenten Steuern stark verzögert und – im monistischen System der Grundstückgewinnbesteuerung – zu einem aufgrund der Besitzesdauer deutlich reduzierten Satz zur Besteuerung. Gelingt es zudem, die latenten Steuern bei der Aushandlung des Kaufpreises teilweise auf den Verkäufer zu überwälzen, führt dies zu einer Gratisfinanzierung durch den Fiskus[46].

---

[41] C.2., S. 223.
[42] Art. 836 ff. ZGB; das gesetzliche Pfandrecht ist entweder in den einzelnen kantonalen Gesetzen über die Grundstückgewinnsteuer statuiert oder auch in den kantonalen Einführungsgesetzen zum ZGB.
[43] A.9, S. 80.
[44] Für weitere Ausführungen zu den steuerlichen Aspekten von Immobiliengesellschaften vgl. E.2, S. 249.
[45] Kein Motiv für den indirekten Erwerb stellen die Einschränkungen des Immobilienerwerbs durch Personen im Ausland dar, weil das Bundesrecht diesen dem direkten Erwerb gleichstellt (Art. 6 BewG).
[46] FREI/FUNKE, Latente Steuern bei wirtschaftlicher Handänderung von Immobilengesellschaften, ZStP 4/2006, 280.

6. Finanzierung mittels Hypotheken

Die wohl am häufigsten gewählte Variante der Wohneigentumsfinanzierung ist die über einen Hypothekarkredit bei einer Bank oder Versicherung. In der Regel erfolgt die Finanzierung bis zu 65% des Verkehrswertes im Rahmen einer ersten Hypothek. Rund 10–20% des Verkehrswertes sind vom Erwerber bzw. Schuldner in Form von Eigenmitteln zu erbringen. Die übrigen 15–25% werden im Rahmen einer zweiten Hypothek mit regelmässig höherem Zinssatz (meist etwa 1% über dem Satz für erste Hypotheken) ebenfalls von der Bank finanziert. Der höhere Zinssatz auf der zweiten Hypothek erklärt sich mit dem höheren Ausfallrisiko des gewährten Krediets. Entsprechend kann die zweite Hypothek bei Vorliegen von zusätzlichen Sicherheiten (Verpfändung von Vorsorgeguthaben, Lebensversicherungen etc.) zum Zinssatz der Ersthypothek gewährt werden. Vorbehalten bleiben hierbei die zahlreichen Ausnahmeregelungen von Banken und Versicherungen, die je nach Markt- und Kundensituation sowie Verhandlungskünsten des Kreditsuchenden äusserst unterschiedlich ausfallen können (keine Eigenmittelerfordernisse, kein Erfordernis zusätzlicher Sicherheiten etc.).

6.1. Hypothekarmodelle

Das Angebot der verschiedenen Hypothekarmodelle gestaltet sich äusserst vielfältig. Vorbei sind die Zeiten, wo es lediglich Hypotheken mit unbestimmter (variabler) und mit fester Laufzeit gab. Um mögliche Zinsentwicklungen und die Risikobedürfnisse der Kunden optimal aufzufangen, haben die Kreditanbieter eine Vielzahl von Hypothekarprodukten auf den Markt gebracht, so dass der Laie zuweilen eine fachkundige Beratung durch den Anbieter benötigt. Steuerliche Besonderheiten ergeben sich primär bei der Bezahlung von Rücktrittsprämien.

6.2. Rücktrittsprämien (Vorfälligkeitsentschädigungen)

Festhypotheken können vor Ablauf der vereinbarten Vertragsdauer aufgelöst werden, indem entweder einer der Vertragspartner gestützt auf eine Vertragsklausel den Vertrag kündigt oder – in Ermangelung einer entsprechenden vertraglichen Regelung – der Vertrag in gegenseitigem Einvernehmen aufgelöst wird.

Im Falle der einseitigen Erklärung des Schuldners, er werde den Hypothekarvertrag nicht weiter erfüllen, wird regelmässig eine zum voraus festgesetzte, vertragliche Vorfälligkeitsprämie geschuldet.

Diese wird in der Praxis entweder durch einen prozentualen Satz bzw. fixen Ansatz pro Restlaufzeit oder als Zinsdifferenzbetrag zwischen dem alten Festhypothekensatz und dem aktuellen Satz für die Restlaufzeit berechnet[47].

Die Kosten für den nicht geregelten Ausstieg aus dem Festhypothekarvertrag werden unter den Vertragsparteien nach der voraussichtlichen Zinsdifferenz festgelegt, wobei der Schuldner eher mit einer höheren Leistung rechnen muss, weil ihm kein rechtlicher Anspruch auf Ausstieg aus dem Vertrag zusteht.

Entschädigungen, die aufgrund einer vorzeitigen Kündigung einer Hypothek geschuldet sind, werden steuerlich teilweise sehr unterschiedlich behandelt, sind jedoch in vielen Kantonen abzugsfähig[48].

6.3. Steueroptimale Höhe der Hypothek

Um die steuerlich optimale Höhe der Hypothek zu bestimmen, wird häufig die Regel erwähnt, wonach die Hypothekarzinsen mindestens den (steuerlich belastenden) Eigenmietwert der Liegenschaft erreichen sollten. Diese «Bauernregel» ist zwar einfach in der Handhabung, aber nicht ganz richtig. Die Antwort ist nicht allein aus steuerlicher Sicht, sondern aus anlagetechnischen Gründen zu beantworten: Stehen finanzielle Mittel für die Amortisation von Hypotheken zur Verfügung, könnten diese alternativ auch für Wertschriftenanlagen verwendet werden. Entsprechend stellt sich die Frage, ob mit der Wertschriftenanlage (nach Steuern) mehr erzielt werden kann, als Schuldzinsen (nach Steuern) bezahlt werden müssen. Mit Anlagen in Sparguthaben, Geldmarktanlagen oder risikoarmen Obligationen ist dies meist nicht möglich. Die Verzinsung ist meist tief und unterliegt der Einkommensbesteuerung, so dass die Rendite nach Steuern selten über den bezahlten Schuldzinsen (nach Steuern) liegt. Damit der Wertschriftenerfolg über den bezahlten Schuldzinsen liegt, muss daher zumindest teilweise mit Aktienanlagen gearbeitet werden. Massgebend ist schliesslich auch die individuelle Steuerbelastung (Grenzsteuerbelastung[49]).

---

[47] Die Vorfälligkeitsentschädigung lässt sich z.B. über die Website www.diehypothek.ch/baufinanzierung/baufinanzierungsrechner_excel.html berechnen bzw. überprüfen (ohne Gewähr der Autorenschaft).

[48] Die Abzugsfähigkeit wird ausführlicher in Abschnitt B.3.16.3, S. 136, behandelt.

[49] Unter der Grenzsteuerbelastung (Steuerprogression) versteht man den für den letzten Einkommens- oder Vermögenszugang massgebenden Steuersatz (BLUMENSTEIN/LOCHER, System des schweizerischen Steuerrechts, 300).

Erwerb   Steuern und Immobilien

Grenzsteuerbelastung	30%		
Schuldzinsen vor Steuern	3,0%		
Schuldzinsen nach Steuern	2,1%		
Wertschriftenanlage[50]	Ergebnis vor Steuern	Ergebnis nach Steuern	Vorteil/ Nachteil
Sparkonto	1,0%	0,7%	– 1,4%
Obligation	3,0%	2,1%	0,0%
Aktien und Obligationen (je ½)	4,5%	3,8%	+ 1,7%
Aktien (Modellannahme, ohne Dividendenerträge)	6,0%	6,0%	+ 3,9%

Risiko

Abbildung 3 - Einfluss Grenzsteuerbelastung auf Rendite

Eine Anlage mit Aktien (oder höher verzinslichen Obligationen) birgt aber auch höhere Risiken und kann dazu führen, dass kurz- bis mittelfristig (evtl. sogar langfristig) tatsächlich höhere Schuldzinsen bezahlt werden müssen als Ertrag aus den Wertschriften erwirtschaftet werden kann. Schliesslich sollte auch die Dauer allfälliger Festhypotheken auf die individuellen Zins- und Renditeerwartungen abgestimmt werden[51].

Für den Entscheid über die Höhe der Hypothek bzw. Fremdfinanzierung sind zusammenfassend folgende Kriterien massgeblich:

- **Individuelle Liquiditätsbedürfnisse:** Verfüge ich über die Mittel zur Amortisation? Habe ich danach noch eine genügende Liquiditätsreserve?
- **Individuelle Anlagestrategie:** Wie viel meines Vermögens will ich in immobilen Werten investiert haben? Will ich mit Wertschriftenanlagen arbeiten? Mit welcher Rendite rechne ich bzw. welches Risiko will ich in Kauf nehmen?
- **Steuerliche Situation:** Je höher die (Grenz-)Steuerbelastung ausfällt, umso mehr drängt sich eine Investition in Wertschriftenanlagen auf, da hier der Effekt von steuerfreien Kapitalgewinnen auf Aktienanlagen entsprechend höher ausfällt.

---

[50] Unberücksichtigt sind allfällige Transaktionsgebühren. Bei den Aktien ist der steuerbare Dividendenertrag nicht berücksichtigt.
[51] Hat beispielsweise die Festhypothek eine Laufzeit von drei Jahren und die Anlagestrategie einen Horizont von zehn Jahren, muss damit gerechnet werden, dass die Festhypothek nach Ablauf verlängert werden muss und die Anlagerendite noch unter den bezahlten Schuldzinsen liegt.

6.4. Hypothekarstaffelung

Regelmässig wird empfohlen, die Festhypotheken auf der Liegenschaft zeitlich zu staffeln. Dies hat den Vorteil, dass das Risiko von Zinsschwankungen zeitlich verteilt werden kann.

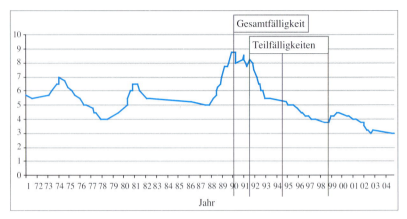

Abbildung 4 - Staffelung Hypotheken

Nachteilig ist eine Hypothekarstaffelung regelmässig bei sinkenden Zinsen: Um von den tiefen Zinsen zu profitieren, müssen die noch laufenden höher verzinslichen Festhypotheken vorzeitig abgelöst werden. Für den entgangenen Zins verlangt die Gläubigerin regelmässig eine Entschädigung[52].

Schliesslich kann eine zeitliche Staffelung von Hypotheken auch bei Vertragsverhandlungen mit Banken nachteilig bzw. hinderlich sein: Weil hier nur ein Teil der Gesamthypothek fällig wird, können andere Kreditgeber (Banken, Versicherungen) nur schwer für den wertvollen Konditionenvergleich beigezogen werden. Die Kreditgeber offerieren denn meistens nur für die Gesamthypothek, weshalb wiederum die Frage der vorzeitigen Auflösung der Resthypothek zur Diskussion steht.

6.5. Beschränkung des Schuldzinsenabzuges

Private Schuldzinsen sind nicht uneingeschränkt abzugsfähig, sondern lediglich im Umfang des Ertrages aus beweglichem und unbeweglichem Vermögen[53] und weiterer CHF 50 000[54]. Zinsen auf Geschäftsschulden sind von dieser Abzugsbeschränkung nicht betrof-

---

[52] vgl. zu den Rücktrittsprämien, A.6.2, S. 51.
[53] Art. 20 und 21 DBG.
[54] Art. 33 Abs. 1a DBG.

fen[55]. Die grundsätzlichen Fragen zur Beschränkung des Schuldzinsenabzugs sind in einem Kreisschreiben der ESTV nachzulesen[56]. Für den durchschnittlich vermögenden Einfamilienhausbesitzer ist die Einhaltung dieser Kriterien kaum je ein Problem, wenn er sich an die üblichen Regeln der Finanzierung hält. Investoren oder Personen welche zu Gunsten ihrer Unternehmen stark verschuldet sind, sollten vor dem Erwerb von privatem Grundeigentum die nachfolgenden Betrachtungen beherzigen.

Bei der Festsetzung des steuerbaren Einkommens entspricht der maximal zulässige Schuldzinsenabzug den steuerbaren Erträgen aus Privatvermögen zuzüglich eines Grundbetrages von CHF 50 000. Dieser Grundbetrag gilt sowohl für verheiratete Personen, die in rechtlich und tatsächlich ungetrennter Ehe leben, als auch für die übrigen Steuerpflichtigen. Verfügt ein Steuerpflichtiger noch nicht über Erträge aus beweglichem oder unbeweglichem Vermögen, kann er dennoch Schuldzinsen bis zum Betrag von CHF 50 000 in Abzug bringen. Das ist vor allem dann der Fall, wenn für den Erwerb des zu überbauenden Landes bereits ein Schuldverhältnis eingegangen wurde, welches zu verzinsen ist[57].

Die Erträge aus beweglichem Vermögen[58] bemessen sich brutto, d.h. im Umfang der gesamten steuerbaren Einkünfte vor Abzug der darauf entfallenden Gewinnungskosten und Schuldzinsen. Vermögensverwaltungskosten und die weder rückforderbaren noch anrechenbaren ausländischen Quellensteuern[59] kürzen den Umfang des maximal zulässigen Schuldzinsenabzuges somit nicht[60].

Auch die Erträge aus unbeweglichem Vermögen[61] bemessen sich brutto, d.h. im Umfang der gesamten steuerbaren Einkünfte vor Abzug der darauf entfallenden Gewinnungskosten und Schuldzinsen. Liegenschaftsunterhaltskosten und diesen gleichgestellte Aufwendun-

---

[55] Art. 27 Abs. 2d DBG; Beteiligungen von mindestens 20 Prozent am Grund- oder Stammkapital einer Kapitalgesellschaft oder Genossenschaft können im Zeitpunkt des Erwerbs zum Geschäftsvermögen erklärt werden (Art. 18 Abs. 2 DBG), weshalb die darauf entfallenden Zinsen vollumfänglich zum Abzug zugelassen werden.

[56] ESTV, Kreisschreiben Nr. 1 vom 19. Juli 2000 betreffend die Beschränkung des Schuldzinsenabzuges und die zum Geschäftsvermögen erklärten Beteiligungen nach dem Bundesgesetz vom 19. März 1999 über das Stabilisierungsprogramm 1998.

[57] Baukreditzinsen sind allenfalls nicht abzugsfähig.

[58] Art. 20 DBG.

[59] Art. 32 Abs. 1 DBG.

[60] Verluste aus der Veräusserung von Obligationen mit überwiegender Einmalverzinsung (Art. 20 Abs. 1b DBG) kürzen den Bruttoertrag aus beweglichem Vermögen nur indirekt, indem diese mit Gewinnen aus anderen Obligationen mit überwiegender Einmalverzinsung verrechnet werden können (Kreisschreiben ESTV 1999/2000 vom 12. April 1999 Ziff. 3.2).

[61] Art. 21 DBG.

gen[62] bleiben für den Umfang des maximal zulässigen Schuldzinsenabzuges daher unbeachtlich. Im Mietzins enthaltene Zahlungen für Nebenkosten sind für die Berechnung des Bruttoertrages dagegen in Abzug zu bringen.

Die Beschränkung des Abzuges privater Schuldzinsen gilt bei teilweiser Steuerpflicht sowohl bei der Festsetzung des steuerbaren wie auch des satzbestimmenden Einkommens. Dabei werden für die Festsetzung des satzbestimmenden (weltweiten) Einkommens[63] auch die Erträge aus Grundstücken im Ausland bei der Berechnung des maximal zulässigen Schuldzinsenabzuges berücksichtigt. Wenn die Summe der weltweiten Vermögenserträge zuzüglich CHF 50 000 tiefer ist als die gesamten Schuldzinsen, können letztere in der Schweiz – nach Steuerausscheidung – nur beschränkt abgezogen werden. Ein Berechnungsbeispiel hierzu ist im Anhang zum erwähnten Kreisschreiben abgedruckt.

Aperiodische Vermögenserträge fallen, soweit steuerbar, im Fälligkeitsjahr in die Berechnung des maximal zulässigen Schuldzinsenabzuges. Steuerbare Erträge aus Kapitalversicherungen mit Einmalprämie oder Obligationen mit überwiegender Einmalverzinsung können nicht auf die Laufzeit verteilt werden.

6.6. Abgrenzung private und geschäftliche Schuldzinsen

Die Abgrenzung zwischen privaten und geschäftlichen Schuldzinsen erfolgt aufgrund der Verwendung der fremden Mittel. Bei selbständiger Erwerbstätigkeit wird grundsätzlich auf den Geschäftsabschluss abgestellt. Als Geschäftsschulden verbuchte Verbindlichkeiten, die für private Zwecke verwendet wurden, sind jedoch dem Privatvermögen zuzuordnen[64].

Fehlt der Nachweis der Mittelverwendung, erfolgt die Abgrenzung zwischen privaten und geschäftlichen Schuldzinsen nach dem Verhältnis der Aktiven (proportionale Aufteilung nach Verkehrswerten).

Die Aufrechnung von Schuldzinsen ist deshalb mit der Qualifikation der entsprechenden Vermögenswerte als Privatvermögen verbunden[65]. Diese Zuteilung zum Privatvermögen gilt solange, wie Schuldzinsen aufgerechnet werden. Das verunmöglicht die Besteuerung des bis zur Beendigung der Aufrechnung eingetretenen und anlässlich

---

[62] Art. 32 Abs. 2 - 4 DBG.
[63] Art. 7 Abs. 1 DBG.
[64] Schulden und Schuldzinsen auf Beteiligungen, die zum Geschäftsvermögen erklärt wurden, sind anhand der Kaufpreisfinanzierung nachzuweisen.
[65] Vgl. das Praxisbeispiel in B.3.16.2, S. 135.

einer späteren Veräusserung realisierten Wertzuwachses als Einkommen aus gewerbsmässigem (Quasi-)Liegenschaften- und Wertschriftenhandel. Die für eine solche selbständige Erwerbstätigkeit verwendeten Vermögenswerte bilden nach der bundesgerichtlichen Rechtsprechung nämlich Geschäftsvermögen[66]. Ob der nach Beendigung der Schuldzinsenaufrechnung eingetretene und anlässlich einer späteren Veräusserung realisierte Wertzuwachs als Einkommen aus einer selbständigen Erwerbstätigkeit zu erfassen ist, beurteilt sich nach der Gesamtheit der Umstände im Zeitpunkt der Veräusserung[67].

6.7. Amortisation von Hypotheken

Grundsätzlich bestehen für den Hypothekarschuldner zwei Möglichkeiten, die Hypothek zu amortisieren: direkt oder indirekt. Oft wird aus steuerlichen Gründen die indirekte Amortisation gewählt. Trotz steuerlicher Vorteile muss eine indirekte Amortisation aber nicht zwingend in jedem Fall die bessere Lösung sein.

6.7.1. Direkte Amortisation

Unter direkter Amortisation versteht man die Rückzahlung der Hypothek in regelmässigen Raten an den Gläubiger. Die Hypothekarschuld und damit auch der steuerlich abzugsfähige Zins sinken gleichmässig. Gleichzeitig steigt jedoch die Steuerbelastung, da sich die Steuerabzüge reduzieren.

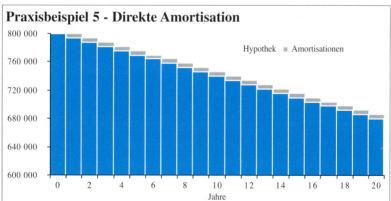

Praxisbeispiel 5 - Direkte Amortisation

Familie Berger hat für ihr neues Einfamilienhaus eine Hypothek in der Höhe von CHF 800 000 vereinbart. Die Amortisation beträgt CHF 6 000 pro Jahr. Nach 20 Jahren hat sich die ursprüngliche Schuld um CHF 120 000 verringert, womit die Hypothek noch CHF 680 000 beträgt.

---

[66] ASA 67, 644, E 5.d.
[67] Zum gewerbsmässigen Liegenschaftshändler vgl. C.1.6, S. 183.

6.7.2. Indirekte Amortisation

Bei der indirekten Amortisation bleibt die Hypothek während der ganzen Laufzeit gleich hoch. Die Amortisationszahlungen werden nicht direkt auf das Hypothekarkonto, sondern auf ein Vorsorgekonto oder -depot der 3. Säule oder auf eine 3a Police überwiesen. Diese Beträge werden erst bei der Auflösung der 3. Säule zur Tilgung der Hypothekarschuld verwendet. Statt in die 3. Säule kann man auch in eine steuerbegünstigte Lebensversicherung investieren. Die Versicherungspolice bzw. das Guthaben der Säule 3a werden dem Hypothekargläubiger verpfändet.

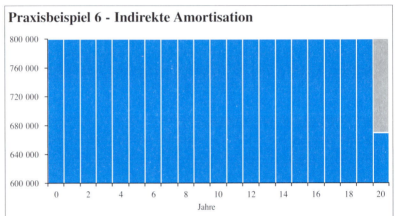

Praxisbeispiel 6 - Indirekte Amortisation

Familie Berger zahlt jährlich CHF 6 000 auf ihr Säule-3a-Vorsorgekonto ein und wird von der Pflicht zur direkten Amortisationszahlung befreit. Nach 20 Jahren wird dieses Guthaben von rund CHF 130 000 (inkl. Zinsen und nach Sondersteuer) verwendet, um die Hypothek zurückzuzahlen. Die Hypothekarbelastung und Schuldzinsen bleiben während der gesamten Laufzeit gleich.

Im Vergleich zur direkten Amortisation bleiben die Schuldzinsen bei der indirekten Amortisation unverändert (vorbehalten steigende oder sinkende Zinssätze). Besitzer von Wohneigentum können somit die während der ganzen Laufzeit der Hypothek gleichmässig anfallenden Schuldzinsen vom Einkommen abziehen und erfahren somit gegenüber der direkten Amortisation einen Steuervorteil. Gleichzeitig werden die für die Abzahlung der Hypothek vorgesehenen Mittel jährlich in die Säule 3a investiert. Diese Einzahlungen können ebenfalls vom steuerbaren Einkommen abgesetzt werden. Die jährlichen Beträge in die Säule 3a sind jedoch begrenzt (2007: CHF 6 365 für Erwerbstätige mit beruflicher Vorsorge, CHF 31 824 für Erwerbstätige ohne berufliche Vorsorge).

Steuerlich ist die Säule 3a deshalb sehr interessant, weil einerseits die Beiträge vom steuerbaren Einkommen in Abzug gebracht werden können und anderseits das Kapital und die Zinserträge vermögens- und einkommenssteuerfrei bleiben.

Zu beachten ist jedoch folgende wichtige Einschränkung: Ist bei Ehegatten die nicht erwerbstätige Person Alleineigentümerin der ehelichen Wohnung, ist die Amortisation über die Säule 3a nicht möglich, da die Abzugsmöglichkeit der Säule 3a lediglich den erwerbstätigen Personen offen steht.

Allein durch die indirekte Amortisation über die Säule 3a entsteht jedoch noch kein zusätzlicher steuerlicher Vorteil. Vielmehr bietet sich dem Hypothekarschuldner durch die indirekte Amortisation eine Budgetentlastung, denn um die unbestreitbaren steuerlichen Vorteile der Säule 3a vollends zu nutzen, muss er nicht den jährlichen Beitrag für die Säule 3a und gleichzeitig die Amortisationsraten aufwenden. Deshalb macht eine indirekte Amortisation keinen Sinn, wenn keine Amortisationspflicht besteht (keine zweite Hypothek) oder genügend Einkommen bzw. Vermögenswerte vorhanden sind, um die Amortisationsraten und die Säule 3a-Beiträge aufzubringen.

Versicherungsgesellschaften empfehlen häufig die indirekte Amortisation über Lebensversicherungen der Säule 3b. Hier wird der Rückkaufswert der Lebensversicherung verpfändet und zur späteren Amortisation verwendet. Der Vorteil besteht allenfalls darin, dass mit der Versicherung nebst der Amortisation auch eine ergänzende Risikodeckung gelöst werden kann. Zusätzliche steuerliche Vorteile ergeben sich in der Regel keine. Die Prämien der Police können kaum vom steuerbaren Einkommen in Abzug gebracht werden, weil der zulässige Pauschalabzug für Versicherungsprämien in der Regel bereits von den allgemeinen Versicherungs- und Krankenkassenprämien ausgeschöpft wird. Anderseits können steuerprivilegierte Lebensversicherungen auch ohne Hypothekarschulden erworben werden. Entscheidend sind hier die Kosten der Risikodeckung und die Rendite der Versicherung im Vergleich mit den Hypothekarkosten und einer reinen Risikodeckung ohne Verknüpfung mit einem Kapitalsparanteil.

Fazit: Muss eine Hypothek amortisiert werden und bestehen nicht die Mittel, um die Beiträge der Säule 3a und die Amortisationsraten zu tragen, ist das Instrument der indirekten Amortisation in der Regel sinnvoll.

7. Finanzierung mittels Vorsorgeguthaben

7.1. Einleitung

Selbst bewohntes Wohneigentum kann mit Vorsorgegeldern finanziert werden. Sowohl die Mittel der beruflichen Vorsorge[68] als auch Guthaben der Säule 3a können der Finanzierung von selbst bewohntem Wohneigentum dienen. Die Finanzierung kann über einen Vorbezug oder über eine Verpfändung des Altersguthabens erfolgen. Der Vorbezug führt zu einer Reduktion des Altersguthabens und gleichzeitig zu mehr Eigenmitteln bei der Liegenschaftsfinanzierung. Eine Verpfändung schmälert demgegenüber das Altersguthaben nicht, deckt in der Regel aber auch nicht den möglichen Bedarf nach mehr Eigenmitteln. Die Verpfändung von Vorsorgeguthaben wird deshalb regelmässig dort eingesetzt, wo bei der zweiten Hypothek der höhere Zinssatz mit zusätzlichen Sicherheiten (Verpfändung) vermieden werden soll.

7.2. Finanzierung über die berufliche Vorsorge (2. Säule)

7.2.1. Voraussetzungen

Gelder der beruflichen Vorsorge (2. Säule) können bereits vor Erreichen des Pensionsalters für selbst bewohntes Wohneigentum genutzt werden. Grundlage bildet die Verordnung über die Wohneigentumsförderung mit Mitteln der beruflichen Vorsorge vom 3. Oktober 1994[69].

Mittel der beruflichen Vorsorge können nur für Wohneigentum verwendet werden, wenn dieses dem eigenen Bedarf dient. Als Eigenbedarf gilt die Nutzung durch die versicherte Person an ihrem Wohnsitz oder an ihrem gewöhnlichen Aufenthalt[70]. Ferienhäuser sowie Fahrnisbauten (Wohnwagen u.ä.) fallen nicht unter das Wohneigentum zum Eigenbedarf.

Die Vorsorgegelder können eingesetzt werden:
- für den Erwerb, die Erstellung, Renovation oder Erweiterung von Wohneigentum,
- für die Amortisation von Hypothekardarlehen,
- für Beteiligungen an einem Wohneigentum[71].

---

[68] Es dürfen Mittel aus dem gesamten Bereich der beruflichen Vorsorge verwendet werden (obligatorische und ausserobligatorische Vorsorge, Freizügigkeitspolicen und -konti).
[69] WEFV; SR 831.411.
[70] Diese Voraussetzungen müssen auch bei Wohnsitz im Ausland vorliegen (z.B. Grenzgänger).
[71] Z.B. für den Kauf von Anteilscheinen an einer Wohnbaugenossenschaft oder von Aktien von Mieter-Aktiengesellschaften.

Demgegenüber dürfen die vorbezogenen Mittel nicht für die Finanzierung des laufenden Unterhalts der Liegenschaft oder für die Bezahlung der Hypothekarzinsen verwendet werden.

Als Grundlage und Mass für den Vorbezug gilt der individuelle Freizügigkeitsanspruch der versicherten Person. Betragsmässig bestehen jedoch Einschränkungen. Es kann stets nur die Summe der Freizügigkeitsleistung beansprucht werden, wie sie zum Zeitpunkt des Gesuches besteht *(relative Begrenzung)*.

Sodann können Vorsorgenehmer, die über 50 Jahre alt sind, gesamthaft höchstens den Betrag der Freizügigkeitsleistung im Alter 50 oder die hälftige Freizügigkeitsleistung im Zeitpunkt des Bezugs vorbeziehen *(absolute Begrenzung)*. Die gleiche Beschränkung gilt auch für die Verpfändung des Vorsorgeguthabens[72].

Das entsprechende Gesuch für den Vorbezug kann bis drei Jahre vor Entstehung des Anspruchs auf Altersleistungen[73] bei der Vorsorgeeinrichtung geltend gemacht werden.

Weitere Einschränkungen für den Vorbezug bestehen darin, dass pro Bezug mindestens CHF 20 000 beansprucht werden müssen und ein Vorbezug nur alle fünf Jahre geltend gemacht werden kann. Weiter dürfen die Kapitalien eines Vorbezugs in den letzten drei Jahren nicht durch Einkäufe finanziert worden sein.

Jeder Vorbezug, nicht aber die Verpfändung, hat eine Kürzung des künftigen Leistungsanspruches zur Folge. Je nach Ausprägung der Vorsorgeeinrichtungen sind die Alters- und Risikoleistungen von einer Leistungskürzung betroffen, so dass sich zur Schliessung der entstehenden Risikolücke unter Umständen Zusatzversicherungen aufdrängen.

Als zulässige Formen des Wohneigentums gelten Alleineigentum, Miteigentum (namentlich das Stockwerkeigentum), Gesamteigentum (der versicherten Person mit ihrem Ehegatten zu gesamter Hand), und das selbständige und dauernde Baurecht[74]. Gesamteigentum ist jedoch allein unter Ehegatten und unter eingetragenen Partnern/Partnerinnen zulässig. Nicht zulässig sind die anderen Formen des Gesamteigentums, wo eine andere Person als der Ehegatte bzw. eingetragene Partner/Partnerinnen (z. B. Konkubinatspartner) Gesamteigentümer ist[75].

---

[72] A.7.2.9, S. 68.
[73] Art. 13 Abs. 2 BVG.
[74] Art. 2 Abs. 2 WEFV.
[75] Mitteilungen über die berufliche Vorsorge Nr. 85 Ziff. 492 und Nr. 32 Ziff. 188 (www.sozialversicherungen.admin.ch).

Bei einem Vorbezug müsste deshalb unter Konkubinatspartnern Miteigentum gewählt werden[76]. Die versicherte Person kann schliesslich einen Vorbezug nur für ein Objekt beantragen bzw. verwenden[77].

> **Praxisbeispiel 7 - BVG-Vorbezug**
> Ein Versicherter ist Eigentümer eines über vorbezogene Mittel der beruflichen Vorsorge finanzierten Reihenhauses. Er stellt bei seiner Vorsorgeeinrichtung erneut einen Antrag auf Vorbezug für den Kauf einer an die erste Immobilie angrenzenden Liegenschaft. Mit dem Kauf soll in erster Linie das bereits bestehende Wohneigentum zur Unterbringung der Kinder vergrössert werden. Der Vorbezug soll also dazu dienen, die bereits bestehende Liegenschaft auszubauen. Ein Vorbezug wäre nur möglich, wenn die zweite Liegenschaft im Grundbuch nicht separat eingetragen wäre, was in der Praxis kaum je der Fall sein dürfte.

Die Vorsorgeeinrichtung zahlt den geltend gemachten Vorbezug direkt an den Gläubiger der versicherten Person aus (Verkäufer, Darlehensgeber, Ersteller etc.). Die versicherte Person hat vor der Auszahlung ihr Einverständnis zur Überweisung des Vorbezuges zu geben[78]. Zur Sicherstellung des Vorsorgezweckes hat die Vorsorgeeinrichtung oder die Urkundsperson im Grundbuch eine Veräusserungsbeschränkung anmerken zu lassen[79].

7.2.2. Steuerliche Auswirkungen des Vorbezuges[80]

Bei einem Bezug des Vorsorgeguthabens für die Wohneigentumsförderung gelangt das vorbezogene Kapital zur Besteuerung. Die Kapitalleistung aus Vorsorge wird entweder im Rahmen der ordentlichen Besteuerung mit einer vollen Jahressteuer[81] oder – bei ausländischem Wohnsitz des Empfängers (Grenzgänger) – im Rahmen der

---

[76] Wird hingegen auf dem jeweiligen Miteigentumsanteil des Konkubinatspartners zusätzlich ein Nutzniessungsrecht errichtet, ist ein Vorbezug nicht mehr möglich (Mitteilungen über die berufliche Vorsorge Nr. 87, Ziff. 506 und Nr. 55, Ziff. 329).
[77] Mitteilungen über die berufliche Vorsorge Nr. 91, Ziff. 528.
[78] Bei Gesamteigentum ist zusätzlich die Zustimmung des Ehepartners bzw. des eingetragenen Partners/Partnerin erforderlich.
[79] Art. 30e Abs. 2 BVG.
[80] KS ESTV Nr. 23 1995/1996.
[81] Artikel 38 DBG u. Art. 11 Abs. 3 StHG.

Besteuerung an der Quelle[82] belastet. Die Jahressteuer wird beim Bund zu einem Fünftel der ordentlichen Tarife[83] berechnet und für das Steuerjahr festgesetzt, in welchem die entsprechende Kapitalleistung zugeflossen ist[84]. Die Kantone kennen in der Regel ebenfalls eine reduzierte Besteuerung, wobei die Satzreduktion sehr unterschiedlich ausfällt. Zürich erhebt eine Steuer zum Tarif von lediglich einem Zehntel der ausgerichteten Kapitalleistung, mindestens aber von 2%. Der Kanton Aargau besteuert die gleiche Leistung zu 40%[85]. Es erstaunt deshalb nicht, dass sehr grosse kantonale Unterschiede bestehen, welche in der Tabelle 2 - Steuerbelastung bei einem Bezug von BVG-Guthaben auf S. 63 anhand einer Referenzperson schematisch und über mehrere Kapitalbezugshöhen hinweg dargestellt werden.

Tabelle 2 - Steuerbelastung bei einem Bezug von BVG-Guthaben
Mann, 40-jährig, konfessionslos, verheiratet, wohnhaft im Hauptort des jeweiligen Kantons, Steuerbezugsjahr 2007. Die Steuerbelastung beträgt:
(**Fett**) Kanton mit der höchsten Belastung (***Fett-kursiv***) Kanton mit der tiefsten Belastung

Kanton	20 000	50 000	100 000	150 000	200 000	300 000
AG	144	1 259	5 017	10 401	16 365	28 717
AI	1 098	2 808	5 987	9 808	13 853	21 943
AR	**1 216**	**3 103**	6 577	10 693	15 033	23 713
BE	736	1 903	4 942	9 284	13 919	23 810
BL	668	1 733	3 837	6 583	9 553	15 493
BS	600	1 813	5 247	10 323	15 623	26 223
FR	740	2 283	6 232	11 933	**18 783**	**32 483**
GE	181	1 644	4 678	8 548	12 787	21 554
GL	1 170	2 988	6 347	10 348	14 573	23 119
GR	557	1 456	3 283	5 752	8 444	*13 986*
JU	507	2 106	5 591	9 837	14 437	23 637
LU	362	1 603	5 246	9 772	14 522	24 534
NE	960	2 463	5 297	9 864	15 004	25 895
NW	833	2 115	5 059	9 488	14 112	23 214
OW	506	2 376	6 031	10 354	14 902	23 997
SG	1 116	2 853	6 076	9 942	14 032	22 211
SH	*108*	913	3 111	6 281	9 878	17 303
SO	117	1 228	4 297	8 212	12 868	22 330

---

[82] Artikel 96 DBG. Die Besteuerung an der Quelle erfolgt aufgrund der entsprechenden Bestimmungen der Quellensteuerverordnung (SR 642.118.2). Gemäss Artikel 11 dieser Verordnung wird die vorbezogene Vorsorgeleistung ungeachtet staatsvertraglicher Regelung stets der Quellensteuer unterstellt. Der bezahlte Quellensteuerbetrag wird jedoch unter gewissen Bedingungen wieder zurückerstattet (so etwa dann, wenn der Empfänger der seinerzeitigen Leistung belegen kann, dass die zuständige ausländische Steuerbehörde von der Kapitalleistung Kenntnis hat). In Artikel 3 des Anhanges zur Verordnung sind die massgebenden Quellensteuersätze festgelegt, welche in die kantonalen Quellensteuertarife eingerechnet sind.
[83] Nach Artikel 36 DBG.
[84] Art. 48 DBG.
[85] § 37 StG/ZH u. § 45 StG/AG.

Steuern und Immobilien   Erwerb

Kanton	20 000	50 000	100 000	150 000	200 000	300 000
SZ	188	*532*	*1 838*	*4 250*	*7 603*	15 917
TG	1 136	2 903	6 177	10 093	14 233	22 513
TI	1 174	2 407	4 791	7 817	11 067	17 567
UR	525	2 214	**6 632**	**12 248**	18 148	30 058
VD	551	2 309	6 191	11 418	17 503	30 333
VS	860	2 213	4 797	8 023	12 313	22 670
ZG	294	958	3 064	6 049	9 411	17 233
ZH	888	2 283	4 937	8 233	11 753	18 793

7.2.3. Einkauf von Beitragsjahren bei ausstehendem Vorbezug

Wurden Einkäufe getätigt, so dürfen die daraus resultierenden Leistungen innerhalb der nächsten drei Jahre nicht für die Finanzierung von selbst bewohntem Wohneigentum verwendet werden. Andererseits dürfen seit dem 1. Januar 2006 freiwillige Einkäufe erst dann vorgenommen werden, wenn die Vorbezüge zurückbezahlt sind[86]. Diese Bestimmung ist in der Regelung auch bei einem geplanten Einkauf ab dem 1. Januar 2006 anwendbar, wenn der Vorbezug für Wohneigentum vor diesem Datum erfolgte[87]. Verfügt eine versicherte Person über mehrere Vorsorgegefässe (z.B. Basis- und Kaderplan), ist die Regelung für jedes Vorsorgegefäss separat anwendbar[88]. Die versicherte Person könnte somit z.B. einen Vorbezug aus der Kaderversicherung vornehmen und sich vor Rückzahlung des Vorbezuges in die Basisversicherung einkaufen. Ein solches Vorgehen wird aber von vielen Steuerbehörden als Umgehung angesehen, weshalb eine gewisse Zurückhaltung angezeigt erscheint, sofern nicht eine klar positive, verbindliche Stellungnahme der zuständigen Steuerbehörden vorliegt. Eine klar ablehnende Haltung nimmt der Kanton Zürich ein, der entgegen der anderslautenden Empfehlung des Bundesamtes für Sozialversicherungen von einer konsolidierten Betrachtungsweise ausgeht[89].

7.2.4. Rückzahlung des Vorbezuges

Der Vorbezug muss vom Versicherten oder dessen Erben zurückbezahlt werden[90], wenn

---

[86] Art. 79b Abs. 3 BVG.
[87] Das Vorsorgereglement kann jedoch freiwillige Einkäufe zulassen für Fälle, in denen eine Rückzahlung des Vorbezuges nicht mehr möglich ist (3 Jahre vor Entstehung des Anspruchs auf Altersleistungen).
[88] Mitteilung des Bundesamtes für Sozialversicherungen (BSV) Nr. 88, Ziffer 8.
[89] Praxis des Kantons Zürich aus: Projectos Seminar vom 4. Juni 2007, Vorsorge und Steuern, Fall 7.
[90] Art. 30d Abs. 1 BVG.

- das Wohneigentum veräussert wird[91],
- Rechte an diesem Wohneigentum eingeräumt werden, die wirtschaftlich einer Veräusserung gleichkommen (z.B. Vermietung, Wohnrecht, Nutzniessungsrecht)[92],
- beim Tode des Versicherten keine Vorsorgeleistung fällig wird[93].

Die Rückzahlung eines WEF-Vorbezuges kann nur mit Mitteln vorgenommen werden, die noch nicht zu Vorsorgezwecken gebunden sind. Somit können für die Rückzahlung z.B. keine Freizügigkeitsguthaben oder Guthaben der Säule 3a verwendet werden. Die Rückzahlung des Vorbezuges gibt dem Vorsorgenehmer Anspruch auf zinslose Rückerstattung der seinerzeit bezahlten Steuern auf der Kapitalauszahlung. Der Abzug des wieder einbezahlten Vorbezuges vom steuerbaren Einkommen ist ausgeschlossen (kein Einkauf). Das Recht auf Rückerstattung der bezahlten Steuer erlischt nach Ablauf von drei Jahren seit der Wiedereinzahlung des Vorbezuges. Für die Rückerstattung der Steuern ist ein schriftliches Gesuch an diejenige Steuerbehörde zu richten, die seinerzeit den Steuerbetrag erhoben hat. Bei mehreren Vorbezügen erfolgt die Rückerstattung der bezahlten Steuern in der gleichen zeitlichen Reihenfolge, wie damals die Vorbezüge stattgefunden haben. Bei teilweiser Rückzahlung des vorbezogenen Betrages wird der Steuerbetrag im Verhältnis zum Vorbezug zurückerstattet. Eine ausländische Steuer, die gegebenenfalls zu bezahlen war, kann nicht zurückverlangt werden.

7.2.5. Vorbezug und Konkubinat (Lebensgemeinschaft)

Beim Bezug von Vorsorgeguthaben von Personen, welche im Konkubinat leben, sei auf den Fall hingewiesen, wo jeder Konkubinatspartner Eigentümer zu gleichen Teilen am Wohneigentum und Nutzniesser des Anteils des andern ist («gekreuzte Nutzniessung»)[95]. Um den überlebenden Konkubinatspartner beim Tod des andern zu schützen, wird oft die Lösung gewählt, dem Konkubinatspartner zu

---

[91] Nach Eintritt des Vorsorgefalles (v.a. Pensionierung) entfällt dieser Grund. Verkauft eine versicherte Person ihr Wohneigentum und erwirbt sie in den folgenden zwei Jahren mit dem Erlös wieder ein Eigenheim, ist eine Rückzahlung des Vorbezuges nicht erforderlich. Das vorbezogene Guthaben kann bis zum Neuerwerb auf einem Freizügigkeitskonto («Wartekonto») gehalten werden.
[92] Nach Eintritt des Vorsorgefalles (v.a. Pensionierung) entfällt dieser Grund.
[93] Beispielsweise beim Tod eines Alleinstehenden. Die Rückzahlungspflicht belastet hier die Erben bzw. die Erbmasse. Ein Vorbezug kann daher nicht verhindern, dass in diesem Fall die Vorsorgegelder der Vorsorgeeinrichtung zufallen.
[94] Art. 83a Abs. 2 und 3 BVG.
[95] Mitteilungen über die berufliche Vorsorge Nr. 55, Rz 329.

Lebzeiten ein Nutzungsrecht auf der ganzen Immobilie einzuräumen. Die Nutzniessung ist eine Dienstbarkeit, die dem Nutzniesser das Recht auf den Besitz, den Gebrauch und die Nutzung der Sache verleiht. Sie schränkt daher für den einen oder andern Konkubinatspartner, ja sogar für seine Erben, die Möglichkeit der Ausübung des Eigentumsrechts stark ein. Ein eventueller Verkauf dieses Teils wäre gefährdet, solange diese Nutzniessung besteht. Die Errichtung einer Nutzniessung wird daher als «Recht, das wirtschaftlich einer Veräusserung gleichkommt» behandelt[96]. Grundsätzlich kann deshalb die versicherte Person von ihrer Vorsorgeeinrichtung keinen Vorbezug auf einem Miteigentumsanteil, der mit einer Nutzniessung belastet ist, beanspruchen. Ausnahmsweise ist dies jedoch möglich, wenn der Konkubinatspartner im Reglement als begünstigte Person bezeichnet ist[97]. Inzwischen sind Hinterlassenenleistungen zu Gunsten von Konkubinatspartnern in Reglementsbestimmungen zulässig und auch regelmässig vorgesehen[98]. Nicht mehr notwendig ist dabei, dass der verstorbene Konkubinatspartner zum Unterhalt beigetragen hat. Es genügt eine Lebensgemeinschaft, die in den letzten fünf Jahren bis zum Tod ununterbrochen Bestand hatte, damit ein Partner als begünstigte Person gelten kann[99].

Mit Inkrafttreten des neuen **Partnerschaftsgesetzes**[100] per 1. Januar 2007 wird die eingetragene Partnerschaft gleichgeschlechtlicher Paare geregelt. Dabei wird u. a. vorgesehen, dass solange eine eingetragene Partnerschaft dauert, sie im Sozialversicherungsrecht einer Ehe gleichgestellt ist[101]. Entsprechend finden sich zahlreiche Bestimmungen in der Gesetzgebung, die die vorsorgerechtliche Gleichstellung mit Ehepartnern umsetzten[102].

7.2.6. Bezug und Ehescheidung

Grundsätzlich werden bei Ehescheidung die während der Ehe angesparten Vorsorgeguthaben hälftig geteilt. Wurden für den Erwerb

---

[96] Art. 30d Abs. 1 Bst. b BVG; MBV Nr. 32 S. 10, Ziff. 1.5.
[97] Vor Inkrafttreten des neuen Artikels 20a BVG bezüglich begünstigte Personen im Rahmen der 1. BVG-Revision am 1. Januar 2005, galt ein Konkubinatspartner im Prinzip nicht als begünstigte Person im Sinne des Gesetzes.
[98] Art. 20a BVG.
[99] Mitteilungen über die berufliche Vorsorge Nr. 93, Rz. 541.
[100] Bundesgesetz über die eingetragene Partnerschaft gleichgeschlechtlicher Paare (PartG; SR 211.231).
[101] Art. 13a des Bundesgesetztes vom 6. Oktober 2000 über den Allgemeinen Teil des Sozialversicherungsrechts (SR 830.1).
[102] BVG Art. 19a, Art. 30c Abs. 5 und 6, Art. 37 Abs. 5, Art. 79a Abs. 5; FZG Art. 5 Abs. 2, Art. 22d, Art. 24 Abs. 2 und 3.

von Wohneigentum Vorbezüge getätigt, werden nur die nach der Eheschliessung getätigten Vorbezüge in die Teilung einbezogen. Soll das Wohneigentum im Rahmen des Ehescheidungsverfahrens ins Eigentum eines Ehegatten übertragen werden, so können Wohneigentum und Vorbezug unterschiedlich zugewiesen werden. Je nach Regelung muss die bisherige Veräusserungsbeschränkung im Grundbuch geändert und zu Gunsten der Vorsorgeeinrichtung des neuen Eigentümers angemerkt werden. Bei der Zuweisung des an die Vorsorgeeinrichtung gebundenen Vorbezuges darf nicht vergessen werden, dass die Scheidungsvereinbarung betreffend den Vorbezug auch einen Einfluss auf die späteren Einkaufsmöglichkeiten bzw. Steuersparmöglichkeiten der geschiedenen Ehegatten haben kann.

7.2.7. Bezug und Erbrecht

Wurden Vorbezüge zum Erwerb von Wohneigentum getätigt, sind die Beträge, soweit keine Rückerstattungspflicht vorliegt, vorab güterrechtlich zuzuordnen. Was davon in den Nachlass fällt (als Eigengut oder Errungenschaft) ist bei der Berechnung der Pflichtteile vollumfänglich zu berücksichtigen[103]. Verstirbt die versicherte Person, bildet der vorbezogene und mit dem Tod frei gewordene Anteil Errungenschaft und ist vom überlebenden Ehegatten im Rahmen der Vorschlagsteilung mit den anderen Erben zu teilen. Für den überlebenden Ehegatten kann sich diese Folge nachteilig auswirken[104].

7.2.8. Zusatzversicherung

Die nach einem Vorbezug allenfalls entstehende Verminderung der Risikodeckung bei Tod und Invalidität kann mit einer Zusatzversicherung ausgeglichen werden[105]. Folgen die Risikoleistungen in der beruflichen Vorsorge dem Beitragsprimat, ergibt sich durch einen Vorbezug eine Beeinträchtigung dieser Risikoleistungen. Gilt demgegenüber das Leistungsprimat, hat der Vorbezug lediglich Einfluss auf die Altersleistungen.

Ob und in welchem Ausmass die Prämien für eine Zusatzversicherung steuerlich in Abzug gebracht werden können, hängt von der Ausgestaltung des konkreten Versicherungsvertrages ab. Aus steuerlicher Sicht handelt es sich bei der Zusatzversicherung um individuelle Vorsorge. Die Vorsorgeeinrichtung kann solche Zusatzversicherungen

---

[103] AEBI-MÜLLER, Die optimale Begünstigung des überlebenden Ehegatten, Bern 2000, Rz. 03.51.
[104] AEBI-MÜLLER, a.a.O., Rz. 09.110.
[105] Art. 30c Abs. 4 BVG.

vermitteln. Für diesen Fall stehen die Möglichkeiten der gebundenen Selbstvorsorge (Säule 3a) oder der freien Vorsorge (Säule 3b) zur Verfügung. Die Abzüge für die entsprechenden Beiträge richten sich nach den jeweiligen Vorsorgeformen[106].

7.2.9. Verpfändung

Bei der Finanzierung von selbst bewohntem Wohneigentum schafft lediglich ein Vorbezug höheres Eigenkapital. Anders bei der Verpfändung: Die Verpfändung von Vorsorgeguthaben verschafft dem Kreditgeber höhere Sicherheiten für das gewährte Fremdkapital. In der Regel führt die Verpfändung zu höheren Sicherheiten im Rahmen der Zweithypotheken, so dass diese zum Satz von ersten Hypotheken angeboten werden können. Teilweise wird durch die Verpfändung höheres Fremdkapital gewährt, was einen Erwerber aber meistens nicht davon dispensiert, einen minimalen Anteil an Eigenkapital aufzubringen (10–20% des Verkehrswertes).

Bis zum Erreichen des 50. Altersjahres kann maximal die aktuelle Freizügigkeitsleistung verpfändet werden. Ab dem 50. Altersjahr kann die Freizügigkeitsleistung bei Alter 50 oder – wenn diese höher ausfällt – die Hälfte der aktuellen Freizügigkeitsleistung verpfändet werden. Da sich die Höhe der ‹aktuellen Freizügigkeitsleistung› nach dem Stand im Zeitpunkt der Pfandverwertung richtet, wird im Darlehens- oder Pfandvertrag zuweilen vorgesehen, dass sich die Pfandsumme fortlaufend der sich ändernden Freizügigkeitsleistung anpasst.

Eine Verpfändung ist erst mit der schriftlichen Anzeige an die Vorsorgeeinrichtung gültig. Grundsätzlich kann eine Verpfändung bis drei Jahre vor der Pensionierung vorgenommen werden.

Bei einer Pfandverwertung ist zwischen der Verwertung einer Vorsorgeleistung[107] und einer Freizügigkeitsleistung[108] zu unterscheiden. Während die verpfändete Freizügigkeitsleistung sofort verwertet werden kann, wird bei der Pfandverwertung der Vorsorgeleistung bis zur Fälligkeit der Leistung (z.B. Erreichen des Pensionierungsalters) zugewartet.

7.2.9.1. Steuerliche Auswirkungen der Verpfändung

Aus der Verpfändung als solcher entstehen keine unmittelbaren steuerlichen Folgen, weil dabei nicht über das Vorsorgeguthaben oder Teile davon verfügt wird. Führt die Verpfändung hingegen zu einer

---
[106] Art. 33 Abs. 1 Bst. e bzw. Bst. g DBG.
[107] Im Rahmen einer Vorsorgeeinrichtung.
[108] Als Freizügigkeitskonto oder Freizügigkeitspolice.

Pfandverwertung, sind damit die gleichen steuerlichen Folgen wie beim Vorbezug verbunden. Der Erlös aus der Pfandverwertung wird besteuert, wobei hierfür die gleichen Regeln wie bei der Besteuerung des Vorbezuges gelten. Folgerichtig sind nach einer Pfandverwertung dieselben Möglichkeiten einer Rückzahlung und, daran anknüpfend, der Rückerstattung der bezahlten Steuern wie beim Vorbezug gegeben[109].

7.2.9.2. Verpfändung und Konkubinat

Zahlreiche Fragen und Hürden ergeben sich, wenn Konkubinatspartner eine Liegenschaft erwerben. Eine Verpfändung von Vorsorgeguthaben ist nur dann möglich, wenn der vorsorgeberechtigte Eigentümer der Liegenschaft ist. Wird das Eigentum an der Liegenschaft nur einem der beiden Konkubinatspartner zugewiesen, kann das Vorsorgeguthaben (2. Säule, Säule 3a) des nicht eigentumsberechtigten Partners nicht verwendet werden (Bezug oder Verpfändung sind ausgeschlossen). Entsprechend bedarf es zumindest Miteigentums der Beteiligten. In diesem Fall empfiehlt es sich, die Rechtsverhältnisse und insbesondere die Folgen bei einer Trennung im Rahmen eines Konkubinatsvertrages klar zu regeln. Weil vielfach jüngere Personen Konkubinatsverhältnisse eingehen, ist mangels hinreichender Einkommensquellen oder anderer finanzieller Mittel im Trennungsfall häufig der Verkauf der Liegenschaft die einzige Möglichkeit einer Auseinandersetzung.

7.2.9.3. Verpfändung und Ehescheidung

Bei Übertragung eines Teils der Freizügigkeitsleistung infolge Scheidung auf eine Vorsorgeeinrichtung des anderen Ehegatten ist, soweit die Pfandsumme betroffen ist, die schriftliche Zustimmung des Pfandgläubigers erforderlich[110]. Im Rahmen eines Ehescheidungsverfahrens sind entsprechende Abklärungen und Vorkehrungen zu treffen, sollten aber in der Regel zu keinen nennenswerten Schwierigkeiten in der Abwicklung führen.

7.2.9.4. Verpfändung und Erbrecht

Beim Tod einer versicherten Person werden deren Vorsorgeguthaben für die Ausrichtung einer Witwen- bzw. Witwerrente oder von Todesfallleistungen verwendet. Dadurch verringert sich die Sicherheit

---
[109] A.7.4.2, S. 73.
[110] Art. 22 FZG; Art. 9 WEFV.

des Pfandgläubigers. Entsprechend müsste wiederum die schriftliche Zustimmung des Pfandgläubigers einverlangt oder zusätzlich Sicherheit beigebracht werden. Dies könnte theoretisch dann zu Schwierigkeiten führen, wenn die durch die Vorsorgeleistung begünstigte Person nicht gleichzeitig Pfandschuldnerin würde (z. B. bei einer Kapitalleistung aus beruflicher Vorsorge an eine begünstigte Lebenspartnerin, welche aber nicht als Erbin eingesetzt wurde oder wenn der Nachlass überschuldet ist).

Tabelle 3 - Übersicht über die Folgen des Einsatzes von BVG-Mitteln für den Eigentumserwerb

	Vorbezug 2. Säule	Verpfändung 2. Säule
Auswirkungen Vorsorgekapital	Kürzung	Keine Änderung
Konsequenz	Rentenkürzung im Pensionsalter, Rentenkürzung bei Invalidität oder im Todesfall	Keine Rentenkürzung im Pensionsalter (nur bei Grundpfandverwertung als Folge von Zahlungsunfähigkeit).
Absicherung	Abschluss einer Risiko-Versicherung gegen Tod und Invalidität ist zwingend.	Abschluss einer Risiko-Versicherung gegen Tod und Invalidität ist teilweise zu empfehlen (Absicherung bei allfälliger Grundpfandverwertung).
Einverständnis Ehepartner bzw. eingetragene Partner/Partnerin	Erforderlich	Erforderlich
Konditionen	Der Vorbezug hat keinen direkten Einfluss auf die Konditionen.	Entweder wird eine Reduktion auf die Zinskonditionen der Hypothek im 2. Rang gewährt, oder eine Belehnung des finanzierten Objektes über 80% wird ermöglicht.
Eigenmittel	Ein Vorbezug wird vollumfänglich den Eigenmitteln angerechnet.	Die Verpfändung hat keine Auswirkung auf die Eigenmittel und dient zur Beschaffung von zusätzlichem Fremdkapital. Dies führt in der Regel zu höheren jährlichen Amortisationszahlungen.
Steuern	Der Vorbezug ist bei Auszahlung sofort zu besteuern. Eine Verrechnung der Steuern mit dem Vorbezug ist nicht möglich. Der Steuersatz variiert nach Kanton.	Bei einer Verwertung des Pfandes kommt es zur Besteuerung des Vorsorgeguthabens (ähnlich wie beim Vorbezug).

7.3. Finanzierung mit der gebundenen Selbstvorsorge (Säule 3a)

7.3.1. Bezugsvoraussetzungen

Ein Vorbezug für den Erwerb oder die Renovation einer selbst bewohnten Liegenschaft sowie für die Amortisation einer Hypothek ist auch bei der gebundenen Selbstvorsorge (Säule 3a) zulässig. Wie bei der beruflichen Vorsorge muss es sich dabei um selbst bewohntes Eigentum handeln. Ein Bezug ist nur möglich, wenn diejenige Person, welche die Auszahlung verlangt, auch im Grundbuch als Eigentümerin des zu finanzierenden Eigenheims eingetragen ist. Das führt zu Problemen, wenn das Eigenheim eines Ehepaars im Grundbuch nur auf den Ehemann eingetragen ist und die Frau eine Auszahlung ihres Säule-3a-Guthabens verlangen möchte. Dieses Problem lässt sich jedoch relativ einfach dadurch lösen, indem der Ehegatte einen Miteigentumsanteil auf seine Ehegattin übertragen lässt, was bei Schenkung des Anteils steuerfrei möglich ist[111].

Mit Kapital aus der Säule 3a kann weder eine Ferienwohnung noch ein Wochenenddomizil finanziert werden. Kauft jemand ein Mehrfamilienhaus und bewohnt darin eine Wohnung selbst, kann dafür die anteilmässige Finanzierung des Erwerbs bzw. für die anteilmässige Amortisation der Hypotheken ebenfalls Guthaben aus der Säule 3a verwendet werden.

7.3.2. Steuerfolgen

Der Vorbezug des Vorsorgekapitals aus der Säule 3a wird wie der Bezug aus der beruflichen Vorsorge separat vom übrigen Einkommen besteuert. Der Bund erhebt eine Jahressteuer von einem Fünftel der ordentlichen Tarife: Den Kantonen schreibt das Steuerharmonisierungsgesetz die Besteuerung zu einer vollen Jahressteuer vor. Dabei kommt in der Regel ein reduzierter Satz zur Anwendung.

7.3.3. Steuerplanerische Aspekte

Einen weiteren Vorteil hat die Finanzierung von Wohneigentum mit Guthaben der Säule 3a: Abgesehen von wenigen Ausnahmefällen dürfen Altersleistungen der Säule 3a frühestens fünf Jahre vor Erreichen des AHV-Alters ausgerichtet werden. Verlangt nun eine versicherte Person zum Beispiel zwei Jahre vor Erreichen des Pensionsalters die Auszahlung eines Teils ihres 3a-Guthabens, betrachten die Steuerbehörden das gesamte Kapital als fällig und erheben die Steuer, wie wenn der gesamte Betrag bezogen worden wäre. Anders, wenn das Guthaben für Erwerb und Finanzierung von selbst genutztem Wohneigentum eingesetzt wird. Hier ist es möglich, alle fünf Jahre eine teilweise Auszahlung aus der Säule 3a zu verlangen, dies wird von den Steuerbehörden anerkannt und führt nicht zu einer Besteue-

---

[111] D 2.3.4.2, S. 236.

rung des gesamten Guthabens. Die Steuer-Progression kann dadurch sowohl beim Bund wie auch beim Kanton gebrochen werden. Nur einzelne Kantone verhindern diesen «Steuertrick» indem z. B. die Bezüge in den letzten fünf Jahren vor dem Erreichen des Pensionsalters für die Bemessung der Progression verschärfend zusammengerechnet werden.

7.4. Finanzierung und Privatversicherungen

7.4.1. Einsatz von Risikoversicherungen

Mit dem Erwerb von Wohneigentum steigen in der Regel auch die finanziellen Risiken: Neu bestehen Schulden und Schuldzinsen. Entsprechend wird im Zuge des Liegenschaftserwerbs regelmässig die Risikoabdeckung bei Invalidität und Tod geprüft. Risikoversicherungen stellen für diese Fälle einen Erwerbsersatz (Invalidenrente oder Witwen-/Witwerrente) oder eine Kapitalleistung bereit. Die Kapitalleistung wird dabei üblicherweise mit der Höhe der Fremdfinanzierung koordiniert. So kann z. B. bei einem Todesfall durch die Risikoleistung ein Teil der Hypothek sofort amortisiert werden, was die laufende Belastung des Haushaltsbudgets reduziert. Zu beachten gilt es einerseits die schier grenzenlose Vielfalt von Versicherungsprodukten, andererseits die sich im Versicherungsfall ergebenden Steuerfolgen bei der Auszahlung von Leistungen. Hier können nur einige wenige wesentliche Grundsätze aufgeführt werden, wobei für eine Produktewahl im konkreten Fall eine Beratung durch einen Spezialisten (Broker oder ein unabhängiges Institut) unerlässlich ist:

- **Trennung von Risiko und Sparen:** Oftmals verändern sich die eigenen Lebensumstände in familiärer und beruflicher Hinsicht. Damit ändert sich in der Regel auch die individuelle Sparquote und das Bedürfnis nach einer Risikodeckung. Um flexibel zu bleiben, sollten diese möglichen Veränderungen berücksichtigt und keine allzu bindenden und langfristigen Versicherungsverträge eingegangen werden. Reine Risikoversicherungen sind hier meist die beste Lösung. Bei einer Trennung von Risiko- und Sparlösung besteht auch eine höhere Kostentransparenz.
- **Versicherungen als Vermögensanlage:** Versicherungen als Sparversicherung mit einem reduzierten Risikoschutz (meist eine Prämienbefreiung bei Erwerbsunfähigkeit und/oder Todesfallschutz) eignen sich gelegentlich aufgrund ihrer steuerlichen Privilegierung als ausgezeichnete Spar- und Vermögensanlage.

Laufzeiten von über zehn Jahren sind allerdings nicht empfehlenswert.
- **Versicherungen und Steuern:** Risikoleistungen von Versicherungen (Kapital- oder Rentenleistungen) zeigen regelmässig massgebliche Steuerfolgen (Einkommens- und/oder Erbschaftssteuern). Bei der Festlegung der Versicherungsdeckung sind diese Steuerfolgen zu berücksichtigen und entsprechend das versicherte Kapital- oder die Rentenleistung zu erhöhen.
- **Versicherungen und Erbrecht:** Versicherungsleistungen (und Vorsorgeleistungen) unterliegend erbrechtlichen Sonderbestimmungen und fallen nicht wie das übrige Vermögen vorbehaltlos in den Nachlass des Verstorbenen. Vielmehr besteht ein direkter Forderungsanspruch des Begünstigten gegenüber der Versicherungseinrichtung. Entsprechend sind regelmässig auch die erbrechtlichen Folgen von Vorsorge- und Versicherungsprodukten zu klären.

7.4.2. Fremdfinanzierte Kapitalversicherungen

Der Abschluss einer gemischten Kapitalversicherung gegen Einmalprämie kann im Einzelfall verschiedene Vorteile bringen[112]:

a) **Steuerliche Privilegierung:** Erträge aus Kapitalversicherungen sind steuerfrei, soweit diese Kapitalversicherungen der Vorsorge dienen. Als der Vorsorge dienend gilt die Kapitalversicherung, wenn die Auszahlung nach dem 60. Altersjahr erfolgt, das Vertragsverhältnis mindestens fünf Jahre gedauert hat und der Vertrag vor dem 66. Altersjahres begründet wurde[113].

b) **Todesfallrisikoschutz:** Die Kapitalversicherung bietet regelmässig eine Versicherungskomponente.

Vor allem mit dem Ziel einer steuerlichen Optimierung sind in der Praxis häufig Kapitalversicherungen abgeschlossen worden, welche ganz oder teilweise über eine Erhöhung der Hypothek finanziert sind[114].

---

[112] Zu erwähnen ist das Konkurs- und Erbschaftsprivileg: Für eine Kapitalversicherung gelten im Rahmen eines Konkurs- oder Erbschaftsverfahren Sonderregeln.
[113] Art. 20 Abs. 1 lit. a DBG.
[114] Oftmals wird auch die erworbene Lebensversicherung verpfändet und aufgrund der zusätzlichen Sicherheit der Versicherungsbetrag bzw. Steuervorteil weiter erhöht. Hier wird regelmässig eine Steuerumgehung angenommen.

> **Praxisbeispiel 8 - Fremdfinanzierte Versicherung**
> Ein Wohneigentümer erhöht auf seiner Liegenschaft die Hypothek um CHF 200 000 zu einem festen Satz von 4%. Gleichzeitig investiert er den Betrag in eine fondsgebundene Versicherung (Obligationenfonds) in Höhe von CHF 200 000 mit einer erwarteten Rendite von 3,5%.
> Obwohl im Beispiel die Rendite des Obligationenfonds geringer ausfällt als der Zinsensatz für die Schuld, lässt sich ein Vorteil von CHF 1 400 pro Jahr erzielen. Der Vorteil ergibt sich alleine aufgrund der steuerlichen Abzugsfähigkeit der Schuldzinsen und der steuerlichen Privilegierung der Versicherung.

Steuerprogression	30%	(Grenzsteuersatz)
Erhöhung Hypothek	200 000	
Schuldzinssatz	4,0%	vor Steuern
Rendite Obligationenfonds	3,5%	vor Steuern
Schuldzinsensatz	2,8%	nach Steuern
Fondsgebundene Versicherung (Obligationenfonds)	3,5%	Steuerbefreite Erträge
Jährlicher Vorteil Anlage in %	0,7%	
Jährlicher Vorteil Anlage in CHF	1 400	

In zahlreichen Gerichtsentscheiden wurde daher der Einsatz von fremdfinanzierten Kapitalversicherungen geprüft und unter dem Gesichtspunkt der Steuerumgehung beurteilt[115]. Bei Kapitalversicherungen mit Einmalprämie stellt das Bundesgericht bei der Prüfung einer Steuerumgehung unter anderem darauf ab, ob im Einzelfall sachlich einleuchtende Gründe dafür sprechen, die Einmalprämie durch Darlehensaufnahme und nicht durch eigene Mittel zu finanzieren; trifft dies zu, liegt keine Steuerumgehung vor. Dabei haben sich verschiedene Aspekte ergeben, die für eine Steuerumgehung sprechen und bei einer fremdfinanzierten Kapitalversicherung zu prüfen sind:

- **Gesamtvermögenssituation:** Grundsätzlich hat die Finanzierung einer Kapitalversicherung über bereits vorhandenes Vermögen zu erfolgen. Dies gilt vor allem dann, wenn genügend liquide Mittel vorhanden wären. Erfolgt die Finanzierung mit fremden Mitteln (Hypothek, Darlehen), haben sachlich einleuchtende Gründe dafür zu sprechen, dass die Einmaleinlage fremdfinanziert wird. Das Reinvermögen hat die Einmalprämie deutlich zu übersteigen. Zumeist wird verlangt, dass das Reinvermögen 150% der fremd finanzierten Einmaleinlage/n beträgt.

---

[115] Die Versicherung kann eine Vorsorgefunktion, welche Grundvoraussetzung für die steuerliche Privilegierung ist, nämlich nur in sehr beschränktem Masse haben (StR 2006/Nr. 2, S. 132 ff); BGE 107 Ib 323= ASA 50, 631; ASA 55, 136.

Praxisbeispiel 9 - Prüfung Gesamtvermögenssituation

Beispiel: Prüfung Gesamtvermögenssituation		
	Beispiel 1	Beispiel 2
Wertschriften	0	200 000
Versicherungen	250 000	250 000
Verkehrswert Liegenschaft	1 000 000	1 000 000
Hypothek	–750 000	–750 000
Nettovermögen	500 000	700 000
Nettovermögen exkl. Kapitalversicherung	250 000	450 000
Kapitalversicherung	250 000	250 000
Gesamtverhältnis	**100%**	**180%**

Bei Beispiel 1 kann eine Steuerumgehung angenommen werden. Die auf der Fremdfinanzierung anfallende Schuld und die Schuldzinsen werden in diesem Fall steuerlich nicht zum Abzug zugelassen. Der Steuerpflichtige riskiert u. U. sogar, dass ihm fiktiver Vermögensertrag aufgerechnet wird. Bei Beispiel 2 entspricht das Finanzierungsverhältnis den steuerlichen Vorgaben.

- **Vergleich von Aufwand und Ertrag:** Übersteigt das Reinvermögen die Einmalprämie, liegt dann keine Steuerumgehung vor, wenn der Betrag der Einmalprämie zusammen mit den aufgelaufenen Schuldzinsen höher ist, als die spätere Versicherungsleistung.

Praxisbeispiel 10 - Vergleich Aufwand und Ertrag

Erhöhung Hypothek	200 000	Laufzeit	5 Jahre
Schuldzinsenaufwand	40 000	Zinssatz	4,0 %
Total Aufwand	240 000		
Einmaleinlage Versicherung	200 000	Laufzeit	5 Jahre
Leistung Versicherung (inkl. Überschussanteile)	35 000	Zinssatz	3,5 %
Total Ertrag	235 000		

Im Berechnungsbeispiel[116] geht der Steuerpflichtige ein Verlustgeschäft ein, das nur mit der steuerlichen Privilegierung profitabel wird (vgl. Praxisbeispiel 9 – Prüfung Gesamtvermögenssituation). Der Steuerpflichtige kann nur argumentieren, dass es ihm unzumutbar sei, anderweitiges Vermögen zur Finanzierung der Einmaleinlage zu verflüssigen.

---

[116] Vgl. auch StR Nr. 2/2006 (Kanton SZ): Hier wird die Rendite auf dem im Eigenheim investierten Eigenkapital mit dem Darlehenszins verglichen.

- **Vergleich des Versicherungsschutzes:** In einigen Kantonen kann auch der Umstand für eine Steuerumgehung sprechen, dass bei der fremd finanzierten Variante ein wesentlich schlechterer Versicherungsschutz besteht als bei einer Finanzierung über laufende Prämien.

Im Einzelfall können die kantonalen Regelungen und die Berechnung der verschiedenen Bezugsgrössen unterschiedlich ausfallen. Der Kanton St.Gallen verzichtet seit dem Jahre 2000 sogar auf die besondere Prüfung einer Steuerumgehung bei fremdfinanzierten Versicherungen und berücksichtigt die bundesgerichtliche Praxis nur auf Bundesebene[117]. Eine vorgängige professionelle Abklärung drängt sich bei einer fremdfinanzierten Lebensversicherung in jedem Falle auf.

8. Erwerb einer Liegenschaft im Ausland

8.1. Grundsätze[118]

Der Erwerb von Immobilien (als Feriendomizil, Zweit- oder Hauptwohnsitz) im Ausland gewinnt aufgrund der Globalisierung und der erhöhten Mobilität unserer Gesellschaft an Bedeutung. Auch wenn bei einem Immobilienkauf im Ausland oft emotionale Gründe im Vordergrund stehen, ist der Erwerb immer auch eine Kapitalanlage und es ist dringend zu empfehlen, sich schon vor dem Kauf Gedanken über die juristischen Besonderheiten und die steuerlichen Folgen des künftigen (Ferien-)Domizillandes zu machen.

Mit dem Erwerb einer Liegenschaft im Ausland tritt der Erwerber mit Schweizer Wohnsitz in eine neue Steuerhoheit ein. Dieses Nebeneinander von Haupt- und Nebensteuerstaat führt zu mannigfaltigen Fragen und Abgrenzungen, welche in separaten Kapiteln ausführlich dargestellt werden[119]. Im Rahmen des Erwerbes ist jedoch insbesondere die Finanzierung von Interesse, worauf im nachfolgenden Abschnitt eingegangen wird. Ebenfalls angeschnitten werden Fragen, welche sich Auswanderern stellen. Wer die Schweiz definitiv verlässt, ist hier nicht mehr steuerpflichtig und gut beraten, sich vorzeitig im neuen Wohnsitzstaat um steuerliche Fragen zu kümmern.

---

[117] St.Galler Steuerbuch, 45 Nr. 4.
[118] Ein ausgezeichnetes Nachschlagewerk in Sachen Immobilien im Ausland ist KÄLIN CHRISTIAN, Internationales Immobilienhandbuch, Zürich 2003.
[119] Die Problematik der internationalen Steuerausscheidung wird in B.6, S. 160, behandelt. Speziell wird auf Ferien- und Zweitwohnsitze in einem ausschliesslich diesem Themenkreis gewidmeten Abschnitt E.1.3, S. 253, eingegangen.

An dieser Stelle ist auch die Frage zu diskutieren, wer Eigentümer einer ausländischen Liegenschaft werden soll – die Eltern, die Kinder oder eine Immobiliengesellschaft. Natürlich muss in jedem Fall sorgfältig abgewogen werden, ob das Einbringen in eine Gesellschaft, das Errichten eines Sondertestaments oder andere Massnahmen zu einer optimalen Lösung führen. Grundsätzlich kann gesagt werden, dass das Halten von Auslandimmobilien in extra dafür geschaffenen Gesellschaften viele knifflige Abgrenzungsfragen vermeiden hilft und in der Praxis deshalb recht häufig anzutreffen ist. Dies, obwohl eine Gesellschaft von den laufenden Kosten her meist teurer ist als eine direkt gehaltene Liegenschaft. Der direkte Kauf auf den Namen der Kinder verhindert im Todesfall der Eltern eine ausländische Erbschaftssteuer. Denkbar ist auch das Halten der Liegenschaft über eine Offshore-Gesellschaft, eine Stiftung oder einen Trust, da zivilrechtlich das Eigentum beim Tod des wirtschaftlich Berechtigten sich nicht ändert. Solche Strukturierungen lohnen sich aber nur bei sehr grossen Vermögen und auch nur dann, wenn sie mit den Schweizer Steuerbehörden abgesprochen und von diesen akzeptiert sind. Andernfalls sind unliebsame Überraschungen kaum zu vermeiden.

8.2. Finanzierung

Recht häufig werden ausländische Liegenschaften auch heute noch mit Eigenmitteln erworben, um «ausländisches» Geld nicht in die Schweiz zurückfliessen zu lassen oder Schwarzgeld vermeintlich weitab des Schweizer Fiskus anzulegen. Sofern damit die Schweizer Einkommensbesteuerung umgangen werden soll, liegt eine Steuerhinterziehung vor[120]. Es ist deshalb dringend davon abzuraten, eine ausländische Immobilie «schwarz» zu finanzieren. Spätestens bei einer Veräusserung der Liegenschaft besteht akuter Erklärungsbedarf gegenüber der Steuerbehörde. Weil die mit dem Verkauf realisierten flüssigen Mittel in der Schweiz steuerbares bewegliches Vermögen darstellen, stimmt der Vermögensstandsvergleich nicht mehr. Es besteht eine Diskrepanz zwischen dem letzten und dem aktuell deklarierten Vermögen, welche mit den in der Steuerperiode erzielten Einkünften nicht in Einklang zu bringen ist. Auch allfälligen Erben ist kein Gefallen getan, weil sie über die Erbschaft nicht frei verfügen

---

[120] Art. 175 ff. DBG; Art. 56 StHG.

können. Ihnen bleibt – wollen sie sich nicht auch strafbar machen – nur der Weg der Selbstanzeige[121].

Muss die Liegenschaft fremd finanziert werden, so bietet es sich aufgrund des sprichwörtlich tiefen Zinsniveaus in der Schweiz geradezu an, dies mittels Verpfändung von Vermögenswerten in der Schweiz zu tun. Es lohnt sich deshalb häufig nicht, die Hypothek bei einer lokalen ausländischen Bank aufzunehmen. Eine Schweizer Bank wird jedoch in aller Regel nicht bereit sein, eine Hypothek auf eine ausländische Liegenschaft zu gewähren. Anstelle einer direkten muss deshalb eine indirekte Finanzierung gewählt werden. Dies kann dergestalt erfolgen, dass die Hypothek auf einer Liegenschaft in der Schweiz erhöht wird.

Steuerlich wirkt sich diese indirekte Finanzierung aber gleich aus wie eine direkte Finanzierung bei einer ausländischen Bank. Der Vermögenssteuerwert der ausländischen Immobilie wird durch die auf der Schweizer Liegenschaft aufgenommene Hypothek im Verhältnis der gesamten in- und ausländischen Vermögenswerte reduziert, d. h. ein Teil der Schweizer Schuld fällt ins Leere resp. ist nicht steuerwirksam abziehbar. Gleiches ist auf der Seite der Einkommenssteuer der Fall. Die Schuldzinsen auf der Schweizer Hypothek werden dem Eigenmietwert der ausländischen Liegenschaft proportional zu den übrigen Einkünften zugerechnet. Diese internationale Steuerausscheidung nach Lage der Aktiven bringt es mit sich, dass keine allgemein gültigen Regeln für die steuerlich attraktivste Finanzierung aufgestellt werden können[122]. Unmöglich ist dies vor allem aufgrund der unterschiedlichen Bewertungen der Liegenschaften in der Schweiz und im Ausland. Systembedingt können in der Schweiz aber desto weniger Schulden und Schuldzinsen zum Abzug gebracht werden, je höher der Steuerwert der ausländischen Liegenschaft veranschlagt wird. Die Steuerplanung in diesem Bereich ist deshalb sehr schwierig, weil Bewertungsfragen in den zwischen der Schweiz und zahlreichen ausländischen Staaten abgeschlossen Doppelbesteuerungsabkommen nicht geregelt sind und folglich ausschliesslich das ausländische Recht massgebend ist. Es kann also durchaus zu einer Doppelbesteuerung oder zu einer Steuerfreistellung kommen, wenn die beiden Staaten unterschiedliche Bewertungsregeln anwenden. Der Schweizer Fiskus bewertet ausländische Liegenschaften «nach pflichtgemässem Ermessen» oder stellt auf den Kaufpreis ab. Probleme ergeben sich auch,

---

[121] Art. 56 Abs. 1 letzter Satz StHG; zu den Einzelheiten STHG-Sieber, Art. 56 N 20.
[122] Vgl. B.6, S. 160.

wenn der ausländische Liegenschaftsstaat keinen Eigenmietwert besteuert (u. a. Deutschland, Österreich und Frankreich). Oft nimmt dann die Schweizer Steuerverwaltung einen Prozentsatz des Steuerwerts an und berücksichtigt diesen für die Festsetzung der Progression des steuerbaren Einkommens.

8.3. Erwerb zwecks Wohnsitzverlegung im Alter[123]

Wird die Immobilie im Ausland mit der Absicht erworben, dort den Alterswohnsitz zu begründen, so stehen nicht mehr Fragen der Besteuerung im Zentrum. Vielmehr dürften familiäre, soziale, gesundheitliche und psychologische Aspekte den Ausschlag für einen so einschneidenden Schritt geben. Das soziale Beziehungsnetz in der Schweiz wird zurückgelassen und es gelingt nicht immer, insbesondere wenn man der Sprache nicht mächtig ist, im Ausland Ersatz dafür zu finden. Ein Grossteil der Altersemigranten kehrt früher oder später wieder in die Schweiz zurück. Auf jeden Fall sollte der Schritt, die Altersresidenz ins Ausland zu verlegen, rechtzeitig geplant werden.

Eine Wohnsitzverlegung ins Ausland nach erfolgter Pensionierung ist mit der Aufgabe der unbeschränkten Steuerpflicht in der Schweiz verbunden. Der Auslandwohnsitz wird steuerlich nur akzeptiert, wenn er nicht nur aus Steuerersparnisgründen gewählt wird. Es reicht insbesondere nicht aus, sich bei der schweizerischen Einwohnerkontrolle abzumelden und dennoch im Wesentlichen in der Schweiz wohnhaft zu bleiben. Bereits ein Aufenthalt von mehr als 90 Tagen pro Jahr in der Schweiz reicht zur Begründung der unbeschränkten Steuerpflicht aus[124]. Die zuständige Steuerverwaltung überprüft auch, ob sich der steuerliche Wohnsitz oder ein steuerlicher Aufenthalt nach wie vor in der Schweiz befinden. Kommt das Steueramt zu diesem Schluss, so ist das übrige Einkommen und Vermögen wie bisher in der Schweiz zu versteuern. Die Steuerverwaltung ist berechtigt, die notwendigen Abklärungen zu treffen und die Anknüpfungspunkte für die Annahme, dass der Lebensmittelpunkt sich nach wie vor in der Schweiz befindet zu überprüfen (Besitz eines Einfamilienhauses, häufige Nutzung, Vereinsmitgliedschaften, hohe Telefonrechnungen, schulpflichtige Kinder etc.).

---

[123] Nicht eingegangen wird auf erwerbstätige Auswanderer, welche sich in einem anderen Land eine neue Existenz aufbauen. Die diesbezüglichen steuerlichen Fragestellungen sind grundsätzlich mit den hier besprochenen vergleichbar.

[124] Art. 3 Abs. 3 DBG; Art. 3 Abs. 1 StHG. Wird in der Schweiz eine Erwerbstätigkeit ausgeübt, reichen sogar 30 Tage Aufenthalt zur Begründung einer umfassenden Steuerpflicht in der Schweiz.

Wenn der Wohnsitz aber tatsächlich ins Ausland verlegt wurde, kann man sein eigenes Haus oder die Eigentumswohnung in der Schweiz getrost behalten, ohne hier auch das weltweite Einkommen und Vermögen versteuern zu müssen. Steuerlich führt diese beschränkte Steuerpflicht zur Besteuerung des Vermögenssteuerwertes und des Eigenmietwertes im Kanton, in dem sich die Liegenschaft befindet.

9. Steuersicherung mittels Pfandrechten

9.1. Zweck und Funktionsweise

Der Fiskus versucht auf unterschiedlichste Weise seine Steuerforderungen einzutreiben und sicherzustellen. Geeignetes Ziel solcher Absicherungen sind natürlich auch Liegenschaften, weil diese aufgrund ihrer Immobilität einer Steuerhoheit verhaftet bleiben. Aufgrund der Mobilität der Steuerpflichtigen und des Kapitals erfreut sich das gesetzliche Grundpfandrecht als Sicherungsmittel deshalb ungebrochener Beliebtheit. Ausser in den Kantonen Aargau und Schwyz ist es überall vorgesehen.

Das Grundpfandrecht ist als beschränkt dingliches Recht an einem Grundstück konzipiert. Damit ein Grundpfandrecht zustande kommt, bedarf es deshalb einer zu sichernden (Steuer-)Forderung und es müssen der Verpfänder (Grundeigentümer), der Pfandgläubiger (Staat), die Grundpfandart, das Pfandobjekt (Liegenschaft) sowie der Betrag und der Rang des Pfandrechts bestimmt oder bestimmbar sein[125]. Die dingliche Struktur des Steuergrundpfandrechts ändert nichts an der rein persönlichen Natur der Steuerforderung. Es entsteht keine persönliche Steuerpflicht des Drittpfandgläubigers. Dieser haftet allein mit dem Pfandobjekt.

Das gesetzliche Pfandrecht geht allen übrigen vertraglichen Pfandrechten vor. Insbesondere die Kredit gebenden Banken sind deshalb interessiert, dass keine gesetzliche Pfandhaft entsteht, weil dies ihr Verwertungssubstrat schmälert. Sie machen es deshalb häufig zur Bedingung einer Kreditvergabe, bei der Ausarbeitung des Kaufvertrages mitwirken zu können. Der Umfang des gesetzlichen Pfandrechts bemisst sich grundsätzlich nach der Höhe der Steuerforderung inkl. allfälliger Nachsteuern und teilweise der Verzugszinsen[126]. Nicht

---

[125] RIEMER, HANS MICHAEL, Die beschränkten dinglichen Rechte, Grundriss des schweizerischen Sachenrechts, Bd. II, § 17 N 2 ff.
[126] Anders: StE 1997 B 99.2 Nr. 8.

in die Pfandhaft eingeschlossen sind in der Regel allfällige Steuerstrafen oder Betreibungskosten[127]. Das Pfandrecht wird geltend gemacht, sobald der Steuerpflichtige die rechtskräftig veranlagte Steuerforderung nicht fristgerecht begleicht[128]. Ist die Steuerschuld immer noch offen, kommt es zu einer Zwangsverwertung der Liegenschaft.

Obwohl grundsätzlich der Veräusserer Steuersubjekt der Grundstückgewinnsteuer ist, trifft eine Pfandhaft das Haus, welches der Käufer ihm abkauft. Es ist im Rahmen von Grundstücktransaktionen deshalb regelmässig der Erwerber, welcher sich dagegen absichern muss, dass der Verkäufer sich ohne Steuerentrichtung aus dem Staub macht.

9.2. Bei Ersatzbeschaffung

Besonders schwierige Probleme stellen sich, wenn der Veräusserer von einem Steueraufschub bei der Grundstückgewinnsteuer profitiert, weil er ein selbstbewohntes Ersatzobjekt bezieht[129]. Im Zeitpunkt der Handänderung wird keine Steuer fällig und folglich kann auch keine Pfandhaft greifen. Falls aber der Veräusserer das Ersatzgrundstück veräussert, ist die aufgeschobene Besteuerung nachzuholen und es stellt sich die Frage, ob in diesem Fall die Pfandhaft zum Tragen kommen kann. Nach u. E. richtiger Auffassung, darf der Fiskus nur auf das Ersatzgrundstück greifen, also jenes des ersten Veräusserers. Dies deshalb, weil nicht das ersetzte Grundstück die Steuerforderung auslöst, sondern allein die Veräusserung des Ersatzgrundstückes[130].

9.3. Bei Erwerb aus Zwangsvollstreckung

Öffentliche Versteigerungen oder der Freihandverkauf von Liegenschaften durch das Betreibungs- oder Konkursamt können günstige Gelegenheiten bieten, das Traumhaus zu einem vorteilhaften Preis zu erwerben. Allerdings werden häufig die Kreditgeber, vor allem Banken, mitbieten, sobald sie zu Verlust zu kommen drohen. Einige Steuergesetze unterstützen die Pfandgläubiger dabei, indem bei einem Wiederverkauf entweder der erlittene Verlust oder der Verkehrswert als Ersatzwert bei der Ermittlung des steuerbaren Grundstückgewinnes angerechnet werden können[131].

---

[127] StE 1984 B. 99.2 Nr. 1.
[128] Das Pfandrechtsverfahren gegen den Dritteigentümer kann bereits dann eingeleitet werden, wenn die Uneinbringlichkeit der Forderung beim Steuerpflichtigen feststeht (StE 1997 B 99.2 Nr. 9); StE 1992 B 99.2 Nr. 4.
[129] Vgl. hinten C.1.7.4, S. 193.
[130] Gl. M. STÄHLI, Das Steuergrundpfandrecht, S. 115.
[131] Tabelle 4, S. 82, rechte Spalte.

Kommt in der Versteigerung ein unbeteiligter Dritter zum Zug, ist für diesen der Zuschlagspreis beim späteren Verkauf Ausgangspunkt für die Aufstellung der anrechenbaren Anlagekosten. Aus grundsteuerlicher Sicht droht ihm deshalb kein «Verlustrisiko».

Gefahr lauert dem Ersteigerer trotzdem von den Grundsteuern – jedoch nicht seinen eigenen, sondern jenen seines Vorgängers[132]. Kann der Konkursite oder Betriebene, was in solchen Fällen häufig vorkommt, seine Handänderungs- oder Grundstückgewinnsteuerschulden nicht bezahlen oder, was noch heimtückischer ist, hat er Steuerausstände aus früheren Handänderungen, darf der Staat zu deren Sicherung ein gesetzliches Pfandrecht an der versteigerten Liegenschaft geltend machen.

Weil diese nun dem Meistbietenden gehört, hat dieser als Erwerber das Nachsehen und haftet im ungünstigsten Fall mit seinem eben ersteigerten Haus für fremde Schulden[133]. Weil diese gesetzlichen Pfandrechte auch ohne Eintrag im Grundbuch mit dem Zuschlag entstehen, sind sie für den Erwerber besonders «gefährlich».

Tabelle 4 - Sicherung der GGSt durch gesetzliche Pfandrechte

	Sicherung der Grundstückgewinnsteuer			Pfandverluste bei der GGSt
	Die Grundstückgewinnsteuer kann durch ein gesetzliches Pfandrecht gesichert werden.			Behandlung von Verlusten des Pfandgläubigers:
	im allgemeinen bei Veräusserungen von Privatliegenschaften	bei Erwerb aus Zwangsvollstreckung	Frist für Fiskus zur Eintragung ab Handänderung (=Zuschlag)	Verlust kann als Teil der Anlagekosten angerechnet werden.
AG	nein	nein	-	ja
AI	ja	ja	-	teilweise
AR	ja	ja	-	nein
BE	ja	nein	6 Monate ab ab Steuerveranlagung	nein
BL	ja	ja	-	nein
BS	ja[5]	ja[5]	6 Monate[2]	nein
FR	ja	ja	-	ja
GE	ja	ja	-	ja
GL	ja	ja	1 Jahr	ja
GR	ja	ja	-	ja

---

[132] Wie in Abschnitt A.9.1, S. 80, ausgeführt.
[133] Vgl. Praxisbeispiel 11 - Pfandhaft auf S. 84.

JU	ja	nein	-	nein
LU	ja[1]	ja	2 Jahre ab Steuerveranlagung	nein
NE	ja	nein		nein
NW	Keine Regelung im Gesetz	-	-	ja
OW	ja	ja	3 Jahre	nein
SG	ja	ja	3 Jahre	ja
SH	ja	ja	Kein Eintrag nötig[4]	ja
SO	ja	ja	-	nein
SZ	nein[3]	nein	-	ja
TG	ja	ja	Kein Eintrag nötig	ja
TI	-	-	-	-
UR	ja	ja	1 Jahr ab rechtskräftiger Veranlagung	nein
VD	-	-	-	-
VS	ja	ja	3 Jahre	nein
ZG	nein[3]	nein	-	nein[6]
ZH	ja	ja	6 Monate	nein[6]

[1] auf 10% des Erlöses begrenzt
[2] ab Grundbucheintrag
[3] aber Pflicht zur Sicherheitsleistung
[4] Pfandhaft auf Steuern von 5 Jahren begrenzt (laufendes Jahr und 4 Vorjahre)
[5] Nur bei Auslandwohnsitz des Veräusserers
[6] Anrechenbar ist aber der Verkehrswert im Zeitpunkt des Erwerbs

Zwar sind diverse Schutzmechanismen aufgebaut worden, welche die Ersteigerung von Schulden verhindern sollen: So sind die Betreibungsämter gehalten, in den Steigerungsbedingungen auf die gesetzlichen Pfandrechte hinzuweisen und Grundsteuerämter sind zur Auskunft über ausstehende Steuerforderungen verpflichtet. Zudem sind nach neuerer Rechtssprechung die Grundsteuern als Verwertungskosten direkt vom Erlös abzuziehen[134]. Dennoch besteht keine Sicherheit für den Ersteigerer, wenn der Staat dennoch zu Schaden kommt, weil fehlerhafte Handlungen oder Unterlassungen der Betreibungs- und Konkursämter mit Beschwerde an die Aufsichtsbehörde anzufechten sind. Die Fristen für die Anbringung entsprechender Rügen sind im Zeitpunkt der Geltendmachung des Pfandrechts in aller Regel längst abgelaufen. Um dem Ersteigerer diese Unannehmlichkeiten zu erspa-

---

[134] BGE 122 III 246; Vgl. dazu auch: BEILSTEIN, WERNER, Privilegierte Behandlung von Grundstückgewinnsteuer und Mehrwertsteuer in der Zwangsvollstreckung?, ST 8/03, 653 ff. sowie BGer Urteil vom 26 Mai 2006, StR Nr. I/2007, 34.

ren schliessen gewisse Kantone bei der Zwangsverwertung die gesetzliche Pfandhaft aus[135].

> **Praxisbeispiel 11 - Pfandhaft**
>
> Herr Müller ersteigerte 1995 seine Traumvilla am Zürichberg für bloss 1,5 Mio. Zur Verwertung kam die Liegenschaft auf Betreibung der Bank Z, Pfandgläubigerin im ersten Rang. Die Steigerungsbedingungen führten Frau Nebel, die Pfandschuldnerin und Alleinerbin des früheren Besitzers als Verkäuferin auf. Frau Nebel war in Hongkong wohnhaft.
>
> Herr Müller forderte das Steueramt mehrfach erfolglos auf, den Pfanderlös von 100 000 Franken zur Sicherung der Grundstückgewinnsteuer zu blockieren. Die von der Stadt Zürich veranlagte Grundstückgewinnsteuer von 140 000 Franken blieb unbezahlt, weshalb die Stadt das gesetzliche Pfandrecht anmeldete und zu Lasten der Villa von Herrn Müller im Grundbuch eintragen liess. Das in letzter Instanz angerufene Verwaltungsgericht entschied im Sinne des Fiskus, weil genau für solche Fälle das Pfandrecht gedacht sei. Es dürfe nicht verlangt werden, dass der Staat gegen den im Ausland wohnhaften Steuerschuldner vorgehen müsse. Im Übrigen könnten Fehler des Betreibungsamtes – keine Begleichung der Steuer aus dem Erlös – nicht im Pfandrechtsverfahren geltend gemacht werden. Herr Müller musste deshalb die Steuern bezahlen.

---

[135] Tabelle 4, S. 82.

B. Nutzung

1. Eigennutzung und Eigenmietwert

1.1. Einführung

Der Mietwert einer selbst genutzten Liegenschaft oder Wohnung ist als Ertrag aus unbeweglichem Vermögen steuerbar[136]. Als solcher gilt der Betrag, den der Eigentümer oder Nutzniesser aufwenden müsste, um ein gleichartiges Objekt zu mieten. Die Besteuerung des Eigenmietwertes erfolgt seit der Einführung einer direkten Bundessteuer und soll die Gleichbehandlung von Mietern und Eigentümern sicherstellen. Nach der Rechtsprechung des Bundesgerichts würde die vollständige und undifferenzierte Abschaffung der Besteuerung des Eigenmietwertes ohne ausgleichende Massnahmen den Wohnungseigentümer gegenüber anderen Steuerpflichtigen mit gleicher finanzieller Leistungsfähigkeit in einer Weise begünstigen, welche vor der Verfassung nicht standhalten würde[137]. Gemäss Bundesgericht müssen Steuerpflichtige in gleichen wirtschaftlichen Verhältnissen gleich besteuert werden. Als Folge der Versteuerung (fiktiver) Einkünfte dürfen Liegenschaftseigentümer immerhin Schuldzinsen und Liegenschaftsunterhaltskosten vom steuerbaren Einkommen in Abzug bringen, was unter gewissen Umständen zu einer steuerlich vorteilhaften «negativen Liegenschaftsrechnung» führen kann.

In der Volksabstimmung vom 16. Mai 2004 wurde das «Steuerpaket»[138], welches auch den Systemwechsel bei der Wohneigentumsbesteuerung beinhaltete, mit einer ⅔-Mehrheit abgelehnt. Der Wechsel hätte zur Abschaffung der Eigenmietwertbesteuerung geführt. Im Gegenzug hätten die auf diesem Wohneigentum anfallenden Schuldzinsen grundsätzlich und Unterhaltskosten, soweit sie einen Schwellenwert nicht überstiegen hätten, nicht mehr geltend gemacht werden können. Zur Wohneigentumsförderung wären jedoch zwei flankierende Massnahmen eingeführt worden. Einerseits hätten Neuerwerber während der ersten fünf Jahre einen Schuldzinsenabzug trotzdem geltend machen können und andererseits wären Unterhaltskosten über CHF 4 000 abzugsberechtigt gewesen.

---

[136] Art. 21 Abs. 1 lit. b DBG und Art. 7 Abs. 1 StHG.
[137] BGE 124 I 145, Erw. 4.
[138] BG über die Änderung von Erlassen im Bereich der Ehe- und Familienbesteuerung, der Wohneigentumsbesteuerung und der Stempelabgaben vom 20. Juni 2003 und Botschaft des BR vom 28. Februar 2001, BBl 2001 2983.

Nach dem deutlichen Nein des Schweizer Stimmvolks bleibt die Eigenmietwertbesteuerung weiterhin anwendbar, auch wenn bereits wieder Bestrebungen des Parlaments im Gange sind, einen Systemwechsel herbeizuführen[139]. Auch der HEV Schweiz hat eine Initiative betreffend der Eigenmietwertbesteuerung lanciert[140].

1.2. Eigennutzung als Besteuerungsvoraussetzung

1.2.1. Nutzung durch den Eigentümer

Eine Eigennutzung eines Grundstücks durch den Eigentümer liegt vor, wenn der Eigentümer das Grundstück selbst bewohnt oder es zu anderen Zwecken selbst gebraucht[141]. Für die Eigenmietwertbesteuerung wird nicht vorausgesetzt, dass der Gebrauch tatsächlich erfolgt. Es genügt, wenn der Eigentümer die Möglichkeit zur Eigennutzung hat. Daher wird zum Beispiel auch bei leer stehenden und noch möblierten Wohnungen ein Eigenmietwert erfasst[142]. Eine Eigennutzung liegt vor, wenn der Eigentümer sich eine Liegenschaft als Kapitalanlage für den Eigengebrauch zur Verfügung hält. Solange der Eigentümer nicht beabsichtigt, die Liegenschaft der Vermietung oder Verpachtung zuzuführen, hält er sie zum Eigengebrauch und muss den Eigenmietwert versteuern. Sobald aber der Entschluss gefasst ist und ernsthafte Anstrengungen unternommen werden, die Liegenschaft zu vermieten oder zu verpachten, liegt keine Eigennutzung mehr vor. Eine Eigenmietwertbesteuerung ist unzulässig, wenn der Eigentümer eine leer stehende Liegenschaft nicht mehr nutzt und diese veräussern will[143]. Wird eine Liegenschaft für einige Wochen pro Jahr vermietet und in der übrigen Zeit selbst genutzt, ergibt sich der steuerbare Ertrag anteilsmässig aus dem Eigenmietwert und dem Mietertrag zusammen. Diese Aufteilung des Vermögensertrags spielt insbesondere bei Ferienwohnungen eine Rolle[144].

---

[139] Vgl. die regelmässigen Mitteilungen der ESTV betreffend Besteuerung des Wohneigentums nach Ablehnung des «Steuerpakets» in der Volksabstimmung.
[140] «Zwillingsinitiative», vgl. Medienccommuniqué vom 24. März 2007 auf www.hev-schweiz.ch.
[141] RICHNER/FREI/KAUFMANN, Handkommentar zum DBG, Art. 21 N 67.
[142] Betreffend Unternutzungsabzug vgl. B.1.5, S. 98.
[143] BGE 75 I 246.
[144] Vgl. B.1.4.3, S. 94 u. E.1, S. 249.

1.2.2. Unentgeltliche Nutzung durch Nahestehende, Nutzniessungs- und Wohnberechtigte

Der Eigentümer muss den Eigenmietwert auch für diejenigen Grundstücksteile versteuern, die durch seinen Ehegatten oder seine Kinder im gleichen Haushalt unentgeltlich bewohnt werden. Er muss auch weiterhin den Eigenmietwert versteuern, wenn er ein Grundstück einem Dritten überlässt, ohne dass letzterer hierfür etwas bezahlen muss. Dies führt zu einer Einkommensbesteuerung beim Verleiher, nicht aber beim Entlehner. Die unentgeltliche Überlassung stellt eine freiwillige Leistung dar, die durch einen Unterstützungsabzug berücksichtigt werden kann, sofern die Bewohner die Voraussetzungen für den Unterstützungsabzug erfüllen[145].

Die Einräumung eines Rechts auf unentgeltliche Nutzung führt beim Nutzniessungsempfänger oder beim Wohnberechtigten zur Eigenmietwertbesteuerung, während der Eigentümer den Eigenmietwert mangels «Eigennutzung» nicht mehr versteuern muss[146].

Der Begriff «unentgeltlich» ist im Zusammenhang mit der Nutzung auszulegen, nicht hinsichtlich der Rechtseinräumung. Wenn beispielsweise ein Nutzniessungsrecht entgeltlich begründet wird (d.h. eine Gegenleistung vorliegt), aber danach keine periodischen Abgeltungen für das Wohn-/Nutzungsrecht mehr bezahlt werden, liegt dennoch eine unentgeltliche Nutzung vor.

1.3. Eigenmietwertbestimmungen beim Bund und in den Kantonen

1.3.1. Marktmiete

Der Sinn der Eigenmietwertbesteuerung besteht in der Gleichstellung des Mieters mit dem Eigentümer. Entsprechend müsste die Marktmiete als Besteuerungsgrundlage herangezogen werden. Die Marktmiete kann nur anhand der bei Vergleichsobjekten erzielbaren Einkünfte festgelegt werden, wenn bisher nicht bereits eine Vermietung an einen unabhängigen Dritten erfolgte. In der Praxis wird der Eigenmietwert für Hauptwohnungen aber häufig tiefer angesetzt als die Marktmiete (dazu sogleich Abschnitt 1.3.2.). Damit will der Fiskus dem verfassungsrechtlichen Auftrag zur Förderung des Wohneigentums durch die Hintertür Nachachtung verschaffen, vor allem aber

---

[145] Vgl. z.B. § 34 Abs. 1 lit. b StG/ZH. Unterstützungsabzüge sind als Sozialabzüge nicht von der Steuerharmonisierung erfasst, Art. 9 Abs. 4 StHG.
[146] Vgl. hierzu auch die Ausführungen in B.2.4, S. 108.

auch gute, in der Regel ortsgebundene Steuerzahler bei Laune halten. In jüngster Zeit sind allerdings mancherorts die Hemmungen gefallen und es werden Eigenmieten festgesetzt, die auf dem Markt schlicht nicht erzielbar sind. So sind Fälle bekannt, in denen eine Stockwerkeigentumseinheit mit vier Zimmern in der Stadt Zürich mit CHF 60 000 eingeschätzt wurde, obwohl die quartierübliche Miete für entsprechende Objekte nachweislich bei rund CHF 48 000 pro Jahr lag. Es geht auch nicht an, solche Objekte als Luxuswohnungen einem speziellen Bewertungssystem zu unterwerfen[147].

1.3.2. Herabsetzung des Eigenmietwertes im Vergleich zur Marktmiete

Die Eigenmietwerte werden durch die Behörden festgelegt[148]. Betreffend die direkte Bundessteuer erfolgt die Festsetzung des Eigenmietwertes unter Berücksichtigung der ortsüblichen Verhältnisse und der tatsächlichen Nutzung der am Wohnsitz selbst bewohnten Liegenschaft[149].

Die ESTV hat im Jahre 1969 Richtlinien zur Ermittlung des steuerbaren Mietertrages von Wohnliegenschaften verfasst und mit der Konferenz staatlicher Steuerbeamter abgesprochen[150]. Danach müssen die Eigenmietwerte den Mietzinsen vermieteter Liegenschaften angepasst werden, wobei der regional unterschiedlichen Entwicklung Rechnung zu tragen ist. Im Allgemeinen kann der Eigenmietwert auf der Grundlage einheitlich durchgeführter kantonaler Schätzungen oder nach dem Einzelbewertungsverfahren ermittelt werden[151].

Wenn der Eigenmietwert 70% der Marktmiete unterschreitet, besteht für die direkte Bundessteuer das Risiko einer Intervention durch die ESTV. Die ESTV führt in den Kantonen stichprobenweise Erhebungen durch. Wird die 70%-Grenze unterschritten, erhöht die ESTV die kantonal festgelegten Eigenmietwerte für die direkte Bundessteuer. Die Zulässigkeit eines 30%-Einschlags hat das Bundesgericht für die direkte Bundessteuer bestätigt[152]. Es hat ausgeführt, dass zwar der Marktmietwert anzuwenden sei, für dessen Bestimmung aber

---

[147] Vgl. B.1.4.2, S. 94.
[148] Vgl. B.4.3, S. 146.
[149] Art. 21 Abs. 2 DBG.
[150] Das Kreisschreiben Nr. 12 der ESTV vom 25. März 1969 betreffend die Ermittlung des steuerbaren Mietertrages von Wohnliegenschaften ist in Anhang 2, S. 302, abgebildet.
[151] Die Bewertung in Sonderfällen ist vorbehalten und wird in Abschnitt B.1.4, S. 93, behandelt.
[152] BGE 123 II 9.

eine Spannweite bestehe, innerhalb welcher dieser nach objektiven Kriterien festgelegt werden könne. Die Kantone sind aufgrund dieser Ausführungen aber nicht verpflichtet, den 30%-Einschlag einzuführen.

Für die Kantons- und Gemeindesteuern fehlt eine analoge Vorschrift im Steuerharmonisierungsgesetz, wonach der Mietwert des selbstgenutzten Grundstücks nach dem Marktwert festgelegt werden muss. Daher können die Kantone eine massvolle Eigenmietwertbesteuerung vorsehen. Das Bundesgericht hat aber für die Bemessung der Eigenmietwerte 60% des effektiven Marktwertes in jedem Fall als die untere Grenze bezeichnet, welche mit dem verfassungsmässigen Grundsatz der Gleichbehandlung der Steuerpflichtigen vereinbar ist[153].

Weil die ESTV im Rahmen der direkten Bundessteuer eine Limite von 70% der Marktmiete bei den Durchschnittswerten toleriert, haben viele Kantone den Eigenmietwert in dieser Höhe festgelegt und zu dessen Berechnung umfangreiche Richtlinien und Weisungen erlassen[154]. Eine Übersicht ist in Tabelle 23 – Eigenmietwertfestsetzung in den Kantonen, S. 294, abgebildet.

1.3.3. Vorzugsmiete

Wird ein Grundstück nicht unentgeltlich, aber zu vergünstigten Konditionen überlassen, so spricht man von «Vorzugsmiete». Hier stellt sich die Frage, ob lediglich die erzielten Mieterträge besteuert werden können oder zusätzlich die Differenz zwischen Eigenmietwert und der effektiv vereinnahmten tieferen Miete besteuert werden muss[155].

Einige Kantone haben die Frage für Rechtsgeschäfte zwischen Eigentümer und nahe stehenden Personen explizit gesetzlich geregelt[156]. Unklar ist die Rechtslage aber auch in diesen Kantonen dann, wenn ein Immobilienbesitzer aus sozialen Gründen Fremden einen Vorzugsmietzins gewährt, der nicht auf irgendwelche Gegenleistungen zurückzuführen ist, wie bspw. die Besorgung des Gartens oder der Hauswartung durch den Mieter. In solchen, zugegebenermassen seltenen Fällen, darf u. E. keine Korrektur des Mietzinses oder eine Auf-

---

[153] BGE 124 I 145, Erw. 4.
[154] Vgl. bspw. für den Kt. ZH die Weisung des Regierungsrates an die Steuerbehörden über die Bewertung von Liegenschaften und die Festsetzung der Eigenmietwerte ab Steuerperiode 2003 (Weisung 2003) vom 19. März 2003, abgedruckt in ZStP 3/2003, 281.
[155] Zum Ganzen auch BLÖCHLIGER, ROMAN, Die Besteuerung der Vorzugsmiete an Liegenschaften in: StR 9/2007, S. 610.
[156] Eine Übersicht findet sich in Tabelle 5 – Gesetzliche kantonale Regelungen der Vorzugsmiete, S. 90.

rechnung eines Eigenmietwertes erfolgen, weil der Eigentümer sich die Liegenschaft nicht zur Verfügung hält. Der Sachverhalt ist als Fremdnutzung[157] zu qualifizieren, denn niemandem kann es verwehrt sein, auf möglichen Ertrag aus einem Vermögensgegenstand zu verzichten[158].

Tabelle 5 - Gesetzliche kantonale Regelungen der Vorzugsmiete

Das Bundesgericht hat in seinem Urteil vom 28. Januar 2005, 2A.535 / 2003 festgestellt und mit Urteil vom 22. Februar 2007, 2C 12/2007 bestätigt, dass eine Steuerumgehung im Zusammenhang mit Vorzugsmieten nur dann ausgeschlossen werden könne, wenn der bezahlte Mietzins mindestens 50% des Eigenmietwertes betrage. Dieser für die direkte Bundessteuer ergangene Entscheid wird aufgrund der so genannten vertikalen Steuerharmonisierung auch die Praxis der Kantone beeinflussen. Nur Kantone, welche die Vorzugsmiete ohnehin explizit gesetzlich geregelt haben, werden sich diesem Urteil entziehen können. Nachfolgend werden diese Kantone und ihre Regelungen aufgelistet.

Kanton	Gesetzliche Grundlage	Regelung
AI	Art. 24 Abs. 2 des Steuergesetzes vom 25. April 1999	Eigenmietwert ist auch dann steuerbar, wenn Grundstück zu einem tieferen Mietzins an eine nahe stehende Person vermietet oder verpachtet wird
AR	Art. 24 Abs. 2 des Steuergesetzes vom 21. Mai 2000	Eigenmietwert ist auch dann steuerbar, wenn ein Grundstück zu einem tieferen Mietzins einer nahe stehenden Person überlassen wird
GR	Art. 22 Abs. 3 des Steuergesetzes für den Kanton Graubünden vom 8. Juni 1986	Eigenmietwert ist auch dann steuerbar, wenn Grundstück zu einem erheblich vom Marktmietwert abweichenden Mietzins an eine nahe stehende Person vermietet oder verpachtet wird
JU	Art. 19 al. 1 lit. b de la Loi d'impôt du 26 mai 1988	Falls das Grundstück einer nahe stehenden Person zu einem Vorzugspreis vermietet ist, entspricht der Mietertrag dem Eigenmietwert
NW	Art. 24 Abs. 6 Steuergesetz vom 22. März 2000	Der Eigenmietwert ist massgebend
SG	Art. 34 Abs. 2 des Steuergesetzes vom 9. April 1998	Eigenmietwert ist auch dann steuerbar, wenn Grundstück zu einem tieferen Mietzins an eine nahe stehende Person vermietet oder verpachtet wird. Zusätzlich wird die Differenz zwischen Miete und Eigenmietwert allenfalls mit der Schenkungssteuer erfasst.
SZ	§ 22 Abs. 1 lit. a und lit. b StG	Grundsätzlich ist auch unter Nahestehenden der tatsächlich erzielte und nicht der erzielbare Mietzins zu versteuern. Ausnahmen gelten bei: - Unentgeltlichkeit (= Gebrauchsleihe). 65% der Marktmiete sind als Eigenmietwert zu versteuern - Weitere Leistungen sind bis zu einem Entgelt von 100% der Marktmiete als Mietertrag zu versteuern

---

[157] Siehe B.2.1, S. 106.
[158] Wer sein Geld zu Hause aufbewahrt, anstelle es zur Bank zu bringen, wird auch keine Zinserträge zu versteuern haben.

		- Steuerumgehung, wenn Mietzins unter 50% der Marktmiete (nicht Eigenmietwert). Dann ist die Differenz zum Eigenmietwert (65% der Marktmiete) steuerbar.
TG	§ 23 Abs. 1 Ziff. 2 des Gesetzes über die Staats- und Gemeindesteuern vom 14. September 1992	Die unterpreisliche Vermietung an eine nahe stehende Person ist dem Eigengebrauch gleichgestellt

Wo keine gesetzlichen Vorgaben bestehen, tut sich den Steuerbehörden ein erheblicher Ermessensspielraum auf, der an einem Praxisbeispiel veranschaulicht werden soll.

Praxisbeispiel 12 Vorzugsmiete[159]
Frau Meier ist Eigentümerin eines stattlichen Hauses im ländlichen Zürcher Weinland. Sie versteuert einen Eigenmietwert von CHF 30 000. Weil sie den weiten Weg in die Stadt für die häufiger werdenden Arztbesuche nicht mehr unter die Füsse nehmen will und ihre Tochter Anna eine Familie gegründet hat, überlässt sie dieser das Haus zum Vorzugsmietzins von CHF 2000 pro Monat und mietet für sich eine Wohnung in Winterthur. Frau Meier will zudem ihrer Tochter einen grösseren Geldbetrag schenken.

Lösungsansatz:
Obwohl zwischen Frau Meier und ihrer Tochter ein nicht marktübliches Entgelt für die Überlassung der Liegenschaft vereinbart wird, stellt diese Vermietung zu einem tieferen als dem erzielbaren Mietzins dann keine Eigennutzung dar, wenn der Eigentümer tatsächlich auch kein Mitbenutzungsrecht hat. Das führt vorliegend dazu, dass Frau Meier die effektiv vereinnahmten Mieteinnahmen von CHF 24 000 pro Jahr anstelle des Eigenmietwerts von CHF 30 000 versteuert.

Steuerfallen:
Läge die Liegenschaft in einem Kanton, der im Verhältnis zu Nachkommen eine Schenkungssteuer erhebt[160], ist Vorsicht geboten, weil die Differenz zwischen Eigenmietwert und verlangtem Mietzins beim Empfänger der Gratisleistung der Schenkungssteuer unterliegen kann.

---

[159] Leicht abgewandelter Sachverhalt, wie er vom Bundesgericht in seinem Urteil vom 28. Januar 2005 zu beurteilen war; StE 2005 B 25.2 Nr. 7; vgl. eingehende Besprechung dieses Entscheides durch REICH/WALDBURGER in FStR 2006, 307 ff.

[160] Vgl. zur Schenkungssteuerpflicht von Nachkommen D.2.3.4, S. 235 sowie Tabelle 22, S. 236.

Weiter ist die Schranke der Steuerumgehung zu beachten. Würde Frau Müller, um der Eigenmietwertbesteuerung zu entgehen, Anna eine Monatsmiete von lediglich CHF 100 verrechnen, wäre der daraus resultierende faktische Steuervorteil (Besteuerung von CHF 1200 pro Jahr anstelle von CHF 30000) von Anna und ihrer Mutter stossend. Eine solche absonderliche Rechtsgestaltung findet deshalb keinen Rechtsschutz. Das Bundesgericht hat diesbezüglich festgestellt, dass eine Steuerumgehung nur dann ausgeschlossen werden kann, wenn der bezahlte Mietzins mindestens 50% des Eigenmietwertes beträgt. Dieser für die direkte Bundessteuer ergangene Entscheid[161] wird aufgrund der so genannten vertikalen Steuerharmonisierung auch die Praxis der Kantone beeinflussen. Nur Kantone, welche die Vorzugsmiete ohnehin explizit gesetzlich geregelt haben, werden sich diesem Urteil entziehen können[162].

Steueroptimierungspotential:
Durch eine geschickte Festsetzung der Miete kann diese Bundesgerichtspraxis für eine Steueroptimierung beispielsweise im Familienverhältnis genutzt werden: Frau Meier überlässt ihrer Tochter das Haus zu einer Miete von CHF 1400 pro Monat und erzielt ein für die Steuerberechnung relevantes Einkommen von jährlich CHF 16800. Dieser Betrag liegt leicht über der Grenze von 50% des Eigenmietwerts von CHF 30000, was eine Aufrechnung des Differenzbetrags von effektiv erzielter Miete zum Eigenmietwert verhindert. Immerhin ist der BGE vom 22.2.2007 (2C 12/2007) zu beachten. Die Steuerbelastung auf dem Liegenschafteneinkommen von Frau Meier nimmt folglich ab. Gleichzeitig kann der Schenkungsbetrag an die Tochter reduziert werden, sodass die Tochter und die Mutter unter dem Strich besser gestellt sind.

1.3.4. Stockwerk- und Gesamteigentum

Stockwerkeigentum ist der Miteigentumsanteil an einem Grundstück, der dem Miteigentümer das Sonderrecht gibt, bestimmte Teile eines Gebäudes ausschliesslich zu benutzen und innen auszubauen[163]. Jeder Miteigentümer versteuert den Eigenmietwert, der seinem im Grundbuch eingetragenen, selbst bewohnten Miteigentumsanteil am Gesamtgrundstück entspricht. Da nur natürliche und juristische Per-

---

[161] Bundesgerichtsentscheid vom 28. Januar 2005, 2A.535/2003.
[162] Vgl. diesbezüglich Tabelle 5 - Gesetzliche kantonale Regelungen der Vorzugsmiete, S. 90.
[163] Art. 712a ZGB. Zu Fragen des StWE vgl. die umfassende Darstellung von SOMMER MONIKA, Stockwerkeigentum, Hrsg. HEV Schweiz, Winterthur 2003.

sonen Steuersubjekte sein können, kann die Stockwerkeigentümergemeinschaft nicht als Rechtssubjekt besteuert werden.

Im Gegensatz dazu geht beim Gesamteigentum das Recht eines jeden Gesamteigentümers auf die ganze Sache. Die Besteuerung wird meist unter den Gesamteigentümern nach Köpfen, im Falle der Erbengemeinschaft nach Erbquoten, aufgeteilt.

1.3.5. Fristgerechte Einsprache

Üblicherweise ist innert 30 Tagen nach Zustellung der Liegenschaftenschätzung durch die Behörden Einsprache zu erheben, wenn eine Eigenmietwertfestlegung angefochten werden soll. In vielen Kantonen ist eine spätere Einsprache gegen die Schätzung respektive gegen die Eigenmietwertfestlegung im Rahmen der Einkommens- und Vermögenssteuerveranlagung nicht mehr möglich. Es empfiehlt sich deshalb, die Rechtsmittelbelehrung auf der Schätzungsmitteilung genau zu lesen.

1.4. Spezialfragen zur Eigenmietwertbestimmung

1.4.1. Baurecht

Die Eigennutzung ist an allen Grundstücken steuerbar[164]. Auch Baurechte werden dementsprechend erfasst, weil andernfalls z. B. bei Stockwerkeinheiten oder Einfamilienhäusern, die im Baurecht errichtet wurden, kein Eigenmietwert steuerbar wäre[165]. Bei selbstgenutzten Bauten im Baurecht ist der Eigenmietwert der Baute steuerbar. Bei Baurechtsgrundstücken wird üblicherweise für das Land und die Baute eine separate Schätzungsanzeige erstellt. Wird allerdings ein Eigenmietwert für das ganze Grundstück festgelegt, muss der Eigenmietwert der Baute durch Berücksichtigung des bezahlten Baurechtszinses ermittelt werden. In der Praxis wird meistens von diesem Wert der jeweilige kantonale Einschlag berechnet:

	Bruttoeigenmietwert (100%)
./.	Baurechtszins
=	Bruttoeigenmietwert des Gebäudes (100%)
./.	kantonaler Mietwerteinschlag
=	steuerbarer Mietwert
./.	Gebäudeunterhalt
./.	Schuldzinsen
=	Netto-Einkommen aus Liegenschaft

Abbildung 5 - Ermittlung Eigenmietwert bei Baurecht

[164] Vgl. zum Grundstückbegriff im Steuerrecht C.1.2, S. 167.
[165] RICHNER/FREI/KAUFMANN, Handkommentar zum DBG, Art. 21 N 65.

1.4.2. Luxushäuser

Spezielle Bewertungsregeln sind bei Luxushäusern zu beachten. Als Luxusbauten gelten nach der Praxis Immobilien, die gegenüber Durchschnittshäusern zusätzlichen Komfort, eben «Luxus», bieten. Die Investition übersteigt das Notwendige einer landläufigen Wohnbaute. Gemäss einem Entscheid aus dem Kanton St.Gallen ist der Eigenmietwert luxuriöser Liegenschaften danach zu ermitteln, was bei einer Vermietung effektiv zu erzielen ist und nicht danach, was ein Eigentümer in Anbetracht der Besonderheit seiner Anlage und Einrichtung aufgrund ortsüblicher Ansätze als Mietzins fordern könnte[166]. Es ist nicht massgebend, was einem Mieter, der eine solche Liegenschaft mieten möchte, in Anbetracht des investierten Kapitals billigerweise zugemutet werden dürfte.

1.4.3. Ferienhäuser und -wohnungen[167]

Grundsätzlich gelangt auch bei nur sporadisch genutzten Ferienliegenschaften der ganzjährige Eigenmietwert zur Besteuerung. Wenn aber Wohnungen oder Häuser nicht selber genutzt werden und – trotz nachgewiesener Vermietungsbemühungen – nicht vermietet werden können, darf keine Eigenmietwertbesteuerung erfolgen. In der Praxis sind an entsprechende Nachweise aber hohe Anforderungen zu stellen (Inserate, Internet-Ausschreibungen etc.). Auch bei eingeschränkter Nutzungsmöglichkeit im Winter aufgrund fehlender Heizung ist eine Reduktion des Eigenmietwerts zu prüfen, sofern der ermittelte Marktwert diese Nutzungseinschränkung nicht bereits mitberücksichtigt[168].

Bei teilweiser Vermietung des Ferienhauses treten die Mieterträge an die Stelle des Eigenmietwerts.

Praxisbeispiel 13 - Ermittlung Bruttomiete Ferienhaus

Ausgangslage:
Eigenmietwert pro Monat CHF 1 500, erzielter Ertrag Fremdvermietung CHF 2 000 pro Monat:

Erträge aus Vermietung der Liegenschaft für 4 Monate:	CHF	8 000
Einschlag (Annahme)*	CHF	-1 600
Eigenmietwert für 8 Monate (nicht vermietet):	CHF	12 000
«Bruttomiete korrigiert» pro Jahr	CHF	18 400

* Im Falle von möblierten Ferienwohnungen können die Abnützung der Wohnungseinrichtung und die höheren Unterhaltskosten meistens durch einen Einschlag geltend gemacht werden (gemäss der Regelung im Kanton Luzern z.B. ⅕ der Bruttoeinnahmen oder sogar ⅓, wenn dem Mieter auch die Wäsche zur Verfügung gestellt wird)[169].

---

[166] StE 1996 B 25.3 Nr. 17.
[167] Vgl. dazu ausführlich E.1, S. 249.
[168] Vgl. zum Unternutzungsabzug bei Zweitwohnungen B.1.5, S. 98.
[169] Weisungen Kantonale Steuerverwaltung StV LU, § 28 Nr. 1.

Das Bundesgericht hat es in seinem Urteil vom 12. April 2006 für zulässig erklärt, dass die Eigenmietwerte von Zweitwohnungen anders, d. h. konkret höher festgesetzt werden als bei selbstbewohntem Wohneigentum am Wohnsitz (sog. Erstwohnungen)[170]. Konkret ging es um einen Steuerpflichtigen, der in Bern eine Mietwohnung bewohnt und im Kanton Glarus eine Ferienwohnung nutzt. Er machte geltend, dass es unzulässig sei, bei seiner Zeitwohnung von der reinen Marktmiete auszugehen, wenn für Erstwohnungen i.d.R. eine Reduktion des Eigenmietwertes von 60% der Marktmiete vorgesehen sei. Das Gericht verwarf sämtliche Argumente des Beschwerdeführers. Es schloss Willkür, einen Verstoss gegen übergeordnetes Recht und eine Verletzung des Rechtsgleichheitsgebots mit Blick auf die Wohneigentumsförderungsgesetzgebung des Bundes (welche den Vorbezug von Mitteln der Vorsorge für den Erwerb von Zweitwohnungen ausschliesst, Art. 30c Abs. 1 BVG) und das übergeordnete Interesse an einer haushälterischen Bodennutzung aus[171].

Vielleicht war der Entscheid des Bundesgerichts auch durch das in der Volksabstimmung gescheiterte Steuerpaket[172] beeinflusst, welches nach dem Wegfall der Eigenmietwertbesteuerung den klassischen Ferienkantonen als Ausgleich für wegfallendes Steuersubstrat eine Zweitwohnungssteuer von max. 1% des Vermögenssteuerwertes der Ferienhäuser und – wohnungen in Aussicht stellte[173]. Die Zweitwohnungssteuer wäre anstelle der Einkommens- und Vermögenssteuer getreten und hätte die Besteuerung aus Sicht der Ferienkantone zweifellos stark vereinfacht. Aus dem Gesichtswinkel der Wohnsitzkantone hat die Ablehnung des Steuerpakets diesbezüglich aber auch ihr Gutes, wäre eine Besteuerung nach dem Prinzip der wirtschaftlichen Leistungsfähigkeit bei einem Nebeneinander von faktischer Minimalsteuer und ordentlicher Besteuerung doch nur mit viel Aufwand und einer komplizierten Ausführungsgesetzgebung zu erreichen gewesen[174].

---

[170] BGE 132 I 157. StR Nr.9/2006, 658 ff.

[171] Ebd. E. 4 u. 5; zur Kritik an dieser Argumentation vgl. ZADRAZIL, Wohneigentum zweiter Klasse? In: Hauseigentümer vom 1. September 2006, Nr. 15, S. 5.

[172] B.1.1, S. 85.

[173] E-StHG Art. 4a gemäss BG über die Änderung von Erlassen im Bereich der Ehe- und Familienbesteuerung, der Wohneigentumsbesteuerung und der Stempelabgaben vom 20. Juni 2003.

[174] Einen Vorgeschmack auf die praktischen Schwierigkeiten lieferte bereits der E-StHG Art. 4a selbst in seinem Abs. 3: «Der Bundesrat erlässt in Zusammenarbeit mit den Kantonen die notwendigen Ausführungsbestimmungen zu diesem Artikel. Er definiert dabei insbesondere den Begriff der Zweitwohnung und bestimmt die Methode zur Vermeidung der Doppelbesteuerung.»

1.4.4. Liegenschaften im Ausland

Einkünfte aus ausländischen Liegenschaften sind durch Steuerpflichtige mit Wohnsitz in der Schweiz ebenfalls in der schweizerischen Steuererklärung zu deklarieren, danach aber im Rahmen einer internationalen Steuerausscheidung ins Ausland zuzuweisen[175]. Bei der Festsetzung der Höhe des ausländischen Eigenmietwertes (welcher satzbestimmende Wirkung zukommt), bestehen oft grosse Unsicherheiten[176].

1.4.5. Schweizerische Liegenschaften von Personen mit Wohnsitz im Ausland

Beim Erwerb von schweizerischen Liegenschaften durch Ausländer stellt sich zuerst die Frage nach der Bewilligungspflicht, welche in der «Lex Koller» geregelt ist[177]. Es ist geplant, dieses Bundesgesetz aufzuheben und durch flankierende raumplanerische Massnahmen zu ersetzen[178].

Durch den Erwerb von schweizerischen Grundstücken werden Ausländer in der Schweiz beschränkt steuerpflichtig[179], d.h. sie haben den Liegenschaftswert und das daraus fliessende Einkommen in der Schweiz zu versteuern. Es muss eine schweizerische Steuererklärung eingereicht werden. Soweit die weltweiten Einkünfte durch den Ausländer nicht offen gelegt werden, besteuern die Verwaltungen den schweizerischen Eigenmietwert unter Verzicht auf eine internationale Steuerausscheidung oft zum Maximalsatz. Inwieweit sich die schweizerische Besteuerung auf die gesamte Steuerbelastung der im Ausland wohnhaften Person auswirkt, ist sowohl unter Berücksichtigung des ausländischen Rechts wie auch allenfalls anwendbarer Doppelbesteuerungsabkommen zu klären.

---

[175] Vgl. dazu B.6, S. 160.
[176] Vgl. dazu E.1.3.3, S. 254.
[177] BG vom 16. Dezember 1983 über den Erwerb von Grundstücken durch Personen im Ausland (BewG), SR 211.412.41.
[178] Medienmitteilung vom 2. November 2005 des Eidgenössischen Departements für Umwelt, Verkehr, Energie und Kommunikation UVEK; am 22. November 2006 hat der Bundesrat seine Departemente beauftragt, Vorlagen zur Aufhebung der Lex Koller bzw. betreffend flankierende raumplanerische Massnahmen auszuarbeiten.
[179] Wirtschaftliche Zugehörigkeit für natürliche Personen ohne steuerrechtlichen Wohnsitz oder Aufenthalt in der Schweiz: Art. 4 Abs. 1 lit. c DBG und Art. 4 Abs. 1 StHG als Basis für die kantonalen Steuergesetze.

1.4.6. Aufwandbesteuerung

Natürliche Personen, die erstmals oder nach mindestens zehnjähriger Landesabwesenheit steuerrechtlichen Wohnsitz oder Aufenthalt in der Schweiz nehmen und hier keine Erwerbstätigkeit ausüben, können anstelle der ordentlichen Einkommens- und Vermögenssteuer eine Steuer nach dem Aufwand entrichten[180]. Zahlreiche vermögende Ausländer haben sich für die Pauschalierung entschieden und in der Schweiz Grundeigentum erworben. Einigen Besonderheiten ist bei der Planung Rechnung zu tragen, auch wenn die Eigenmietwertfestlegung bei Aufwandbesteuerten nach den gleichen Kriterien vorgenommen wird, wie bei allen anderen Hauseigentümern[181]. Wenn beispielsweise ein ausländischer Ehemann mit seiner schweizerischen Ehefrau nach einem langjährigen Auslandaufenthalt in die Schweiz zurückkehrt und die Pauschalierung beantragt, ist es i. d. R. empfehlenswert, wenn der Ehemann die schweizerische Liegenschaft erwirbt[182]. Weil die Bemessungsbasis für die Aufwandbesteuerung mindestens dem Fünffachen des Mietzinses oder des Eigenmietwertes der Wohnung im eigenen Haus entsprechen muss, würde das Ehepaar zusätzlich noch den (hälftigen) einfachen Eigenmietwert versteuern, wenn die Ehefrau Liegenschafteneigentümerin wäre. Selbstverständlich ist jeweils aufgrund der gesamten Umstände zu prüfen, welches die günstigste Variante ist, um Doppelbelastungen zu vermeiden.

Aus steuersystematischen Gründen werden bei aufwandbesteuerten Steuerpflichtigen keine Steuerausscheidungen vorgenommen. Verfügt ein in Zürich pauschalierter Rentner über eine Ferienwohnung in St. Moritz, so ist für die Ermittlung der Mindestbemessungsgrundlage der höhere der beiden Eigenmietwerte heranzuziehen[183]. Bei der Festsetzung des allgemeinen Lebensaufwandes ist die Ferienwohnung aber selbstverständlich angemessen zu berücksichtigen. Die Liegenschaftskantone des Feriendomizils, hier Graubünden, besteuern in der Praxis den nach ihren Kriterien ermittelten Eigenmietwert der Zweit-

---

[180] Art. 14 DBG und Art. 6 StHG.
[181] Kreisschreiben Nr. 9 vom 3. Dezember 1993 der ESTV kommentiert die Verordnung über die Besteuerung nach dem Aufwand bei der direkten Bundessteuer.
[182] Einige Kantone, bspw. Zürich, lehnen es ab, bei verheirateten Steuerpflichtigen den einen ordentlich und den anderen pauschal zu besteuern, wenn einer von ihnen die Voraussetzungen für die Aufwandbesteuerung infolge Ausübung einer Erwerbstätigkeit nicht erfüllt (Weisung des kant. Steueramtes Zürich über die Besteuerung nach dem Aufwand vom 28. Juli 1999, Steuerbuch I Nr. 11/701, Rz 18). Zürich verletzt u. E. damit den Grundsatz der selbständigen Steuerpflicht (Steuersubjekt) und misst der Pflicht zur gemeinsamen Veranlagung von Ehegatten aus Opportunitätsgründen zu grosse Bedeutung zu.
[183] Vgl. Weisung des Kt. StA ZH über die Besteuerung nach dem Aufwand vom 28. Juli 1999, Rz 32; a. M. STHG-ZWAHLEN, Art. 6 N 28).

wohnung zum Maximalsatz, ohne auf die Bemessungsgrundlage des Wohnsitzkantons Rücksicht zu nehmen. Aufgrund der i. d. R. ohnehin sehr hohen Steuerprogression dieser Steuerpflichtigen rechtfertigt sich dieses Vorgehen aus Praktikabilitätsgründen.

1.5. Unternutzungsabzug

1.5.1. Rechtsgrundlage

Bei der *direkten Bundessteuer* ist bei der Festsetzung des Eigenmietwerts die tatsächliche Nutzung durch den Steuerpflichtigen zu berücksichtigen[184]. Wenn nicht sämtliche Räume genutzt werden, spricht man von einer Unternutzung, welche zu einem entsprechenden Abzug führen kann.

Auf *Kantons- und Gemeindeebene* wird der Unternutzungsabzug nicht zwingend gewährt. Das Steuerharmonisierungsgesetz schreibt lediglich vor, dass die Eigennutzung von Grundstücken zu besteuern ist. Wie dies zu erfolgen hat, überlässt der Bundesgesetzgeber den Kantonen im Rahmen der verfassungsmässigen Ordnung[185]. Bei fehlender kantonaler Regelung kann der Abzug aber dennoch für die direkte Bundessteuer beantragt werden.

1.5.2. Voraussetzungen

Die Bedingungen für die Gewährung dieses Abzugs sind restriktiv. Es wird verlangt, dass die unternutzten Räume unmöbliert sind und leer stehen. Die Unternutzung ist oft bei Familien gegeben, bei denen die Kinder ausgezogen sind. Ist eine Nutzung lediglich eingeschränkt, wird der Abzug nicht gewährt. Sobald ein Raum auch für eine kurze Zeitperiode, beispielsweise als Gästezimmer, verwendet wird, liegt keine Unternutzung vor.

Für Zweit- und Ferienwohnungen kann dieser Abzug nicht geltend gemacht werden. Hier ist bei eingeschränkter tatsächlicher zeitlicher Nutzbarkeit aber ein Einschlag auf dem Eigenmietwert denkbar[186].

1.5.3. Kantonale Praxis im Besonderen

Diejenigen Kantone, die einen Unternutzungsabzug bei den Kantons- und Gemeindesteuern zulassen, stellen ähnlich strenge Bedin-

---
[184] Art. 21 Abs. 2 DBG.
[185] StHG-REICH, Art. 7 N 42 ff.
[186] Vgl. B.1.4.3, S. 94.

gungen auf wie der Bund[187]. Teilweise wird verlangt, dass eine Verminderung der Wohnbedürfnisse eintritt, die durch den Steuerpflichtigen nicht vorhersehbar war. Daher wird die Gewährung des Unternutzungsabzugs beim Neuerwerb einer Immobilie verweigert, die den effektiven Raumbedarf des Steuerpflichtigen übersteigt[188]. Weiter wird meist eine Mindestgrösse der Wohnung vorausgesetzt, sodass bei Wohnungen bis 4 Zimmer oder weniger ein Unternutzungsabzug ausgeschlossen wird.

Die kantonale Praxis ist, wie die wenigen Beispiele zeigen, wenig dogmatisch. Nicht geklärt ist insbesondere die Frage, ob es sich bei der fehlenden Nutzung von Räumen um ein objektives oder ein subjektives Kriterium handelt. U.E. kann der Wortlaut der meisten Bestimmungen[189] nur so interpretiert werden, dass es auf die Gründe für den «Leerstand» einzelner Räume nicht ankommen kann. Folglich ist es problematisch, wenn Abzüge trotz rechtsgenüglichem Nachweis der Unternutzung verweigert werden mit dem Hinweis, falls jemand wirklich zu viel Platz habe, verkaufe er in der Regel seine Liegenschaft und kaufe oder miete sich ein kleineres Objekt[190]. Gleichermassen unsachlich sind Forderungen nach einer nicht voraussehbaren Situation, welche den Steuerpflichtigen in seinem überdimensionierten Eigenheim aus Gründen der Verbundenheit mit dem Objekt verweilen lässt, obwohl dieses eigentlich zu gross ist. Entscheidend ist einzig, dass sich der Eigentümer die Räumlichkeiten, für welche er eine Unternutzung geltend macht, tatsächlich nicht zur Verfügung hält. Dies auch nicht über die Weihnachtstage, wenn er verwandtschaftlichen Besuch unterbringt. Letztlich geht es um ein reines Beweisproblem (vgl. Abschnitt 1.5.4., S. 102).

---

[187] Details sind in Tabelle 6, S. 100, dargestellt.
[188] Urteil des Steuergerichts Basel-Land vom 21. April 2006, StE 2006 B 25.3, Nr. 33.
[189] Die Formulierung lautet «...Eigenmietwert...unter Berücksichtigung der tatsächlichen Nutzung festzulegen.», bspw. Art. 21 Abs 2 DBG; § 21 Abs. 2 lit. c StG/ZH.
[190] So das Steuergericht BL, a. a. O., E. 2c).

Tabelle 6 - Unternutzungsabzug bei der EMW-Festlegung

	Voraussetzungen	Berechnung	Grundlage
Bund	Es wird nur noch ein Teil des Eigenheimes tatsächlich genutzt. Einzelne Räume werden dauernd nicht genutzt. Der Nachweis ist vom Steuerpflichtigen zu erbringen. Eine weniger intensive Nutzung berechtigt nicht zum Abzug, beispielsweise – wenn Räume nur gelegentlich genutzt werden (Arbeits-, Gästezimmer, Bastelraum) – wenn Räume ausgezogener Kinder weiterhin für Besuche oder Ferien zur Verfügung gehalten werden – wenn von Anfang an mehr Wohnraum zugelegt wird, als für die objektiven Wohnbedürfnisse notwendig sind – für Ferienhäuser und andere Zweitwohnungen	Gemäss Wegleitung LU: Beispiel: 8-Zimmer-Einfamilienhaus (ohne Küche gerechnet), Gesamtmietwert Fr. 36 000.–, bewohnt durch Ehegatten, deren 3 erwachsene Kinder nicht mehr im elterlichen Haushalt wohnen. 2 Zimmer stehen leer. Mietwert aufgrund der tatsächlichen Nutzung: Fr. 36 000.– x 8* dividiert durch 10** = Fr. 28 800.– *) 6 Zimmer + 2 Räume **) 8 Zimmer + 2 Räume	DBG Art. 21 Abs. 2
AG	Kein Abzug		Praxis gemäss Wegleitung 2006
AI	Kein Abzug		Art. 2 Abs. 2 Standeskommissionsbeschluss zum StG und zur VOStG vom 5. Dezember 2000
AR	(keine gesetzliche Regelung)		
BE	Kein Abzug		Praxis gemäss BE TaxInfo
BL	analog Bund Wenn allein stehender Steuerpflichtiger über mehr als 4 Zimmer oder ein Ehepaar ohne im gleichen Haushalt lebende Kinder über mehr als 5 Zimmer verfügt. (Für halbe Räume gibt es keinen Abzug.) Unternutzungsabzug kann nur berücksichtigt werden, wenn Eigenmietwert auch effektiv der Besteuerung unterliegt. Dies ist dann der Fall, wenn der Eigenmietwert die Hypothekarzinsen und Kosten für den Liegenschaftsunterhalt übersteigt. Ein Unternutzungsabzug führt nicht zu einer Kürzung der abziehbaren Schuldzinsen. Für	EMW Gebäude x nicht genutzte Räume dividiert durch: Anzahl Zimmer (+ 1 [StWE] bzw. + 2 [EFH] Nebenräume)	§ 27ter Abs. 9 des Gesetzes über die Staats- und Gemeindesteuern (Steuergesetz) vom 7. Februar 1974 § 2 der Verordnung zum Steuergesetz vom 13. Dezember 2005

	die Berechnung der Pauschale für die Unterhaltskosten wird vom reduzierten Eigenmietwert ausgegangen.		
BS	Kein Abzug		Praxis gemäss Wegleitung 2006
FR	Kein Abzug		Praxis gemäss Wegleitung 2006
GE	(keine gesetzliche Regelung)		
GL	(keine gesetzliche Regelung)		
GR	Die Beweislast für eine Unternutzung liegt vollumfänglich beim Steuerpflichtigen. Nur bei effektiver Unternutzung für Steuerpflichtige, die ungewollt über eine zu grosse Liegenschaft verfügen. Ein Abzug wird gewährt, wenn ein Alleinstehender über eine 4-Zimmer-Wohnung oder ein Ehepaar über eine 5-Zimmer-Wohnung verfügt.	Reduktion = Mietwert ohne Garage x nicht genutzte Räume dividiert durch Anzahl Zimmer + 2 (STWE) bzw. 3 (EFH) Nebenräume	Art. 22 Abs. 2 des Steuergesetzes für den Kanton Graubünden vom 8. Juni 1986 Ausführungsbestimmungen zum StG für den Kanton GR vom 13. Februar 2001
JU	(keine gesetzliche Regelung)		
LU	kein Abzug		Praxis gemäss Wegleitung 2006
NE	(keine gesetzliche Regelung)		
NW	analog Bund Es ist in jeder Steuerperiode ein entsprechender Antrag zu stellen.	analog Bund	Art. 24 Abs. 5 StG vom 22. März 2000
OW	analog Bund Praxis geht davon aus, dass bei Wohneigentum mit vier bis sechs Zimmern, welche von zwei oder mehr Personen bewohnt werden, keine Unternutzung vorliegt.	analog Bund	Art. 23 StG vom 30. Oktober 1994 Wegleitung zur Steuererklärung 2006
SG	Kein Abzug		Praxis gem. Steuerbuch
SH	Dauernder Wegfall der Nutzung von Wohnräumen durch den Steuerpflichtigen infolge Wegzug oder Tod von Familienangehörigen, die lange Zeit im Eigenheim des Steuerpflichtigen gewohnt haben, oder infolge Gebrechlichkeit, welche die Nutzung verhindern und Unvermietbarkeit der Räume (entweder tatsächlich nicht vermietbar oder Vermietung nicht zumutbar)	Infolge Wegzug oder Tod von Familienangehörigen: – 6% je Person, maximal 30% Infolge Gebrechlichkeit: – 30% falls Gebrechlicher alleine im Haushalt lebt – 15% falls Gebrechlicher mit gesunden Familienangehörigen zusammenlebt	Art. 23 Abs. 2 des Gesetzes über die direkten Steuern vom 20. März 2000 § 15 der Verordnung über die direkten Steuern vom 26. Januar 2001
SO	Kein Abzug analog Bund		Praxis gemäss Wegleitung 2006
SZ	Es ist ein Antrag mit Begründung einzureichen.	analog Bund	§ 10 Vollzugsverordnung zum StG vom 22. Mai 2001

TG	Kein Abzug		gemäss «Steuerpraxis» Thurgau
TI	Kein Abzug		
UR	Bei 1-Personenhaushalt ab 5-Zimmer-Wohnung möglich, bei 2-Personen-Haushalt ab 6-Zimmer-Wohnung. Innert 6 Jahren nach Immobilienerwerb wird der Abzug nicht gewährt, analog auch bei Um- und Neubauten nicht. Räume müssen effektiv leer stehen. Die Unternutzung ist jedes Jahr geltend zu machen.	analog Bund	Praxis gestützt auf Art. 25 des Steuergesetzes vom 17. Mai 1992
VD	Kein Abzug		
VS	keine Regelung		
ZG	Voraussetzungen (kumulativ): – offensichtliches Missverhältnis zwischen Wohnungsgrösse und der die Wohnung nutzenden Personen – Mindestgrösse 5 Zimmer – Verzicht auf jegliche Nutzung (auch nicht als Lagerraum) – Verminderung der bisherigen Wohnbedürfnisse – i.d.R. positive Liegenschaftsrechnung (EMW abzüglich Schuldzinsen und Unterhalt)	analog Bund	§ 7 der Verordnung zum Steuergesetz vom 30. Januar 2001
ZH	Grundsätzlich analog Bund, jedoch ist es nicht erforderlich, dass die Einrichtungen aus den sonst ungenutzten Räumen entfernt worden sind. Räume, in denen die vorhandenen Möbel – im Sinne einer Einlagerung – stehen gelassen werden, gelten, wenn keine anderweitige Nutzung besteht, als ungenutzt. Die Praxis geht davon aus, dass bei Wohneigentum mit vier bis sechs Zimmern, welche von zwei oder mehr Personen bewohnt werden, keine Unternutzung vorliegt.	analog Bund	§ 21 Abs. 2 lit. c des StG vom 8.6.1997 Weisung der Finanzdirektion betreffend Festsetzung des Eigenmietwertes bei tatsächlicher Unternutzung vom 21. Juni 1999

1.5.4. Nachweis tatsächlicher Unternutzung

Die steuerpflichtige Person muss die Unternutzung in jeder Steuerperiode neu beantragen und den entsprechenden Nachweis erbringen. Gemäss Veranlagungspraxis genügt es dabei, das verminderte Wohnbedürfnis glaubhaft zu machen.

Im Sinne eines sachgerechten Unternutzungsbegriffs wäre es wünschenswert, wenn die Anforderungen an den Nachweis der Unternutzung verschärft würden, diese aber in allen Fällen gewährt würde, in denen ein Raum oder Hausteil effektiv leer steht. Um Missbräuchen vorzubeugen wäre es evtl. denkbar, die entsprechenden Räume oder wenigstens die elektrischen und sanitarischen Anschlüsse zu versiegeln, wie dies z. B. auch beim Verzicht auf einen Fernsehanschluss durch einen Mieter erfolgt.

1.5.5. Berechnung des Einschlags auf dem Eigenmietwert

Die Finanzdirektion des Kantons Zürich hat betreffend Festsetzung des Eigenmietwertes bei tatsächlicher Unternutzung eine Weisung publiziert[191]. Danach erfolgt die Schätzung des Eigenmietwertes, indem der massgebliche Gesamt-Eigenmietwert des Objektes proportional auf die genutzten Räume verlegt wird. Über 30 m² grosse Zimmer gelten als zwei Räume. Dabei sind Küche, Badezimmer, WC und Nebenräume (Entree, Estrich, Keller, Garage usw.) bei Einfamilienhäusern zusammen in der Regel zwei Räumen gleichzusetzen. Nachfolgend ist ein konkretes Berechnungsbeispiel für den Unternutzungsabzug aufgeführt:

Praxisbeispiel 14 - Berechnung Unternutzungsabzug

Sachverhalt: 8-Zimmer-Einfamilienhaus (ohne Küche), Formeleigenmietwert CHF 36 000, bewohnt durch Ehegatten, deren drei erwachsene Kinder nicht mehr im elterlichen Haushalt wohnen. Zwei Zimmer stehen leer.

Berechnung: Eigenmietwert =
$$\frac{CHF\ 36\,000 * 8\ (6\ Zimmer + 2\ Räume)}{10\ (8\ Zimmer + 2\ Räume)} = CHF\ 28\,800$$

Anmerkung: Wenn der Zürcher Steuerpflichtige den Unternutzungsabzug geltend machen kann, kann er die Unterhaltspauschale lediglich von diesem reduzierten Eigenmietwert abziehen.

Eine praktisch identische Regelung kennt bspw. der Kanton Baselland, der allerdings eine Formel für die Berechnung des Unternutzungsabzugs anwendet, welcher vom Eigenmietwert subtrahiert wird[192].

---

[191] Weisung der Finanzdirektion vom 21. Juni 1999 betreffend Festsetzung des Eigenmietwertes bei tatsächlicher Unternutzung.
[192] § 1bis der Regierungsverordnung vom 22. Oktober 1974 zum Steuer- und Finanzgesetz des Kt. BL.

1.6. Einschlag in Härtefällen

Je nach Kanton kann der Eigenmietwert in Härtefällen herabgesetzt werden. Die Voraussetzungen für das Vorliegen eines Härtefalles sowie die entsprechende Eigenmietwertreduktion sind in den Kantonen unterschiedlich ausgestaltet. Im Kanton Luzern kann der steuerbare Eigenmietwert einer nichtlandwirtschaftlichen Liegenschaft, die eine steuerpflichtige Person an ihrem Wohnsitz dauernd selbst bewohnt, auf Antrag herabgesetzt werden[193]. Diese Reduktion ist dann möglich, wenn der steuerbare Eigenmietwert 25% der Bruttoeinkünfte (Einkünfte vor Abzügen gemäss Steuerveranlagung) ohne den Eigenmietwert übersteigt und bei Alleinstehenden unter CHF 15 000 sowie bei Personen, denen der Familientarif zusteht, unter CHF 21 000 liegt. Der steuerbare Eigenmietwert muss aber mindestens 60% der mittleren Marktmiete betragen. Die Herabsetzung des Eigenmietwertes entfällt, sofern das steuerbare Vermögen je nach Zivilstand einen bestimmten Betrag übersteigt. Nachfolgende Beispiele sind den Weisungen der kantonalen Steuerbehörde Luzern entnommen:

Praxisbeispiel 15 - Härtefallklausel bei Eigenmietwertbemessung

	Beispiel 1 (Kt. Luzern)	Beispiel 2 (Kt. Luzern)
Alleinstehende Person:		
Einkünfte ohne Eigenmietwert (z. B. AHV-Renten)	24 000	60 000
Steuerbarer Eigenmietwert vor Herabsetzung	12 000	16 000
Steuerbares Vermögen	25 000	25 00
Prüfung der Voraussetzungen		
Mindestbelastung (steuerbarer Eigenmietwert > 25% Bruttoeinkünfte ohne Mietwert)	12 000 > 6 000	16 000 > 15 000
Höchstbelastung (steuerbarer Eigenmietwert < CHF 15 000)	12 000 < 15 000	16 000 > 15 000
Vermögenslimiten (steuerbares Vermögen < CHF 50 000)	25 000 < 50 000	25 000 < 50 000
Berechnung der Herabsetzung		
Steuerbarer Eigenmietwert vor der Herabsetzung		Keine Herabsetzung,
25% Einkünfte ohne Eigenmietwert	12 000	da nicht alle Bedin-
	- 6 000	gungen erfüllt sind.
Herabsetzung	6 000	
Herabgesetzter steuerbarer Eigenmietwert	6 000	
Mindestens aber 60% der Marktmiete	10 285	

---

[193] § 28 Abs. 4 StG/LU und § 3 der Mietwertverordnung (MV; SRL Nr. 625).

1.7. Beiträge Dritter an die Kosten der eigenen Wohnung

1.7.1. Wohnbau- und Eigentumsförderung

Das Wohnraumförderungsgesetz[194] ist seit dem 1. Oktober 2003 in Kraft und löste das WEG[195] ab. Mit dem WFG fördert der Bund den Bau oder die Erneuerung von Mietwohnungen für Haushalte mit geringem Einkommen, den Zugang zu Wohneigentum, die Tätigkeiten der Organisationen des gemeinnützigen Wohnungsbaus und die Forschung im Wohnbereich[196]. Aufgrund des Entlastungsprogramms 2003 für den Bundeshaushalt beschränkt sich die Finanzhilfe aktuell auf Mittel für die Forschung und für die Förderung von Modellprojekten sowie auf die indirekte Unterstützung. Die direkte Unterstützung durch zinslose oder zinsgünstige Darlehen für Eigentümer von selbst genutztem Wohneigentum sowie für gemeinnützige Bauträger im Mietwohnungsbau wurde bis Ende 2008 sistiert[197].

Gemäss den Schlussbestimmungen des WFG bleiben während rund 25 Jahren Zahlungs- und Rückzahlungsverpflichtungen aus dem Vollzug des WEG bestehen. Die nicht rückzahlbaren Zuschüsse sind vom Liegenschaftseigentümer zusammen mit den Mietzinseinnahmen oder dem Eigenmietwert als Einkommen aus unbeweglichem Vermögen zu versteuern[198]. Wenn der Eigentümer die Zusatzverbilligungen direkt von den Hypothekarzinsen abzieht, kann er entsprechend weniger Schuldzinsen geltend machen.

1.7.2. Subventionen

Subventionen sind Leistungen eines Trägers der öffentlichen Gewalt und grundsätzlich steuerbar. Allenfalls werden sie direkt mit abzugsfähigen Aufwendungen verrechnet. Von den Subventionen im Zusammenhang mit Immobilien sind die steuerausgenommenen Unterstützungsleistungen aus öffentlichen und privaten Mitteln abzugrenzen[199].

---

[194] BG über die Förderung von preisgünstigem Wohnraum (WFG) vom 21. März 2003, SR 842.
[195] Wohnbau- und Eigentumsförderungsgesetz vom 4. Oktober 1974 (WEG), SR 843.
[196] Vgl. Merkblatt des EVD, Bundesamt für Wohnungswesen BWO vom Februar 2004.
[197] Vgl. auch Informationen unter www.bwo.admin.ch.
[198] Luzerner Steuerbuch, Weisungen StG zu § 40 Nr. 1.
[199] Art. 24 lit. d DBG und Art. 7 Abs. 4 lit. f StHG.

Betreffend Energiespar- und Umweltschutzsubventionen sowie die Kosten für denkmalpflegerische Arbeiten wird auf die Ausführungen im Kapital über die Abzüge verwiesen[200].

1.7.3. Versicherungsleistungen

Versicherungsleistungen für Gebäudeunterhalt oder Investitionen sind grundsätzlich als Einkommen aufzurechnen oder führen zu einer Reduktion der Abzüge. Hingegen bilden Schadenersatzleistungen, soweit sie den Umfang eines tatsächlich eingetreten Schadens nicht übersteigen, grundsätzlich kein steuerbares Einkommen[201].

2. Fremdnutzung

2.1. Vermietung und Verpachtung

Durch den Mietvertrag verpflichtet sich der Vermieter, dem Mieter eine Sache zum Gebrauch zu überlassen und der Mieter, dem Vermieter dafür einen Mietzins zu leisten[202]. Durch den Pachtvertrag wird dem Pächter anstelle der Gebrauchsüberlassung oder zusätzlich dazu das Recht eingeräumt, die Früchte einer Sache zu beziehen[203].

Welches sind nun die Bestandteile des Mieteinkommens? Grundsätzlich muss für die Bestimmung des Liegenschafteneinkommens von den Bruttomieteinkünften ausgegangen werden. Soweit Nebenkosten beim Vermieter Durchlaufpositionen darstellen, sind sie einkommensneutral.

Eine Vermietung zu Sonderkonditionen an Nahestehende vorbehalten[204], ist der effektiv erzielte Mietzins für die Steuerveranlagung massgebend. Die Steuerverwaltung darf der Steuerveranlagung nicht einen höheren erzielbaren Mietzins zugrunde legen, auch wenn dieser aufgrund der Marktverhältnisse ausgehandelt werden könnte[205]. Bei einer unentgeltlichen Überlassung erfolgt die Besteuerung des Eigenmietwerts[206].

---

[200] Vgl. B.3.9, S.124 (Energiesparende und dem Umweltschutz dienende Investitionen) u. B.3.10, S. 128 (Denkmalpflege).
[201] Statt vieler: RICHNER/KAUFMANN/FREI/MEUTER, ZH-Komm., VB zu §§ 16-37 N 7.
[202] Art. 253 OR.
[203] Art. 275 OR.
[204] Dazu vorne B.1.3.3, S. 89.
[205] BGE 71 I 131.
[206] Vgl. B.1.2.2, S. 87.

2.2. Leasing

Betreffend die Qualifikation der Zahlungskomponenten bei Leasingverträgen ist Vorsicht geboten[207]. Auch wenn das Leasing aus Sicht des privaten Immobilienbesitzers selten aktuell werden dürfte, wird nachfolgend die steuerliche Qualifikation in den Grundzügen dargestellt.

Beim Leasing handelt es sich um einen Innominatkontrakt, d. h. einen nicht ausdrücklich im Gesetz geregelten Vertragstyp, welcher Elemente diverser anderer Vertragsarten verbindet[208]. Dadurch soll ein Wirtschaftsgut finanziert werden, ohne dass es direkt gekauft werden muss[209]. Üblicherweise überlässt ein Leasinggeber dem Leasingnehmer die Immobilie für eine bestimmte Zeitperiode zur freien Nutzung und Verwendung. Der Leasingnehmer entrichtet für die Überlassung einen Leasingzins in Raten. Die kapitalisierten Raten belaufen sich auf einen Betrag, der dem auf das Vertragsende verzinsten Verkehrswert (Herstellungs- oder Anschaffungskosten plus Gemeinkosten- und Gewinnanteil) im Zeitpunkt des Vertragsschlusses voll oder teilweise entspricht[210]. Wenn lediglich zwei Parteien involviert sind, liegt ein direktes Leasing vor. Bei drei beteiligten Parteien – Leasinggeber, -nehmer und -gesellschaft – spricht man von indirektem Leasing.

Das Immobilien-Operating-Leasing ist mit einem Mietverhältnis vergleichbar. Daraus fliessende Erträge stellen prinzipiell Einkünfte aus unbeweglichem Vermögen dar. Beim Immobilien-Finanzierungs-Leasing hingegen liegt ein kaufähnlicher Leasingvertrag vor. Betreffend die steuerliche Behandlung bei gewerblichen oder industriellen Liegenschaften hat die Eidgenössische Steuerverwaltung ein Kreisschreiben publiziert[211].

---

[207] Vgl. diesbezüglich insbesondere die Ausführungen im BGE 131 I 402 betreffend eines Lease & lease back-Geschäfts im Zusammenhang mit Kraftwerkanlagen im Kanton Graubünden.
[208] HONSELL, HEINRICH, Schweizerisches Obligationenrecht, Besonderer Teil, Bern 2006, S. 420 ff.
[209] Steuerverwaltung des Kantons Bern in Steuerrevue Nr. 5/2003, S. 398 ff.
[210] Kommentar zum schweizerischen Privatrecht. Hrsg.: Heinrich Honsell, OR-SCHLUEP/AMSTUTZ, Basel/Frankfurt am Main 2002, Einleitung vor Art. 184 ff. N81.
[211] Kreisschreiben Nr. 5 der ESTV vom 19. Mai 1980 betreffend die steuerliche Behandlung von Immobilien-Leasing (basierend auf dem Kreisschreiben der Konferenz staatlicher Steuerbeamter betreffend die steuerliche Behandlung von Leasingverträgen über gewerbliche oder industrielle Liegenschaften).

2.3. Einkünfte aus Vorkaufs-, Kaufs- und Rückkaufsrechten

Wie die übrigen Einkünfte aus unbeweglichem Vermögen sind Zuflüsse aus Vorkaufs-, Kaufs- und Rückkaufsrechten steuerbar. Bei der Begründung / Einräumung dieser Rechte stellt sich zuerst die Frage nach der Abgrenzung zwischen Grundstückgewinnsteuer und Einkommens- resp. Gewinnsteuer. Wird im Hinblick auf einen künftigen Kaufvertrag beim Abschluss des Kaufrechtsvertrags eine Zahlung geleistet, stellt diese steuerbares Einkommen dar, wenn der Kaufvertrag nicht zustande kommt. Wird der Kaufvertrag aber anschliessend abgeschlossen, so qualifiziert die ursprüngliche Zahlung als Teil des Kaufpreises. Dieser bildet den Erlös i. S. des Grundstückgewinnsteuerrechts[212].

Insbesondere im familieninternen Verhältnis werden oft Vorkaufs- oder Rückkaufsrechte an Immobilien vereinbart, um einer Veräusserung an Dritte vorzubeugen. Soweit diese Rechte unentgeltlich eingeräumt werden, resultieren auch keine Einkommenssteuerfolgen. Zu prüfen sind diesfalls aber die möglichen Folgen bei der Schenkungssteuer[213].

Steht der Entschädigung für die Einräumung eines Rechts aber eine gleichwertige Minderung von Rechten gegenüber, so entsteht grundsätzlich kein Vermögensertrag, der zu versteuern wäre.

2.4. Einkünfte aus Nutzniessung und Wohnrecht

2.4.1. Rechtsgrundlage

Die Nutzniessung verleiht dem Berechtigten das Recht auf den Besitz, den Gebrauch resp. die Nutzung der Sache[214]. Das Nutzniessungsrecht ist nach der gesetzlichen Konzeption nicht vererblich, aber übertragbar. In der Praxis wird aber die Übertragbarkeit oft mit gutem Grund ausgeschlossen.

Der Nutzniesser hat den Nutzniessungsgegenstand in seinem Bestand zu erhalten und Ausbesserungen und Erneuerungen, die zum gewöhnlichen Unterhalt gehören, auf seine Kosten vorzunehmen. Er hat auch die Zinsen für die darauf haftenden Kapitalschulden sowie die Steuern und Abgaben zu tragen. Ferner hat er den Nutzniessungsgegenstand auf seine Kosten angemessen zu versichern. Alle anderen

---
[212] Vgl. zum Kettenhandel D.1.5.2.2, S. 176.
[213] D.2, S. 223.
[214] Art. 745 ff. ZGB.

Lasten trägt der Eigentümer. Von dieser gesetzgeberischen Lösung kann durch Parteivereinbarung abgewichen werden, was die nachfolgend skizzierten Steuerfolgen verändern kann.

2.4.2. Unentgeltliche Nutzniessung

Der Nutzniesser hat bei der *unentgeltlichen* Nutzniessung, welche die Regel bildet, den Eigenmietwert bzw. den Mietertrag am Ort, an welchem das Objekt liegt, als Einkommen zu versteuern[215].

Folgerichtig steht ihm auch der effektive oder pauschale Abzug für den Liegenschaftsunterhalt zu und er ist prinzipiell berechtigt, die Schuldzinsen vom Einkommen abzuziehen, wenn er diese Kosten effektiv trägt. Allenfalls besteht die Möglichkeit, dass der Eigentümer – als Vertragspartner des Hypothekargläubigers – die Schuldzinsen bezahlt und steuerlich geltend macht. Der Schuldzinsenabzug kann logischerweise nicht doppelt geltend gemacht werden. Entweder ist der Eigentümer oder der Nutzniesser abzugsberechtigt.

Prinzipiell tritt der Eigentümer der nutzniessungsbelasteten Liegenschaft steuerlich überhaupt nicht in Erscheinung. Die gesamte Deklaration erfolgt allein in der Steuererklärung des Nutzniessers. Trägt allerdings ausnahmsweise der Liegenschaftseigentümer die Unterhaltskosten, steht ihm im Umfang der von ihm effektiv getragenen Unterhaltsaufwendungen der Steuerabzug zu, auch wenn er für das nutzniessungsbelastete Grundstück sonst gar nicht steuerpflichtig ist. In diesem Fall werden die Steuerbehörden allerdings nicht akzeptieren, dass der Nutzniesser in der gleichen Steuerperiode noch den Pauschalabzug geltend macht.

Im Normalfall trägt der Eigentümer aber nur die über den gewöhnlichen Unterhalt hinaus gehenden Investitionen. Diese sind meist wertvermehrend und können deshalb erst bei einem Verkauf der Liegenschaft als Anlagekosten der Grundstückgewinnsteuer angerechnet werden.

2.4.3. Entgeltliche Nutzniessung

Ist die Nutzniessung *entgeltlich*, hat der Eigentümer wie ein Verpächter die Zahlungen des Nutzniessers als Einkommen zu versteuern[216]. Diese Lösung ist in der Praxis nicht zu empfehlen, weil je nach Ausgestaltung des Vertrages der Nutzniesser Gefahr läuft, den Wert

---

[215] Zu den schenkungssteuerlichen Folgen vgl. D.2.3.2, S. 227.
[216] Art. 21 Abs. 1 lit. a DBG.

der Eigenmiete versteuern zu müssen, ohne die Zahlungen an den Eigentümer abziehen zu können.

2.4.4. Wohnrecht

Auch beim Wohnrecht versteuert regelmässig der Wohnrechtsberechtigte den Wert der Eigenmiete, nicht der Eigentümer. Im Gegensatz zur Nutzniessung versteuert aber letzterer üblicherweise das Liegenschaftsvermögen.

Wird bei einem Grundstückkauf der Kaufpreis teilweise durch Einräumung eines Wohnrechts geleistet oder wird das Wohnrecht durch eine einmalige Kapitalleistung erworben, sind die Jahresquoten der abgezinsten Einmalleistung (Abzahlung des Kaufpreises) nicht vom Eigenmietwert abziehbar[217]. Wenn jedoch das Wohnrecht gegen periodische Leistungen eingeräumt wird, müssen insoweit nicht die Wohnrechtsberechtigten den Eigenmietwert, sondern die Wohnrechtsverpflichteten die erhaltenen Leistungen als Einkommen versteuern. Hier besteht Gestaltungsspielraum, wobei die Ausführungen zur Vorzugsmiete analog anzuwenden sein dürften[218]. Aus nachstehender Abbildung ergibt sich, wer bei der Nutzniessung und dem Wohnrecht was zu versteuern hat.

	Nutzniessung unentgeltlich		Wohnrecht unentgeltlich	
	Nutzniesser	Eigentümer	Wohnrechts-nehmer	Wohnrechts-geber
Vermögenswert der Liegenschaft	x			x
Abzug für Hypothekarschulden	x			x
Eigenmietwert	x		x	
Unterhaltskosten	x	Als Ausnahme	x	Als Ausnahme
Abzug für Schuldzinsen	Massgebend für die Berechtigung zum Abzug von Schuldzinsen ist prinzipiell das Schuldverhältnis und nicht der Umstand, wer tatsächlich die Schuldzinsen entrichtet.			

Abbildung 6 - Deklarationspflicht bei Nutzniessung und Wohnrecht

2.5. Baurechtseinkommen

Beim Baurecht handelt es sich um eine Dienstbarkeit, welche die Überlassung einer Baulandparzelle auf Zeit gegen Zins beinhaltet[219]. Wenn das Baurecht dauernd und selbständig ist, kann es im Grund-

---

[217] Weisungen der kantonalen Steuerverwaltung Luzern zu § 28 Nr. 1.
[218] Vgl. B.1.3.3, S. 89.
[219] Art. 779 ZGB.

buch eingetragen und folglich als Grundstück übertragen werden. Baurechtszinsen können als periodische Gegenleistung für den Erwerb des Baurechts und damit als Aufwendung für die Anschaffung eines Vermögensgegenstandes bezeichnet werden[220]. Beim Baurechtsgeber ist das periodisch vereinnahmte Baurechtseinkommen steuerpflichtig. Einmalzahlungen werden – je nach anwendbarem Grundstückgewinnsteuersystem[221] – in den Kantonen entweder der Grundstückgewinn- oder der Einkommenssteuer unterstellt.

Beim Baurechtsnehmer ist der Baurechtszins nicht zwingend vom steuerbaren Einkommen absetzbar[222].

2.6. Ausbeutung des Bodens

Einkünfte aus der Ausbeutung von Kies, Sand und anderen Bestandteilen des Bodens sind ebenfalls als Erträge aus unbeweglichem Vermögen steuerbar[223]. Gemäss Bundesgericht fallen darunter sowohl Entschädigungen, die der Grundeigentümer für die Nutzungseinräumung von einem Dritten erhält, als auch die von Dritten bezahlten Einkünfte, die der Grundeigentümer selber aus der Bodenausbeutung (insb. durch Verkauf des Materials) erzielt[224]. Der Empfänger der Einkünfte muss dabei nicht zwingend der Grundeigentümer sein.

Auch bei der Ausbeutung des Bodens stellt sich jeweils die Frage, ob das betreffende Entgelt als Ergebnis einer selbständigen Erwerbstätigkeit zu betrachten ist oder im Rahmen der blossen Verwaltung eigenen Vermögens angefallen ist oder in Ausnützung einer zufällig sich bietenden Gelegenheit erzielt wurde[225]. Dies hat Auswirkungen auf die Sozialversicherungsabgabepflicht. Dabei ist die Beitragspflicht in jedem Fall zu bejahen, insoweit als die Entschädigung den durch den Kiesabbau bedingten Wegfall der angestammten Nutzung abgilt[226].

---

[220] DUTTWEILER URS, Steuerrevue Nr. 11/2000, S. 761.
[221] Vgl. C.1.3, S. 169.
[222] Vgl. hierzu B.3.15, S. 133.
[223] Art. 21 Abs. 1 lit. d DBG.
[224] BGE 2A.602/2005, Erw. 3.1.
[225] Steuerrevue Nr. 12/1999, Seite 760 ff.; zur selbständigen Erwerbstätigkeit C.1.6, S. 183.
[226] Urteil des Eidgenössischen Versicherungsgerichts vom 20.10.1999 i.S. F.

2.7 Entschädigung bei Nichtausübung eines Rechts

Die Entschädigung für die Nichtausübung eines Rechts ist prinzipiell steuerbar[227]. Dies ist auch beim Verzicht auf die Einreichung oder beim Rückzug einer Baueinsprache gegeben[228].

Praxisbeispiel 16 - Entschädigung für den Rückzug einer Baueinsprache
Frau Bucher stört sich über den geplanten Wintergartenanbau von Frau Ritsch auf dem angrenzenden Grundstück. Daher hat Frau Bucher gegen die Hauserweiterung bei der Gemeinde Einsprache erhoben und ihre Nachbarin wissen lassen, dass sie bereit sei, «bis zur letzten Instanz» zu gehen, um den Anbau zu verhindern. Es sei denn, Frau Ritsch bezahle ihr eine Entschädigung von CHF 10 000 – dann sei ein Rückzug der Einsprache möglich. Nachdem der Rechtsberater Frau Ritsch über den Ablauf eines Einspracheverfahrens informiert hat, wurde ihr klar, dass sie ohne gütliche Einigung mit Frau Bucher im Oktober das «Wintergartenfest» nicht veranstalten kann, das sie ihren Bekannten bereits grossmundig in Aussicht gestellt hat. Sie entschliesst sich daher, Frau Bucher die Entschädigung von CHF 10 000 für den Rückzug der Einsprache zu bezahlen. Dieses Entgelt stellt bei Frau Bucher steuerbares Einkommen dar, da sie auf das Recht «bis vor Bundesgericht zu gehen», verzichtet. Frau Ritsch ihrerseits kann diesen Betrag steuerlich kaum geltend machen, weil diese Entschädigung weder eine Wertvermehrung (Anlagekosten), noch eine mit der Liegenschaft zusammenhängende notwendige Ausgabe darstellt.
Tipp: Frau Ritsch könnte diese Entschädigung dennoch in Ihrer Steuererklärung aufführen. Im Rahmen des Mitwirkungsverfahrens zur Steuerveranlagung kann mit dem Steuerkommissär das Gespräch gesucht werden, ob und inwieweit diese Kosten abgezogen werden können. Als Grundsatz gilt: Nur was deklariert wird, kann auch abgezogen werden.
Hinweis: Verlangt ein Einspracheführer für den Rückzug einer Einsprache gegen ein Baugesuch eine überrissene Entschädigung, so kann er allenfalls wegen Erpressung bestraft werden.

---

[227] Betreffend die direkte Bundessteuer: Art. 23 lit. d DBG.
[228] RICHNER/FREI/KAUFMANN, Handkommentar zum DBG, Art. 23 N 46.

2.8. Einkommen aus selbständiger Erwerbstätigkeit

2.8.1. Im Allgemeinen

In den Steuergesetzen des Bundes und der Kantone findet sich keine Legaldefinition des Begriffs der selbständigen Erwerbstätigkeit. Grundsätzlich werden nebst den Einkünften aus eigentlichen Betrieben und freien Berufen jeweils auch alle Einkünfte «aus jeder anderen selbständigen Erwerbstätigkeit» als steuerbar angeführt[229]. Für das Vorliegen einer selbständigen Erwerbstätigkeit ist weder ein Handelsregistereintrag, noch die Buchführung, noch das Vorhandensein einer festen Infrastruktur Voraussetzung. Eine selbständige Erwerbstätigkeit kann haupt- oder nebenberuflich ausgeübt werden und braucht nicht von Dauer zu sein. Eine zeitlich eng limitierte, vorübergehende Tätigkeit genügt. Die gesetzliche Logik setzt für die selbständige Erwerbstätigkeit das Vorhandensein von Geschäftsvermögen voraus[230]. Deshalb ist die Abgrenzung zwischen Privat- und Geschäftsliegenschaften zentral.

2.8.2. Gewerbsmässiger Liegenschaftenhandel insbesondere

Im Zusammenhang mit grundsätzlich privatem, meist umfangreicherem Liegenschaftenbesitz, steht regelmässig die Umqualifikation von Privatliegenschaften in solche des Geschäftsvermögensbereichs unter dem Schlagwort des «Liegenschaftenhändlers» im Vordergrund. Basierend auf der im Vorabschnitt dargestellten Rechtslage liegt gemäss Rechtsprechung des Bundesgerichts und der Praxis der Steuerbehörden steuerbarer Liegenschaftenhandel vor, wenn eine Person systematisch und mit der Absicht Gewinne zu erzielen Liegenschaften kauft und verkauft. Der Steuerpflichtige qualifiziert sich dadurch – selbst wenn keine in einem eigentlichen Unternehmen organisierte Tätigkeit vorliegt – als sog. gewerbsmässiger Liegenschaftenhändler. Die für die Tätigkeit verwendeten Liegenschaften bilden folglich Geschäftsvermögen.

Folge dieser Qualifikation ist für die Belange der Einkommensteuer, dass auf Bundesebene nicht wie meist angestrebt ein steuerfreier Veräusserungsgewinn realisiert werden kann. Der Veräusse-

---

[229] Umschreibung in Art. 18 DBG.
[230] DUSS/GRETER/VON AH, Die Besteuerung Selbständigerwerbender, S. 2. Dieses Grundlagenwerk ist jedem interessierten Laien zur Lektüre empfohlen, der sich mit der Thematik vertieft auseinandersetzen will. Weitere Ausführungen in RICHNER/FREI/KAUFMANN/MEUTER, ZH-Komm. § 18 N 7 ff.

rungsgewinn unterliegt aber nicht nur der direkten Bundessteuer, sondern auch den Sozialversicherungsabgaben. Nebst den kantonalen Grundstückgewinn- und/oder Einkommenssteuern erhöht sich damit die fiskalische Belastung um weitere rund 21% des Gewinnes. Diese zusätzlichen Einkommenssteuern und Sozialversicherungsabgaben sind selbst dann an den Staat abzuliefern, wenn der Veräusserer bisher davon ausging, die Liegenschaften bildeten Privatvermögen und er als Folge davon auf Abschreibungen, die Geltendmachung eines erhöhten Schuldzinsenabzugs und eine Anrechnung möglicher Verluste an übriges Erwerbseinkommen verzichtet hat[231]. Der Vollständigkeit halber sei angefügt, dass Rentner bei der AHV von einem Freibetrag von CHF 16 800 profitieren, die Abgaben umgekehrt aber nicht mehr rentenbildend sind[232].

Aufgrund des engen Zusammenhangs mit der Veräusserung von Liegenschaften wird die Problematik des gewerbsmässigen Liegenschaftenhändlers bei der Darstellung der Grundstückgewinnsteuern nochmals detailliert besprochen[233].

3. Abzüge
3.1. Einführung und Überblick

Von den steuerbaren Einkünften aus unbeweglichem Vermögen[234] können die zu ihrer Erzielung notwendigen Aufwendungen abgerechnet werden.

Insbesondere können die Kosten für Unterhalt und Verwaltung von Liegenschaften im Privatvermögen steuerlich abgezogen werden[235]. Der Abzug umfasst entweder die tatsächlichen Auslagen oder er wird in Form einer Pauschale gewährt. Für Liegenschaften des Geschäftsvermögens sind nur die effektiven Kosten abziehbar. Wählt der Steuerpflichtige den Abzug der tatsächlichen Auslagen – sofern ihm das kantonale Recht die Wahlmöglichkeit einräumt – stellt sich die Frage, was steuerlich als Unterhalts- und Verwaltungskosten gilt. Diese sind einerseits von den Betriebs-/Lebenshaltungskosten und andererseits von den sog. wertvermehrenden Aufwendungen abzugrenzen.

Für umfangreichere Investitionen kurz nach dem entgeltlichen oder unentgeltlichen Erwerb ist insbesondere die sog. «Dumont-Pra-

---

[231] Vgl. zu den steuerlichen Möglichkeiten bei Geschäftsliegenschaften im Vergleich zu Privatliegenschaften B.3.19, S. 139.
[232] Art. 4 Abs. 2 lit. b AHVG.
[233] C.1.6, S. 183.
[234] Vgl. vorstehend B.1 u. B.2.
[235] Art. 32 Abs. 2 DBG.

xis» zu beachten[236]. Bei späteren grösseren Liegenschaftsaufwendungen (Renovationen, Umbauten, Sanierungen) wird in der Regel ein Teil als steuerlich abzugsfähiger Liegenschaftsunterhalt anerkannt. Der andere Teil gilt als so genannt wertvermehrend und wird damit nicht sofort, sondern allenfalls später – z. B. im Rahmen der Grundstückgewinnsteuer – steuerlich wirksam. Allerdings werden nicht alle Aufwendungen, die nicht als Unterhalt zugelassen werden, automatisch bei der späteren Grundstückgewinnsteuer anerkannt. Die meisten Kantone haben für die Abgrenzung von Liegenschaftsunterhalt und wertvermehrenden Aufwendungen Richtlinien erlassen. Für umfassende Liegenschaftsaufwendungen gilt als «Faustregel», dass ⅓ als wertvermehrend und ⅔ als Unterhalt gelten, wobei letztere vom steuerbaren Einkommen effektiv abgezogen werden können. Im Hinblick auf einen späteren Verkauf sind die Dokumentation der (wertvermehrenden) Liegenschaftsaufwendungen und die Aufbewahrung der Belege wichtig. Der Übersichtlichkeit und dem Nachweis ist es zudem sehr dienlich, der jährlichen Einkommenssteuererklärung eine Aufstellung beizulegen, welche sämtliche Aufwendungen im Zusammenhang mit der Liegenschaft aufführt und qualifiziert. Dies ist selbst dann möglich, wenn der Pauschalabzug gewählt wird, was in der Praxis aber kaum vorkommt. Unter dem Gesichtswinkel der zunehmend von den Steuerverwaltungen und den Gerichten geforderten und durchgesetzten Koordination von Einkommens- und Grundstückgewinnsteuer könnte sich dies in Zukunft aber ändern[237].

Um möglichst alle Liegenschaftskosten geltend machen zu können, ist die Planung grösserer Investitionen auch aus Steuersicht zu beurteilen. Oft sind bei vorausschauender Analyse der Handlungsmöglichkeiten Optimierungen möglich – insbesondere kann allenfalls vermieden werden, dass Kosten überhaupt nicht geltend gemacht werden können. Sobald feststeht, welche Liegenschaftskosten steuerlich abzugsfähig sind, ist zu entscheiden, ob der pauschale oder der effektive Abzug geltend gemacht werden soll bzw. kann.

---

[236] Vgl. A.5.2.1, S. 43.
[237] Vgl. Entscheid der Steuerrekurskommission III des Kt. ZH vom 20. Juni 2005 (3 ST.2005.2963). Wie in diesem Entscheid ausgeführt wird, schliesst die Mehrheit der Kantone (AG, AI, AR, BL, BS, FR, GL, GR, LU, NE, NW, SG, SH, SO, SZ, TI, UR, VD, VS und ZG) einen nochmaligen Abzug von Kosten bei der Grundstückgewinnsteuer aus, wenn diese bereits bei der Einkommenssteuer berücksichtigt worden sind.

3.2. Richterliche Eingriffe in die Autonomie der Kantone

Die Abzüge vom steuerbaren Einkommen im Bereich der Privatliegenschaften sind im Gesetz äusserst knapp geregelt. Umso reichhaltiger ist die kantonale Praxis dazu. In den nachfolgenden Abschnitten können deshalb nicht alle bestehenden Verästelungen und Ausnahmen dargestellt werden. Soweit möglich werden diese aber in Tabellen und Übersichten im Anhang aufgeführt.

Diese Regelungs- und Anwendungsvielfalt entspringt oft einer jahrzehntelangen Übung, findet bei genauerem Hinsehen aber kaum Halt am Wortlaut und der Systematik der Steuergesetze. Bisher wurde diese extensive Ausübung von «Ermessen» durch die Steuerverwaltungen von den Steuerpflichtigen meist toleriert und – wo angefochten – von den kantonalen Instanzen auch geschützt. Dies mit gutem Grund, denn nur so ist es möglich, den Gepflogenheiten und Besonderheiten einer Region angemessen Rechnung zu tragen. Hinzu kommt ein weiterer Vorteil: Was nicht eindeutig allgemeinverbindlich festgehalten ist, kann in besonders bedeutenden Fällen im Einvernehmen mit der Steuerbehörde im Veranlagungsverfahren auch abweichend von der Praxis geregelt werden. Dies ist nicht mehr möglich, sobald diese Praxis in allen Details in gesetzliche Normen gegossen wird oder höchstrichterliche Urteile dazu ergehen. Insbesondere seit dem Ablauf der Übergangsfrist für die Kantone zur Anpassung ihrer Gesetze an das StHG[238], besteht die Tendenz zu vereinheitlichenden Lösungen. Die Urheber solcher «Einheitsbreie» argumentieren mit dem Bedürfnis nach Rechtssicherheit und -gleichheit, vergessen aber, dass unsere individualisierte Gesellschaft nach der Berücksichtigung der Besonderheiten des Einzelfalls lechzt[239], und vom Staat auch verlangt, dass er sein Ermessen im Rahmen der verfassungsmässigen Ordnung tatsächlich ausübt.

Wenn das Bundesgericht den Begriff der Liegenschaftsunterhaltskosten als bundesrechtlich erklärt[240], ist deshalb mit weiteren Eingriffen in den Wildwuchs kantonaler Regelungen zu rechnen. Dies muss für die Steuerpflichtigen grundsätzlich nicht nur nachteilig sein, wenn der Begriff nicht – wie dies bei den Berufskosten leider geschehen ist[241] – sehr eng ausgelegt wird. Bevor Steuerpflichtige resp. ihre

---

[238] Per 1.1.2001, Art. 72 StHG.
[239] ARZT, GUNTHER, Über den Nutzen der Rechtsunsicherheit, recht 2001, 166.
[240] Urteil zur Dumont-Praxis, BGE vom 2. Februar 2005, StE A 23.1 Nr. 10.
[241] Vgl. die sehr restriktive Auslegung von Art. 26 DBG. Bspw. bei LOCHER, DBG Komm., Teil I Art. 25 N 18 ff.

Berater den Gang nach Lausanne wagen, was an sich schon ein Husarenritt ist[242], sollten sie sich deshalb Rechenschaft darüber ablegen, was ihr Unterliegen für die Allgemeinheit bedeuten könnte. Diese Prüfung haben die Beschwerdeführer aus Basel-Land unterlassen, als sie die Bestimmungen zur Eigenmietwertfestsetzung und zum Mieterabzug anfochten[243]. Das Bundesgericht hob kurzerhand beide Bestimmungen auf und forderte den basellandschaftlichen Gesetzgeber unmissverständlich auf, verfassungs- und steuerharmonisierungskonforme Regelungen zu erlassen[244]. Dies wird – soviel ist klar – für alle Steuerpflichtigen zu einer höheren Steuerbelastung führen.

Ähnliches Ungemach könnte sich bspw. abzeichnen, sollte das Bundesgericht zur Frage der Abzugsfähigkeit von Gartenunterhaltskosten Stellung beziehen können. Es würde niemanden überraschen, wenn sich die Praxis des Kantons Tessin «durchsetzen» würde, welche Gartenarbeiten ganz generell als Lebenshaltungskosten qualifiziert.

3.3. Pauschalabzug

Der Pauschalabzug ist nur für Liegenschaften möglich, welche sich im steuerlichen Privatvermögen befinden[245]. Bei selbst genutzten oder vermieteten Liegenschaften des Privatvermögens ist der Pauschalabzug möglich, in der Regel aber nicht für verpachtete Liegenschaften oder für den Unterhalt von selbständigen und dauernden Rechten.

Bei Liegenschaften des Geschäftsvermögens können nur die tatsächlichen Kosten abgezogen werden. Bei gemischt genutzten Liegenschaften ist der Pauschalabzug möglich, wenn die geschäftliche Nutzung von untergeordneter Bedeutung ist. Bei der direkten Bundessteuer und den meisten Kantonen ist kein Pauschalabzug möglich, wenn die Liegenschaft von Dritten überwiegend geschäftlich genutzt wird[246]. Eine überwiegend geschäftliche Nutzung liegt vor, wenn die geschäftlichen Mieteinnahmen mehr als 50% der gesamten Mieteinkünfte (inkl. eines allfälligen Eigenmietwerts) ausmachen. Diese Einschränkung ist dem Gesetzeswortlaut nicht zu entnehmen und entbehrt auch einer steuersystematischen Begründung. Die Nutzung einer Lie-

---

[242] CLOPATH, GION, Lohnt sich der Gang nach Lausanne?, in: StR 2/2005, 100 ff.
[243] §§ 27 u. 33 lit. d StG/BL.
[244] Urteil des BGer vom 27. Mai 2005, StE A 21.11 Nr. 44.
[245] Art. 32 Abs. 4 DBG.
[246] So ausdrücklich Art. 4 der VO des BR vom 24. August 1992 über den Abzug der Kosten von Liegenschaften des Privatvermögens bei der direkten Bundessteuer.

genschaft hat mit der Frage der steuerlichen Zuordnung zum Privat- oder Geschäftsvermögensbereich nichts zu tun. Das Zürcher Verwaltungsgericht hat in seinem Urteil vom 20. November 2002 diese Differenzierung gar als willkürlich bezeichnet[247]. Aufgrund des Umstandes, dass das Bundesgericht diese Praxis – allerdings vor Inkrafttreten des DBG – als zulässig erklärt hatte[248], besteht wenig Hoffnung darauf, dass das gleiche Gericht die bundesrätliche Verordnung für gesetzwidrig erklären könnte. Die Steuerkommissare werden deshalb weiterhin darauf bedacht sein, nur bei privat genutzten Liegenschaften den Pauschalabzug zuzulassen und damit der Ungleichbehandlung privater Liegenschaftenbesitzer Vorschub leisten.

Tabelle 7 - Pauschalabzug versus effektive Kosten

	Höhe des Pauschalabzuges		Wechsel in jeder Steuerperiode möglich	Bedingungen für Wechsel
	Gebäude bis 10 Jahre alt	Gebäude älter als 10 Jahre		
Bund	10%	20%	ja	Wahlrecht pro Liegenschaft
AG	10%	20%	ja	Wahlrecht pro Liegenschaft
AI	20%	20%	ja	Wahlrecht pro Liegenschaft
AR	10%	20%	ja	Wahlrecht pro Liegenschaft
BE	10%	20%	ja	Wahlrecht pro Liegenschaft
BL	20%	15%	ja	Wahlrecht pro Liegenschaft auch bei überwiegend geschäftlicher Nutzung durch Dritte
BS	10%	20%	ja	Wahlrecht pro Liegenschaft
FR	10%	20%	ja	Wahlrecht pro Liegenschaft
GE	7%	17,5%	ja, für selbstbewohnte Liegenschaften	Wahlrecht pro Liegenschaft vom reduzierten EMW; nur effektive Kosten abziehbar bei vermieteten Liegenschaften
GL	10%	20%	ja	Wahlrecht pro Liegenschaft
GR	15%	25%	nein	Wechseln von Pauschale zu effektiven Kosten möglich, falls Nachweis erbracht, dass die Pauschale die effektiven Kosten der letzten 10 Jahre oder ab Kauf nicht deckte. Einführung des jährlichen Wahlrechts ist geplant auf 1.1.2008
JU	10%	20%	ja	Wahlrecht pro Liegenschaft
LU	15%	25% (33,3% Gebäude älter als 25 Jahre)	nein	Wechsel von Pauschale zu effektiven Kosten möglich, falls Nachweis erbracht, dass der Pauschalabzug in letzten 6 Jahren insgesamt sowie in mind. 4 der letzten 6 Jahre die effektiven

---
[247] StE 2003 B 25.6 Nr. 49.
[248] Urteil des BGer vom 1.11.1999, NStP 1999, 199.

				Unterhalts- und Verwaltungskosten nicht gedeckt hat. Wechsel von tatsächlichen Kosten zu Pauschale nicht zulässig. (§ 10 der VO vom 12.12.2000 zum Luzerner Steuergesetz)
NE	10% max. CHF 7 200	20% max. CHF 12 000	ja	Wahlrecht pro Liegenschaft
NW	10%	20%	ja	Wahlrecht pro Liegenschaft
OW	10%	20%	ja	Wahlrecht pro Liegenschaft
SG	20%	20%	ja	Wahlrecht pro Liegenschaft
SH	15%	25%	ja	Wahlrecht pro Liegenschaft
SO	10%	20%	ja	Wahlrecht pro Liegenschaft
SZ	10%	20%	ja	Wahlrecht pro Liegenschaft
TG	10%	20%	ja	Wahlrecht pro Liegenschaft
TI	15%	25%	nein	einmal gewählte Methode gilt für mindestens 10 Jahre
UR	10%	20%	ja	Wahlrecht pro Liegenschaft
VD	20%	20%		Wahlrecht pro Liegenschaft
VS	10%	20%	ja	Wahlrecht pro Liegenschaft (entgegen dem Ausführungsreglement zum StG vom 25.8.1976, gemäss Wegleitung und Auskunft der kantonalen Steuerverwaltung)
ZG	10%	20%	ja	Wahlrecht pro Liegenschaft
ZH	20%	20%	ja	Wahlrecht pro Liegenschaft

Gewisse Kantone kennen weitere Restriktionen des Pauschalabzugs. Namentlich können von der Gewährung des Pauschalabzugs ausgeschlossen sein[249]:

- unbebaute Liegenschaften (z. B. Lager- oder Parkplätze): BE, SZ, OW, NW, GL, FR, AI, GR, TG, TI und VS;
- eine oder mehrere Liegenschaften eines Grundbesitzers, die je einen jährlichen Bruttoertrag überschreiten: TG (CHF 50 000), SH (CHF 90 000), OW (CHF 80 000) und AR (CHF 100 000);
- Gebäude unter zehn Jahren; ausserdem Geschäfts- und Bürogebäude sowie andere Grundstücke, deren jährlicher Bruttoertrag je Grundstück CHF 140 000 übersteigt: GR.

Aus verwaltungsökonomischen Gründen ist der Pauschalabzug kantonal und bei der direkten Bundessteuer so bemessen, dass er im langfristigen Durchschnitt die Unterhaltskosten deckt. Dies zeigen verschiedene Erhebungen. Bei der direkten Bundessteuer beträgt der Pauschalabzug 10% des Brutto-Mietertrags bzw. Eigenmietwerts für

---

[249] Steuerinformationen der Schweiz. Steuerkonferenz SSK, Teil F, Ziffer 424.2.

Gebäude, deren Erstellungsjahr nicht mehr als 10 Jahre zurückliegt. Für ältere Gebäude beträgt die Pauschale 20%. Eine Übersicht über die kantonalen Pauschalabzüge ergibt sich aus Tabelle 7 – Pauschalabzug versus effektive Kosten, S. 118.

Der Vorteil des Pauschalabzuges liegt beim geringeren administrativen Aufwand. Die Erfahrung zeigt allerdings, dass der Eigentümer die Belege und Aufstellungen des Liegenschaftsunterhalts trotzdem aufbereitet. Dies vor allem dort, wo das Steuerrecht den Wechsel vom effektiven Unterhalts- zum Pauschalabzug (und umgekehrt) bedingungslos zulässt, wie z. B. bei der direkten Bundessteuer[250]. Die Dokumentation des Liegenschaftsunterhalts erfolgt aber auch regelmässig bei fremd verwalteten Liegenschaften und mit Blick auf eine allfällige Veräusserung als Grundlage für die Bemessung der späteren Grundstückgewinnsteuer.

> **TIPP**
> Der Liegenschaftseigentümer verfügt in der Regel pro Steuerperiode über die Grundlagen, um zu entscheiden, ob er mit dem effektiven oder pauschalen Abzug besser fährt. Er sollte deshalb den Liegenschaftsunterhalt so planen, dass er die Kosten möglichst auf eine Steuerperiode konzentriert; in dieser Periode wählt er den effektiven Abzug. In der nächsten, unterhaltsarmen Steuerperiode macht er dann den Pauschalabzug geltend.

Dieser bedingungslose Wechsel von der Pauschale zum Abzug der effektiven Kosten (und umgekehrt) ist bei direkten Bundessteuer und in vielen Kantonen möglich, in gewissen Kantonen (z.B. LU, GR) aber nicht: In diesen Kantonen ist die einmal gewählte Abzugsart während einer bestimmten Zeit oder bis zum Nachweis bindend, dass die Pauschale die effektiven Kosten nicht deckt. Der Liegenschaftseigentümer hat sich für eine Abzugsart zu entscheiden. Einige Kantone schränken das Wahlrecht zudem ein, indem sie ab einer bestimmten Höhe des erzielten Bruttomietertrags einer Liegenschaft die Abrechnung der effektiven Kosten verlangen. Wird berücksichtigt, dass die effektiven Aufwendungen für die Instandstellung einer neu erworbenen Liegenschaft aufgrund der sog. «Dumont-Praxis» allenfalls nicht oder nur beschränkt möglich ist, profitiert der Liegenschaftseigentümer üblicherweise mit der Geltendmachung des kantonalen Pau-

---

[250] Art. 3 der VO des BR über den Abzug der Kosten von Liegenschaften des Privatvermögens bei der direkten Bundessteuer.

schalabzugs. Bei der Bundessteuer bleibt ihm dann immer noch die Option, die Abzugsart zu wechseln.

> **TIPP**
> Verwehrt der Kanton den Wechsel vom pauschalen zum effektiven Unterhaltsabzug, sollte dennoch geprüft werden, ob sich bei der direkten Bundessteuer der effektive Abzug lohnt.

Der Wechsel zwischen der Pauschale und den effektiven Kosten kann für jede Liegenschaft separat beurteilt und vorgenommen werden[251].

3.4. Effektive Kosten, Abgrenzung zur Wertvermehrung

Im Gegensatz zu den werterhaltenden Kosten für den Unterhalt der Liegenschaft können die wertvermehrenden Aufwendungen nicht als Unterhaltskosten abgezogen werden. Auslagen, die den Gebrauchswert der Liegenschaft erhöhen oder die regelmässigen Betriebskosten senken, führen zu einer Erhöhung des Liegenschaftenwerts. Für Privatliegenschaften sind diese allenfalls im Rahmen der Grundstückgewinnsteuerveranlagung relevant.

Eine Sonderbehandlung betreffend die steuerliche Abzugsfähigkeit von wertvermehrenden Auslagen erfahren Energiespar- oder Umweltschutzmassnahmen[252].

An dieser Stelle sei nochmals auf die sog. «Dumont-Praxis» beim Erwerb einer Liegenschaft hingewiesen. Danach gelten akquisitionsnahe Aufwendungen steuerlich nicht als abzugsfähige Unterhaltskosten[253]. Im Zusammenhang mit der Dumont-Praxis, aber auch in anderen neueren Urteile des Bundesgerichts, wurde der Begriff der Liegenschaftsunterhaltskosten als bundesrechtlich definiert und aufgrund der vertikalen Steuerharmonisierung für die Kantone als verbindlich erklärt[254].

3.5. Unterhaltskosten

Zu den Unterhaltskosten gehören alle Aufwendungen, die in längeren oder kürzeren Zeitabständen wiederkehren und bereits Beste-

---
[251] Art. 3 der VO des BR vom 24. August 1992 über den Abzug der Kosten von Liegenschaften des Privatvermögens bei der direkten Bundessteuer.
[252] Vgl. dazu B.3.9, S. 124.
[253] Vgl. A.5.2.1, S. 43.
[254] StE 2005 A 23.1 Nr. 10; StE 2006 B 25.6 Nr. 53.

hendes im bisherigen Zustand erhalten oder ersetzen und die notwendig sind, um die Liegenschaft im ertragsfähigen Zustand zu erhalten. Konkret gehören zu den abzugsfähigen Unterhaltskosten die laufenden Reparaturen und Servicearbeiten an Gebäuden und damit fest verbundenen Bestandteilen, der laufende Gartenunterhalt, aber auch die Sachversicherungsprämien (Brand-, Glasbruch-, Wasserschaden- und Gebäudehaftpflichtversicherungen) sowie die Liegenschaftssteuer. Perimeterbeiträge (soweit sie nicht für wertvermehrende Aufwendungen geleistet werden) galten lange Zeit ebenfalls als Unterhaltskosten. In jüngster Zeit werden diese aber kaum mehr zum Abzug zugelassen.

Bei *vermieteten* Liegenschaften gehören dazu – soweit sie der Hauseigentümer zu tragen hat – die Grundgebühren für Kehricht- und Abwasserentsorgung, die Kosten für Strassenunterhalt, -beleuchtung und -reinigung, die Kosten der gemeinsam genutzten Räume und der Infrastruktur (z.B. Lift) und die Hauswartsentschädigung[255].

Bei *selbstgenutzten* Liegenschaften nicht abzugsfähig sind die Betriebskosten der Liegenschaft sowie die Kosten der Lebenshaltung: Als solche gelten beispielsweise die Wasser- und Energiekosten (Strom, Heizöl, Gas), die Kosten für TV, Telefon und Informatik, für den Kaminfeger sowie die ARA- und Kehrichtgebühren. Umstritten ist die Abzugsfähigkeit der laufenden Kosten für die Sicherheit. Diese sehr restriktive Auslegung geht auf ein Urteil des Bundesgerichts zurück, welches im Wesentlichen nur Unterhaltskosten für abziehbar erklärt, welche mit dem steuerbaren Eigenmietwert in *unmittelbarem* Zusammenhang stehen[256]. Nach der höchstrichterlichen Auffassung sind das Kosten, die der Eigentümer bei der Drittvermietung selber tragen muss. Alle anderen Kosten dienen allein der Lebenshaltung.

3.6. Eigenleistungen

Oft legen Hauseigentümer selbst Hand an und erledigen beispielsweise grössere Umbauten. Da liegt die Versuchung nahe, diese Kosten auch steuerlich geltend zu machen. Doch Vorsicht ist geboten!

Soweit der Steuerpflichtige selber Arbeiten an seiner Liegenschaft vornimmt, spricht man von Eigenleistungen. Diese können Einkommenssteuer-, Sozialversicherungsabgabe-, Mehrwertsteuer- und/oder Grundstückgewinnsteuerfolgen auslösen. Die Zeitpunkte, in denen Abgabefolgen eintreten, sind bei Unselbständigerwerbenden und Selbständigerwerbenden unterschiedlich.

[255] Zur Vermietung im Speziellen vgl. B.3.13, S. 130.
[256] BGE vom 15 Juli 2005, StE 25.6 Nr. 53.

Wenn ein Unselbständigerwerbender Umbauten an seinem Haus vornimmt, erzielt er dadurch nicht unmittelbar ein steuerbares Einkommen, weil es an einem Zufluss von aussen fehlt[257]. Er hat aber bei der Veräusserung der Liegenschaft diesbezüglich Einkommen resp. den entsprechenden Grundstückgewinn zu versteuern, wenn die Arbeiten zu erheblichen Wertvermehrungen geführt haben[258].

Ein selbständig erwerbender Maurer hingegen erzielt allenfalls steuerbares Einkommen, wenn er auf seinem Grundstück eine Garage selber erstellt. Die Begründung liegt darin, dass es sich um Arbeiten handelt, die im Zusammenhang mit seiner gewerblichen Tätigkeit stehen, d. h. sog. berufsnahe Eigenleistungen. Falls lediglich kleinere Arbeiten in Frage stehen, die der Selbständigerwerbende in seiner Freizeit erbringt, erfolgt keine unmittelbare Einkommensbesteuerung. Haben die Eigenleistungen dagegen nichts mit der beruflichen Tätigkeit des Steuerpflichtigen zu tun, sind die Einkünfte wie bei einem unselbständig Erwerbenden zu behandeln[259].

Wertvermehrende Aufwendungen sind als Anlagekosten für die Grundstückgewinnsteuerberechnung bei einer Veräusserung relevant. Berücksichtigt werden können diese Kosten grundsätzlich nur dann, wenn sie durch die Einkommenssteuer erfasst worden sind resp. nachträglich werden.

3.7. Verwaltungskosten

Steuerlich abzugsfähig sind auch die Kosten der Liegenschaftsverwaltung durch Dritte[260]. Bei der Eigenverwaltung kann der Marktwert der eigenen Tätigkeit nicht geltend gemacht werden. Abzugsfähig sind aber die eigenen Auslagen im Zusammenhang mit der Vermietung (Porti, Telefonkosten, Bankspesen). Zu den Vermietungsauslagen gehören auch die externen Kosten für das Mietzinsinkasso. Nicht zu den Verwaltungskosten zählen dagegen die Auslagen im Zusammenhang mit dem Erwerb, der Finanzierung sowie dem Verkauf der Liegenschaft. Diese können evtl. als Anlagekosten bei der Grundstück-

---

[257] RICHNER/FREI/KAUFMANN/MEUTER, ZH-Komm. § 16 N 30.
[258] Vgl. BGE 108 IB 227 ff., wonach die Eigenleistungen eines unselbständig erwerbenden Maurers im Zeitpunkt der Erstellung nicht als Einkommen besteuert wurden; sowie StE 1997 B 26.27 Nr. 4.
[259] RICHNER/FREI/KAUFMANN/MEUTER, ZH-Komm. § 16 N 34.
[260] Art. 32 Abs. 1 DBG.

gewinnsteuer in Abzug gebracht werden[261]. Hierzu gehören auch die Kosten bei Mutationen von Grundpfandrechten.

3.8. Luxusaufwendungen

Aufwendungen des Grundeigentümers für Liebhabereien und Luxusausstattungen werden grundsätzlich nicht zum Abzug zugelassen. Sie gelten als Lebenshaltungskosten, weil sie einzig in den persönlichen Bedürfnissen und Neigungen des Steuerpflichtigen liegen[262]. So können luxuriöse Bemalungen und Verzierungen nicht geltend gemacht werden. In diese Kategorie fallen aber auch der Austausch oder der Ersatz von Anlagen kurz nach deren Installation. Solche Austauschaktionen kommen in der Praxis recht häufig vor. Insb. bei der Erstellung schlüsselfertiger Wohneinheiten kann ab einem gewissen Baufortschritt mit dem Ausbau auch der nicht verkauften Einheiten aus baulichen oder ökonomischen Gründen nicht länger zugewartet werden. Findet sich schliesslich doch ein Käufer, was nicht selten erst einige Zeit nach der Fertigstellung der Fall ist, wünscht dieser in aller Regel Anpassungen und Abänderungen auch bereits funktionsfähiger Anlagen. Bspw. den Ersatz eines anfälligen Buchenparketts durch einen dunkel getönten, harten Merbau oder den Austausch einer Duschkabine durch eine Badewanne etc. Soweit er diesen Ersatz selber zahlt, riskiert er, diese Kosten steuerlich nie geltend machen zu können, auch nicht als Anlagekosten beim späteren Verkauf der Liegenschaft[263].

3.9. Energiesparende und dem Umweltschutz dienende Investitionen

Bei der direkten Bundessteuer[264] und in einzelnen Kantonen können energiesparende und dem Umweltschutz dienende Investitionen in bereits bestehende Gebäude als Liegenschaftsunterhalt auch dann abgezogen werden, wenn diesen Investitionen (teilweise) wertvermehrender Charakter zukommt. Die Dumont-Praxis dürfte folglich nicht zur Anwendung gelangen. Der Abzug beträgt in den ersten 5 Jahren nach Anschaffung 50% dieser Kosten, danach 100%. Der Abzug ist aber nur zulässig, wenn die tatsächlichen Unterhaltskosten geltend

---

[261] Vgl. C.1.9.4., S. 209.
[262] Vgl. statt vieler RICHNER/FREI/KAUFMANN/MEUTER, ZH-Komm. § 30 N 69.
[263] Vgl. C.1.9.4.
[264] Art. 32 Abs. 2 DBG und Art. 5 ff. der Verordnung vom 24. August 1992 über den Abzug der Kosten von Liegenschaften des Privatvermögens, SR 642.116.

gemacht werden. Eine Kombination dieser Kosten mit dem Pauschalabzug ist nicht möglich.

Als Investitionen, die dem Energiesparen und dem Umweltschutz dienen, gelten Aufwendungen für Massnahmen, welche zur rationellen Energieverwendung oder zur Nutzung erneuerbarer Energien beitragen[265]. Diese Massnahmen beziehen sich auf den Ersatz von veralteten und die erstmalige Anbringung von neuen Bauteilen oder Installationen in bereits bestehenden Gebäuden. Falls solche Investitionen durch öffentliche Gemeinwesen subventioniert werden, kann der Abzug nur auf dem Teil geltend gemacht werden, der vom Steuerpflichtigen selbst zu tragen ist.

Die in den Kantonen geltenden Bestimmungen sind in Tabelle 8 abgebildet. Neben Regelungen zur vollständigen Abzugsfähigkeit existieren zum Teil zeitliche oder betragsmässige Limitierungen.

Tabelle 8 - Abzugsfähigkeit von Energiesparmassnahmen und dem Umweltschutz dienenden Massnahmen

	Gesetzliche Grundlage	Kurzbeschrieb
Bund	Art. 32 Abs. 2 DBG und Art. 5 ff. der Verordnung vom 24. August 1992 über den Abzug der Kosten von Liegenschaften des Privatvermögens, SR 642.116	Der Abzug beträgt in den ersten 5 Jahren nach Anschaffung 50% dieser Kosten, danach 100%. Der Abzug ist aber nur zulässig, wenn die tatsächlichen Unterhaltskosten geltend gemacht werden; eine Kombination dieser Kosten mit dem Pauschalabzug ist nicht möglich.
AG	§ 39 Abs. 2 des Steuergesetzes vom 15. Dezember 1998	Soweit sie bei der DBSt abzugsfähig sind
AI	Art. 34 Abs. 2 des Steuergesetzes vom 25. April 1999	Soweit sie bei der DBSt abzugsfähig sind
AR	Wegleitung 2006, S. 35	Nicht abzugsfähig
BE	Art. 36 Abs. 4 des Steuergesetzes vom 21. Mai 2000 Art. 1 Abs. 1 der Verordnung über die Unterhalts-, Betriebs- und Verwaltungskosten von Grundstücken (VUBV) vom 12. November 1980	Zu den Unterhaltskosten gehören: Investitionen, die zur rationellen Energieverwendung oder zur Nutzung erneuerbarer Energien beitragen. Diese Massnahmen beziehen sich auf den Ersatz von veralteten und die erstmalige Anbringung von neuen Bauteilen oder Installationen in bestehenden Gebäuden.
BL	§ 29 Abs. 2bis des Gesetzes über die Staats- und Gemeindesteuern vom 7. Februar 1974	Soweit sie bei der DBSt abzugsfähig sind

---

[265] VO des EFD vom 24. August 1992 über die Massnahmen zur rationellen Energieverwendung und zur Nutzung erneuerbarer Energien, SR 642.116.1.

	Gesetzliche Grundlage	Kurzbeschrieb
BS	§ 31 Abs. 2 lit. d des Gesetzes über die direkten Steuern § 36 der Verordnung zum Gesetz über die direkten Steuern	Soweit sie bei der DBSt abzugsfähig sind
FR	Art. 33 Abs. 2 des Gesetzes vom 6. Juni 2000 über die direkten Kantonssteuern	Soweit sie bei der DBSt abzugsfähig sind
GE	Art. 6 Abs. 4 de la loi sur l'imposition des personnes physiques (LIPP-V) Art. 1 Abs. 1 du règlement de LIPP-V	Regelung analog Bund
GL	Art. 30 Abs. 2 des Steuergesetzes vom 7. Mai 2000	Soweit sie bei der DBSt abzugsfähig sind
GR	keine Spezialregelung	
JU	Art. 30 Abs. 1 de la loi d'impôt du 26 mai 1988 Art. 1 de l'ordonnance relative à la déduction des frais d'entretien d'immeubles	Regelung analog Bund
LU	keine Spezialregelung	
OW	Art. 6–9 der Ausführungsbestimmungen vom 3. Januar 1995 über den steuerlichen Abzug der Kosten von Liegenschaften des Privatvermögens	Die Abzugsquote für Massnahmen zur rationellen Energieverwendung und zur Nutzung erneuerbarer Energien beträgt 50%.
NE	Art. 35 de la loi sur les contributions directes (LCdir) du 21 mars 2000 Art. 14–19 du Règlement général d'application de la loi sur les contributions directes (RELCdir) du 1er novembre 2000	Regelung analog Bund (50% bis 5 Jahre nach Anschaffung, danach 100%)
NW	Art. 34 des Gesetzes über die Steuern des Kantons und der Gemeinden vom 22. März 2000	Soweit sie bei der DBSt abzugsfähig sind
SG	Art. 44 des Steuergesetzes vom 9. April 1998	Soweit sie bei der DBSt abzugsfähig sind
SH	Art. 34 des Gesetzes über die direkten Steuern vom 20. März 2000	Soweit sie bei der DBSt abzugsfähig sind
SO	§ 39 des Gesetzes über die Staats- und Gemeindesteuern vom 1. Dezember 1985	Gemäss Regelung durch das Eidgenössische Finanzdepartement
SZ	§ 32 Abs. 2 lit. a des Steuergesetzes vom 9. Februar 20000	Soweit sie bei der DBSt abzugsfähig sind
TG	§ 34 Abs. 1 Ziff. 1 des Gesetzes über die Staats- und Gemeindesteuern vom 14. September 1992	Abzugsfähig
TI	Art. 30 Legge tributaria (LT) del 21 giugno 1994	Soweit sie bei der DBSt abzugsfähig sind
UR	Art. 36 Abs. 2 des Steuergesetzes vom 17. Mai 1992	Soweit sie bei der DBSt abzugsfähig sind
VD	Art. 36 de la loi sur les impôts directs cantonaux (LI) du 4 juillet 2000 Règlement RDFIP (642.11.2)	Gemäss Regelung durch den Regierungsrat; abzugsfähig

VS	Art. 28 Abs. 2 des Steuergesetzes vom 10. März 1976 Art. 16bis Abs. 2 des Ausführungsreglements zum Steuergesetz Beschluss über den Abzug der Kosten von Privatliegenschaften und energiesparenden und dem Umweltschutz dienenden Investitionen vom 23. April 1997 (642.110)	Regelung analog Bund (50% bis 5 Jahre nach Anschaffung, danach 100%)
ZG	§ 29 Abs. 2 des Steuergesetzes vom 25. Mai 2000	Soweit sie bei der DBSt abzugsfähig sind
ZH	§ 30 Abs. 2 des Steuergesetzes vom 8. Juni 1997	Soweit sie bei der DBSt abzugsfähig sind

Entsprechend der Verordnung des EFD fallen unter den Begriff dieser Investitionen insbesondere folgende Positionen[266]:

a. Massnahmen zur Verminderung der Energieverluste der Gebäudehülle, wie:
  1. Wärmedämmung von Böden, Wänden, Dächern und Decken gegen Aussenklima, unbeheizte Räume oder Erdreich;
  2. Ersatz von Fenstern durch energetisch bessere Fenster als vorbestehend;
  3. Anbringen von Fugendichtungen;
  4. Einrichten von unbeheizten Windfängen;
  5. Ersatz von Jalousieläden, Rollläden;
b. Massnahmen zur rationellen Energienutzung bei haustechnischen Anlagen, wie z.B:
  1. Ersatz des Wärmeerzeugers, ausgenommen ist der Ersatz durch ortsfeste elektrische Widerstandsheizungen;
  2. Ersatz von Wassererwärmern, ausgenommen der Ersatz von Durchlauferhitzern durch zentrale Wassererwärmer;
  3. Anschluss an eine Fernwärmeversorgung;
  4. Einbau von Wärmepumpen, Wärme-Kraft-Kopplungsanlagen und Anlagen zur Nutzung erneuerbarer Energien;
  5. Einbau und Ersatz von Installationen, die in erster Linie der rationellen Energienutzung dienen, wie:
    – Regelungen, thermostatische Heizkörperventile, Umwälzpumpen, Ventilatoren,
    – Wärmedämmungen von Leitungen, Armaturen oder des Heizkessels,

---

[266] VO EFD, siehe FN 265.

> - Messeinrichtungen zur Verbrauchserfassung und zur Betriebsoptimierung,
> - Installationen im Zusammenhang mit der verbrauchsabhängigen Heizung Warmwasserkostenabrechnung;
> 6. Kaminsanierung im Zusammenhang mit dem Ersatz eines Wärmeerzeugers;
> 7. Massnahmen zur Rückgewinnung von Wärme, z. B. bei Lüftungs- und Klimaanlagen;
> c. Kosten für energietechnische Analysen und Energiekonzepte;
> d. Kosten für den Ersatz von Haushaltgeräten mit grossem Stromverbrauch, wie Kochherden, Backöfen, Kühlschränken, Tiefkühlern, Geschirrspülern, Waschmaschinen, Beleuchtungsanlagen usw., die im Gebäudewert eingeschlossen sind.

Abbildung 7 - Energiesparmassnahmen

3.10. Denkmalpflege

Die Kosten denkmalpflegerischer Arbeiten, die der Steuerpflichtige aufgrund gesetzlicher Vorschriften, im Einvernehmen mit den Behörden oder auf deren Anordnung hin vorgenommen hat, sind insoweit abziehbar, als diese Arbeiten nicht subventioniert sind[267]. Es kann schwierig sein, das «Einvernehmen» mit den Steuerbehörden im Nachgang an eine Investition zu belegen.

Die Kosten können für denjenigen Teil geltend gemacht werden, der durch den Steuerpflichtigen zu tragen ist. In gewissen Kantonen können diese Kosten zusätzlich zum Pauschalabzug geltend gemacht werden.

Wie bei den Energiespar- und Umweltschutzmassnahmen sind auch wertvermehrende Aufwendungen abzugsfähig.

> **TIPP**
> Es empfiehlt sich, bei denkmalpflegerischen Aufwendungen, welche im Einvernehmen mit den Behörden erfolgen, im Vorfeld der Bauausführung eine Bestätigung einzuholen, wonach die Investition tatsächlich steuerlich absetzbar ist.

---

[267] Art. 32 Abs. 3 DBG.

3.11. Einlagen in Erneuerungsfonds

Die meisten Stockwerkeigentümergemeinschaften äufnen im Hinblick auf künftige Erneuerungsarbeiten Mittel durch Rückstellungen der Eigentümer. Die Beteiligung am Erneuerungsfonds erfolgt in der Regel im Verhältnis der Wertquoten.

Obwohl der Erneuerungsfonds mit einem Grundstück in Zusammenhang steht, gilt er als bewegliches Vermögen und ist deshalb anteilsmässig am Hauptsteuerdomizil der einzelnen Stockwerkeigentümer zu versteuern. Die zweckgebundenen Mittel des Erneuerungsfonds sind Gemeinschaftsvermögen. Der Stockwerkeigentümer kann die Kosten für den Unterhalt wie ein Alleineigentümer einer Liegenschaft vom Einkommen abziehen. Er hat dabei wie dieser die Wahl zwischen dem effektiven und dem pauschalen Abzug. Wählt er den Pauschalabzug, kann er die Einlagen in den Erneuerungsfonds nicht noch separat geltend machen. Entscheidet er sich für den effektiven Abzug, dürfen in Kantonen mit grosszügiger Praxis die Einlagen nebst den effektiven Liegenschaftskosten in Abzug gebracht werden, weil die Fondsmittel ja ausschliesslich der Deckung künftiger Reparaturen dienen. Diese Praxis führt dazu, dass mehr als der in der Steuerperiode tatsächlich angefallene Unterhalt abgezogen werden kann. Aufgrund dieser Aperiodizität rechnen Kantone mit strenger Praxis die Fondseinlagen konsequent zum steuerbaren Einkommen hinzu und ziehen davon die effektiven Unterhaltskosten ab. Diese Variante hat den Vorteil, dass in späteren Steuerperioden keine Korrekturen vorzunehmen sind. Werden Fondsmittel nämlich zweckentfremdet und für wertvermehrende Aufwendungen verwendet, sind diese den Beteiligten anteilsmässig wieder als Einkommen aufzurechnen, wobei umstritten ist, ob dafür überhaupt eine gesetzliche Grundlage besteht. Werden die Einlagen, wie im Bund, ganz zum Abzug zugelassen, darf der Stockwerkeigentümer keinen Anspruch auf Rückerstattung haben.

3.12. Kosten bei Nutzniessung und Wohnrecht

Der Nutzniesser trägt die Kosten für Ausbesserungen und Erneuerungen, die zum gewöhnlichen Unterhalt gehören, sowie meist Hypothekarschuldzinsen, Steuern und Versicherungen. Auch beim Wohnrecht versteuert regelmässig der Wohnrechtsberechtigte den Eigenmietwert, nicht der Eigentümer[268].

---

[268] Vgl. ausführlich in B.2.4, S. 108.

3.13. Vermietung

Bei vermieteten Liegenschaften sind die Kosten zwischen Vermieter und Mieter abzugrenzen. Der Mieter verpflichtet sich im Mietvertrag, dem Vermieter den Mietzins für die Überlassung der Mietsache zu bezahlen. Von Gesetzes wegen ist der Mieter aber nicht verpflichtet, die Nebenkosten zu begleichen[269]. Damit eine Entrichtungspflicht begründet wird, bedarf es daher einer besonderen Vereinbarung.

Bei Wohn- und Geschäftsräumen umfassen die Nebenkosten die tatsächlichen Aufwendungen des Vermieters für Leistungen, die mit dem Gebrauch zusammenhängen. Die kantonalen Regelungen sind zu berücksichtigen.

Unter die abzugsfähigen Aufwendungen bei vermieteten Liegenschaften fallen etwa Kosten für Heizung, Warmwasser, Treppenhausreinigung, Hausbetreuung, Allgemeinstrom, Wasser/Abwasser, Serviceabonnement für Waschautomaten und Tumbler, Kehrichtabfuhr (nicht aber nach dem Verursacherprinzip erhobene, wiederkehrende Gebühren für die Kehrichtentsorgung), Gartenunterhalt, Gebäudeversicherung, Verwaltung und ähnliche Betriebskosten, sowie für Sachversicherungsprämien und öffentliche Abgaben, die sich aus dem Gebrauch der Sache ergeben[270]. Der Eigentümer kann diese Kosten aber nur abziehen, wenn er sie auch effektiv selber trägt.

Inseratekosten im Zusammenhang mit der Suche neuer Mieter sind steuerlich prinzipiell abziehbar, wobei gewisse Kantone diesen Abzug bei Erstvermietungen nicht zulassen.

3.14. Baukreditzinsen

Zur Finanzierung eines Neubaus, Umbaus oder einer neu zu errichtenden Anlage nimmt der Bauherr für die Dauer der Arbeiten einen Baukredit auf. Baukreditzinsen werden in der Regel nicht bezahlt, sondern auf den Baukredit aufgerechnet. Nach Bauvollendung werden Kapital und Zinsen konsolidiert und durch ein Hypothekardarlehen abgelöst. Im Gegensatz zu Hypothekarzinsen auf bestehenden Bauten qualifizierte das Bundesgericht[271] Baukreditzinsen als nicht der Erhaltung, sondern der Wertvermehrung der Liegenschaft dienend (entsprechend den durch die Bauarbeiten erstellten Bauteilen). Folglich werden diese Zinsen bei der direkten Bundes-

---

[269] Art. 257a Abs. 2 OR, SR 220.
[270] Vgl. auch Art. 257b Abs. 1 OR.
[271] BGE 127 V 466 Erw. 3 lit. c.

steuer und in einem Grossteil der Kantone als Anlagekosten aktiviert[272]. Baukreditzinsen gehören also bis zum Beginn der Nutzung der Liegenschaft zu den wertvermehrenden Aufwendungen oder Anlagekosten und sind nicht abziehbar[273]. Sobald die Baute bezugsbereit ist, wechselt allerdings diese Qualifikation, auch wenn die Umwandlung des Baukredits in eine Hypothek erst in einem späteren Zeitpunkt erfolgt. Die nach Fertigstellung des Baus anfallenden Zinsen sind dann vom steuerbaren Einkommen abzugsfähig.

Für die **Abgrenzung** der nicht abzugsfähigen Baukreditzinsen von den Schuldzinsen haben sich in der Praxis folgende Kriterien entwickelt:

- Als Baukredite gelten alle Fremdmittel, die für die Finanzierung der Erstellung eines Baus eingesetzt werden.
- Die Qualifikation als Baukredit erfolgt unabhängig von der Herkunft der Fremdmittel.
- Die Qualifikation als Baukredit erfolgt unabhängig von der Sicherung der Fremdmittel.
- Teilkonsolidierungen während der Bauphase sind für die Qualifikation als Baukredit unbeachtlich.
- Die Schulden gelten bis zur Bauvollendung als Baukredite.
- Als Bauvollendung wird der tatsächliche Bezug des Objekts angenommen.
- Findet eine Konsolidierung des Baukredits erst nach Bezug statt, können die Zinsen ab Bezug als (abzugsfähige) Schuldzinsen zugelassen werden.

Umbau/Renovation: Falls während des Umbaus bzw. der Renovation das Gebäude (teilweise) weiterbewohnt wird, gelten die Kreditzinsen nicht als Baukreditzinsen, sondern als gewöhnliche abzugsfähige Schuldzinsen.

Ausbau/Anbau: Wird angebaut oder ausgebaut (z. B. Dachstock) und ist die Nutzung des bestehenden Gebäudeteils möglich, gelten die Kreditzinsen als nichtabzugsfähige Baukreditzinsen.

Baulanddarlehen decken Kreditkosten für den Erwerb von Bauland. Sie gelten als Anlagekosten und sind den nicht abzugsfähigen Baukreditzinsen gleichgestellt, wenn das Land in der Absicht der sofortigen Realisierung eines Bauvorhabens erworben wird. Ob dies der Fall ist, hängt von den technischen, wirtschaftlichen und zeitlichen

---

[272] Vgl. A.5.1.3, S. 42.
[273] § 40 Abs. 1a StG LU; Art. 34 lit. d DBG; ASA 60, 191 und 65, 750.

Umständen insgesamt ab[274]. In der Regel kann davon ausgegangen werden, dass der Zusammenhang gegeben ist, wenn anschliessend oder kurze Zeit nach Erwerb, d. h. innert zweier Jahren das Land überbaut wird. Diese lange Frist kann stossend sein, wenn ein Bauprojekt infolge Einsprachen blockiert ist und der Zinsendienst geleistet werden muss, obwohl nicht gebaut werden kann.

Die Praxis zur Nichtabzugsfähigkeit von Baukreditzinsen ist insgesamt fragwürdig, weil die Abzugsfähigkeit von Schuldzinsen (und um solche handelt es sich bei Baukreditzinsen, auch wenn sie nicht bezahlt, sondern aktiviert werden) unabhängig vom Grund für die Kreditaufnahme zuzulassen ist. Selbst wenn ein Steuerpflichtiger seinen Lebensunterhalt fremdfinanziert, kann er die bezahlten Zinsen absetzen, soweit steuerbare Einkünfte vorliegen. Zudem wird diese Praxis von den Steuerpflichtigen unter Mitwirkung der Banken auch unterlaufen.

> **TIPP**
> Um die steuerliche Abzugsfähigkeit von Zinsen zu ermöglichen, wird nicht ein Baukredit aufgenommen, sondern z. B. die Hypothek auf einer anderen, bereits bestehenden Liegenschaft erhöht. Eine verbreitete Form der Finanzierung sieht auch den Abschluss einer Festhypothek für jede fällige Teilzahlung vor. Diese Lösung setzt allerdings voraus, dass der GU oder der Architekt zur Vorfinanzierung der Teilbaute bereit sind, was bei seriösen Unternehmern i. d. R. kein Problem ist. Zu beachten ist, dass gewisse Steuerverwaltungen diese Vertragsgestaltungen als Steuerumgehung qualifizieren.

Im Gegensatz zur direkten Bundessteuer lassen die Kantone AR und AG Baukreditzinsen bei den Kantons- und Gemeindesteuern vollumfänglich zum Abzug zu. Im Kanton ZH stellen Baukreditzinsen nur für Geschäftsliegenschaften Anlagekosten dar, für Privatliegenschaften sind sie vollumfänglich wie «ordentliche» Schuldzinsen abzugsfähig. Auch der Kanton SZ folgt der Zürcher Regelung, lässt aber dem Steuerpflichtigen die Wahl, ob er die Baukreditzinsen auf Privatliegenschaften bei der laufenden Einkommensveranlagung oder als wertvermehrende Aufwendungen bei der anlässlich des Verkaufs erhobenen Grundstückgewinnsteuer in Abzug bringen will. Noch flexibler zeigen sich die Kantone BE und BL, welche diese Wahlmöglichkeit

---
[274] LGVE 1996 II Nr. 15/21.

sowohl für Privat- wie Geschäftsliegenschaften eröffnen. In den meisten Fällen dürfte es sich lohnen, die Zinsen direkt von der Einkommenssteuer abzuziehen, weil die Grundstückgewinnsteuer meist tiefer ist (bei langer Besitzesdauer resultiert ein tieferer Steuersatz als bei der Einkommenssteuer). Zudem resultiert ein Zinsvorteil, weil die Baukreditzinsen die Steuerbelastung bei der Anschaffung reduziert und nicht erst bei der Veräusserung[275].

Soweit Baukreditzinsen auf Geschäftsliegenschaften aktivierungspflichtig sind, können diese abgeschrieben werden. Das führt im Rahmen der Abschreibung dazu, dass diese Kosten den steuerbaren Ertrag mindern und nicht erst bei der Veräusserung – wie bei der Grundstückgewinnsteuer von Liegenschaften im Privatvermögen – geltend gemacht werden können. Bestimmte Kantone kennen Sofortabschreibungen, was eine aufwandwirksame Verbuchung bereits im Anschaffungsjahr ermöglicht.

3.15. Baurechtszinsen

Der Baurechtszins ist das Entgelt für das Recht, auf fremdem Boden eine Baute zu erstellen und zu nutzen[276]. Bei der direkten Bundessteuer sind Baurechtszinsen auf selbst bewohnten Liegenschaften für Privatpersonen steuerlich nicht abzugsfähig und gelten als Lebenshaltungskosten. Viele Kantone folgen dieser Regelung auch bei den Kantons- und Gemeindesteuern und lassen den Abzug vom steuerbaren Einkommen nicht zu, im Gegensatz etwa zu den Kantonen ZH[277], BE[278], UR, SZ, NW, BL[279], SH, AG[280] und VD.

Auf *vermieteten* Liegenschaften sind – unabhängig davon, ob diese Privat- oder Geschäftsvermögen darstellen – Baurechtszinsen grundsätzlich vom steuerbaren Einkommen absetzbar.

---

[275] Eine Übersicht über die kantonalen Unterschiede findet sich in Tabelle 1 – Abzugsfähigkeit Baukreditzinsen, S. 43.
[276] Vgl. auch B.2.5, S. 110.
[277] Abzugsfähig als Gewinnungskosten gemäss § 30 Abs. 3 StG ZH.
[278] Abzugsfähigkeit als dauernde Last, aber nur wenn das Baurecht selbständig und dauernd ist.
[279] Dauernde Lasten (z. B. Baurechtszinsen, Wohnrecht usw.) können vom privaten Schuldner abgezogen werden, wenn sie auf besonderen gesetzlichen, vertraglichen oder durch letztwillige Verfügung begründeten Verpflichtungen beruhen.
[280] Abzugsfähigkeit der Baurechtszinsen unter dem Titel der dauernden Lasten gemäss § 40 StG AG.

Angesichts der Verbreitung von Baurechten[281] überrascht es, dass diese fiskalistische Lösung nicht auf breitere Ablehnung stösst. Zwar ist es richtig, den Baurechtszins als Mietzins für die Zurverfügungsstellung des Landes zu qualifizieren. Im Unterschied zum Mieter einer Wohnung hat der private Baurechtsnehmer aber den Eigenmietwert zu versteuern. Er befindet sich also wirtschaftlich in derselben Situation wie der vermietende Eigentümer[282]. Hinzu kommt, dass bei der Festsetzung des Eigenmietwerts dem Umstand, dass die Liegenschaft nicht auf eigenem, sondern auf Baurechtsland steht, nur ungenügend Rechnung getragen wird. Sofern überhaupt spezielle Bewertungsgrundsätze aufgestellt werden, bestehen diese meist in Verweisen auf die üblichen, für Stockwerkeigentum geltenden Bewertungsformeln[283].

3.16. Schuldzinsen (inkl. Hypothekarzinsen)

Die Fragen rund um Schulden und Schuldzinsen wurden aus dem Blickwinkel des Kaufinteressenten einer Liegenschaft bereits recht ausführlich behandelt[284]. Wenn hier aus Sicht des Grundeigentümers nochmals auf diese Thematik eingegangen wird, so soll einerseits deren hohe Bedeutung betont und andererseits dem Leser ein vertiefter Einblick verschafft werden.

3.16.1. Bedeutung und Begriff

Laut einer Studie aus dem Jahr 2006 würde ein Hypothekarzinsanstieg um 2 Prozentpunkte einen Drittel der Wohneigentümer vor erhebliche finanzielle Probleme stellen. Dem Abzug von Hypothekarzinsen ist deshalb ein grosser Stellenwert zuzumessen.

Unter den Begriff der Schuldzinsen werden alle Vergütungen subsumiert, welche der Steuerpflichtige einer Drittperson für die Gewährung einer Geldsumme oder das ihm zur Verfügung gestellte Kapital zu leisten hat, sofern dieses Entgelt nach der Zeit und als Quote des Kapitals in Prozenten berechnet und damit nicht die Kapitalschuld getilgt wird[285]. Hypothekarzinsen fallen im Zusammenhang mit einer

---

[281] Zahlreiche (Bürger-)Gemeinden fördern den privaten Wohnungs- und Hausbau, indem sie es Zuzugswilligen ermöglichen, auf Gemeindeland zu bauen. Weil Land aber häufig ihr einziges Aktivum ist, veräussern die Gemeinwesen das Grundeigentum nicht. Auch alt eingesessene Familien ziehen es oft vor, das Jahrhunderte lang zum Familienbesitz gehörende Gut nicht endgültig wegzugeben.
[282] Vgl. B.3.13, S. 130.
[283] Z.B. für den Kt. ZH: Weisung über die Bewertung von Liegenschaften und die Festsetzung der Eigenmietwerte (Weisung 2003) Rz 77.
[284] Vgl. Abschnitt A.6, S. 51 ff.
[285] RICHNER/FREI/KAUFMANN/MEUTER, ZH-Komm. § 31 N 8.

Belastung des Grundeigentums an. Schuldzinsen müssen als steuermindernde Tatsache durch den Steuerpflichtigen geltend gemacht und belegt werden. Massgebend für die Berechtigung zum Abzug von Schuldzinsen vom Einkommen ist prinzipiell nicht die tatsächliche Schuldzinsenentrichtung, sondern das Schuldverhältnis. Daher nimmt bei der Nutzniessung auf einer Liegenschaft oft nicht der Nutzniesser, sondern der Eigentümer als Vertragspartei der Darlehensvereinbarung den steuerlichen Schuldzinsenabzug vor[286].

Die Rückzahlung von Darlehen (Amortisation) ist nie als Schuldzins abziehbar.

3.16.2. Begrenzung für Privatschulden[287]

Mit dem sog. «Stabilisierungsprogramm[288]» wurde eine Beschränkung der privaten Schuldzinsenabzüge sowohl auf Bundes- wie auch auf kantonaler Ebene eingeführt[289]. Diese sind seit dem 1. Januar 2001 nur noch im Umfang des steuerbaren Ertrags aus unbeweglichem und beweglichem Vermögen sowie weiterer CHF 50 000 abziehbar. Dieser Grundbetrag gilt sowohl für verheiratete Personen, die in rechtlich und tatsächlich ungetrennter Ehe leben, als auch für die übrigen Steuerpflichtigen. Für die Bemessung des Maximalabzugs sind die Bruttovermögenserträge massgebend, d. h. alle steuerbaren Vermögenserträge vor Abzug der darauf entfallenden Gewinnungskosten, Schuldzinsen, Liegenschaftsunterhaltskosten und diesen gleichgestellten Aufwendungen. Für die Berechnung des Bruttoertrages sind die Nebenkosten vom Mietzins abzuziehen. Konstellationen, wonach die Beschränkung zur Anwendung gelangt, sind in der Praxis allerdings selten.

Wird eine Liegenschaft im Geschäftsvermögen gehalten, stellen Schuldzinsen geschäftsmässig begründeten Aufwand dar und können unbeschränkt abgezogen werden. Folglich ist die Abgrenzung zwischen privaten und geschäftlichen Schuldzinsen für viele Steuerpflichtige von Bedeutung. Es muss nachgewiesen werden, für welche Liegenschaft die fremden Mittel eingesetzt werden und ob diese Liegenschaft zum Geschäfts- oder Privatvermögen gehört. Kann der Nachweis für die Mittelverwendung nicht erbracht werden, wird die Aufteilung zwischen privaten wie geschäftlichen Schuldzinsen proportional nach dem Verhältnis der Aktivposten vorgenommen.

---

[286] Vgl. B.2.4, S. 108.
[287] Vgl. dazu insbesondere auch A.6.5, S. 54.
[288] Bundesgesetz vom 19. März 1999 für das Stabilisierungsprogramm 1998.
[289] Art. 33 Abs. 1 lit. a DBG und Art. 9 Abs. 2 lit. a StHG.

> **Praxisbeispiel 17 - Begrenzung Schuldzinsenabzug**
> Herr Müller ist gewerbsmässiger Liegenschaftenhändler und hält Grundstücke mit einem Verkehrswert von CHF 8 Mio. im Geschäftsvermögen sowie Wertschriften im Betrag von CHF 2 Mio. im Privatvermögen Mangels Verwendungsnachweis werden die Schuldzinsen im Betrag von CHF 0,5 Mio. zu 80% dem geschäftlichen (CHF 0,4 Mio.) und zu 20% dem privaten Bereich (CHF 0,1 Mio.) zugewiesen.
>
> Erzielt Herr Müller Vermögenserträge von insgesamt lediglich CHF 0,3 Mio. (davon CHF 0,25 Mio. aus den Liegenschaften und CHF 0,05 Mio. aus Wertschriften), könnte er aufgrund des beschränkt möglichen Schuldzinsenabzuges nur CHF 0,35 Mio. geltend machen, wenn er die Liegenschaften im Privatvermögen halten würde.
>
> Weil er die Liegenschaften aber im Geschäftsvermögen hält, kann er die diesbezüglichen Schuldzinsen von CHF 0,4 Mio. vollumfänglich abziehen. Die privaten Schuldzinsen sind ebenfalls vollumfänglich abziehbar, weil die privaten Vermögenserträge CHF 0,05 Mio. und die Freigrenze ebenfalls CHF 0,05 Mio. ausmachen.

3.16.3. Rücktrittsprämien

Wird ein hochverzinslicher Hypothekarkredit im Rahmen einer vorzeitigen Vertragsbeendigung durch einen tiefer verzinslichen abgelöst, verfällt zugunsten der das Darlehen gewährenden Bank meistens eine Rücktrittsprämie (auch als Abstandszahlung, Vorverfallsentschädigung oder Auflösungskommission bezeichnet). Die Abzugsfähigkeit dieser Prämie vom steuerbaren Einkommen ist nicht in allen Kantonen gewährleistet bzw. wird teilweise an bestimmte Voraussetzungen geknüpft. Im Kanton Luzern bspw. kann eine solche Entschädigung nur dann im Rahmen der Schuldzinsen abgezogen werden, wenn die Vertragsbedingungen bis auf den Zinssatz und die neue Laufzeit unverändert weitergeführt werden. Zudem muss die Entschädigung direkt von der Zinssatzdifferenz und der Restlaufzeit des Darlehensvertrages abhängig sein und die Entschädigung darf nicht für die Schuldentilgung verwendet werden[290]. Diese Praxis wird damit begründet, dass die Entschädigung für die künftige Zinsdifferenz auf der weiter bestehenden, allerdings erneuerten Kapitalschuld geleistet wird und deshalb als Schuldzins anzusehen ist. Diese Argumentation versagt, wenn künftig gar keine Kapitalschuld mehr besteht. Eine

---

[290] Luzerner Steuerbuch, Weisungen StG zu § 40 Nr. 1, Ziffer 2.4.; StE 1998 B 27.2 Nr. 20.

Rücktrittsprämie ist nämlich auch geschuldet, wenn bei einer Veräusserung der Liegenschaft der Kredit vom Käufer nicht übernommen wird. In einem solchen Fall kann nur versucht werden, die Prämienzahlung bei den Grundstückgewinnsteuern als Anlagekosten (i. S. v. anderen mit der Handänderung zusammenhängenden Kosten) geltend zu machen, was jedoch die wenigsten Steuerbehörden zulassen dürften.

Aus grundsätzlichen Überlegungen ist die Abzugsfähigkeit von Rücktrittsprämien fragwürdig. Wer eine Festhypothek abschliesst, erkauft sich mit einem Zinszuschlag Rechtssicherheit und eine Option auf steigende Zinsen. Die Bank auf der anderen Seite versucht, durch eine günstige Refinanzierung ein Marche zu erzielen und profitiert von fallenden Zinsen. Die Vertragsbedingungen sind für beide Parteien derart, dass bei einer retrospektiven Betrachtung eine Partei den Vertrag nicht mehr zu den gleichen Bedingungen abzuschliessen bereit wäre. Ein vorzeitiger Ausstieg aus dem Vertrag bedeutet deshalb eine qualifizierte Vertragsverletzung, für welche die verursachende Partei schadenersatzpflichtig wird. Dieser Schadenersatz wird bei Festhypotheken im Voraus durch die Vereinbarung einer Rücktrittsprämie bestimmt, welche rechtlich nichts anderes ist als eine Konventionalstrafe. Schadenersatzzahlungen sind aber unter keinem Titel steuerlich abzugsfähig.

3.16.4. Zinsen für Wohneigentumsförderungsobjekte

Nach dem WEG können Wohnbauten durch Bundesvorschüsse subventioniert werden[291]. Die bei WEG-Bauten zu entrichtenden Schuldzinsen auf Bundesvorschüssen können für Steuerzwecke im Zeitpunkt der Fälligkeit abgezogen werden, obwohl deren Zahlung während einer gewissen Zeitspanne aufgeschoben werden kann. Im Zeitpunkt der effektiven Zahlung ist der Abzug konsequenterweise nicht nochmals möglich.

Eher selten werden Häuser durch im Ausland wohnhafte Gläubiger, deren Forderungen durch Grund- oder Faustpfandrechte auf Grundstücken in der Schweiz gesichert sind, finanziert. Bei solchen Konstellationen unterliegen die ausländischen Hypothekargläubiger einer schweizerischen Quellensteuerpflicht[292].

---

[291] Vgl. B.1.7.1, S. 105.
[292] Art. 94 DBG und Art. 35 Abs. 1 lit. e StHG.

3.17. Mieterabzug

Auf Staats- und Gemeindesteuerebene existiert im Kanton Zug ein Spezialabzug nur für Mieter[293]. Im Kanton Basel-Land wurde dieser Abzug per 1.1.2007 abgeschafft[294], weil er in einem Bundesgerichtsurteil als bundesrechtswidrig qualifiziert wurde[295]. Durch diesen Abzug soll ein Ausgleich zwischen Mietern und Hauseigentümern stattfinden, weil letztere Kosten im Zusammenhang mit der Immobilie abziehen können[296]. Dieser Abzug gilt nur für dauernd selbst bewohnte Wohnungen bzw. Häuser der Steuerpflichtigen. Der Abzug beträgt im Kanton Zug 20% der Wohnungsmiete (exkl. Nebenkosten) und ist auf maximal CHF 7 500 pro Jahr beschränkt und kann nur geltend gemacht werden, wenn der Steuerpflichtige Wohnsitz im Kanton Zug hat, die Wohnung selbst bewohnt und für die Miete selber aufkommt. Dabei darf das Reineinkommen des Steuerpflichtigen CHF 52 000 nicht übersteigen.

Im Kanton Waadt wird der kantonale und kommunale Abzug sowohl den Eigentümern wie auch den Mietern gewährt[297]. Er entspricht der Differenz zwischen Nettomietzins (ohne Nebenkosten) resp. Bruttoeigenmietwert und 20% des Reineinkommens des Steuerpflichtigen. Voraussetzung für den Abzug ist das Hauptsteuerdomizil des Steuerpflichtigen im Kanton Waadt. Maximalabzugslimiten sind zu beachten.

3.18. Negative Einkünfte aus Liegenschaften

In den meisten Fällen resultieren aus Immobilien zu versteuernde positive Einkünfte. Das Nettoeinkommen resp. der Nettoertrag aus der Immobiliennutzung kann aber auch negativ ausfallen, wenn die abzugsfähigen Kosten die Liegenschafteneinkünfte übersteigen. Man spricht steuerrechtlich auch von Gewinnungskostenüberschuss. Diesfalls besteht das Interesse des Steuerpflichtigen darin, diesen Liegenschaftenverlust mit übrigem steuerbarem Einkommen zu verrechnen.

Bei interkantonalen und internationalen Verhältnissen ist negativen Einkünften aus Liegenschaften besondere Aufmerksamkeit zu schenken. Das Bundesgericht hat sich in zahlreichen Fällen zu Doppelbesteuerungsfragen geäussert und in zwei neueren Entscheiden

---

[293] § 33 Abs. 5 StG/ZG.
[294] Mit der Steuergesetzänderung gemäss Landratsbeschluss vom 21.9.2006.
[295] BGE 2P.313/2003.
[296] Vgl. Steuerinformationen der Schweiz. Steuerkonferenz SSK, Informationsstelle für Steuerfragen, Bern, 2005, Teil D, Ziffer 346.2.
[297] Art. 39 Loi sur les impôts directs cantonaux/VD.

eine Praxisänderung vollzogen, indem es Liegenschaftenverluste im interkantonalen Verhältnis zur Verrechnung zugelassen hat[298]. Konkret ging es in einem Fall um eine natürliche Person, welche ihren Wohnsitz und negative Liegenschaftseinkünfte im Kanton Luzern hatte. Auch nach Verrechnung mit übrigem Einkommen resultierte noch immer ein Luzerner Verlust. Im Kanton Zürich besass der Steuerpflichtige Immobilien, welche positive Ergebnisse auswiesen. Der Liegenschaftskanton Zürich weigerte sich, die Luzerner Verluste mit seinen positiven Liegenschaftenerträgen zu verrechnen. Dagegen wehrte sich die steuerpflichtige Person erfolgreich unter Hinweis auf die Grundsätze der Reineinkommensbesteuerung sowie des Schlechterstellungsverbots.

Die Schweizerische Steuerkonferenz (SSK) hat am 15. März 2007 das Kreisschreiben 27 mit Lösungsvorschlägen für die Vermeidung von Ausscheidungsverlusten publiziert. Wichtig ist, dass Ausscheidungsverluste grundsätzlich auch rückwirkend angewandt werden können (für noch nicht definitiv veranlagte Steuerperioden). Es ist zu hoffen, dass dieses Kreisschreiben in der Praxis gesamtschweizerisch umgesetzt werden wird.

3.19. Geschäftsliegenschaften, Abschreibungen, Verluste

Die Zuteilung der Liegenschaft zum Privat- oder Geschäftsvermögen hat steuerliche Auswirkungen. Nebst Unterschieden beim Erwerb und der Veräusserung, sind auch die laufenden, jährlichen Steuerfolgen verschieden, je nach dem welcher Vermögenssphäre eine Liegenschaft zugeordnet wird. In Tabelle 9 sind Kriterien für drei Szenarien abgebildet.

---

[298] BGE 2P.141/2004 sowie BGE 2P.222/2002. Kommentiert durch: SCHENK PETER/WALTER PHILIP, Ausscheidungsverlusten (fast) ganz der Garaus gemacht, ST 8/05, 617 ff.

Tabelle 9 - Unterschiede Privat-/Geschäftsliegenschaft

	Liegenschaft im Privatvermögen	Liegenschaft im Geschäftsvermögen	Indirekter Liegenschaftenbesitz (Eigentümerin der Liegenschaft ist eine juristische Person)
Wirtschaftliche Doppelbelastung; Möglichkeit der Brechung der Progression beim Inhaber infolge Thesaurierung und zeitlich verzögerter Ausschüttung von Gewinnen	Nein	Nein	Ja, sowohl auf Einkünften wie Vermögen; allenfalls Halbeinkünfteverfahren (Dividendenprivileg) sowie evtl. Entlastung beim Vermögen
Eigenmietwert und Mietzinszahlung	Bei selbst bewohnten Liegenschaften: Versteuerung zu reduziertem Ansatz im Vergleich zur Marktmiete. Bei vermieteten Liegenschaften: Versteuerung effektiv erzielte Miete; Vorbehalt Vorzugsmiete	Abgrenzung Geschäfts- und Privatvermögen, prinzipiell Drittvergleichsmiete massgebend	Ist Miete von Aktionären zu bezahlen, muss diese mind. Kosten der Liegenschaft in AG abdecken («Bellatrix-Praxis»), prinzipiell Drittvergleichsmiete massgebend
Liegenschaftenunterhalt	Anstelle effektiver Kosten allenfalls Pauschale möglich; Variantenwahl bei direkter Bundessteuer jährlich; bei Kantons- und Gemeindesteuern unterschiedlich	Effektive Unterhaltskosten abzugsfähig	Effektive Unterhaltskosten abzugsfähig
Schuldzinsen	Beschränkung Schuldzinsenabzug (Vermögenserträge + CHF 50 000)	Effektive Schuldzinsen abzugsfähig, keine Beschränkung	Effektive Schuldzinsen abzugsfähig, keine Beschränkung
Abschreibungen	Nicht möglich	Möglich	Möglich
Berücksichtigung von Verlusten	Allenfalls verrechenbar mit übrigen Erträgen derselben Steuerperiode; nicht periodenübergreifend	Auch periodenübergreifende Verlustverrechnung möglich	Auch periodenübergreifende Verlustverrechnung möglich
Sozialversicherungsabgaben	Grundsätzlich nein (Spezialfall AHV auf Vermögen)	Ja, auf Mieteinkommen (nach Abzügen) und Verkaufsgewinn	Ja, auf Lohnzahlung durch AG
Vermögens- resp. Kapitalbesteuerung	Liegenschaftswert zu reduziertem Ansatz für die Vermögenssteuer	Besteuerung des Geschäftsvermögens	Besteuerung Eigenkapital der AG sowie Vermögenssteuerwert der Aktien beim Aktionär
Minimalsteuer Mindeststeuer	p.m., je nach kantonaler Regelung		
Liegenschaftensteuer	p.m., je nach kantonaler Regelung		

Eine freie Wahlmöglichkeit zwischen Geschäfts- und Privatliegenschaft besteht nicht[299]. Die Zuteilung zum Privat- oder Geschäftsvermögen erfolgt prinzipiell aufgrund objektiver Kriterien unter Würdigung der Gesamtheit der Umstände und der tatsächlichen Verhältnisse des Einzelfalls[300]. Die Mittelherkunft für den Erwerb der Immobilie, die allenfalls buchmässige Behandlung sowie die Zweckbestimmung sind für die Qualifikation wesentlich. Wenn eine Liegenschaft nur für private Zwecke benützt wird und auch aus Privatvermögen finanziert ist, dann kann die Steuerverwaltung die Liegenschaft nicht von sich aus als Geschäftsvermögen qualifizieren. Heikel ist die Abgrenzung hingegen, wenn eine Liegenschaft gemischt genutzt wird. Als Geschäftsvermögen gelten alle Vermögenswerte, die ganz oder vorwiegend der selbstständigen Erwerbstätigkeit dienen[301].

> **TIPP**
> Soll eine Liegenschaft ausschliesslich dem Privatvermögen zugeordnet werden, darf sie nicht für Geschäftsschulden verpfändet werden oder als Sicherheit dafür dienen.

Im Gegensatz zu Geschäftsliegenschaften sind auf Liegenschaften im Privatvermögen keine Abschreibungen möglich. Wenn in einer Steuererklärung daher Abschreibungen auf einer Liegenschaft geltend gemacht und durch die Steuerbehörden akzeptiert werden, ist dies ein Indiz für das Vorliegen einer Geschäftsliegenschaft. Die Steuerfolgen bei der erstmaligen Geltendmachung von Abschreibungen sind daher zu prüfen. Die ESTV hat zum Umfang der Abschreibungen ein Merkblatt publiziert[302]. Entsprechend der Nutzungsdauer können Abschreibungen vorgenommen werden, wobei Land grundsätzlich nicht abgeschrieben werden darf (obwohl mögliche konjunkturelle Einflüsse eine Tieferbewertung rechtfertigen würden).

Diverse Kantone lassen für Geschäftsliegenschaften Rückstellungen für Grossreparaturen zu (sog. Erneuerungsfonds u. ä.). Als Gross-

---

[299] Gemäss AMREIN, PETER in: SteuerBulletin 1/2007 der Luzerner Steuerverwaltung, besteht aber bspw. ein Wahlrecht zwischen effektiven Kosten und der Pauschale bei einer zu weniger als 20% geschäftlich selbst genutzten Liegenschaft einer selbstständigerwerbenden Person. Auch bei Privatliegenschaften, die zu Geschäftszwecken an Dritte vermietet werden, ist der Pauschalabzug danach nicht von vornherein ausgeschlossen.

[300] RICHNER/FREI/KAUFMANN, Handkommentar zum DBG, Art. 18 N 71 ff.

[301] Art. 8 Abs. 2 StHG (sog. «Präponderanztheorie»). Vgl. auch C.1.4.1, S. 171, u. C.1.6, S. 183.

[302] Vgl. Anhang 4, S. 310.

reparaturen gelten umfassende Erneuerungsarbeiten. Ohne besonderen Nachweis sind z. B. im Kanton Zürich Rückstellungen von jährlich 1% der Gebäudeversicherungssumme zulässig, bis die Rückstellung max. 15% erreicht. Der geschäftsmässig begründete Nachweis für eine höhere Rückstellung blieb vorbehalten[303].

Auch betreffend Geltendmachung von Verlusten ist eine Unterscheidung zwischen Privat- und Geschäftsliegenschaft wesentlich. Nur im Geschäftsvermögen können Verluste mit Gewinnen in Folgeperioden verrechnet werden. Soweit Liegenschaftenverluste im Privatvermögen nicht mit übrigen steuerbaren Einkünften derselben Periode verrechenbar sind, verfallen sie ungenutzt.

Die Überführung einer Liegenschaft vom Privat- ins Geschäftsvermögen oder umgekehrt kann Steuerfolgen auslösen[304]. Hinsichtlich der Überführung einer Geschäftsliegenschaft ins Privatvermögen sind die Erleichterungen gemäss USTR II zu beachten[305].

Im Verhältnis Aktiengesellschaft–Aktionär kann es sich lohnen, eine durch die AG (teilweise) genutzte Liegenschaft im Privatvermögen des Aktionärs zu halten. Die AG kann die Immobilie benützen, wie wenn sie Eigentümerin wäre. Wird die Liegenschaft veräussert, fällt aber keine direkte Bundessteuer an, weil die Liegenschaft zum Privatvermögen gehört. Für die Überlassung der Immobilie sind durch die Gesellschaft marktgerechte Mietzinsen an den Aktionär zu entrichten. Die Zinsen stellen beim Aktionär zwar steuerbares Einkommen dar, sind aber auf Stufe AG als Aufwand abziehbar und unterliegen daher nicht der sog. (allenfalls reduzierten) wirtschaftlichen Doppelbelastung, wie dies bei Dividenden der Fall ist. Zudem sind diese Mietzinsen nicht AHV-pflichtig.

Auch der Erwerb von Bauland durch eine Privatperson mit anschliessender Errichtung eines Baurechts zugunsten einer Aktiengesellschaft (welche evtl. von der Privatperson beherrscht wird) kann sinnvoll sein. Im Zeitpunkt der Unternehmensveräusserung ist ein Käufer oft nur am betrieblichen Teil einer Gesellschaft interessiert. Eine Trennung der Immobilien vom Betrieb ist nur in wenigen Fällen steuerneutral möglich[306].

---

[303] RICHNER/FREI/KAUFMANN/MEUTER, ZH-Komm., § 64 N 84.
[304] Vgl. dazu C.1.4.2, S. 171.
[305] Vgl. Entwurf vom 23. März 2007 zum Bundesgesetz über die Verbesserung der steuerlichen Rahmenbedingungen für unternehmerische Tätigkeiten und Investitionen (Unternehmenssteuerreformgesetz II).
[306] Etwa infolge fehlender stiller Reserven auf der Liegenschaft oder bei einem Umstrukturierungstatbestand.

3.20. Bausparen

Zusätzlich zur bestehenden Bausparmöglichkeit im Rahmen der Säulen 2 und 3a war mit dem Steuerpaket 2001 die Einführung einer so genannten Bausparrücklage geplant[307]. Personen bis zum 45. Altersjahr, die in der Schweiz zum ersten Mal Wohneigentum als Hauptwohnsitz erwerben würden, sollten begünstigt werden. Es hätten maximal CHF 12 000 für Alleinstehende resp. der doppelte Betrag für Verheiratete jährlich auf ein Bausparkonto einbezahlt und steuerlich abgezogen werden können. Der spätere Bezug des Sparkapitals zwecks Finanzierung des Hauptwohnsitzes wäre steuerfrei erfolgt. Nachdem das Steuerpaket abgelehnt worden ist, sind bereits wieder Bestrebungen im Gange, die steuerlich privilegierte Bausparmöglichkeit einzuführen[308]. Auch der HEV Schweiz hat eine Initiative lanciert[309].

Auf kantonaler Ebene existieren Regelungen zur Wohnbau- und Eigentumsförderung, wobei insbesondere die Vorschriften im Kanton BL steuerlich von Interesse sind[310]. Diesen hat allerdings das Bundesgericht einen Riegel geschoben. Der Entscheid, ob die Abzugsmöglichkeit für gebundene Sparrücklagen für die Beschaffung von erstmalig, ausschliesslich und dauernd selbst genutztem Wohneigentum dereinst schweizweit gegeben sein wird, steht noch aus[311].

3.21. Zeitpunkt der Abzugsfähigkeit

Die Wahlmöglichkeit zwischen dem Abzug effektiver und pauschaler Kosten eröffnet Steuereinsparpotential. Wo diese Wahl zulässig ist, sollte deshalb die Vornahme grösserer Unterhaltsarbeiten nach Möglichkeit in einer Steuerperiode konzentriert und der Abzug der effektiven Kosten geltend gemacht werden. Wenn in den Folgeperioden tiefere, effektive Kosten anfallen, kann wiederum die Pauschale abgezogen werden. Daraus resultiert ein Steuervorteil gegenüber einer Verteilung der Unterhaltsarbeiten auf mehrere Jahre.

---

[307] Vgl. Informationen des EFD zur Abstimmungsvorlage vom 16. Mai 2004.
[308] Bei den eidgenössischen Räten sind verschiedene Initiativen zum Thema Bausparen hängig.
[309] «Zwillingsinitiativen»: Eidg. Volksinitiativen «Sicheres Wohnen im Alter» u. «Eigene vier Wände dank Bausparen», vgl. Mediencommuniqué vom 24. März 2007 auf www.hev-schweiz.ch. u. BBl 2007, 5983.
[310] Dekret über die Wohnbau- und Eigentumsförderung, SGS 842.1. Dazu auch NEFZGER/SIMONEK/WENK, Komm. StG BL, § 29bis, insb. N 33 ff.
[311] Eine parlamentarische Initiative von NR Hegetschweiler wurde verworfen. Z. Z. ist eine Standesinitiative hängig, deren Beratung noch nicht Anhand genommen wurde.

> **Praxisbeispiel 18 - Steuereffekt bei zeitlicher Staffelung von Unterhalt**
> Der alleinstehende Herr Meier mit Wohnsitz und Liegenschaftenbesitz in Zürich vermietet seine Immobilie und erzielt daraus einen Ertrag von CHF 100 000, bei übrigem steuerbarem Einkommen von CHF 200 000.
> Führt Herr Meier die anstehenden Liegenschaftenunterhaltsarbeiten alle im Jahr 2008 aus und werden die Kosten von CHF 90 000 akzeptiert, fällt er für dieses Jahr in eine extrem tiefe Progressionsstufe. In den beiden Folgejahren versteuert er aber ein sehr hohes Einkommen, was insb. bei der direkten Bundessteuer «einschenkt».
> Würde er dagegen die Unterhaltsarbeiten gleichmässig über drei Jahre verteilen, führt dies zu einer steuerlichen Minderbelastung im Betrag von mehr als CHF 10 000, weil nun die höchste Progression gebrochen wird. Nur für das Jahr 2008 hätte Herr Müller im Vergleich zur ersten Variante mehr Steuern zu bezahlen.

Wenn Unterhaltsarbeiten gegen Jahresende ausgeführt werden, erfolgt die Rechnungsstellung und/oder -bezahlung oft erst im nachfolgenden Jahr. Für den Eigentümer stellt sich dann die Frage, in welcher Steuerperiode er die Kosten geltend machen muss respektive darf. Grundsätzlich ist das Datum der Rechnung für den Abzugszeitpunkt entscheidend[312]. Es kann daher lohnenswert sein, beim Handwerker vor Jahresende eine (Teil-)Abrechnung zu verlangen. Per Ende Jahr noch nicht bezahlte Rechnungen können als Schulden im Schuldenverzeichnis aufgeführt und abgezogen werden. Nach der sog. modifizierten SOLL-Methode, welcher u. a. der Kanton Zürich folgt, sind Teilzahlungen gemäss Baufortschritt zulässig. Reine Anzahlungen können jedoch nicht zum Abzug zugelassen werden, wenn die Arbeiten nicht auch tatsächlich in der entsprechenden Steuerperiode ausgeführt werden.

3.22. Übersicht Liegenschaftsunterhaltskosten

Betreffend die steuerliche Abzugsfähigkeit von Kosten für den Liegenschaftenunterhalt werden nachfolgend grundlegende Punkte aufgeführt:

---

[312] Sog. SOLL-Methode. Demgegenüber ist bei der sog. «IST-Methode» der Zeitpunkt der Bezahlung massgebend.

- Abgrenzung werterhaltende – wertvermehrende Kosten prüfen;
- Vorsicht bei Unterhaltskosten im Anschluss an den Erwerb eines Grundstücks («Dumont-Praxis»);
- Planung grösserer Arbeiten an der Liegenschaft (je nachdem Konzentration der Arbeiten in einer Steuerperiode, allenfalls Teilabrechnungen verlangen, Verteilung von Kosten auf verschiedene Perioden, Abstimmung mit übrigem steuerbarem Einkommen);
- Prüfen, ob der Wechsel zwischen dem Abzug der effektiven Unterhaltskosten und der Pauschale möglich ist und unter welchen Bedingungen;
- Vergleichen, ob die Pauschale oder der Effektivabzug vorteilhafter ist;
- Denkmalpflegerische Arbeiten speziell deklarieren;
- Energiesparende Investitionen als solche ausweisen;
- Lärmschutzmassnahmen müssen allenfalls im Baugesuch deutlich als solche umschrieben sein, um steuerlich als solche/als werterhaltende Massnahmen geltend gemacht werden zu können;
- Belege aufbewahren!

4. Besteuerung der Substanz

4.1. Begriff des unbeweglichen Vermögens

Unbewegliches Vermögen sind die Grundstücke samt Bestandteilen, Rechten und Lasten. Begriffsdefinitionen sind im Immo-Lexion des HEV Schweiz abgebildet[313]. Grundstücke werden danach als fest begrenzter Teil der Bodenfläche, mit oder ohne Bauten bezeichnet. Das Schweizerische Zivilgesetzbuch zählt neben den Liegenschaften auch Miteigentumsanteile (einschliesslich Stockwerkeigentum), Bergwerke oder selbständige und dauernde Rechte zu den Grundstücken[314]. Folglich ist z. B. auch das Baurecht erfasst, durch das einem Dritten die Befugnis erteilt wird, auf dem Grundstück ein Bauwerk zu errichten und zu nutzen[315]. Ein selbständiges und dauerndes Baurecht kann im Grundbuch als Grundstück mit eigener Grundstücknummer aufgenommen werden[316].

---

[313] www.hev-schweiz.ch.
[314] Art. 655 ZGB.
[315] Art. 675 ZGB.
[316] Art. 779 Abs. 3 ZGB.

4.2. Liegenschaft im Privat- oder Geschäftsvermögen

Im Gegensatz zu im Privatvermögen gehaltenen Liegenschaften können solche des Geschäftsvermögens abgeschrieben werden, soweit der Betrag noch über dem Landwert liegt und durch die Abschreibung die Werteinbusse des Gebäudes berücksichtigt wird (v. a. konjunkturell, altersbedingt). Dasselbe gilt für durch juristische Personen gehaltene Liegenschaften. Die Zuordnung einer Liegenschaft zum Privat- oder Geschäftsvermögen sollte – soweit eine Wahl überhaupt möglich ist[317] – insbesondere unter Berücksichtigung der Abgabefolgen auf laufenden Erträgen resp. Ausgaben wie auch aufgrund des geplanten Wiederveräusserungszeitpunkts getroffen werden.

4.3. Bewertung von Immobilien

4.3.1. Allgemeines

Immobilien werden für unterschiedliche Zwecke bewertet. Versicherungsgesellschaften beispielsweise sind am Versicherungswert für die Schadensregelung bei Brand-, Sturm-, Blitz- oder Wasserschäden interessiert. Die Ermittlung des Verkehrs- oder Marktwerts hingegen ist für eine Person, die ihr Grundstück veräussern will, von Interesse. Es geht dann um die Ermittlung des möglichen Veräusserungspreises des Grundstücks.

Aus Steuersicht sind Liegenschaftenschätzungen insbesondere für die Festlegung des Eigenmietwerts (Einkommensbesteuerung bei selbstbewohnten Liegenschaften) sowie des Vermögenswerts (Substanzbesteuerung) sowie allenfalls des Überführungswerts (vom Privat- ins Geschäftsvermögen oder umgekehrt) von Interesse.

Auswirkungen können die Schätzungen u. a. auch im Zusammenhang mit der Liegenschaftssteuer, der Erbschaftssteuer oder den Grundsteuern haben. Bei land- und forstwirtschaftlichen Grundstücken wird zu Besteuerungszwecken der Ertragswert ermittelt. Auch im Rahmen von Verhandlungen mit den Steuerbehörden müssen oft Liegenschaftsbewertungsgutachten erstellt werden. Man sollte nicht vergessen, dass Liegenschaftsbewertungen stets Schätzungen sind, die von verschiedenen Faktoren beeinflusst werden und sich daher von Jahr zu Jahr verändern können.

---

[317] Vgl. B.3.19, S. 139.

4.3.2. Selbstgenutztes Wohneigentum

Analog zur Einkommensbesteuerung wird auch für die Besteuerung des selbst genutzten Wohneigentums der Vermögenswert meist zu einem reduzierten Ansatz besteuert. Das Bundesgericht hat den Mindestansatz auf 60% des Marktwerts festgelegt[318]. Ferienwohnungen sind – da sie nicht dauernd selbst bewohnt werden – demgegenüber zu 100% steuerbar.

Die kantonalen Unterschiede sind hinsichtlich der Wertbemessung erheblich. Die Kantone BL, SO und VS setzen die Werte um mehr als die Hälfte tiefer an als das Gros der Kantone und die Kantone AG, AR, GL, NE, SG, TG und VD liegen zwischen 20% und 30% über dem Durchschnitt[319].

4.3.3. Vermietetes Wohneigentum

Im Gegensatz zu selbst genutztem Wohneigentum sind vermietete Einheiten zum vollen Wert steuerbar.

4.4. Wertveränderungen

4.4.1. Werterhöhung

Bei neu erstellten (Aus-)Bauten wie auch bei Erweiterungsbauten erhöhen die Investitionen den Liegenschaftenwert. Immobilienkosten sind aus Steuersicht in wertvermehrende und -erhaltende Investitionen aufzuteilen. Lediglich werterhaltende Kosten rechtfertigen keine Erhöhung des Steuerwerts einer Immobilie (Beispiele: Neuanstrich der Fassade, Ersatz durch einen gleichwertigen Lift etc.). Allerdings ist hier die Abgrenzung nicht immer leicht vorzunehmen, weshalb die Steuerbehörden Weisungen veröffentlicht haben. Als Beispiel ist im Anhang[320] die Praxis der Zürcher Steuerbehörden abgebildet.

Nach einer grösseren Investition wartet der Steuerkommissär mit der Vornahme der Steuerveranlagung meistens zu, bis das Schatzungsverfahren abgeschlossen und der neue Steuerwert festgesetzt ist.

Zu einer Wertvermehrung können auch Eigenleistungen beitragen. Soweit der Wohnungseigentümer diese Arbeiten im Zusammenhang mit seiner selbständigen beruflichen Tätigkeit erbringt, ist bei der steuerlichen Geltendmachung aber Vorsicht geboten. Je nach Einzelfall

---

[318] BGE 124 I 145.
[319] Stadelmann Ruth in HEV Schweiz, Steuerratgeber für Wohneigentümer, S. 62. Dies geht aus Erbhebungen hervor, welche die Grundlage für die Festlegung der sog. Repartitionswerten bilden, dazu B.6.1, S. 160.
[320] S. 304.

erfassen die Steuerverwaltungen Eigenleistungen dann als steuerpflichtiges Einkommen mit Folgen auch bei der AHV sowie allenfalls bei der Mehrwertsteuer[321].

4.4.2. Wertreduktion

Im Gegenzug zum Liegenschaftsausbau kann selbstredend eine Wertverminderung durch einen Gebäudeabbruch geltend gemacht werden. Diese steuermindernde Tatsache muss der Steuerpflichtige nachweisen. Auch andere Einflüsse, wie insbesondere Immissionen, können einen Einfluss auf den Wert der Liegenschaft haben. Hier wird das Nachweisproblem offensichtlich, führt ein negativer Einfluss auf das Grundstück doch vielfach nicht zu einer direkten Werteinbusse. Häufig wird bloss der Wertzuwachs verlangsamt, was keinen Grund für eine Anpassung des Vermögenssteuerwertes darstellt. Prominente Bespiele dazu sind etwa die Begehren der Hauseigentümer an der Zürcher «Goldküste», welche nach der Einführung der Südanflüge auf den Flughafen Zürich eine Wertverminderung ihrer teuer erstandenen Liegenschaften geltend machten. Das Zürcher Steueramt lehnte diese Begehren mit dem Hinweis auf die weiter steigenden Immobilienpreise in dieser Region ab, was unseres Wissens von den Gerichtsinstanzen auch geschützt wurde.

Auch die Einräumung beschränkt dinglicher Rechte wie Grundlasten[322] oder Grunddienstbarkeiten[323] (z. B. Wegrecht oder Baurecht) vermindert den Wert des Grundstücks für den Eigentümer. Infolge Begründung einer Nutzniessung auf dem Grundstück muss der Nutzniesser das Liegenschaftsvermögen versteuern und nicht mehr der Eigentümer[324].

Eine Entschädigung für die Wertreduktion ist prinzipiell steuerbar und unterliegt der Einkommens- oder Gewinnsteuer. Der Grundstückgewinnsteuerpflicht unterliegen solche Entschädigungen bei der Einräumung privatrechtlicher Dienstbarkeiten, wenn diese die unbeschränkte Bewirtschaftung oder den Veräusserungswert der Grundstücke dauernd und wesentlich beeinträchtigen und die Belastung gegen Entgelt erfolgt[325]. Soweit solche Beschränkungen weniger als 30 Jahre betragen, unterliegen sie, wie gesagt, allenfalls der Einkom-

---

[321] Vgl. B.3.6, S. 122.
[322] Art. 782 ZGB.
[323] Art. 730 ZGB.
[324] Art. 13 Abs. 2 StHG.
[325] Art. 12 Abs. 2 lit. c StHG.

menssteuerpflicht. Hier kann es sich lohnen, die vertragliche Formulierung entsprechend auszugestalten, um einen Steuervorteil zu erreichen.

4.5. Neubewertung

Um regionale Verzerrungen und steuerliche Ungleichheiten zu vermeiden, werden die Vermögenssteuerwerte von Liegenschaften durch die zuständigen kantonalen Instanzen in regelmässigen Abständen neu bewertet. Im Kanton Bern erfolgte dies beispielsweise per 1999, im Kanton Zürich für die Steuerperiode 2003.

Auch im interkantonalen Vergleich wird regelmässig eine Angleichung der Liegenschaftsbewertungen angestrebt. Dazu veröffentlicht die Schweizerische Steuerkonferenz jeweils sog. «Repartitionswerte» für die interkantonale Steuerausscheidung. Dadurch sollen kantonale Bewertungsunterschiede für in mehreren Kantonen steuerpflichtige Personen ausgeglichen werden. Per 1. Januar 2007 wurden die Repartitionswerte angepasst[327].

Bei wesentlichen Veränderungen des Immobilienwerts aufgrund baulicher Massnahmen oder einer Nutzungsänderung erfolgen Neuschatzungen. Die Begründung oder Aufhebung von Baurechten, Stockwerkeigentum oder selbständigem Miteigentum kann ebenso zu einer Neuschatzung führen wie Aus- und Umbau oder der Abbruch von Gebäuden. Auch die Teilung oder Vereinigung von Grundstücken ist für die Bewertung von Interesse, sofern diese Grundstücke in ihrer Gesamtheit eine Wertänderung erfahren.

Üblicherweise ist innert 30 Tagen nach Zustellung der Liegenschaftenschatzung durch die Behörden Einsprache zu erheben, wenn eine Bewertung angefochten werden soll. In vielen Kantonen ist eine spätere Einsprache gegen die Liegenschaftenbewertung im Rahmen einer Vermögenssteuerveranlagung nicht mehr möglich.

4.6. Vermögensumschichtung mittels Liegenschaftspassiven

Die Finanzierung der Liegenschaftsaktiven wurde eingehend dargestellt[328]. Von den Vermögenswerten können die Schulden abgezogen werden. Dabei spielt es keine Rolle, ob es sich um direkt mit der Liegenschaft zusammenhängende Passiven handelt (wie z. B. Hypothe-

---

[327] Vgl. KS SSK S. 151.
[328] A.6, S. 51 u. A.7, S. 60.

kardarlehen). Auch weitere Schulden (Steuerschulden, ordentliche Darlehen etc.) reduzieren das steuerbare Vermögen.

Soweit durch anderweitige Anlagen eine höhere Rendite zu erzielen ist als die Hypothekarzinsbelastung ausmacht – welche im Mehrjahresvergleich gegenwärtig sehr tief ausfällt – kann sich die Erhöhung von Hypotheken lohnen. Insbesondere sind folgende Investitionen prüfenswert:

- BVG-Einkäufe: Einzahlungen reduzieren das steuerbare Einkommen zu 100%, sind aber bei späterem Bezug lediglich zu einem reduzierten Satz steuerbar. Zudem sind während der Laufzeit weder Ertrag noch Substanz aus in BVG-Kassen gebundenem Vermögen zu versteuern. Aufgrund der tiefen Mindestverzinsung im BVG-Obligatorium muss aber die Hypothekarzinsbelastung sehr tief sein, damit durch den Steuervorteil eine Optimierung erzielbar ist. Die Hypothekarzinsen ihrerseits reduzieren das steuerbare Einkommen. Selbstverständlich ist aber zu beachten, dass Negativzinsen nicht abzugsfähig sind resp. nicht auf eine spätere Steuerperiode vorgetragen werden können.
- Kauf von Aktien/GmbH- oder -fondsanteilen zur Erzielung steuerfreier Kapitalgewinne, währenddem die Hypothekarzinsen das steuerbare Einkommen reduzieren.
- Säule 3a-Einzahlungen mit analogen Vorteilen wie der BVG-Einkauf.

Je nach Vorsorgesituation können auch weitere – zum Teil steuerlich interessante – Versicherungslösungen Sinn machen.

4.7. Steuerausscheidung[328]

Das unbewegliche Vermögen begründet am Ort der gelegenen Sache einen steuerlichen Anknüpfungspunkt[329]. Beispielsweise muss der Eigentümer einer Liegenschaft in Lausanne die Vermögenssteuer darauf auch dann im Kanton Waadt versteuern, wenn er selbst seinen Wohnsitz im Kanton Bern hat. Dasselbe gilt für im Ausland wohnhafte Personen, die in der Schweiz eine Liegenschaft halten.

4.8. Ermittlung des steuerbaren Vermögens

Der Vermögenssteuer unterliegt das steuerbare Vermögen, welches dem gesamten Reinvermögen[330] nach Berücksichtigung der So-

---

[328] Zur Frage, wie diese Vermögensaufteilung zu geschehen hat vgl. Abschnitt B.6, S. 160.
[329] Art. 4 Abs. 1 StHG.
[330] Art. 13 Abs. 1 StHG.

zialabzüge entspricht. Betreffend Liegenschaftswert ist der Vermögenswert als Aktivposten entsprechend den kantonalen Bestimmungen zu ermitteln. Die Liegenschaftspassiven sind abziehbar.

Bei der direkten Bundessteuer wurde die Vermögenssteuer abgeschafft. Lediglich auf Stufe Kanton und Gemeinde wird das Vermögen noch besteuert. Dabei wird grundsätzlich der Verkehrswert erfasst, unter angemessener Berücksichtigung des Ertragswerts[331]. Wie erwähnt sind die Steuerwerte selbstbewohnter Liegenschaften zu reduzierten Ansätzen steuerbar[332].

4.9. Beginn und Ende der Besteuerung

Mit Zuzug (Wohnsitznahme oder Begründung des qualifizierten Aufenthalts) in die Schweiz wird eine Person unbeschränkt steuerpflichtig, d.h. sie unterliegt – unter Vorbehalt von Steuerausscheidungen – mit ihrem weltweiten Vermögen und Einkommen der Steuerpflicht am Wohnort. Mit Wegzug aus der Schweiz endet die Steuerpflicht.

Durch den Erwerb von Grundstücken ausserhalb der Wohnsitzgemeinde des Steuerpflichtigen wird eine beschränkte Steuerpflicht am Ort der Immobilie begründet, was eine Steuerausscheidung zwischen der Wohnsitzgemeinde und dem Gemeinwesen der gelegenen Immobilie mit sich bringt. Mit dem sog. «Vereinfachungsgesetz» wurde der Grundsatz der Einheit der Steuerperiode eingeführt[333]. Bei Begründung oder Aufhebung eines ausserkantonalen Nebensteuerdomizils aufgrund Immobilienerwerbs oder -veräusserung erstreckt sich das Besteuerungsrecht beider Kantone auf die ganze Steuerperiode. Eine Doppelbesteuerung wird dann durch die Reduktion des Kapitalanteils aufgrund der kürzeren Dauer der Zugehörigkeit vermieden[334].

---

[331] Art. 14 Abs. 1 StHG.
[332] B.4.3.2, S. 147.
[333] Bundesgesetz vom 15. Dezember 2000 zur Koordination und Vereinfachung der Veranlagungsverfahren für die direkten Steuern im interkantonalen Verhältnis, BBl 2000 6182.
[334] Detailliert erläutert im KS Nr. 15 vom 31. August 2001 der Schweizerischen Steuerkonferenz sowie im KS Nr. 18 vom 27. November 2001 über die interkantonale Ausscheidung bei Änderungen der Steuerpflicht während der Steuerperiode im System der einjährigen Postnumerandobesteuerung mit Gegenwartsbemessung (natürliche Personen).

4.10. Steuertarif Vermögenssteuer

Für die meisten Steuerpflichtigen ist die Belastung durch die schweizerische Vermögenssteuer im Vergleich zu derjenigen durch die Einkommensteuer bei der Standortwahl zu vernachlässigen und folglich von geringerem Interesse.

Das Steuerharmonisierungsgesetz[335] bestimmt die von den Kantonen zu erhebenden direkten Steuern und legt die Grundsätze fest, nach denen die kantonale Gesetzgebung zu gestalten ist[336]. Die Bestimmung der Steuertarife, -sätze und -freibeträge hingegen bleibt Sache der Kantone[337]. Die meisten Kantone haben ihre Steuertarife progressiv ausgestaltet mit der Folge, dass ein höheres steuerbares Vermögen prozentual stärker belastet wird als ein geringeres.

Ins Interesse der Öffentlichkeit gerückt sind etwa die Ankündigungen des Kantons AR[338] sowie des Kantons OW, einen degressiven Steuertarif bei der Vermögenssteuer einführen zu wollen. Der Kanton SH kennt bereits ein entsprechendes Modell. Mit seinem Urteil vom 1. Juni 2007[339] hat das Bundesgericht den Obwaldner Tarif als verfassungswidrig qualifiziert, weil er gegen den Grundsatz der Besteuerung nach der wirtschaftlichen Leistungsfähigkeit und das Gebot der Rechtsgleichheit verstösst. Dieser Entscheid wirkt nun als Katalysator für die Einführung proportionaler Tarife nach dem Modell der sog. Flat Rate Tax.

Wie erwähnt wurde bei der direkten Bundessteuer die Vermögenssteuer abgeschafft. Für die Bemessung der Vermögenssteuer bei den Kantons- und Gemeindesteuern ist der Vermögensstand per Ende Steuerperiode massgebend[340].

4.11. Minimalsteuern

Minimalsteuern werden entweder auf Grundeigentum oder auf Bruttoeinnahmen erhoben. Sie treten bei natürlichen Personen an die Stelle der ordentlichen Einkommens- und Vermögenssteuern. Nur die Kantone Nidwalden, Obwalden und Uri erheben eine Minimalsteuer auf Grundstücken natürlicher Personen.

---

[335] Bundesgesetz vom 14. Dezember 1990 über die Harmonisierung der direkten Steuern der Kantone und Gemeinden (StHG), SR 642.14.
[336] Art. 1 Abs. 1 StHG.
[337] Art. 1 Abs. 3 Satz 2 StHG.
[338] Medienmitteilung der Verwaltung des Kantons Appenzell Ausserrhoden betreffend Ergebnisse der 2. Lesung vom 20. März 2006 im Kantonsparlament.
[339] BGE 2P.43/2006.
[340] Art. 66 Abs. 4 StHG.

Für juristische Personen schreibt das Steuerharmonisierungsgesetz vor, dass allfällige Minimalsteuern auf Ersatzfaktoren an die Gewinn- und Kapitalsteuern angerechnet werden müssen[341]. Mehrere Kantone erheben eine Minimalsteuer auf Liegenschaften juristischer Personen. Eine Übersicht findet sich in Tabelle 10 – Minimalsteuer auf Grundstücken, S. 154.

Um die Mehrbelastung im interkantonalen Verhältnis in Grenzen zu halten, darf die Höhe der Minimalsteuer laut Bundesgericht 2‰ des Liegenschaftswertes nicht übersteigen[342].

---

[341] Art. 27 Abs. 2 StHG, dazu STHG-Duss/von Ah/Rutishauser, Art. 27 N 9 ff.
[342] ASA 44, 541; BGer Urteil vom 2. März 2005, StR 9/2005, 689.

Tabelle 10 - Minimalsteuer auf Grundstücken

Kantone	Kantonssteuer NP	Kantonssteuer JP	Gemeindesteuer NP	Gemeindesteuer JP	Bemerkung	Gesetzesgrundlage
AG					(Minimalsteuer aufgehoben per 1.1.2007)	
AI					(Minimalsteuern aufgehoben)	
AR		2,0‰			Mit Ausnahmen	Art. 96 StG
BS		4,0‰ 1) 2,0‰ 2)			1) Sofern keine Ausnahmen vorliegen. 2) Für Wohngenossenschaften, konzessionierte Versicherungsgesellschaften und steuerbefreite juristische Personen mit öffentlichem, gemeinnützigem oder religiösem Zweck. Die Grundstücksteuer wird an die Gewinn- und Kapitalsteuer der gleichen Steuerperiode angerechnet.	§§ 111 - 116 StG
LU				2,0‰	Feste Steuer von 2‰. Sie wird nur erhoben, wenn sie die ordentlichen Steuern (Kanton + Gemeinden) übersteigt.	§ 1 lit b und § 95 StG
NW	0,3‰	0,3‰			Es handelt sich um einfache Ansätze, die noch mit den Steuerfüssen des Kantons und der Gemeinde (auch Schul- und Kirchgemeinde) multipliziert werden müssen.	Art. 55, 56, 102 u. 103 StG
OW	2,0‰	2,0‰			Ausgenommen sind alle juristischen und natürlichen Personen für Grundstücke, die zur Hauptsache dem eigenen Unternehmensbetrieb dienen oder mit denen sie Aufgaben im sozialen Wohnungsbau erfüllen. 2‰ des Netto-Steuerwertes bzw. Ertragswertes für landwirtschaftliche Grundstücke.	Art. 56 und 101 StG
SG		0,6‰			Es handelt sich um einen einfachen Ansatz, der noch mit dem jährlichen kantonalen Steuerfuss multipliziert werden muss. Dazu kommt ein Zuschlag von 220% (Art. 7 StG). Halbierung der Minimalsteuer, falls ordentliche Besteuerung in Vorperiode	Art. 100 und 101 StG
SH		0,75‰			Es handelt sich um einen einfachen Ansatz, der noch mit den jährlichen Steuerfüssen des Kantons und der Gemeinde multipliziert werden muss.	Art. 85 und 86 StG
TG		0,6‰			Es handelt sich um einen einfachen Ansatz, der noch mit den jährlichen Steuerfüssen des Kantons, der Gemeinde und der Kirchgemeinde multipliziert werden muss. Ausgenommen sind Grundstücke juristischer Personen, die zur Hauptsache dem Betrieb des eigenen Unternehmens dienen, sowie Genossenschaften und Vereine für Grundstücke, mit denen sie Aufgaben im sozialen Wohnungsbau erfüllen.	§§ 101 – 103 StG
TI		1,0‰			Kein kantonales Vielfaches. Die Gemeinden erheben ihre Steuern mittels Steuerfuss in Prozenten der Kantonssteuer.	Art. 88 – 90, 274-276 StG

- Im Kanton UR, der nur eine Minimalsteuer auf Liegenschaften natürlicher Personen kennt, wird der Einheitssatz in Franken ausgedrückt (300 Franken inkl. Kirchgemeinden). Art. 69 STG UR
- Die Ausnahmebedingungen und Einschränkungen zur Minimalsteuerpflicht sind zu beachten.
- Minimalsteuer nur auf Bruttoeinnahmen, nicht auf Grundstücken: FR, VS
- Minimalsteuern auf Brutto-Erträgen und auf investiertem Kapital von juristischen Personen: VD

4.12. Liegenschaftssteuern (Grundstücksteuern)

Einige Kantone und Gemeinden kennen neben der ordentlichen Vermögenssteuer noch eine Liegenschaftssteuer, bei der es sich um eine Objektsteuer handelt. Die Berechnung erfolgt auf dem Bruttowert der Liegenschaft ohne Abzug von Schulden. Die Maximalbelastung beträgt 3 Promille des Liegenschaftswerts. Bestimmte Liegenschaften werden jeweils von der Steuer befreit.

In den Kantonen Bern, Thurgau, Waadt, Neuenburg und Jura sowie bei Wahl des Effektivkostenabzugs in den Kantonen Luzern, Fribourg und Wallis können die Liegenschaftssteuern bei der Ermittlung des Einkommens aus unbeweglichem Vermögen abgezogen werden[343].

Der Stichtag für die Festlegung der Liegenschaftssteuerpflicht wird nicht zwingend auf das Ende der Steuerperiode festgelegt. In einigen Kantonen gilt der Beginn der Steuerperiode als Stichtag.

Eine Übersicht über die einschlägigen Regelungen mit Hinweisen zur Berechnung ist in Tabelle 11 – Liegenschaftssteuern wiedergegeben.

---

[343] Steuerinformationen der interkantonalen Kommission für Steueraufklärung, Bern 1999.

Tabelle 11 - Liegenschaftssteuern

Kt.	Kantonssteuer		Gemeindesteuer			Bemerkungen	Grundlagen
	NP	JP	NP	JP	Gemeindesteuer		
			Oblig.	fakultativ	Oblig.	fakultativ	
AI	0,5‰ - 1,0‰ a)			max. 1,0‰		max. 1,0‰	Die Gemeinden und die Bezirke können die Höhe des Steuersatzes selber festsetzen. Dieser darf aber den Höchstsatz von 1‰ des Steuerwertes nicht überschreiten.	Art. 112 bis 115 des Steuergesetzes vom 25. April 1999
BE				Max. 1,5‰		Max. 1,5‰		Art. 257 – 262 StG
FR		1,0‰ + evtl. 3,0‰ Zuschlag a), b)		max. 3,0‰ c)		max. 3,0‰ c), d)	a) Zusätzliche Liegenschaftssteuer: für an Drittpersonen vermietete Liegenschaften sowie Liegenschaften von Immobiliengesellschaften b) + 3,0‰ für Immobiliengesellschaften, die ihr Aktionärs- oder Mitgliederregister nicht angeben. c) Politische Gemeinden, Kirchgemeinden und Schulkreise können je eine Liegenschaftssteuer erheben, von denen jede indessen 3,0‰ nicht überschreiten darf. d) Die Gemeinden können zudem Zuschlag in der Höhe von max. 50% der Kantonssteuer gemäss Bemerkung a) erheben.	Gesetz vom 23. Mai 1957 betreffend besondere Besteuerung der Immobilien von Gesellschaften, Vereinen und Stiftungen Art. 13 und 17 des Gesetzes vom 10. Mai 1963 über die Gemeindesteuern
GE		1,5‰ - 2,0‰ b)					a) 0,5‰ wenn es sich um ausschliesslich landwirtschaftliche Grundstücke handelt und das unbewegliche Vermögen des Steuerpflichtigen 25'000 Franken nicht übersteigt oder wenn es sich um unproduktive Grundstücke handelt, deren Erhaltung für den Kanton betreffend Prosperität von Bedeutung ist oder im allgemeinen Interesse liegt. b) 1,5‰ wenn das Grundstück einer juristischen Person gehört, die keinen wirtschaftlichen Zweck verfolgt.	Art. 76 – 79 de la loi sur les contributions publiques (LCP) du 9 novembre 1887
GR				max. 2,0‰		max. 2,0‰	Lediglich der Höchstsatz ist fixiert, ansonsten können die Kreise und Gemeinden den Steuersatz selber festlegen (z.B. Chur: 0.5‰). In ausgleichsberechtigten Gemeinden kann der Steuersatz bis 1,5‰ betragen.	Steuergesetz der einzelnen Gemeinden
JU			0,5 – 1,5‰		0,5 – 1,5‰		Der Steuersatz richtet sich nach der Höhe der Gemeindesteueranlage (Vielfaches) für die Einkommens- und Vermögenssteuer. So darf z.B. bei einem Vielfachen von 2,0 und mehr der Steuersatz nicht kleiner als 0,8‰ und nicht grösser als 1,5‰ sein.	Art. 112 – 115 de la Loi d'impôt du 26 mai 1988

Nutzung						Steuern und Immobilien	
LU		0.5‰					§§ 241-245 StG
NE	1,5‰ a)	0.5‰			max. 1,5‰ a)	a) Steuer nur auf Liegenschaften juristischer Personen, die der Kapitalanlage dienen sowie auf Liegenschaften von Vorsorgeeinrichtungen, welche normalerweise von der Steuer befreit sind.	Art. 111, 112, 122 et 273 de la loi sur les contributions directes du 21 mars 2000 (LCdir)
SG		0,3‰ – 1,0‰	0,3‰ – 1,0‰ a)			Der Steuersatz wird von der Gemeinde innerhalb der Limite selber festgelegt. a) 0.2‰ für Grundstücke juristischer Personen, die von der Steuerpflicht befreit sind und deren Grundstücke unmittelbar öffentlichen oder gemeinnützigen Zwecken dienen.	Art. 237 – 240 des Steuergesetzes vom 9. April 1998
TG	0,5‰						§§ 123, 125 und 203 StG
TI	3,0 a), b)	1,0	1,0			a) 4,5‰ für die Aktiengesellschaften, Kommandit-AG, GmbH und Genossenschaften mit Sitz im Ausland b) 1.5‰ für Vereine, Stiftungen und andere juristische Personen. Zeitlich limitierte Erhöhungen wurden im Jahre 2005 für Folgeperioden erlassen.	Art. 95 – 99 Legge tributaria del 21 giugno 1994 Decreto legislativo sottoposto alla votazione popolare del 8 maggio 2005
VD	1,0‰ a), b)			max. 1,5‰ c)	max. 1,5‰ c)	a) nur auf Liegenschaften juristischer Personen, die nicht dem Geschäftsbetrieb dienen und an Drittpersonen vermietet sind (= zusätzliche Liegenschaftssteuer). b) Gemeinden, die auf entgeltliche Immobilienverkaufen unter Lebenden eine Handänderungssteuer erheben, können auf Liegenschaften eine zusätzliche Liegenschaftssteuer von max. 50% der Kantonssteuer erheben. c) max. 0,5‰ für Bauten auf Grundstücken Dritter oder auf öffentlichem Boden (ordentliche Liegenschaftssteuer).	Art. 128 et 129 de la loi sur les impôts directs cantonaux (LI) du 4 juillet 2000
VS	0,8‰	1,0‰			1,25‰		Art. 101 und 181 StG

5. Ergänzende Vermögenssteuer

5.1. Wesen

Land- und forstwirtschaftlich genutzte Grundstücke werden grundsätzlich zum Ertragswert bewertet. Das kantonale Recht kann bestimmen, dass bei der Bewertung der Verkehrswert mitberücksichtigt wird oder im Falle der Veräusserung oder Aufgabe der land- oder forstwirtschaftlichen Nutzung des Grundstückes eine Nachbesteuerung für die Differenz zwischen Ertrags- und Verkehrswert erfolgt. Dabei darf die Nachbesteuerung höchstens für 20 Jahre erfolgen[344].

Bei der ergänzenden Vermögenssteuer wird davon ausgegangen, dem Steuerpflichtigen sei der Verkehrswert des Grundstücks bereits während der land- oder forstwirtschaftlichen Nutzung latent zur Verfügung gestanden[345]. Zur Verkehrswertrealisierung kommt es allerdings erst im Zeitpunkt der Veräusserung oder Zweckentfremdung (v. a. Nutzungsänderung durch Überbauung) des Grundstücks, weshalb dann eine entsprechende Nachbesteuerung gerechtfertigt ist. Dies gilt u. E. aber nur bei einem Grundstück, welches in der Bauzone liegt und welchem Baulandqualität zukommt[346]. Kantone, welche von der Bundeskompetenz Gebrauch machen, sind verpflichtet, die Besteuerung nicht nur bei der Veräusserung eines Grundstücks, sondern immer auch bei einer Nutzungsänderung vorzusehen.

5.2. Kantonale Regelungen

Die ergänzende Vermögensbesteuerung ist nicht sehr verbreitet. Nur die Kantone AI, SG, SH, TG und ZH haben eine gesetzliche Grundlage geschaffen. Die kantonalen Regelungen sind in Tabelle 12, S. 159, wiedergegeben.

Die Aufschubtatbestände im Falle einer Veräusserung des privilegiert besteuerten Grundstücks sind in den massgeblichen Kantonen analog zu den Aufschubtatbeständen bei der Grundstückgewinnsteuer geregelt, weshalb auf diese Ausführungen verwiesen werden kann[347]. Im Vordergrund stehen Eigentumswechsel durch Erbgang, Schenkung oder unter Ehegatten im Rahmen einer güterrechtlichen Auseinandersetzung. Der Steueraufschub führt nicht zu einer Steuerbefreiung, sondern die betreffende Handänderung ist vermögenssteu-

---

[344] Art. 14 Abs. 2 StHG.
[345] STHG-ZIGERLIG/JUD, Art. 14 N 12.
[346] Vgl. dazu a.M. bei STHG-ZIGERLIG/JUD, Art. 14 N 13.
[347] C.1.7, S. 189.

erlich unbeachtlich. Für die Berechnung der ergänzenden Vermögenssteuer ist deshalb auf die letzte Veräusserung abzustellen, die keinen Steueraufschub bewirkt hat[348].

Wenn der Erlös aus einem Grundstücksverkauf innert einer bestimmten Frist in ein vergleichbares Objekt reinvestiert wird, das auch selbst bewirtschaftet wird, kann ebenfalls ein Aufschubstatbestand gegeben sein (sog. «vermögensrechtliche Ersatzbeschaffung»).

Die Grundlagen für die Steuerberechnungen sind in den kantonalen Steuergesetzen unterschiedlich ausgestaltet. Insbesondere die Berücksichtigung der unterschiedlichen Besitzdauer führt zu erheblichen Abweichungen zwischen den Kantonen.

Im Kanton Luzern ist die ersatzlose Abschaffung der nachträglichen Vermögenssteuer per 2009 vom Grossen Rat bereits beschlossen worden.

Tabelle 12 - Ergänzende Vermögenssteuer in den Kantonen

Kanton	Rückwirkende Besteuerung für maximal (in Jahren)	Berechnung	Aufschubstatbestände	Grundlage im kant. StG
AI	20	Differenz zwischen dem Mittel der Ertragswerte und dem Mittel der amtlichen Verkehrswerte der landwirtschaftlichen Liegenschaft am Anfang und am Ende der massgebenden Besitzesdauer	Erbgang (Erbfolge, Erbteilung, Vermächtnis); Erbvorbezug; Schenkung Begründung, Fortsetzung, Aufhebung der ehelichen Gütergemeinschaft Landumlegungen in bestimmten Fällen; Ersatzbeschaffung	Art. 43 und 104
GL	20	Das steuerbare Vermögen ist die Differenz zwischen dem Mittel der Ertragswerte und dem Mittel der amtlichen Werte des Grundstücks am Anfang und am Ende der massgeblichen Dauer	Erbgang, Erbvorbezug, Schenkung, Begründung oder Aufhebung der ehelichen Gütergemeinschaft, Güterzusammenlegung	Art. 40–42
SG	20	Differenz zwischen dem Mittel der Ertragswerte und dem Mittel der Verkehrswerte des Grundstücks am Anfang und am Ende der massgebenden Dauer	Erbgang (Erbfolge, Erbteilung, Vermächtnis); Erbvorbezug; Schenkung Eigentumswechsel unter Ehegatten in bestimmten Fällen Landumlegung in bestimmten Fällen; bei Ersatzbeschaffung	Art. 59–61 und 132

---

[348] MEUTER, ZStP 1995, 14 f.

Kanton	Rückwirkende Besteuerung für maximal (in Jahren)	Berechnung	Aufschubstatbestände	Grundlage im kant. StG
SH	20	Differenz zwischen dem Mittel der Ertragswerte und dem Mittel der Steuerwerte des Grundstücks je am Anfang und am Ende der massgebenden Besitzesdauer. Zum Steuersatz von 2‰ und zum Steuerfuss, der im Jahr der Veräusserung oder der Beendigung der land- oder forstwirtschaftlichen Nutzung galt.	Nur vorübergehende Betriebsaufgabe, Betriebsübergabe innerhalb der Familie zur Selbstbewirtschaftung, Erbvorzug oder Schenkung Betriebsaufgabe altershalber (bis zum Ableben des Eigentümers und des Ehegatten)	Art. 46
TG	15	Steuerbar ist die Hälfte der Differenz zwischen dem Ertragswert zu Beginn der Berechnungsperiode und 75 Prozent des Veräusserungserlöses oder des Marktwertes im Zeitpunkt der Veräusserung oder der Zweckentfremdung. Die nachträgliche Besteuerung der Differenz erfolgt entsprechend der Eigentumsdauer.	Erbgang (Erbfolge, Erbteilung, Vermächtnis); Erbvorbezug; Schenkung; Handänderung unter Ehegatten Ersatzbeschaffung; Umstrukturierung; Landumlegung in bestimmten Fällen	§ 44 § 50–52 § 129
ZH	20	Differenz zwischen dem Mittel der Ertragswerte und dem Mittel der tatsächlichen Verkehrswerte des Grundstücks je am Anfang und am Ende der massgebenden Besitzesdauer zum Steuersatz von 1 Promille und zum Steuerfuss, der im Jahr der Veräusserung oder der Beendigung der land- oder forstwirtschaftlichen Nutzung Geltung hatte, massgebend.	Erbgang (Erbfolge, Erbteilung, Vermächtnis); Erbvorbezug; Schenkung Handänderung unter Ehegatten in bestimmten Fällen Landumlegungen in bestimmten Fällen Ersatzbeschaffung bei selbstbewirtschafteten land- und forstwirtschaftlichen Grundstücken	§ 41–44

6. Interkantonale und internationale Steuerausscheidung

6.1. Grundsätzliches

Das Liegenschaftenvermögen wie das -einkommen werden am Ort der gelegenen Sache besteuert. Im Gegensatz dazu sind die mobilen Vermögenswerte und deren Einkünfte grundsätzlich dem Wohnsitzkanton zuzuordnen. Das führt dazu, dass die steuerbaren Faktoren auf die verschiedenen Gemeinwesen aufgeteilt werden müssen. Obwohl die Bundesverfassung den Bundesgesetzgeber dazu ermächtigt, Regelungen zur Vermeidung von Kompetenzstreiten zwischen den Kantonen zu erlassen, basiert das interkantonale Doppelbesteuerungsrecht auf reinem Richterrecht. Es ist das Bundesgericht, welches in jahrzehntelanger Praxis die Grundlagen erarbeitet und zusehends verfeinert hat.

Für diese Steuerausscheidung hat die schweizerische Steuerkonferenz bei interkantonalen Verhältnissen Regeln für die Bewertung der Grundstücke aufgestellt (sog. «Repartitionsfaktoren»[349]). Diese Werte wurden auf Grund von Erhebungen in den Kantonen festgelegt und sollten für die Steuerausscheidung einheitliche Grundlagen resp. Bewertungen schaffen.

6.2. Vorgehen zur Faktorenaufteilung

Gesetzliche Bestimmungen zur Aufteilung der steuerbaren Faktoren sind knapp gehalten. Das hat in der Vergangenheit zu einer umfangreichen Gerichtspraxis und auch Fachliteratur[350] geführt. Viele Sonderfragen können nur fallbezogen analysiert und gelöst werden, weshalb nachfolgend lediglich das grundsätzliche Vorgehen für eine Faktorenaufteilung erwähnt wird. Zu beachten ist, dass die Ausscheidung aus Sicht jedes Steuerdomizils separat vorzunehmen ist.

1. Bestimmen, wo eine Person ihren Wohnsitz hat: Hauptsteuerdomizil festlegen
2. Zuteilung der Vermögenswerte (Aktiven) auf die verschiedenen Gemeinwesen wie folgt: Mobiles Vermögen (Wertschriften, Darlehensguthaben, Lebensversicherungen, etc.) am Wohnort, Immobilienvermögen am Ort der gelegenen Immobilie.
3. Anpassung der Liegenschaftenwerte aufgrund der Repartitionswert-Tabelle
4. Berechnung Aktiven (Total und bei sämtlichen Steuerdomizilen), Festlegung prozentuale Verteilung
5. Verteilung der Schulden (bei Privatpersonen grundsätzlich nach Lage der Aktiven)
6. Feststellung des Reinvermögens 1
7. Rückkorrektur des Repartitionswerts und Feststellung des Reinvermögens 2
8. Verlegung des Sozialabzugs in % des Reinvermögens 2
9. Ergebnis = Satz- und steuerbares Vermögen
10. Miet- und Eigenmietwerte der Liegenschaften auf die verschiedenen Gemeinwesen verlegen
11. Liegenschaftsunterhaltskosten objektmässig (an Liegenschaftsort) verlegen
12. Einkünfte aus beweglichem Vermögen verlegen: Bei Privatpersonen grundsätzlich an den Wohnort
13. Übrige Einkünfte und Auslagen (v. a. berufliche) an den Wohnort zuweisen
14. Schuldzinsen nach Lage der Aktiven verlegen
15. Sozialabzüge im Verhältnis zum Zwischentotal verlegen

---

[349] Vgl. KS SSK Nr. 22, abgedruckt auf S. 156.
[350] HÖHN/MÄUSLI, Interkantonales Steuerrecht, mit weiteren Hinweisen.

Steuern und Immobilien	Nutzung

Interkantonales Steuerausscheidungsbeispiel

Gemeinde/Kanton	Total		Wohnsitz		Spezialsteuer-domizil	
Vermögen	CHF	%	CHF	%	CHF	%
Liegenschaften						
Steuerwert Domizilkanton	1 500 000		1 000 000	95	500 000	115
Steuerwert Veranlagungskanton	1 605 263		1 000 000		605 263	
Reparitionswert	1 525 000		950 000		575 000	
Bewegliches Vermögen						
Wertschriften und Guthaben	300 000		300 000		0	
übrige Vermögenswerte	50 000		50 000		0	
Total Aktiven	1 875 000	100	1 300 000	69.33	575 000	30.67
Passiven	-450 000		-312 000		-138 000	
Reinvermögen 1	1 425 000	100	988 000	69.33	437 000	30.67
Repartitionsdifferenz	80 263		50 000		30 263	
Reinvermögen 2	1 505 263	100	1 038 000	68.96	467 263	31.04
Sozialabzüge	-50 000		-34 479		-15 521	
Steuerbares Vermögen	1 455 263		1 003 521		451 742	
Anteil Kanton Obwalden	1 003 521					
Einkommen						
Liegenschaftsertrag	56 000		36 000		20 000	
Liegenschaftsunterhalt	-11 200		-7 200		-4 000	
Gewinnungskostenüberschuss	0		0		0	
Liegenschaftsertrag netto	44 800		28 800		16 000	
Wertschriftenertrag	5 000		5 000		0	
Vermögensverwaltungskosten	-1 500		-1 500		0	
Vermögensertrag netto 1	48 300		32 300		16 000	
Schuldzinsen in % der Aktiven	-16 000		-11 093	69.33	-4 907	30.67
Vermögensertrag netto 2	32 300		21 207		11 093	
Erwerbseinkommen	60 000		60 000		0	
Renteneinkommen	12 000		12 000		0	
Berufsauslagen	-7 000		-7 000		0	
Zwischentotal	97 300	100	86 207	88.60	11 093	11.40
Sozialabzüge	-7 300		-6 468		-832	
Steuerbares Einkommen	90 000		79 739		10 261	

Abbildung 8 - Vorgehen Steuerausscheidung

Nutzung   Steuern und Immobilien

SCHWEIZERISCHE STEUERKONFERENZ   KS 22

Regeln für die Bewertung der Grundstücke bei interkantonalen Steuerausscheidungen

für die Steuerperioden 1997-2008
(Repartitionsfaktoren)

Kreisschreiben 22 - vom 21. November 2006

Die Repartitionswerte sind ausser bei interkantonalen Ausscheidungen auch anwendbar für die Ermittlung des im Betrieb einer Einzelfirma investierten Eigenkapitals und dessen Meldung an die AHV.

Der Repartitionswert beträgt in der Regel in Prozenten des kantonalen Steuerwertes:

Kanton	Nichtlandwirtschaftliche Grundstücke %			Landwirtschaftliche Grundstücke %	
	1997-1998	1999-2001	ab 2002	1997-2001	ab 2002
AG	180	120	85	100	100
AI	110	110	110	100	100
AR	110	110	70	100	100
BE	160	100	100	100	100
BL	270	270	260	100	100
BS	150	150	105	100	100
FR	130	130	110	100	100
GE	110	110	115	100	100
GL	170	170	75	110	100
GR	110	110	115	100	100
JU	100	100	90	100	100
LU	120	100	95	100	100
NE	100	100	80	100	100
NW	110	110	95	100	100
OW	140	140	125/100**	100	100
SG	110	110	80	100	100
SH	120	120	100	100	100
SO	280	280	225	100	100
SZ	140	140	140 / 80*	100	100
TG	110	110	70	100	100
TI	120	120	115	100	100
UR	120	120	90	80	80
VD	100	100	80	80	100
VS	200	200	215/145***	80	100
ZG	140	130	110	110	100
ZH	110	100	90	100	100

*Für den Kanton **SZ** gilt bis und mit Steuerperiode 2003 der Repartitionsfaktor von 140%. Ab Steuerperiode 2004 beträgt er infolge Gesetzesrevision 80%.

Für den Kanton **OW gilt bis und mit Steuerperiode 2005 der Repartitionsfaktor von 125%. Ab Steuerperiode 2006 beträgt er infolge Gesetzesrevision 100%.

***Für den Kanton **VS** gilt bis und mit Steuerperiode 2005 der Repartitionsfaktor von 215%. Ab Steuerperiode 2006 beträgt er infolge Gesetzesrevision 145%.

Dieses Kreisschreiben ersetzt das Kreisschreiben 22 vom 13.September 2006. Es ist sofort anwendbar.

6.3 Herausforderungen

Soweit mehrere Steuerhoheiten involviert sind, können im Zusammenhang mit Immobilien steuerliche Optimierungen ebenso wie Doppelbelastungen möglich sein.

Bei interkantonalen Sachverhalten kann für einen Steuerpflichtigen beispielsweise der Nachteil entstehen, dass Liegenschaftsverluste steuerlich nicht auf einen anderen Kanton «transferierbar» sind[351]. Wären sämtliche Werte des Steuerpflichtigen im gleichen Gemeinwesen gelegen, würde die Verrechnung der Verluste mit anderen Einkommensbestandteilen möglich.

Im internationalen Verhältnis ist der Hinweis auf die Schuldzinsenverlegung erwähnenswert. Die Schweiz wendet bei der Verlegung der Schuldzinsen die proportionale Methode an (d.h. nach Lage der Aktiven), währenddem die meisten ausländischen Staaten eine objektmässige Zuordnung vornehmen. Folgendes vereinfachtes Beispiel zeigt den «doppelten Schuldzinsenabzug» auf[352]:

Praxisbeispiel 19 - Schuldzinsenverlegung im internationalen Verhältnis

Ausgangslage	Total	Ausland	Wohnsitzkanton CH
Liegenschaft Ausland	1 000 000	1 000 000	
Liegenschaft CH	600 000		600 000
Liegenschafteneinkünfte effektiv	96 000	60 000	36 000
Hypothekarzinsen effektiv	36 000	32 000	4 000
Sicht Ausland	Total	Ausland	Wohnsitzkanton CH
Liegenschafteneinkünfte	96 000	60 000	36 000
Schuldzinsenverlegung objektmässig	36 000	32 000	4 000
Steuerbares Einkommen	60 000	28 000	32 000
in %	100%	46,7%	53,3%
Sicht CH	Total	Ausland	Wohnsitzkanton CH
Lage der Aktiven in %	100%	62,5%	37,5%
Liegenschafteneinkünfte	96 000	60 000	36 000
Verlegung der Hypothekarschuldzinsen proportional nach Lage der Aktiven	36 000	22 500	13 500
Steuerbares Einkommen	60 000	37 500	22 500
in %	100%	62,5%	37,5%

---

[351] Vgl. diesbezüglich aber die neueren Bundesgerichtsentscheide: Dazu B.3.18, S. 138 und MÄUSLI, PETER, Interkantonale Steuerausscheidung bei Grundstücken des Geschäfts- und Privatvermögens – Eine Standortbestimmung in: Zeitschrift für Schweizerisches und internationales Steuerrecht ZSiS-online 3/2007. Zur Problematik hat die Schweizerische Steuerkonferenz auch ein Kreisschreiben erlassen, KS SSK 27 «Vermeindung von Ausscheidungsverlusten» vom 15. März 2007.

[352] Die vermögenssteuerlichen Auswirkungen werden für diese Darstellung ausser Acht gelassen.

Fazit: Das schweizerische Steuerrecht nimmt ausländische Liegenschaften und deren Einkünfte von der schweizerischen Besteuerungsgrundlage aus, jedoch unter Progressionsvorbehalt. Das hat den Einbezug ausländischer Liegenschaftenfaktoren für die Satzbestimmung (und damit die Progressionswirkung) zur Folge. Im vereinfachten Beispiel (vor Abzügen) besteuert die Schweiz lediglich ein Einkommen von CHF 22 500 zum Gesamtsatz von CHF 60 000. Das ausländische Einkommen von CHF 37 500 wird freigestellt. Im Ausland hingegen wird lediglich der Betrag von CHF 28 000 besteuert. Effektiv kommt somit gesamthaft lediglich CHF 50 500 zur Besteuerung, nicht CHF 60 000.

Bei internationalen Sachverhalten sind Regelungen in Doppelbesteuerungsabkommen zu beachten, um Mehrfachbesteuerungen zu vermeiden. Rein aus Steuersicht würde es sich im Beispiel lohnen, die ausländische Hypothek zulasten der schweizerischen zu erhöhen. Die Finanzierungskonditionen im Ausland sind vor einer Umschichtung zu prüfen, um unter dem Strich einen Vorteil zu erzielen[353].

6.4 Deklaration

Aufgrund des sog. «Vereinfachungsgesetzes[354]» ist es bei interkantonalen Sachverhalten möglich, nur die Steuererklärung des Hauptwohnsitz-Kantons auszufüllen und der Steuerbehörde des anderen Kantons lediglich noch eine Kopie dieser Steuererklärung zuzustellen[355].

> **TIPP**
> Weil die steuerlichen Abzüge in den Kantonen sehr unterschiedlich ausgestaltet sind, lohnt es sich, die maximalen Beträge jeweils für jeden (Liegenschafts-)Kanton separat zu prüfen und geltend zu machen.

Oft werden ausländische Liegenschaften in Schweizer Steuererklärungen nicht aufgeführt. Sie wurden entweder «vergessen» oder der Steuerpflichtige war der Meinung, die Liegenschaft werde in der Schweiz nicht besteuert, weshalb er sie auch nicht deklarieren müsse.

---

[353] A.8.2, S. 77.
[354] BG vom 15. Dezember 2000 zur Koordination und Vereinfachung der Veranlagungsverfahren für die direkten Steuern im interkantonalen Verhältnis, BBl 2000 6182.
[355] Detaillierte Ausführungen hierzu sind dem Kreisschreiben Nr. 15 vom 31. August 2001 der Schweizerischen Steuerkonferenz zu entnehmen.

Diese irrige Meinung kann zu Nach- und Strafsteuerverfahren führen. Wichtig ist es zu wissen, dass die steuerbaren Faktoren aus der ausländischen Immobilie in der Schweiz hauptsächlich für die Satzbestimmung (Steuerprogression) massgebend sind. Im Gegenzug sind auch Gewinnungskostenüberschüsse, d. h. die Verlusterzielung aus der ausländischen Liegenschaft prinzipiell nur für die Satzbestimmung in der Schweiz heranzuziehen. Immerhin sei erwähnt, dass im internationalen Verhältnis jedoch umstritten ist, ob und in welchem Ausmass der Wohnsitzstaat den Verlustüberschuss einer ausländischen Liegenschaft übernehmen muss. Besonders bei einer hohen Fremdfinanzierung mit entsprechenden Schuldzinsen ist diese Frage entscheidend, wird in der Praxis aber sehr unterschiedlich beantwortet.

C. Verkauf

1. Grundstückgewinnsteuer

1.1. Charakter und Steuerhoheit

Wird eine Liegenschaft des steuerlichen Privatvermögens veräussert, besteuern alle Kantone die beim Verkauf erzielten Gewinne mit einer so genannten Grundstückgewinnsteuer[356]. Diese ist eine Objektsteuer, welche unabhängig vom übrigen Einkommen erhoben wird und deren Bemessung in aller Regel von der Höhe des Gewinns und der Haltedauer der Liegenschaft abhängt. Steuerpflichtig ist der Veräusserer.

Die Grundstückgewinnsteuer ist in den kantonalen Gesetzen geregelt (im Steuergesetz oder in einem speziellen Grundstückgewinnsteuergesetz). Seit dem 1.1.2001 bildet das Steuerharmonisierungsgesetz den verbindlichen Rahmen für die kantonalen Gesetzgeber. Trotzdem bleiben Unterschiede in den kantonalen Regelungen und zahlreiche Sondernormen zur Grundstückgewinnsteuer bestehen. Die Vergleichbarkeit ist deshalb stark eingeschränkt.

Der Bund besteuert die beim Verkauf von Liegenschaften des Privatvermögens erzielten Gewinne nicht[357]. Die Gewinne aus der Veräusserung von Liegenschaften des Geschäftsvermögens werden demgegenüber von der direkten Bundessteuer erfasst.

1.2. Grundstückbegriff

Der Begriff des Grundstücks ist sowohl bei der Grundstückgewinnsteuer als Spezialeinkommenssteuer als auch bei den Rechtsverkehrssteuern, wie der Handänderungssteuer von besonderer Bedeutung. Der Handwechsel eines Grundstücks ist nämlich regelmässig Grundvoraussetzung für eine Besteuerung.

Das Steuerharmonisierungsgesetz definiert den Begriff nicht. Vielmehr wird im Steuerrecht der zivilrechtliche Grundstückbegriff stillschweigend übernommen[358]. Unter den steuerrechtlichen Begriff des Grundstücks fallen somit nicht nur Haus und Boden. Vielmehr umfasst dieser:

---

[356] Art. 12 Abs. 1 StHG.
[357] Art. 16 Abs. 3 DBG; DBG-Reich, Art. 16 N 47.
[358] STHG-Zwahlen, Art. 12 N 26; Art. 655 ZGB.

- die Liegenschaften
- die ins Grundbuch aufgenommenen selbständigen und dauernden Rechte
- die Bergwerke
- die Miteigentumsanteile an Grundstücken.

Eine Liegenschaft ist ein bestimmtes im Grundbuch umschriebenes Stück Erdoberfläche. Der Begriff der Liegenschaft setzt das Vorhandensein eines Gebäudes nicht voraus. Explizit fallen auch Anteile an Grundstücken unter den Begriff, weshalb nebst den im Zivilgesetzbuch genannten Miteigentumsanteilen auch die Anteile eines Gesamteigentümers der Grundstückgewinnsteuer unterworfen sind.

Nach den zivilrechtlichen Bestimmungen erstreckt sich das Grundeigentum auch auf dessen *Bestandteile*. Bestandteil eines Grundstücks ist alles, was nach der am Ort üblichen Auffassung zu ihrem Bestand gehört und ohne ihre Zerstörung, Beschädigung oder Veränderung nicht abgetrennt werden kann[359]. Somit gelten Bestandteile des Grundstücks als unbewegliche Sachen, so z. B. Öltanks, Sonnenkollektoren oder Badewannen etc. Der darauf bei einer Veräusserung erzielte Gewinn unterliegt deshalb rechtlich auch der Grundstückgewinnbesteuerung. Demgegenüber ist die Zugehör als bewegliche Sache nicht grundsteuerpflichtig[360]. Der Gewinn auf beweglichem Privatvermögen ist bekanntlich auch nicht einkommenssteuerpflichtig[361], weshalb die Mehrwertrealisation bei Zugehör überhaupt nicht besteuert wird. Als Zugehör gelten bewegliche Sachen, die nach der am Ort üblichen Auffassung oder nach dem klaren Willen des Eigentümers der Hauptsache dienen[362]. Gängige Beispiele sind das Mobiliar eines Restaurants oder Fahrnisbauten wie Zelte, Hundehütten u. a. aber auch Waschmaschinen. Wichtig ist in der Praxis, dass in einem Kaufvertrag die Zugehör und der dafür bezahlte Preis explizit bezeichnet werden. Sonst kann es passieren, dass mangels Nachweismöglichkeiten der Mehrwert der Zugehör doch von der Grundstückgewinnsteuer erfasst wird.

---

[359] Art. 642 Abs. 2 ZGB.
[360] Gewisse Steuergesetze halten dies ausdrücklich fest, so z. B. § 207 Abs. 2 StG/ZH. Andere weichen den zivilrechtlichen Begriff auf, was gemäss Zwahlen harmonisierungskonform sein soll: STHG-Zwahlen, Art. 12 N 29.
[361] Art. 16 Abs. 3 DBG.
[362] Art. 644 ZGB.

1.3. Monistisches und dualistisches System

Es gibt zwei unterschiedliche Systeme der Grundstückgewinnsteuer, nämlich das monistische und das dualistische System. Man spricht auch von Zürcher (monistisch) und St.Galler System (dualistisch).

Beim monistischen System werden grundsätzlich alle Grundstückgewinne, d. h. sowohl jene aus der Veräusserung von Grundstücken des Privatvermögens als auch Wertzuwachsgewinne auf Geschäftsliegenschaften, von der Grundstückgewinnsteuer erfasst. Die wieder eingebrachten Abschreibungen unterliegen jedoch der Einkommens- bzw. Gewinnsteuer.

Beim dualistischen System unterliegen nur die Gewinne aus der Veräusserung von Grundstücken des Privatvermögens der Grundstückgewinnsteuer. Gewinne aus der Veräusserung von Grundstücken des Geschäftsvermögens werden mit der Einkommens- bzw. Gewinnsteuer belegt. Das Steuerharmonisierungsgesetz folgt dem Grundsatz nach dem dualistischen System[363], belässt den Kantonen aber die Möglichkeit, nach dem monistischen System alle Grundstückgewinne separat, mit einer besonderen Art der Einkommenssteuer, zu erfassen[364]. Kantone, welche diesem System folgen, haben also zwingend vorzusehen, dass Grundstückgewinne von der Einkommens- und Gewinnbesteuerung ausgenommen werden oder die Grundstückgewinnsteuer auf die Einkommens- und Gewinnsteuer angerechnet wird[365]. Einzig der Kanton Genf hat die letztere Möglichkeit umgesetzt. Hier unterliegen zwar alle Steuerpflichtigen einer Sondersteuer (=monistisch), die juristischen Personen sowie die Selbstständigerwerbenden versteuern die Grundstückgewinne auf ihrem Geschäftsvermögen aber auch noch im Rahmen der ordentlichen Gewinn- resp. Einkommensbesteuerung. Die Doppelbesteuerung wird vermieden, indem die erhobene Sondersteuer auf die Einkommens- oder Gewinnsteuer angerechnet wird.

---

[363] Art. 12 Abs. 1 StHG.
[364] Art. 12 Abs. 4 StHG.
[365] StHG-Zwahlen, Art. 12 N 6.

Tabelle 13 - Steuerart für die Erfassung von Grundstückgewinnen in den Kantonen

	Natürliche Personen		Juristische Personen
	Privatvermögen	Geschäftsvermögen	
AG	Sondersteuer	Einkommenssteuer	Gewinnsteuer
AI	Sondersteuer	Einkommenssteuer	Gewinnsteuer
AR	Sondersteuer	Einkommenssteuer	Gewinnsteuer
BE	Sondersteuer	Sondersteuer	Sondersteuer
BL	Sondersteuer	Sondersteuer	Sondersteuer
BS	Sondersteuer	Sondersteuer	Sondersteuer
FR	Sondersteuer	Einkommenssteuer	Gewinnsteuer
GE	Sondersteuer	Sondersteuer und Einkommenssteuer mit Anrechnung der Sondersteuer	Sondersteuer und Gewinnsteuer mit Anrechnung der Sondersteuer
GL	Sondersteuer	Einkommenssteuer	Gewinnsteuer
GR	Sondersteuer	Einkommenssteuer	Gewinnsteuer
JU	Sondersteuer	Sondersteuer	Sondersteuer
LU	Sondersteuer	Einkommenssteuer	Gewinnsteuer
NE	Sondersteuer	Einkommenssteuer	Gewinnsteuer
NW	Sondersteuer	Sondersteuer	Sondersteuer
OW	Sondersteuer	Einkommenssteuer	Gewinnsteuer
SG	Sondersteuer	Einkommenssteuer	Gewinnsteuer
SH	Sondersteuer	Einkommenssteuer	Gewinnsteuer
SO	Sondersteuer	Einkommenssteuer	Gewinnsteuer
SZ	Sondersteuer	Sondersteuer	Sondersteuer
TG	Sondersteuer	Sondersteuer	Gewinnsteuer
TI	Sondersteuer	Sondersteuer	Sondersteuer
UR	Sondersteuer	Sondersteuer	Sondersteuer
VD	Sondersteuer	Einkommenssteuer	Gewinnsteuer
VS	Sondersteuer	Einkommenssteuer	Gewinnsteuer
ZG	Sondersteuer	Einkommenssteuer	Gewinnsteuer
ZH	Sondersteuer	Sondersteuer	Sondersteuer

Für die einheitliche Erfassung der Grundstückgewinne kann ins Feld geführt werden, dass nur diese eine gleichmässige und rechtsgleiche Besteuerung der Gewinne auf Grundstücken des Privat- und Geschäftsvermögens ermöglicht. Das dualistische System führt hingegen durch die Zusammenrechnung mit anderen Geschäftseinnahmen zu einer höheren Steuerprogression auf sämtlichen Einkünften. Die Sonderbesteuerung verhindert diese künstliche Progressionswirkung und trägt dem Umstand Rechnung, dass die in der Regel einmalig anfallenden Grundstückgewinne als ausserordentliche Einkommensquelle behandelt werden. Die zunehmende interkantonale Verflechtung lässt die Sondersteuer aber als Fremdkörper erscheinen, der steuersystematisch vor allem bei grösseren Unternehmen zu komplexen Problemen führt. Eine Harmonisierung in diesem Bereich wäre deshalb zumindest volkswirtschaftlich wünschenswert. Aber auch aus Sicht des Fiskus muss die Frage unvoreingenommen geprüft werden, wenn der Trend zu tieferen und evtl. sogar proportionalen Steuertarifsystemen anhält.

1.4. Abgrenzung Geschäfts- und Privatliegenschaft

Aufgrund der unschiedlichen Systeme kommt der Unterscheidung zwischen Liegenschaften des Privatvermögens und solchen des Geschäftsvermögens im dualistischen System herausragende Bedeutung zu[366]. Für das Zielpublikum des vorliegenden Buches – den interessierten Privatimmobilienbesitzer – bleibt diese Frage für die Grundstückgewinnsteuer in den allermeisten Fällen ohne Bedeutung. Er unterliegt bei der Realisation eines Mehrwertes auf einer Liegenschaft in jedem Fall der Grundstückgewinnbesteuerung. Deshalb werden an dieser Stelle zur besseren Verständlichkeit vieler Detailregelungen nur die systembedingten Besonderheiten des Nebeneinanders von dualistischem und monistischem Systeme in den Grundzügen dargestellt.

1.4.1. Präponderanzmethode

Eine gemischt genutzte Liegenschaft, also eine Immobilie, welche sowohl geschäftlich als auch privat genutzt wird, wird steuerlich nicht «aufgeteilt» in einen Privatteil, der mit der Grundstückgewinnsteuer erfasst wird und einen Geschäftsteil, der einkommenssteuerpflichtig ist. Vielmehr wird nach der so genannten Präponderanzmethode die Liegenschaft einer Sphäre zugeordnet. Danach wird eine gemischt genutzte Liegenschaft nach der überwiegenden effektiven Nutzungsart gesamthaft entweder dem Geschäfts- oder dem Privatvermögen zugeteilt. Liegenschaften, die nicht zu mehr als 50% geschäftlich genutzt werden, werden dem Privatvermögen zugewiesen.

1.4.2. Sphärenwechsel

Weil die Grundstückgewinnsteuer für Privatliegenschaften immer zur Anwendung kommt, eine Liegenschaft aufgrund veränderter Nutzung aber von einer Privat- zu einer Geschäftsliegenschaft werden kann oder umgekehrt, ist es äusserst wichtig zu wissen, was steuerlich beim Übergang geschieht, d. h. insbesondere, ob beim sog. Sphärenwechsel eine steuerliche Abrechnung erfolgt oder nicht, und wenn

---

[366] Weil diese Abgrenzung aber auch für die Einkommenssteuer von grösster Bedeutung ist, sei an dieser Stelle auf Ausführungen in den Abschnitten B.2.8, S. 113, und B.3.19, S. 139, verwiesen.

ja, welche Steuerart zum Zuge kommt. Diese Frage hat der Gesetzgeber für einen Fall verbindlich geregelt. So ist die Überführung einer Liegenschaft vom Privat- in das Geschäftsvermögen im dualistischen System einer grundstückgewinnsteuerpflichtigen Veräusserung gleichgestellt[367] und im monistischen System ist den Kantonen eine Besteuerung in diesem Fall ausdrücklich untersagt[368].

Findet umgekehrt eine Überführung einer Geschäftsliegenschaft ins Privatvermögen statt, so erfolgt eine steuerliche Privatentnahme. Im monistischen System ist diese Privatentnahme kein Anlass zur Besteuerung des liegenschaftlichen Mehrwerts, weil kein Sphärenwechsel vom Grundstückgewinnsteuer- ins Einkommenssteuersystem stattfindet. Hier werden deshalb lediglich die wieder eingebrachten Abschreibungen mit der Einkommens- resp. der Gewinnsteuer belegt. Der nicht realisierte Mehrwert wird jedoch erst in dem Zeitpunkt besteuert, in welchem die entnehmende Person das Grundstück veräussert.

Die Überführung von Geschäftsvermögen in das Privatvermögen stellt aber im Bund und den Kantonen mit dualistischem System einen Realisationstatbestand dar. Die auf einer Liegenschaft ruhenden stillen Reserven werden mit der Einkommenssteuer erfasst. Wird also eine Liegenschaft vom Geschäfts- ins Privatvermögen überführt, muss der Differenzbetrag zwischen dem Verkehrswert und dem Wert der Liegenschaft in der Buchhaltung versteuert werden. Zudem werden bei Selbständigerwerbenden Sozialversicherungsbeiträge erhoben.

Mit der Unternehmenssteuerreform II ist geplant, für die Überführung von Liegenschaften aus dem Geschäfts- ins Privatvermögen einen Steueraufschub sowohl bei der Einkommens- als auch bei der Grundstückgewinnsteuer einzuführen[369].

---

[367] Art. 12 Abs. 2 lit. b StHG.
[368] Art. 12 Abs. 4 lit. b StHG.
[369] Entwurf BG vom 23. März 2007, vgl. FN 305. Gegen dieses Gesetz ist das Referendum ergriffen worden. Eine allfällige Inkraftsetzung ist frühestens auf die Steuerperiode 2009 zu erwarten.

Abbildung 9 - Sphärenwechsel im dualistischen System

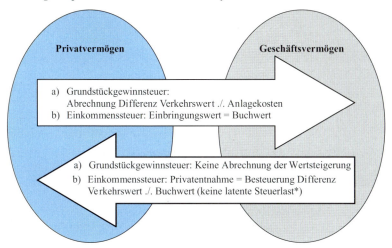

* Dies bedeutet für die Grundstückgewinnsteuer, dass für eine spätere Veräusserung die Anlagekosten dem Entnahmewert entsprechen.

Abbildung 10 - Sphärenwechsel im monistischen System

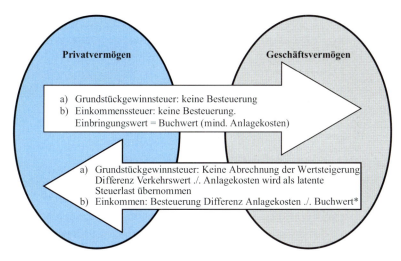

* Sog. wieder eingebrachte Abschreibungen (keine latente Steuerlast)

1.5. Realisationstatbestände

Damit ein Grundstückgewinn besteuert werden kann, muss ein Mehrwert realisiert werden, d. h. ein Grundstück muss entgeltlich aus dem Vermögen einer Person ausscheiden. Das Steuerharmonisierungsgesetz schreibt deshalb vor, dass die Grundstückgewinnbesteuerung nur im Falle einer Veräusserung erfolgen darf. Gewisse Steuerordnungen knüpfen für die Definition einer Mehrwertrealisation an die Handänderung am Grundstück an[370]. Aufgrund der weiten Auslegung sowohl des Veräusserungsbegriffs des StHG als auch jenes der Handänderung in den entsprechenden Gesetzen wird nachfolgend der Terminologie des Bundesgesetzgebers gefolgt[371]. Danach gelten als steuerbegründende Veräusserungen sowohl zivilrechtliche als auch wirtschaftliche sowie steuersystematische Tatbestände. Letztere jedenfalls soweit, als sie nach Steuerharmonisierungsgesetz zulässig und im kantonalen Recht ausdrücklich vorgesehen sind[372].

1.5.1. Zivilrechtliche Veräusserung

1.5.1.1. Voraussetzungen

Als zivilrechtliche Veräusserung im Sinne des Grundsteuerrechts gilt die Übertragung des Eigentums an einem Grundstück aufgrund eines privaten Rechtsgeschäfts oder kraft eines hoheitlichen Verfügungsakts.

Voraussetzung für eine rechtsgültige Eigentumsübertragung ist im Regelfall eine Eintragung im Grundbuch. Als private Rechtsgeschäfte gelten primär der Kauf und der Tausch. Mögliche Rechtsgründe im öffentlichen Recht sind die Enteignung, die Zwangsvollstreckung, die Güterzusammenlegung oder die Quartierplanung.

Ist ein Vertrag nichtig oder anfechtbar, liegt keine steuerpflichtige Veräusserung vor. Das Steuerrecht knüpft hier ans Zivilrecht an. Wird ein Mangel des Rechtsgeschäfts aber nicht geltend gemacht oder geheilt, kann – dem Faktizitätsprinzip entsprechend – steuerrechtlich dennoch eine Veräusserung angenommen und der Gewinn besteuert werden.

In der Regel wird der Erwerber einer Liegenschaft erst mit der Eintragung im Grundbuch sachenrechtlicher Grundeigentümer[373]. Es gilt das so genannte absolute Eintragungsprinzip, wonach dem Grundbucheintrag konstitutive Bedeutung zukommt. Beim Erwerb durch Aneignung, Erbgang, Fusion, Enteignung, Zwangsvollstreckung oder

---

[370] Z.B. Zürich, § 216 StG.
[371] Allerdings ist rein sprachlich der Begriff der Veräusserung enger, weil damit nur entgeltliche Übertragungen gemeint sind, während Handänderungen immer auch unentgeltliche Eigentumsübertragungen beinhalten und mehr den formalen Vorgang und weniger den wirtschaftlichen Charakter betonen.
[372] Zu den entsprechenden Anforderungen: STHG-ZWAHLEN, Art. 12 N 32.
[373] Art. 656 Abs. 1 ZGB.

richterliches Urteil wird der Erwerber schon vor dem Grundbucheintrag Eigentümer, kann aber vor der Eintragung noch nicht über sein Grundeigentum verfügen (relatives Eintragungsprinzip)[374].

1.5.1.2 Massgebender Zeitpunkt für die Besteuerung

Im Regelfall des konstitutiven Grundbucheintrags ist die zivilrechtliche Veräusserung mit der Eintragung im Grundbuch gegeben. Massgebend ist der Zeitpunkt der Eintragung im Tagebuch. Das Tagebuch ist ein zum Grundbuch gehörendes Verzeichnis, in das jede eingehende Grundbuchanmeldung eingeschrieben wird. Im Tagebuch sind alle Anmeldungen nach der Reihenfolge ihres Eingangs geordnet aufgeführt. Beim Kauf einer Liegenschaft ist der Veräusserungstatbestand mit der Eintragung des Käufers als Eigentümer im Tagebuch erfüllt. Bei bedingten Kaufverträgen ist zu unterscheiden, ob die Bedingung aufschiebend (suspensiv) oder auflösend (resolutiv) ist. Ein suspensiv bedingter Kaufvertrag, d. h. bspw. ein Kaufvertrag mit der Bestimmung, dass der Käufer die Liegenschaft nur erhalten soll, wenn er seinen Wohnsitz in der Schweiz begründet, kann nicht im Grundbuch eingetragen werden. Die Grundstückgewinnsteuer wird nicht ausgelöst, da der Veräusserungstatbestand mangels Grundbucheintrag nicht erfüllt ist. Ein auflösend bedingter Kaufvertrag, bspw. mit der Bestimmung, dass der Vertrag dahin fallen soll, wenn das Nachbargründstück eingezont wird, kann dagegen im Grundbuch eingetragen werden. Im Zeitpunkt der Eintragung tritt eine Handänderung ein, die die Grundstückgewinnsteuer auslöst. Wenn später die Bedingung eintritt, fällt der Kaufvertrag dahin. Da sich das Rechtsverhältnis mit dinglicher Wirkung auflöst, wird der Veräusserer von selbst mit dem Eintritt der Resolutivbedingung wieder Eigentümer und der Erwerber wieder Gläubiger. Ist bereits eine Grundstückgewinnsteuerverfügung ergangen, muss diese revidiert werden. Weil die Voraussetzungen der Revision von Steuerveranlagungen sehr eng umschrieben sind, empfiehlt es sich generell nicht, solche auflösenden Bedingungen in Grundstückkaufverträge aufzunehmen.

In den Fällen des deklaratorischen Grundbucheintrags ist die zivilrechtliche Veräusserung bereits gegeben, wenn sich der Rechtsgrund verwirklicht hat. Die Handänderung tritt bspw. ein:

---

[374] Art. 656 Abs. 2 ZGB.

- bei einer Zwangsvollstreckung mit dem Zuschlag;
- bei einer Enteignung mit der Bezahlung der Entschädigung;
- bei einem richterlichen Urteil mit dem Eintritt der Rechtskraft;
- bei einer Änderung der Beteiligung an einer Kollektiv- oder Kommanditgesellschaft mit dem Vertragsschluss zwischen den Gesellschaftern.

1.5.2. Wirtschaftliche Veräusserung bzw. Handänderung

1.5.2.1. Begriff

Eine wirtschaftliche Veräusserung liegt vor, wenn wesentliche Teile der wirtschaftlichen Verfügungsgewalt über ein Grundstück vom bisherigen Verfügungsberechtigten auf einen Dritten übergehen, ohne dass sich die zivilrechtlichen Eigentumsverhältnisse ändern[375].

Da jede zivilrechtliche Veräusserung unabhängig davon, ob auch die wirtschaftliche Verfügungsgewalt übertragen worden ist oder nicht, die Grundstückgewinnsteuer auslöst, stellt sich die Frage nach dem Vorliegen einer wirtschaftlichen Veräusserung erst dann, wenn keine zivilrechtliche Veräusserung gegeben ist. Die wirtschaftliche Veräusserung setzt also einerseits eine rechtsgeschäftliche Übertragung der wesentlichen Teile der Verfügungsmacht über ein Grundstück sowie die fehlende grundbuchliche Mutation voraus. Der blosse Abschluss eines Grundstückkaufvertrags stellt noch keine wirtschaftliche Veräusserung dar. Der Kaufvertrag bildet lediglich die Rechtsgrundlage für den Vollzug der zivilrechtlichen Veräusserung. Damit eine wirtschaftliche Veräusserung angenommen werden kann, haben immer zusätzliche Abreden zwischen Verkäufer und Käufer zur eigentlichen Verkaufsverpflichtung hinzuzutreten. Dem Käufer müssen Befugnisse übertragen werden, welche ihm die Stellung eines wirtschaftlichen Eigentümers einräumen. Der Käufer muss in eine Position gerückt werden, in der das Schicksal des Grundstücks faktisch nur noch von ihm und nicht mehr vom Verkäufer abhängt.

Die wirtschaftliche Veräusserung erfolgt im Zeitpunkt, in dem die wirtschaftliche Verfügungsmacht übertragen wird.

1.5.2.2. Kettenhandel

Beim Kettenhandel wird die Verfügungsgewalt über ein Grundstück ohne Grundbucheintrag vom zivilrechtlichen Eigentümer auf einen wirtschaftlich Berechtigten übertragen. Dieser Ersterwerber

---
[375] Art. 12 Abs. 2 lit. a StHG.

überträgt seine wirtschaftliche Verfügungsgewalt anschliessend auf einen Dritten, dieser ev. auf einen Vierten usw. Die wirtschaftliche Verfügungsgewalt muss mindestens zwei Mal übertragen werden. Der letzte Erwerber in der Kette erwirbt zivilrechtliches Eigentum. Die letzte Handänderung ist somit eine zivilrechtliche. Der Besteuerung unterliegen jedoch nur die wirtschaftlichen Handänderungen. Das Kettengeschäft setzt somit mindestens eine zweimalige wirtschaftliche Handänderung sowie eine zivilrechtliche Handänderung voraus.

Ein gängiges Kettengeschäft ist der Kauf- oder Kaufrechtsvertrag mit Substitutionsklausel. In ihm wird zwischen dem zivilrechtlichen Eigentümer und dem wirtschaftlichen Ersterwerber vertraglich ein Eintrittsrecht Dritter in den Vertrag vereinbart. Diese vertragliche Bestimmung zum Eintrittsrecht, d.h. die Substitutionsklausel, kann in ganz unterschiedlicher Form auftreten. Die Abgrenzung zwischen einer bloss sehr strengen vertraglichen Verpflichtung zur Eigentumsübertragung und einer die Verfügungsmacht einräumenden Vertragsklausel ist in der Praxis oft sehr schwierig.

Abbildung 11 - Funktionsweise Kettenhandel
Im Grundbuch eingetragener Eigentümer V erteilt Generalunternehmer (GU) Z den Auftrag zur Überbauung seines Grundstücks und dem Verlauf der Parzelle (Substitutionsklausel). V nimmt zwar an den Beurkundungen des Verkaufs teil, die Vertragsbedingungen und den Käufer K bestimmt aber Z:

V versteuert seinen Gewinn auf der Landparzelle im Verhältnis zu Z
Z wird in aller Regel kaum mehr einen Mehrwurf auf dem Land realisieren, weshalb die 2. wirtschaftliche Handänderung ohne Steuerfolgen bleibt. Sein GU-Gewinn unterliegt der Gewinn- und nicht der Grundstückgewinnsteuer.
Die Zivilrechtliche Handänderung bleibt steuerlich unbeachtlich, ist aber Voraussetzung für den Abschluss des Kettenhandels.

So gibt das Vorkaufsrecht dem Berechtigten die Option, im Falle eines durch den Vorkaufsbelasteten ausgelösten Vorkaufsfalls, an Stelle des potentiellen Erwerbers den Verkaufsvertrag abzuschliessen, was in aller Regel keine wirtschaftliche Handänderung auslöst. Wenn nun aber das Vorkaufsrecht mit einer Substitutionsklausel versehen ist, welche den Vorkaufsberechtigten in die Lage versetzt, sein Recht an einen Dritten, der mit dem Erwerber nicht identisch ist, abzutreten, so liegt eine wirtschaftliche Handänderung vor[376].

Auch Kaufrechte, d. h. die Option während einer bestimmten Zeit ein Grundstück auf Verlangen erwerben zu können, müssen unter dem Blickwinkel des tatsächlichen Übergangs der Verfügungsmacht über das Grundstück geprüft werden. So kann im entgeltlichen Verzicht des kaufsberechtigten Nachkommen eine wirtschaftliche Handänderung gesehen werden. Die grundsteuerliche Beurteilung solcher Fälle ist aber sehr heikel und sollte in jedem Fall vorgängig genau geprüft werden.

Besteht zwischen dem zukünftigen zivilrechtlichen Eigentümer und dem Zwischenerwerber der wirtschaftlichen Verfügungsmacht ein Treuhandverhältnis liegt kein Kettenhandel vor. Ein Treuhand- oder Auftragsverhältnis wird dann angenommen, wenn im Zeitpunkt der Übertragung der wirtschaftlichen Verfügungsgewalt zwischen dem Zwischenerwerber und dem späteren Enderwerber ein Vertrag besteht und der Zwischenerwerber danach verpflichtet ist, die wirtschaftliche Verfügungsgewalt an den Enderwerber abzutreten.

Neben dieser Art der Besteuerung des Kettengeschäfts gibt es auch noch andere kantonale Systeme. Die bernische Praxis wählt bspw. einen Ansatz, der die zivilrechtliche und die wirtschaftliche Betrachtungsweise kombiniert[377]. So gilt die Einräumung eines Kaufsrechts nicht als Veräusserungstatbestand im Rahmen der Grundstückgewinnsteuer. Derartige Entschädigungsgewinne werden vielmehr mit der ordentlichen Einkommens- oder Gewinnsteuer erfasst. Wird das Kaufsrecht später ausgeübt und kommt es zur Besteuerung des Grundstückgewinns, so ist die bezahlte Einkommens- oder Gewinnsteuer aber zu berücksichtigen. Hier wird also die zivilrechtliche Handänderung am Ende eines Kettengeschäfts berücksichtigt, womit nicht konsequent eine wirtschaftliche Betrachtungsweise zur Anwendung kommt.

1.5.2.3. Übertragung einer Beteiligung an einer Immobiliengesellschaft

Das Steuerharmonisierungsgesetz schreibt den Kantonen die Besteuerung der Übertragung bzw. des Erwerbs einer **Mehrheits**beteiligung an einer Immobiliengesellschaft vor, weil bei einer solche Übertragung immer die Verfügungsmacht über die von der Gesell-

---

[376] RB 1965 Nr. 54.
[377] Locher Peter, Das Objekt der bernischen Grundstückgewinnsteuer, ASR Heft 445, S. 201.

schaft gehaltenen Liegenschaften im Sinne des Steuerharmonisierungsgesetzes übergeht[378].

Nicht zu verwechseln ist diese für die Kantone zwingende Besteuerung mit der möglichen Besteuerung von Übertragungen von Beteiligungsrechten an Immobiliengesellschaften[379]. Diese Kann-Vorschrift eröffnet den Kantonen die Möglichkeit, eine spezielle Form der Kapitalgewinnbesteuerung einzuführen, bei der schon jede Quotenverschiebung mittels Aktienverkaufs zur steuerlichen Abrechnung über Liegenschaftenmehrwerte führt. Bisher hat nur eine Minderheit der Kantone von dieser Möglichkeit Gebrauch gemacht[380].

Der Kanton Aargau schränkt diese vorgesehene Besteuerung zudem stark ein, indem nur Beteiligungsrechte besteuert werden können, welche ein Sondernutzungsrecht an einer Wohneinheit verkörpern[381].

1.5.3. Steuersystematische Realisationstatbestände

Unter diesem Begriff wird ein ganzer Strauss von Vorgängen besteuert, denen nur gemeinsam ist, dass der Eintrag im Grundbuch unverändert bleibt (keine zivilrechtliche Veräusserung) und mit ihrer Verwirklichung die Verfügungsmacht über das Grundstück an sich nicht verändert wird[382]. Einige dieser steuersystematischen Realisationen sind Ausfluss des bereits dargestellten Sphärenwechsels zwischen Privatvermögens- und Geschäftsvermögensbereich[383]. Die Wichtigkeit der Unterscheidung lässt es aber angezeigt erscheinen, nachfolgend der Vollständigkeit halber nochmals alle möglichen Konstellationen darzustellen.

1.5.3.1. Überführung einer Privatliegenschaft ins Geschäftsvermögen

Wird eine Liegenschaft des Privatvermögens ins Geschäftsvermögen übertragen, ist die neu dem Geschäftsvermögen zugewiesene Liegenschaft in die Buchhaltung aufzunehmen. Wird die Liegenschaft zu einem die Anlagekosten übersteigenden Wert eingebucht, erzielt

---
[378] Auf diesen Sachverhalt wird hinten E. 2, S. 258, insb. E.2.2.2, S. 260, nochmals ausführlich eingegangen.
[379] Art. 12 Abs. 2 lit. d StHG.
[380] Vgl. E.2.2.3, S. 262.
[381] § 96 StG/AG; dazu KLÖTI/BAUR in Kommentar zum Aargauer Steuergesetz, § 96 N 50 ff.
[382] In den Steuergesetzen werden diese Tatbestände meist mit der Formulierung aufgezählt, dass «... einer Veräusserung gleichgestellt sind...».
[383] Vgl. dazu auch C.1.4.2, S. 171.

der Steuerpflichtige im dualistischen System einen privaten Grundstückgewinn, der auf kantonaler Ebene von der Grundstückgewinnsteuer erfasst wird. Im Bund hat die höhere Einbuchung keine Steuerfolgen, da Gewinne im Privatvermögen auf Bundesebene steuerfrei sind.

Die Umqualifikation hat zur Folge, dass der Steuerpflichtige auf der Liegenschaft Abschreibungen vornehmen kann, wenn die Liegenschaft eingebucht worden ist.

1.5.3.2. Sacheinlage und Sachentnahme

Wird ein Grundstück durch einen Gesellschafter in eine Personengesellschaft eingebracht, bedeutet dies zuerst einmal eine zivilrechtliche Veräusserung in jenem Umfang, in welchem der Einbringer selbst nicht am Gesellschaftsvermögen beteiligt ist. Es wird sowohl im dualistischen wie auch im monistischen System eine anteilsmässige Übertragung angenommen. Hingegen sind die Steuerfolgen bezüglich des Anteils des Gesellschafters selbst unterschiedlich, je nachdem, ob eine steuersystematische Realisation (so im dualistischen System) oder eben nicht (wie im monistischen System) angenommen wird[384].

Bei der Sachentnahme aus einer Personengesellschaft liegt ebenfalls eine anteilsmässige zivilrechtliche Veräusserung vor. Für die Steuerfolgen zum Anteil des entnehmenden Gesellschafters kann wiederum auf die Darstellung des Sphärenwechsels verwiesen werden[385].

Bei einer Übertragung eines Grundstücks auf eine juristische Person oder von einer juristischen auf eine natürliche Person liegt immer eine zivilrechtliche Veräusserung im vollen Umfang vor, da die juristische Person eine eigene Rechtspersönlichkeit und ihr eigenes Vermögen hat. Es muss ein Grundbucheintrag erfolgen, sowohl bei der Sacheinlage als auch bei der Sachentnahme.

1.5.3.3. Änderung im Gesellschafterbestand

Wenn Gesellschafter einer Kollektiv- oder Kommanditgesellschaft aus dieser austreten oder ihre Beteiligung reduzieren, nehmen die Rechte der übrigen Gesellschafter an Wert zu. Die übrigen Gesellschafter erhalten grössere ideelle Anteile am Gesellschaftsvermögen und damit auch an einem der Gesellschaft gehörenden Grundstück.

---

[384] Vgl. die Ausführungen zum Sphärenwechsel C.1.4.2, S. 171.
[385] Vgl. FN 384.

Das zivilrechtliche Eigentum am Grundstück verschiebt sich aufgrund gesellschaftsrechtlicher Vorgänge, ohne dass dies aus dem Grundbuch ersichtlich ist. Änderungen im Bestand einer Gesamthandschaft gelten ohne entsprechende Eintragung im Grundbuch (Ausnahme vom Eintragungsprinzip). Massgebender Zeitpunkt für die Realisation ist der gültige Abschluss der Vereinbarung.

Erhält ein austretender Gesellschafter also eine Entschädigung für seinen Anteil, so liegt eine steuerbare Realisation vor. Zur Grundstückgewinnbesteuerung kommt es aber nur im monistischen System, weil davon auszugehen ist, dass das Vermögen von Personenunternehmungen grundsätzlich Geschäftsvermögen der Gesellschafter darstellt[386]. Geschäftsvermögen unterliegt im dualistischen System aber der Einkommens- oder Gewinnsteuer.

1.5.3.4. Realteilung

Von einer Realteilung ist die Rede, wenn Gesamthand- oder Miteigentumsverhältnisse so aufgelöst werden, dass das Grundeigentum entsprechend den Eigentumsquoten auf die Beteiligten aufgeteilt und in deren Alleineigentum überführt wird. Keine Realteilung liegt dagegen vor, wenn Gesamteigentum lediglich (auch wenn entsprechend der Wertquoten) in Miteigentum umgewandelt wird. Ein solcher Vorgang wird nie als Handänderung qualifiziert. Anders aber die beschriebene Realteilung: Der Kanton Zürich sieht darin eine massgebliche Handänderung[387]. Andere Kantone sehen darin jedoch keine steuerbare Veräusserung, jedenfalls dann nicht, wenn keine oder nur geringfügige Ausgleichszahlungen geleistet werden.

1.5.3.5. Belastung mit privatrechtlichen Dienstbarkeiten und öffentlich-rechtlichen Eigentumsbeschränkungen

Nebst der Besteuerung der zivilrechtlichen und der wirtschaftlichen Veräusserung sowie der Besteuerung bei Sphärenwechseln schreibt der Bundesgesetzgeber den Kantonen auch vor, die entgeltliche Veräusserung einer Nutzung der Grundstückgewinnsteuer zu unterstellen. Er geht dabei davon aus, dass das zivilrechtliche Eigentum aufgeteilt wird. Das nackte Eigentum des die Belastung tragenden Eigentümers hat steuerlich keinen oder einen wesentlich geringe-

---

[386] Auf den Sonderfall der nicht kaufmännischen Personengesellschaft wird hier nicht eingegangen.
[387] RICHNER/FREI/KAUFMANN/MEUTER, ZH-Komm., § 216 N 51 ff.; siehe auch A.4.3, S. 39, insb. Praxisbeispiel 2.

ren Wert, weshalb diese Belastung des Eigentums einer Veräusserung der Substanz gleichzustellen ist[388].

Die Belastung eines Grundstücks mit privatrechtlichen Dienstbarkeiten oder öffentlich-rechtlichen Eigentumsbeschränkungen wird der Veräusserung gleichgestellt, wenn folgende Voraussetzungen erfüllt sind[389]:

- die Belastung des Grundstücks muss eine dauernde sein und
- die Bewirtschaftung oder der Veräusserungswert des Grundstücks muss durch die Belastung in erheblichem Mass beeinträchtigt werden und
- die Belastung hat gegen Entgelt zu erfolgen.

Sind diese Voraussetzungen nicht erfüllt, löst die Entschädigung für die Belastung keine Grundstückgewinnsteuer aus. Die Entschädigung wird dann von der Einkommens- bzw. Gewinnsteuer erfasst.

Wird eine Dienstbarkeit zeitlich unbegrenzt eingeräumt, stellt dies eine Teilveräusserungshandlung dar und wird im beschriebenen Sinne von der Grundstückgewinnsteuer erfasst. Demgegenüber unterliegt der Erlös der Einkommens- bzw. Gewinnsteuer selbst dann, wenn die Dienstbarkeit für eine sehr lange Zeit eingeräumt wird, die Belastung aber keine dauernde ist. Im Sinne dieser Bestimmung kann nicht wie im Zivilrecht üblich[390], ab einer Dauer von 30 Jahren das Kriterium der Dauerhaftigkeit als erfüllt betrachtet werden. Reguläre Personaldienstbarkeiten wie die Nutzniessung oder das Wohnrecht sind wegen ihrer gesetzlich festgelegten Bindung an die Person des Berechtigten in ihrer Dauer stets beschränkt. Eine Grundstückgewinnsteuer können deshalb nur Grunddienstbarkeiten oder irreguläre, d.h. vererbliche und übertragbare, Personaldienstbarkeiten auslösen, sofern sie auf unbeschränkte Dauer errichtet werden und auch die übrigen beiden Voraussetzungen erfüllt sind.

Da die Errichtung einer privatrechtlichen Dienstbarkeit eines Grundbucheintrags bedarf, erfolgt die Veräusserung im Zeitpunkt der Eintragung.

Bei den öffentlich-rechtlichen Eigentumsbeschränkungen ist die Veräusserung im Zeitpunkt gegeben, in welchem die Höhe der Entschädigung rechtskräftig festgelegt ist.

---

[388] StHG-Zwahlen, Art. 12 N 38.
[389] Art. 12 Abs. 2 lit. c StHG.
[390] Vgl. Art. 7 Grundbuchverordnung.

1.5.3.6. Planungsmehrwerte

Ob die ohne Veräusserung erzielten Planungsmehrwerte im Sinne des Raumplanungsgesetzes der Veräusserung gleichgestellt sind und damit die Grundstückgewinnsteuer auslösen, beantwortet das am Ort der betroffenen Liegenschaft geltende kantonale Recht. Der Bundesgesetzgeber räumt den Kantonen diese Besteuerungskompetenz aber ausdrücklich ein[391]. Stossend ist jedoch, dass ein Minderwertausgleich nicht erfolgt und ein entsprechender realisierter Verlust nicht verrechnet werden kann. Dies mag mit ein Grund sein, weshalb bloss eine Minderheit der Kantone Planungsmehrwerte mittels der Grundstückgewinnsteuer abschöpft.

Der Kanton Bern wählt einen anderen Weg. Er überlässt die Mehrwertabschöpfung den Gemeinden, welche die Zonenplanung machen. Die erhobenen Beträge können dann bei der Grundstückgewinnsteuer als Aufwendungen geltend gemacht werden[392].

1.6. Gewerbsmässiger Liegenschaftenhandel

1.6.1. Begriff

Der gewerbsmässige Liegenschaftenhandel ist gesetzlich nicht definiert. Er ist eine Erscheinungsform der an anderer Stelle dargestellten selbständigen Erwerbstätigkeit[393]. Als Folge der fehlenden Legaldefinition bleibt der Begriff schwammig. Nach der bundesgerichtlichen Rechtsprechung und der Praxis der Steuerbehörden liegt gewerbsmässiger Liegenschaftenhandel vor, wenn eine Person Liegenschaften nicht einfach im Rahmen der Verwaltung des Vermögens oder unter Ausnützung einer sich zufällig bietenden Gelegenheit veräussert, sondern diese systematisch und mit der Absicht, Gewinne zu erzielen, kauft und verkauft[394]. Der Steuerpflichtige wird – selbst wenn keine in einem eigentlichen Unternehmen organisierte Tätigkeit vorliegt – als gewerbsmässiger Liegenschaftenhändler qualifiziert, sobald er wie ein Unternehmer auftritt. Die Rechtsprechung hat zahlreiche Indizien herausgearbeitet, bei deren Vorliegen auf gewerbsmässigen Liegenschaftenhandel geschlossen werden kann (vgl. nachfolgend Ziffer 1.6.2). Die Kasuistik ist aufgrund der grossen Rechtsunsicherheit in diesem Bereich äusserst reichhaltig. Für den privaten Immobi-

---

[391] Art. 12 Abs. 2 lit. e StHG.
[392] Art. 142 Abs. 2 lit. e StG/BE. Der in StP 3+4/2007, 53, publ. Entscheid der Berner Rekurskommission zeigt aber exemplarisch die systembedingten Probleme auf.
[393] B.2.8, S. 113.
[394] BGE vom 8. Januar 1999, StE 1999 B 23.1 Nr. 41.

lienbesitzer kann sich auch schon bei bloss einer umfangreichen Immobilientransaktion die Frage stellen, ob er als Liegenschaftenhändler zu qualifizieren sein könnte, weshalb nachfolgend ausführlich auf die Thematik einzugehen ist.

1.6.2. Kriterien

Die Steuerbehörde beurteilt bei der Frage, ob gewerbsmässiger Liegenschaftenhandel vorliegt, insbesondere folgende Kriterien resp. Indizien:

Tabelle 14 - Kriterien gewerbsmässiger Liegenschaftenhandel
• Häufigkeit der Transaktionen Je häufiger Liegenschaften gehandelt werden, desto eher wird auf Gewerbsmässigkeit geschlossen. Es ist aber nicht zu übersehen, dass bereits einmalige Transaktionen zur Qualifikation genügt haben.
• Kurze Besitzesdauer Je weniger Zeit zwischen dem Erwerb und der Veräusserung einer Liegenschaft liegt, desto grösser ist das Risiko. Dieses Kriterium, welches für die Beurteilung des Wertschriftenhändlers herausgeschält wurde, ist beim Liegenschaftenhändler unter dem Gesichtswinkel der oft happigen Spekulationszuschläge bei der Grundstückgewinnsteuer sachfremd.
• Enger Zusammenhang mit der beruflichen Tätigkeit Dieses Kriterium ist kaum je nicht erfüllt, weil selbst der Beizug von Fachleuten dem Steuerpflichtigen angelastet wird.
• Hohe Fremdfinanzierung Als hoch kann eine Fremdfinanzierung normalerweise erst gelten, wenn über 80% der Investitionssumme aus fremden Quellen finanziert werden. Leider ist in der Praxis aber auch bei fast vollständiger Eigenfinanzierung eine Besteuerung nicht ausgeschlossen.
• Spezielle Kenntnisse Insbesondere Architekten, Bauhandwerker, Ingenieure sind hier das «Zielpublikum».
• Planmässigkeit und Systematik des Vorgehens Der Planmässigkeit spricht die Rechtsprechung eine hohe Bedeutung zu. Liegenschaftengeschäfte lassen sich unplanmässig – eine Binsenweisheit – aber gar nicht verwirklichen. Das Kriterium ist deshalb zahnlos, resp. kommt es nur zu Lasten des Steuerpflichtigen zur Anwendung; nämlich dann, wenn dieser Verluste erleidet

und diese vom steuerbaren Einkommen abziehen möchte, was nur im Geschäftsvermögensbereich, nicht aber im Privatvermögensbereich möglich ist.
- Wiederverwendung des Verkaufserlöses
Wird der Erlös aus einer Immobilientransaktion für den Erwerb einer nächsten Liegenschaft verwendet, so besteht eine erhöhte Wahrscheinlichkeit, dass die Steuerbehörde auf eine selbständige Erwerbstätigkeit schliesst.
- Beteiligung an einer Personengesellschaft oder einfachen Gesellschaft

Es kann nicht genug betont werden, dass jedes dieser Indizien für sich allein zur Annahme einer selbständigen Erwerbstätigkeit genügen kann. Die Steuerbehörde behält sich die Prüfung jedes Einzelfalles vor.

Praxisbeispiel 20 - Privater Investor als Liegenschaftenhändler
Anton Meier, pensionierter Autofahrlehrer, besitzt seit Jahren ein unüberbautes Grundstück, das er aus seinen Ersparnissen gekauft hat. Er lässt auf diesem Grundstück von einer ortsansässigen Baufirma ein Mehrfamilienhaus erstellen und verkauft anschliessend in den Jahren 2007–2009 einen Grossteil der realisierten Stockwerkeigentumseinheiten mit hohen Gewinnen.

Die Steuerbehörde wird Anton Meier unterstellen, dass er mit der Realisierung der Überbauung nicht nur sein eigenes Vermögen verwaltet, sondern eine geschäftliche Tätigkeit ausgeübt hat. Der Verkauf der Wohnungen war zum vornherein vorgesehen. Der Gewinn aus dem Verkauf der Liegenschaft wurde nicht in Ausnützung einer zufällig sich bietenden Gelegenheit, sondern planmässig erzielt. Es liegt damit gewerbsmässiger Liegenschaftenhandel vor.

Der Veräusserungsgewinn auf den Wohnungen bleibt in diesem Fall auf Bundesebene nicht wie erhofft steuerfrei, sondern unterliegt sowohl der direkten Bundessteuer als auch den Sozialversicherungsabgaben. Anton Meier muss dadurch, in Ergänzung zu kantonalen Steuern, weitere rund 21% des Gewinnes als Einkommenssteuern und – nach Abzug des AHV-Freibetrages von CHF 16 800 – Sozialversicherungsabgaben an den Staat abliefern.

Wie das angeführte Beispiel zeigt, kann eine Erwerbstätigkeit bereits im nur gelegentlichen oder vereinzelten Kauf und Verkauf von Liegenschaften erblickt werden. Diese Rechtsprechung wurde verschiedentlich und bisher immer erfolglos kritisiert. Der Bundesgesetzgeber hat einen Versuch, im Rahmen der Unternehmenssteuerreform II den vergleichbaren Fall des gewerbsmässigen Wertschriftenhändlers gesetzlich zu regeln und damit dem Wildwuchs der Rechtsprechung Einhalt zu gebieten, nach langem Hin und Her fallen gelassen resp. hinausgeschoben.

Die kantonale Praxis zum gewerbsmässigen Liegenschaftenhandel ist teilweise unterschiedlich. Um unliebsame Überraschungen zu vermeiden, ist vor Transaktionen mit Liegenschaften der angeführten Problematik unbedingt die notwendige Aufmerksamkeit zu schenken und allenfalls Rücksprache mit den zuständigen Steuerbehörden zu nehmen.

1.6.3. Abgabenfolgen

1.6.3.1. Im Bund

Gilt ein Bauherr als gewerbsmässiger Liegenschaftenhändler, wird der beim Verkauf erzielte Gewinn als Einkommen aus selbständiger Erwerbstätigkeit qualifiziert und auch auf Bundesebene besteuert. Zudem unterliegt dieser Gewinn auch den Sozialversicherungsabgaben.

Im Gegenzug sind aber Verluste abziehbar. Die Verluste aus sieben vorangegangenen Geschäftsjahren können vorgetragen und mit dem gegenwärtigen Einkommen bzw. Gewinn verrechnet werden.

Wichtig ist zudem der Hinweis, dass nur der Gewinn besteuert werden kann, der während der Zeitspanne, in welcher die Liegenschaft Geschäftsvermögen darstellte entstand. Wurden bspw. private für die Liegenschaft bezahlte Schuldzinsen als nicht abzugsfähig aufgerechnet, schliesst dies eine spätere Umqualifikation für den Aufrechnungszeitraum aus[395].

1.6.3.2. In Kantonen mit dualistischem System

Die Qualifikation als gewerbsmässiger Liegenschaftenhändler führt dazu, dass die Grundstücke als Geschäftsvermögen gelten. Folglich unterliegen die erzielten Gewinne steuersystematisch nicht der Grundstückgewinnsteuer (wie dies ohne diese Umqualifikation der

---

[395] Vgl. A.6.6, S. 56.

Fall wäre), sondern der ordentlichen Einkommenssteuer und werden zum übrigen Einkommen hinzugerechnet. Die Kantone Appenzell-Innerrhoden, Luzern, Solothurn, St.Gallen und Zug sehen dennoch vor, dass ausserkantonale Liegenschaftenhändler, d. h. solche welche lediglich aufgrund Liegenschaftenbesitzes steuerpflichtig sind (=beschränkte Steuerpflicht), der Grundstückgewinnsteuer unterliegen[396]. Ob diese Sonderregelungen unter dem Gesichtswinkel der neuen bundesgerichtlichen Rechtssprechung im interkantonalen Verhältnis Bestand haben, darf bezweifelt werden, weil einem Liegenschaftenhändler so die sonst mögliche Anrechnung von Verlusten verwehrt wird.

1.6.3.3. In Kantonen mit monistischem System

Weil die Unterscheidung von Privat- und Geschäftsliegenschaften in diesen Kantonen keine Rolle spielt, werden die Gewinne grundsätzlich mit der Grundstückgewinnsteuer erfasst. Allerdings nehmen die Kantone Basel-Stadt, Nidwalden, Schwyz, Thurgau und Uri eine Aufteilung in dem Sinne vor, als sie die wieder eingebrachten Abschreibungen der Einkommens- oder Gewinnsteuer unterstellen und nur die Wertzuwachsgewinne der Grundstückgewinnsteuer. Der Kanton Zürich kennt überdies die Sonderregelung, dass gewerbsmässige Liegenschaftenhändler bei der Grundstückgewinnsteuer weitere Aufwendungen geltend machen können, soweit sie auf deren Berücksichtigung bei der Einkommens- oder Gewinnsteuer ausdrücklich verzichtet haben[397]. Von dieser systematisch überzeugenden Regelung gibt es jedoch – wie bei den Kantonen mit dualistischem System – Abweichungen. So erfasst der Kanton Bern unter gewissen Voraussetzungen den gesamten Gewinn des gewerbsmässigen Liegenschaftenhändlers mit der Einkommens- oder Gewinnsteuer[398].

1.6.4. Erbengemeinschaft als gewerbsmässige Liegenschaftenhändlerin?

Zivil- und steuerrechtlich ist die Erbengemeinschaft nicht Rechtssubjekt. Steuerpflichtig können deshalb immer nur die einzelnen Erben im Umfang ihrer Anteile am Nachlass werden. In Bezug auf geerbte Liegenschaften, die der Erblasser in seinem Privatvermögen

---

[396] Z. B. AI: Art 103 Abs. 1 lit. b StG; LU: § 1 Abs. 2 Ziff. 2 Gesetz über die GGSt; SO: § 48 Abs. 2 lit. c StG; SG: Art. 130 lit. b StG; ZG: § 189 Abs. 1 lit. b StG;.
[397] § 221 Abs. 2 StG/ZH.
[398] Art. 129 Abs. 1 lit. a StG/BE.

hielt, ist auch nach dem Erbgang grundsätzlich nicht auf Erwerbstätigkeit zu schliessen. Die Qualifikation eines Vermögensgegenstands ändert sich durch den Erbgang allein nicht. Gewinne aus der Veräusserung solcher Liegenschaften können aber dann steuerbar sein, wenn die Erben selber eine Tätigkeit entfalten, die über die Privatvermögensverwaltung hinausgeht, namentlich wenn die Erben sich zu einer Personengesellschaft zusammenschliessen und wertvermehrende Massnahmen treffen.

Praxisgemäss stellt insbesondere die Veräusserung eines Grundstücks, das im Eigentum einer einfachen Gesellschaft gestanden hat und die planmässig darauf ausgerichtet war, dieses zu erschliessen und zu überbauen, ein gewichtiges Indiz für das Vorliegen gewerbsmässigen Liegenschaftenhandels dar. Ein Zusammenhang zwischen der beruflichen Tätigkeit des Steuerpflichtigen und seiner Beteiligung an der einfachen Gesellschaft ist in diesem Fall nicht erforderlich. Ein Steuerpflichtiger hat sich dabei den Umstand anrechnen zu lassen, dass bei einem anderen Mitglied der einfachen Gesellschaft direkt oder indirekt ein Zusammenhang zu dessen beruflichen Tätigkeit besteht. Liegt ein solcher Zusammenhang vor, ist der Gewinn der einfachen Gesellschaft als Ergebnis einer selbständigen Erwerbstätigkeit zu betrachten.

Praxisbeispiel 21 - Erben als Liegenschaftenhändler
Drei Brüder haben eine Baulandparzelle geerbt. Sie ziehen einen Architekten bei und lassen auf dem Grundstück ein Einfamilienhaus erstellen. Das fertige Haus wird mit hohem Gewinn verkauft.
Es ist nun davon auszugehen, dass die Steuerbehörde allen Erben der Erbengemeinschaft unterstellt, dass sie mit der Realisierung der Überbauung nicht nur ihr eigenes Vermögen verwaltet, sondern eine geschäftliche Tätigkeit ausgeübt haben. Obwohl sie nicht in der Immobilienbranche tätig sind, können die Erben als gewerbsmässige Liegenschaftenhändler qualifiziert werden. Das Wissen des von ihnen beauftragten Architekten müssen sie sich anrechnen lassen. Der Verkauf der Wohnungen war zum Vornherein vorgesehen. Der Gewinn aus dem Verkauf der Liegenschaft wurde nicht in Ausnützung einer zufällig sich bietenden Gelegenheit, sondern planmässig erzielt. Die Brüder sind wie Unternehmer aufgetreten. Es liegt damit gewerbsmässiger Liegenschaftenhandel vor.

1.7. Steueraufschub

1.7.1. Allgemeines

Nicht jede Veräusserung führt zu einer sofortigen Steuererhebung. Die Besteuerung eines Grundstückgewinns wird in folgenden Fällen aufgeschoben:
- Erbgang
- Erbvorbezug
- Schenkung
- Eigentumsübertragungen unter Eheleuten zur Abgeltung rechtlicher Ansprüche
- Landumlegungen
- Veräusserung eines landwirtschaftlichen Grundstücks, wenn der Erlös innert angemessener Frist zum Kauf eines selbst bewirtschafteten Ersatzgrundstücks oder zur Verbesserung der eigenen, selbst bewirtschafteten Grundstücke verwendet wird.
- Veräusserung einer selbst genutzten Wohnliegenschaft, wenn der Erlös innert angemessener Frist zum Kauf eines anderen Eigenheims in der Schweiz verwendet wird.

Ein Steueraufschub bewirkt, dass im Zeitpunkt der Eigentumsübertragung, wirtschaftlichen Veräusserung oder systematischen Realisation keine steuerlich relevante Realisation angenommen wird. Die Besteuerung wird aber nicht aufgehoben, sondern nur aufgeschoben. D. h. die Auswirkung des Aufschubs besteht darin, dass bei der nächsten steuerbaren Realisation bei der Bestimmung der massgeblichen Wertgrössen für das Bemessungsobjekt nicht auf den Zeitpunkt des Aufschubs, sondern auf denjenigen der letzten steuerbaren Veräusserung resp. Handänderung abgestellt wird[399].

> **Praxisbeispiel 22 - Steueraufschub bei der GGSt**
> Kurt Meier hat sein Haus 1995 für CHF 500 000 zu Alleineigentum gekauft. Im Jahre 2000 ging das Haus im Zuge der Scheidung an Ehefrau Ruth (Anrechnungswert 750 000). Ruth schenkte das Haus 2005 ihrer Tochter Eva aus erster Ehe (Verkehrswert 900 000). Eva verkauft das Haus 2010 für 1 Mio.

---

[399] STHG-Zwahlen, Art. 12 N 61.

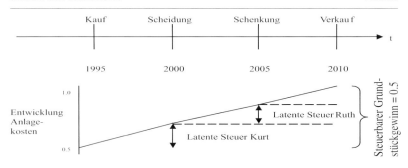

Mit der Teil-Harmonisierung des Grundstückgewinnsteuerrechts gibt es nur noch die im StHG ausdrücklich und abschliessend aufgezählten Steueraufschubtatbestände. Weitere Steueraufschübe oder gar -befreiungen, wie sie in kantonalen Steuergesetzen teilweise noch vorgesehen sind, verstossen gegen Bundesrecht und sind deshalb nicht mehr zulässig[400].

Nachfolgend werden nur die für die privaten Liegenschaftenbesitzer relevanten Tatbestände besprochen.

1.7.2. Erbschaft, Erbvorbezug und Schenkung

Die Kantone haben die Besteuerung beim Eigentumswechsel infolge Erbgangs, worunter die Erbfolge, die Erbteilung und das Vermächtnis zu verstehen sind, beim Erbvorbezug, d. h. bei der Abtretung von Vermögenswerten auf Rechnung künftiger Erbschaft, sowie bei Schenkung aufzuschieben[401]. Sie führen systembedingt mangels Erlös zu keiner Grundstückgewinnbesteuerung. Im Zusammenhang mit der Bemessung der Grundstückgewinnsteuer des Übernehmers ist die Bestimmung aber von grosser Bedeutung. Den Kantonen ist es nämlich untersagt, diese Handänderung für die Bemessung der Grundstückgewinnsteuer anlässlich einer späteren Veräusserung zu berücksichtigen.

1.7.3. Steueraufschub bei Eigentumswechsel unter Ehegatten

Beim Eigentumswechsel zwischen Ehegatten im Zusammenhang mit dem Güterrecht, zur Abgeltung ausserordentlicher Beiträge eines Ehegatten an den Unterhalt der Familie oder zur Abgeltung scheidungsrechtlicher Ansprüche wird die Besteuerung aufgeschoben, sofern beide Ehegatten damit einverstanden sind[402]. Als Umkehr-

---

[400] Art. 12 Abs. 3 StHG. STHG-ZWAHLEN, ebd.
[401] Art. 12 Abs. 3 lit. a StHG. Diese unentgeltlichen Vorgänge werden in Abschnitt D, ab S. 231, ausführlich behandelt.
[402] Art. 12 Abs. 3 lit. b StHG.

schluss ist aus dieser Bestimmung die Verpflichtung der Kantone abzulesen, alle anderen entgeltlichen Rechtsgeschäfte zwischen Ehegatten der Grundstückgewinnbesteuerung zu unterstellen.

Damit der Steueraufschub möglich ist, muss die Handänderung am Grundstück der **Abgeltung scheidungs- oder güterrechtlicher Ansprüche** dienen. Dies ist immer dann möglich, wenn ein Güterstand infolge Tod, Trennung, Scheidung, rechtsgeschäftlicher Vereinbarung eines neuen Güterstandes, Ungültigerklärung der Ehe oder durch gerichtliches Urteil oder gesetzliche Anordnung der Gütertrennung ändert. In der Regel handelt es sich dabei um Zahlungen für nachehelichen Unterhalt oder entgangene Vorsorgeansprüche. Ansprüche für entgangene Vorsorge entstehen, wenn ein Vorsorgefall bereits eingetreten ist oder wenn aus anderen Gründen Ansprüche aus der beruflichen Vorsorge, die während der Ehe erworben worden sind, nicht geteilt werden können.

Der Ausgleich muss zudem als Handänderung unter Ehegatten erfolgen, was nicht der Fall ist, wenn ein Grundstück aus einer von einem Ehegatten beherrschten Gesellschaft an den anderen Ehegatten übertragen wird, auch wenn dies zum scheidungsrechtlichen Ausgleich geschieht. Im Unterschied zum Einkommenssteuerrecht, wo bereits die faktische oder gerichtliche Trennung zur getrennten Besteuerung führt, gelten bei der Grundstückgewinnsteuer die Aufschubsmöglichkeiten solange die Ehegatten zivilrechtlich verheiratet sind. Auch wenn die Ehe bereits seit Jahren gerichtlich getrennt war, gibt es die Möglichkeit des Steueraufschubs. Führt bereits die gerichtliche Trennung, welche von Gesetzes wegen die Gütertrennung auslöst, zu einer Handänderung an der ehelichen Liegenschaft, kann aber auch in diesem Zeitpunkt der Steueraufschub verlangt werden. Selbst geschiedene Partner können sich auf diese Bestimmungen berufen, wenn in einem Scheidungsurteil nur über den Scheidungspunkt rechtskräftig entschieden wurde und darin auf die separate güterrechtliche Auseinandersetzung verwiesen wird. Vorausgesetzt wird nur, dass durch die Grundstücksübertragung tatsächlich güterrechtliche Ansprüche abgegolten werden.

Erforderlich ist weiter die **Zustimmung beider Ehegatten**. Welches die formellen Anforderungen an die Zustimmung sind und innert welcher Frist sie zu erfolgen hat, bestimmen die Kantone unterschiedlich. Das Zustimmungserfordernis wirkt sich wie ein Wahlrecht aus; stimmt nur ein Ehegatte nicht zu, ist über den während der Ehedauer erzielten Mehrwert der Liegenschaft abzurechnen. Wird dem

Aufschub zugestimmt, geht der Gewinn, den der abtretende Ehegatte bis zur Scheidung erzielt hat, auf den anderen Ehegatten über. Dieser übernimmt damit auch die entsprechende latente Steuerlast.

Praxisbeispiel 23 - Berechnung Steueraufschub bei Scheidung

Sachverhalt

Jahr		Total	Ehemann	Ehefrau
1990	Erwerb durch Ehepaar Müller	1 000 000	500 000	500 000
2006	Scheidung			
	Übernahme Miteigentumsanteil zum Anrechnungswert	1 600 000	→	800 000
2010	Frau Müller zieht um und verkauft			1 800 000

Steuerfolgen bei Aufschub

	Total		Ehefrau
Erlös	1 800 000		1 800 000
Anlagekosten	1 000 000	keine Steuer, weil Aufschub gemeinsam verlangt	1 000 000
Grundstückgewinn	800 000		800 000
Einfache Steuer			309 000
Ermässigung Besitzdauer			20 Jahre
			–50%
Steuerbetrag (am Bsp. Kt. ZH)	154 500		154 500
Steuerbelastung	19.3%		19%

Steuerfolgen ohne Aufschub

	Total	Ehemann	Ehefrau	
			Anteil «eigener» Exmann	Anteil
Erlös (= Anrechnungswert bei Scheidung)		800 000	900 000	900 000
Anlagekosten		500 000	800 000	500 000
Grundstückgewinn	800 000	300 000	100 000	400 000
Einfache Steuer		109 000	29 400	149 400
Ermässigung Besitzdauer		16 Jahre	4 Jahre	20 Jahre
in Prozent		–38%	0%	50%
Steuerbetrag (Kt. ZH)	171 700	67 600	29 400	74 700
Total Steuerbelastung	171 700	67 600	104 100	

Das Beispiel zeigt, wie sehr die Steuerbelastung vom Zeitpunkt der dereinstigen Veräusserung der Liegenschaft durch den übernehmenden Ehegatten abhängt. Je nach Haltedauer und Zeitpunkt einer beabsichtigten zukünftigen Veräusserung der Immobilie kann das Resultat als Folge der Aufteilung der Besitzesdauer ganz anders aussehen. Vor der Zustimmung zum Steueraufschub ist deshalb die Rechnung zu machen. Weil dieser Zeitpunkt im Falle einer Scheidung ungewiss ist, können die mutmasslichen Steuern nicht exakt berechnet und folglich nicht «gerecht» berücksichtigt werden. Gleichzeitig wird aber klar, dass die «Wohltat» des Steueraufschubs die liquiden Mittel schont und grundsätzlich die absolute Steuerbelastung reduziert.

1.7.4. Ersatzbeschaffung von selbstbewohntem Grundeigentum

Der Tatbestand der Ersatzbeschaffung von selbstgenutztem Grundeigentum[403] stellte bei der Einführung des Steuerharmonisierungsgesetzes für die Kantone die wichtigste Neuerung und auch die grösste Herausforderung dar. Auch über sechs Jahre nach deren verbindlicher Einführung sind noch viele Fragen ungeklärt. Insbesondere sind die Auswirkungen eines Verkaufs des Ersatzgrundstücks für das ersetzte Grundstück bisher nicht bewältigt.

Die Bestimmung im Steuerharmonisierungsgesetz ist durchsetzt von unbestimmten Rechtsbegriffen. Die grosse Bedeutung dieser Norm und die unterschiedlichen Interpretationen in den Kantonen sowie deren grosser Freiraum in der konkreten Umsetzung rechtfertigt im Folgenden eine vertieftere Darstellung als für dieses Grundlagenwerk sonst üblich.

1.7.4.1. Begriff der Ersatzbeschaffung

Damit ein Steueraufschub möglich ist, muss als Grundvoraussetzung eine Ersatzbeschaffung vorliegen. Ersatzbeschaffung bedeutet, dass ein Grundstück veräussert wird und ein Ersatzgrundstück mit derselben wirtschaftlichen Funktion, d.h. im konkreten Zusammenhang eine Selbstnutzung, erworben wird, wobei zwischen den beiden Handänderungen ein adäquater Kausalzusammenhang bestehen muss. Erfolgt der Verkauf der Erstliegenschaft gerade im Hinblick auf einen Neuerwerb einer Liegenschaft, so ist der erforderliche unmittelbare Ursachenzusammenhang gegeben. Je kürzer die Frist zwischen den beiden Handänderungen ist, desto eher ist eine adäquate Kausalität zu bejahen. Eine Ersatzbeschaffung wird auch bei einem vorgängigen Kauf einer Ersatzliegenschaft angenommen, wenn die Ersatzliegenschaft im Hinblick auf die Veräusserung der Erstliegenschaft erworben worden ist (sog. Vorausbeschaffung). Zwischen dem Erwerb und dem Verkauf muss wiederum ein adäquater Kausalzusammenhang bestehen.

1.7.4.2. Veräusserungsobjekt

Damit ein Steueraufschub gewährt wird, muss es sich um die Veräusserung einer dauernd und ausschliesslich selbstgenutzten Wohnliegenschaft handeln.

---

[403] Art. 12 Abs. 3 lit. e StHG.

Als Wohnliegenschaft gilt ein Ein- oder Mehrfamilienhaus, eine Eigentumswohnung sowie die Beteiligung mit Sondernutzungsrecht (Stockwerkeigentumseinheit).

Selbstnutzung liegt vor, wenn die Nutzung zur Besteuerung des Eigenmietwerts führt und wenn das Haus oder die Wohnung durch den Steuerpflichtigen selbst zu Wohnzwecken an seinem Wohnsitz genutzt wird. Diese Voraussetzung ist für Zweit- oder Ferienwohnungen nicht erfüllt, obwohl auch diese der Eigenmietwertbesteuerung unterliegen. Das Selbstbewohnen des Erblassers kann sich der Erbe bei Ersatzbeschaffung einer geerbten Liegenschaft nicht als sein eigenes anrechnen lassen. Es wird dem Erben deshalb kein Steueraufschub gewährt, wenn er die Liegenschaft nicht selbst bewohnt hat.

Ausschliesslich ist die Selbstnutzung, wenn das Wohnobjekt keinen anderen Zwecken als Wohnzwecken dient. Handelt es sich beim veräusserten Objekt um ein Mehrfamilienhaus, in welchem der Veräusserer eine von mehreren Wohnungen selbst nutzt, wird der Steueraufschub anteilsmässig gewährt[404]. Die Aufteilung erfolgt nach Massgabe der Fläche der selbst genutzten Räumlichkeiten.

Die Selbstnutzung muss weiter eine dauernde sein, was bedeutet, dass der Eigentümer seine Liegenschaft grundsätzlich ohne Unterbruch bewohnt haben muss. Ein Unterbruch bloss vorübergehender Art schadet aber nicht. In der Praxis stellt sich oft die Frage, ob ein Auslandaufenthalt, während dessen Dauer sich der Eigentümer aus der Schweiz abmeldet, als Unterbruch der Selbstnutzung anzusehen ist. Dies ist u. E. zu verneinen. Eine Mindestdauer, während der die veräusserte oder neu erworbene Liegenschaft selbst bewohnt sein müsste, ist gesetzlich nämlich nicht vorgeschrieben. Es genügt, wenn der Steuerpflichtige dort seinen steuerrechtlichen Wohnsitz gehabt hat und es sich somit nicht um nur einen vorübergehenden Aufenthalt handelt. Bei einer kurzen, unterjährigen Selbstnutzung vor dem Verkauf kommt es allerdings vor, dass die Steuerbehörde prüft, ob die Selbstnutzung nur vorgeschoben worden ist und eine Steuerumgehung vorliegt.

Wird eine Ersatzliegenschaft bereits vor der Veräusserung der Erstliegenschaft erworben, muss die Ersatzliegenschaft nicht schon ab dem Erwerb selbst bewohnt sein. Der Steueraufschub wird gewährt, wenn die neue Liegenschaft ab dem Auszug aus der bisher bewohnten Liegenschaft selbst bewohnt wird. Auch ein Unterbruch durch Begründung eines «Drittwohnsitzes» kann ausnahmsweise zulässig sein, wenn der Steuerpflichtige seine Erstliegenschaft veräussert hat,

---

[404] StHG-Zwahlen, Art. 12 N 75.

bevor er die Ersatzliegenschaft erworben hat. Gleiches sollte gelten, wenn die Ersatzliegenschaft sich noch im Bau befindet und deshalb noch nicht bezogen werden kann. Die Zeitdauer zwischen der Aufgabe der Selbstnutzung und der Handänderung muss aber im Verhältnis zur gesamten Besitzesdauer gering sein.

Wird eine Liegenschaft im Zusammenhang mit vorsorglichen Massnahmen während der Dauer des Scheidungsverfahrens dem anderen Ehegatten zugewiesen, so bedeutet dies keine Aufgabe des Selbstbewohnens der Liegenschaft für den anderen Eigentümerehegatten.

Die Ersatzbeschaffung wird auch im Falle von Liegenschaften, die im Gesamt- oder Miteigentum mehrerer Personen stehen, nur anteilsmässig im Umfange des Selbstbewohnens durch den Steuerpflichtigen gewährt. Für die Aufteilung sind die Eigentumsquoten massgebend.

Dasselbe gilt auch bei Liegenschaften, die teilweise betrieblich und teilweise privat genutzt werden. Ein Steueraufschub kann nur gewährt werden, wenn sowohl die veräusserte Liegenschaft als auch die Ersatzliegenschaft Privatvermögen darstellen. Wird eine Liegenschaft überwiegend privat, daneben aber auch noch geschäftlich genutzt, wird die Liegenschaft gesamthaft aufgrund der Präponderanzmethode zwar dem Privatvermögen zugeordnet. Der Steueraufschub wird in diesem Falle aber dennoch nur anteilsmässig im Umfange des privat genutzten Anteils gewährt.

Wird eine früher gänzlich selbst bewohnte Liegenschaft nach dem Erwerb einer Ersatzliegenschaft parzelliert und an verschiedene Erwerber verkauft, hat der Veräusserer, der die gesamte Liegenschaft selbst bewohnt hat, mit Bezug auf alle Handänderungen Anspruch auf den Steueraufschub. Anders ausgedrückt: Es kommt für die Gewährung des Steueraufschubs nicht auf die weitere Verwendung der verkauften Liegenschaft an.

1.7.4.3. Ersatzobjekt

Der Erlös muss zum Erwerb einer gleich genutzten Ersatzliegenschaft verwendet werden. Die Ersatzliegenschaft ist dann gleich genutzt, wenn sie dem Steuerpflichtigen wiederum dauernd und ausschliesslich als Wohnliegenschaft dient. Als Ersatzbeschaffung gilt nicht nur der Kauf eines bereits fertig gestellten Hauses, sondern auch der Erwerb von Bauland, sofern dieses überbaut und danach selbst bewohnt wird. Wird die Ersatzliegenschaft nur teilweise selbst bewohnt, so wird die Grundstückgewinnsteuer insoweit aufgeschoben, als der Veräusserungserlös in die selbst bewohnte Wohnung reinvestiert wird.

> **TIPP**
> Wer ein Mehrfamilienhaus erwirbt, ist gut beraten, den Wert der einzelnen Wohnungen im Vertrag aufzuführen, auch wenn diese nicht in Stockwerkeigentumseinheiten überführt werden. Dies erleichtert den Nachweis der aufschiebbaren Gewinnquote bei der Veräusserung.

1.7.4.4. Örtliche Voraussetzung

Seit dem 1. 1. 2001 müssen die Kantone einen Steueraufschub auch dann gewähren, wenn sich das Ersatzgrundstück in einem anderen Kanton befindet. Liegt das Ersatzobjekt im Ausland, ist die Ersatzbeschaffung jedoch weiterhin ausdrücklich ausgeschlossen. Diese neue Möglichkeit eröffnet ausgedehnte Steuerplanungsmöglichkeiten, insbesondere unter dem Aspekt der sehr unterschiedlichen Tarifsysteme in den Kantonen und der teilweise eher kurzen Fristen für die «Nachbesteuerung» von Gewinnen, deren Besteuerung einmal aufgeschoben wurde[405].

1.7.4.5. Identität Veräusserer und Erwerber

Nur wenn der Veräusserer der Erstliegenschaft und der Erwerber der Ersatzliegenschaft identisch sind, kann die Ersatzbeschaffung geltend gemacht werden. Der Veräusserer kann nur im Umfang seiner eigenen Eigentumsquote reinvestieren.

Die kantonalen Bestimmungen sehen für Ehegatten Ausnahmen von der Identitätsvoraussetzung vor, so dass die Ersatzbeschaffung auch beansprucht werden kann, wenn keine vollständige Identität der Eigentumsverhältnisse an der Erstliegenschaft und an der Ersatzliegenschaft besteht[406].

1.7.4.6. Fristen

Die Kantone haben schliesslich zu bestimmen, innert welcher Frist nach der Veräusserung ein Ersatz zu erfolgen hat. Das Steuerharmonisierungsgesetz verlangt eine Ersatzbeschaffung innert *angemessener* Frist und lässt damit den Kantonen weiten Ermessensspielraum. Unbestritten ist auch, dass der Begriff des Ersatzes unter dem

---
[405] Vgl. Absch. 1.7.4.9.
[406] Vgl. auch FN 33 u. 410.

Gesichtswinkel der Fristwahrung nicht nur eine Ersatz- sondern auch eine Vorausbeschaffung abdeckt. Üblich ist eine Frist zwischen einem und fünf Jahren, wobei für Ersatz- und Vorausbeschaffung teilweise unterschiedliche Zeiträume massgebend sind[407].

Ein Steueraufschub wird in vielen Kantonen trotz Überschreitens der Frist gewährt, wenn der Steuerpflichtige nachweist, dass er die Ersatzbeschaffung aus Gründen, die er nicht zu vertreten hat, nicht innerhalb der Frist vollenden kann. Andere Kantone gewähren zwar keine Fristverlängerung, nehmen aber beim Vorliegen bestimmter Gründe einen Stillstand der Ersatzbeschaffungsfrist an. Die Gründe, die für eine Fristerstreckung anerkannt werden, sind kantonal unterschiedlich. Der Nachweis obliegt dem Steuerpflichtigen.

Tabelle 15 - Fristen für die Ersatzbeschaffung bei der GGSt

	Fristen für die Ersatzbeschaffung in Jahren	
	bei nachträglichem Ersatz	bei Vorausbeschaffung
AG	In der Regel 3	In der Regel 1
AI	In der Regel 3[e]	1
AR	2[g]	1
BE	Richtwert 2[h]	Maximalfrist 2
BL	In der Regel 2	Keine Regelung
BS	2	2
FR	1	1
GE	5	5
GL	2*	2*
GR	2	Keine Regelung
JU	2	0
LU	2	2
NE	2	0
NW	2	2
OW	2[f]	2[f]
SG	3[e]	1[e]
SH	3	3
SO	In der Regel 2	Keine Regelung
SZ	In der Regel 4[d]	In der Regel 4[d]
TG	In der Regel 2	In der Regel 2
TI	2	0
UR	1,5*	1*
VD	Angemessene Frist	Keine Regelung
VS	Keine Regelung	Keine Regelung
ZG	In der Regel 2[c]	2
ZH	In der Regel 2[a]	Keine Frist[b]

* kantonale Praxis (keine gesetzliche Regelung)

---

[407] Vgl. Tabelle 15 - Fristen für die Ersatzbeschaffung bei der GGSt.

a) Verlängerung möglich in Einzelfällen.
b) Adauquater Kausalzusammenhang zwischen Erwerb und Veräusserung. Nachweis durch Steuerpflichtigen.
c) Verlängerung, wenn Umstände nachgewiesen, die nicht durch den Steuerpflichtigen zu verantworten sind.
d) Gilt nur für Wohneigentum. Für Liegenschaften im Geschäftsvermögen in der Regel 1 bis 2 Jahre.
e) Frist kann erstreckt werden, wenn eine Verzögerung durch Umstände eintritt, die nicht im Einflussbereich des Steuerpflichtigen liegen.
f) Abweichungen nur in Ausnahmefällen
g) Frist wird erstreckt, wenn die Verzögerung durch eine objektive Zwangssituation entstanden ist, die sich auch bei sorgfältigem Vorgehen nicht hätte vermeiden lassen.
h) Richtwert von 2 Jahren gilt im Normalfall. Bei Vorliegen besonderer Umstände und eines inneren Zusammenhangs zwischen Veräusserung und Reinvestition, kann die Frist bis maximal 4 Jahre verlängert werden.

> **TIPP**
> Wer mit der Beschaffung des Ersatzobjekts in Zeitnot gerät, ist gut beraten, frühzeitig und vor Ablauf der Frist ein Gesuch einzureichen bei der Behörde, welche die Veräusserung der Liegenschaft veranlagt.

1.7.4.7. Begehren um Ersatzbeschaffung

Die Ersatzbeschaffung wird auf Begehren des Steuerpflichtigen gewährt. Der Steuerpflichtige muss dem Kanton, in dem die neu erworbene Liegenschaft liegt, alle nötigen Auskünfte über den Erwerb und die Veräusserung erteilen und die Beweismittel einreichen. Auch dem anderen Kanton, in dem die veräusserte Liegenschaft liegt, ist die Ersatzbeschaffung als Ganzes mitzuteilen. Der Steuerpflichtige wird in der Regel die Ersatzbeschaffung mit Abgabe der Grundstückgewinnsteuererklärung geltend machen. Die formellen Anforderungen, denen das Gesuch des Steuerpflichtigen entsprechen muss, sowie die Frist für die Einreichung des Gesuches sind – entsprechend den jeweiligen kantonalen Bestimmungen oder Praxis – unterschiedlich.

Der Entscheid über Gewährung oder Nichtgewährung der Ersatzbeschaffung steht dem Kanton zu, in dem die veräusserte Liegenschaft liegt. Wird das Begehren um Ersatzbeschaffung gutgeheissen, teilt die entscheidende Behörde dies der Steuerbehörde des Kantons mit, in dem die Ersatzliegenschaft liegt.

1.7.4.8. Umfang der Reinvestition

Mit Urteil vom 2. März 2004 hat das Bundesgericht entschieden, es sei nach einem einheitlichen Massstab zu prüfen, wann und in welchem Umfang eine Reinvestition in ein Ersatzobjekt vorliege[408]. Dabei hat es entschieden, dass nur die sog. absolute Methode harmonisierungskonform sei. Konkret bedeutet dies, dass nur bei vollständiger Reinvestition des Erlöses ein Steueraufschub gewährt werden kann. Diese absolute Methode hat gewisse Nachteile. Sie führt insbesondere bei älteren Hauseigentümern, welche ihre auf die Familienbedürfnisse zugeschnittenen Liegenschaften gegen flächenmässig kleinere und deshalb in der Regel günstigere Stockwerkeigentumswohnungen tauschen, zu als ungerecht empfundenen Steuerfolgen. Es sind deshalb politische Bestrebungen im Gang, welche nebst dieser absoluten Methode auch die relative (wieder) zulassen wollen[409]. Es rechtfertigt sich deshalb – und auch zum besseren Verständnis der Thematik – beide Aufschubmethoden darzustellen, wobei klar hervorzuheben ist, dass das Bundesgericht nur die absolute Methode für gesetzeskonform erklärt hat.

a) Absolute Methode bei vollständiger Reinvestition

Bei vollumfänglicher Reinvestition des Erlöses (nicht des Gewinnes) in das Ersatzobjekt wird die Grundstückgewinnsteuer auf dem gesamten Grundstückgewinn aufgeschoben. Der aufgeschobene Grundstückgewinn entspricht in diesem Falle der Differenz zwischen den bisherigen Anlagekosten und den höheren Reinvestitionskosten. Allerdings ist zu beachten, dass der gewährte Steueraufschub widerrufen wird, sofern die Selbstnutzung innert einer je nach Kanton unterschiedlich festgelegten Frist seit Bezug der Ersatzliegenschaft aufgegeben wird und soweit nicht wiederum eine steueraufschiebende Ersatzbeschaffung erfolgt. Die Wegzugsgemeinde kommt in diesem Fall auf ihren Entscheid über den Steueraufschub zurück und veranlagt die Grundstückgewinnsteuer im Nachsteuerverfahren, je nach Kanton allenfalls gar inkl. Verzugszinsen ab Handänderung am ursprünglichen Grundstück. Die Grundstückgewinnsteuer wird dann berechnet, wie wenn nie eine Ersatzbeschaffung erfolgt wäre. Ereignisse betreffend die neue Liegenschaft bleiben bei der Berechnung der «alten» Grundstückgewinnsteuer unberücksichtigt. Allfällige Verluste auf der Ersatzliegenschaft können also nicht geltend gemacht werden.

---

[408] BGE 2A 311/2003.
[409] Parlamentarische Initiative Nationalrat Rolf Hegetschweiler «Ersatzbeschaffung von Wohneigentum. Förderung der beruflichen Mobilität» die eine Ergänzung von Art. 12 Abs. 3 lit. e StHG in dem Sinne verlangt, dass bei nur teilweiser Reinvestition des Erlöses die Grundstückgewinnsteuer im Verhältnis zu den Aufwendungen zum Erwerb oder zum Bau aufzuschieben sei.

b) Absolute Methode bei teilweiser Reinvestition

Bei einer Ersatzbeschaffung mit teilweiser Reinvestition wird nicht der gesamte Erlös für den Erwerb des Ersatzobjekts verwendet. Wenn die Anlagekosten der ursprünglichen Liegenschaft höher sind als der Erwerbspreis für die Ersatzliegenschaft, findet kein Steueraufschub statt. Liegen sie dagegen tiefer, wird der Steueraufschub partiell gewährt.

Veräusserungserlös	4 500 000
Anlagekosten	3 500 000
Reinvestition	3 900 000
Steueraufschub	
Reinvestition	3 900 000
Anlagekosten	3 500 000
Aufgeschobener Grundstückgewinn	400 000
Steuerbarer Grundstückgewinn	
Veräusserungserlös	4 500 000
Reinvestition	3 900 000
Besteuert	600 000

Abbildung 12 - Anlagekosten unter Reinvestitionskosten

c) Relative Methode

Bei der relativen Methode (auch als proportionale Methode bezeichnet) wird der Gewinn – und nicht der Erlös – im Verhältnis der Reinvestition zum gesamten Veräusserungserlös aufgeteilt und aufgeschoben. Dies führt dazu, dass auch Gewinnanteile unbesteuert bleiben, die grundsätzlich frei verfügbar sind. Im Bsp. Abbildung 12 würden folglich 86,6% des Gewinnes von einer Million (Reinvestition 3,9 durch Veräusserungserlös 4,5) nicht sofort besteuert. Anstelle von CHF 600 000 würden also nur CHF 134 000 unmittelbar der Besteuerung unterliegen. Diese Betrachtungsweise widerspricht grundsätzlich dem System einer Besteuerung realisierter Gewinne und führt auch dazu, dass die Grundstückgewinnbesteuerung nicht objektmässig erfolgen kann. Wird nämlich das Ersatzgrundstück veräussert, kann die relative Methode dazu führen, dass ein Gewinn zu versteuern ist, obwohl auf dem Ersatzgrundstück ein Verlust zu tragen ist. Im Sinne der verfassungsrechtlich gebotenen Förderung des Wohneigentums wären diese Systembrüche aber hinzunehmen, weil typischerweise die Aufgabe grosser Wohnliegenschaften in eine Zeit fällt, welche für viele Wohneigentümer ohnehin mit Einkommenseinbussen (Pensionierung) zusammenfällt.

1.7.4.9. Nachträgliche Besteuerung

Die Frage, welcher Kanton einen eventuellen Gewinn aus der Veräusserung der Ersatzliegenschaft besteuert, ist nicht einheitlich geregelt. In den einen Kantonen gilt die Regelung, dass der Kanton, in dem das ursprüngliche Grundstück liegt, steuerberechtigt ist, während andere Kantone die Nachveranlagung dem Kanton zuweisen, bei welchem keine steueraufschiebende Veräusserung mehr erfolgt.

Gemäss der Verordnung zum Steuerharmonisierungsgesetz muss jedenfalls der Kanton, der die interkantonale Ersatzbeschaffung gewährt, vom Kanton der Ersatzliegenschaft über eine spätere Veräusserung informiert werden.

Diesem Wildwuchs wollte der Gesetzgeber mit dem sog. «Entrümpelungsgesetz» einen Riegel schieben. Bis heute ist dieses über Vernehmlassungsverfahren aber nicht hinausgekommen und noch nicht einmal in die parlamentarische Beratung gelangt. Nachdem dieses Anliegen keinen Eingang in die Unternehmenssteuerreform II gefunden hat, ist sein Schicksal ungewiss.

Es ist deshalb unabdingbar, bei einem Verkauf einer selbst bewohnten Liegenschaft im Detail zu klären, welche Anforderungen und Fristen konkret zu beachten sind. Der Kanton Zürich hat ein detailliertes Rundschreiben erlassen, welches die Steuerfolgen bei der interkommunalen und interkantonalen Ersatzbeschaffung darstellt[410]. Im Anhang zu diesem Rundschreiben findet sich ein «Revers», in welchem sich der Veräusserer, der eine Ersatzbeschaffung geltend macht, mit der Nachbesteuerung durch den Wegzugskanton (resp. im Kanton Zürich mit der Gemeinde) explizit einverstanden erklärt, wenn innerhalb von fünf Jahren die Bedingungen für eine Ersatzbeschaffung wegfallen. Viele Kantone haben diese Revers-Lösung übernommen. Ob sie den gesetzlichen Anforderungen stand hält, wurde unseres Wissens bisher nicht gerichtlich geklärt.

1.8. Steuersubjekt der Grundstückgewinnsteuer

1.8.1. Allgemeines

Es ist den Kantonen freigestellt, wen sie als Steuerpflichtigen der Grundstückgewinnsteuer bestimmen wollen. Steuersubjekt ist in der ganzen Schweiz aber regelmässig nur der Veräusserer. Ihm obliegen

---

[410] Rundschreiben der Finanzdirektion an die Gemeinden über den Aufschub der Grundstückgewinnsteuer und die Befreiung des Veräusserers von der Handänderungssteuer bei Ersatzbeschaffung einer dauernd und ausschliesslich selbstgenutzten Wohnliegenschaft vom 19. November 2001, Zürcher Steuerbuch Nr. 37/460.

die Verfahrensrechte und die Verfahrenspflichten sowie die Steuerschuldpflicht.

Trotzdem ist der Erwerber gut beraten, im Kaufvertrag entweder die Sicherstellung der mutmasslich geschuldeten Steuer zu verlangen oder, noch besser, diese unter Abzug vom Kaufpreis direkt à conto Grundstückgewinnsteuer des Verkäufers an das Steueramt einzuzahlen[411].

> **TIPP**
> Sehr zu empfehlen ist es, über die mutmassliche Steuerlast beim zuständigen Grundsteueramt Auskunft einzuholen. Hier wird man auch erfahren, ob noch Steuern aus früheren Handänderungen ausstehend sind.

Veräusserer ist diejenige natürliche oder juristische Person, die das Eigentum an einem Grundstück oder die wesentlichen Herrschaftsrechte daran auf den Erwerber überträgt, oder deren Grundstück mit einer privatrechtlichen Dienstbarkeit oder einer öffentlichrechtlichen Eigentumsbeschränkung belastet wird.

Bei den zivilrechtlichen Veräusserungen ist der im Grundbuch eingetragene Eigentümer steuerpflichtig. Bei wirtschaftlichen Veräusserungen ist die Person Steuersubjekt, welche die Verfügungsgewalt über das Grundstück tatsächlich innehat. Wird ein Grundstück mit einer privatrechtlichen Dienstbarkeit oder einer öffentlichrechtlichen Eigentumsbeschränkung belastet, ist der Eigentümer des belasteten Grundstückes steuerpflichtig. Bei der Übertragung von Anteilen an Immobiliengesellschaften ist der veräussernde Anteilsinhaber steuerpflichtig. Bei Kettengeschäften ist derjenige steuerpflichtig, der die Liegenschaft oder ein Kaufrecht mit Substitutionsklausel veräussert und derjenige, der einen Dritten in den Vertrag eintreten lässt.

1.8.2. Ehefrau, Kinder und Rechtsnachfolger

Die Ehegatten und die unmündigen Kinder sind für die Grundstückgewinnsteuer selbständig steuerpflichtig. Die Familienbesteuerung gilt nur für die Einkommens- und Vermögenssteuern[412].

Stirbt der Veräusserer im Verlaufe des Einschätzungsverfahrens, treten seine Erben von Gesetzes wegen in seine Rechte und Pflichten

---

[411] Vgl. zur Haftungs- und Pfandrechtsproblematik A.9, S. 80.
[412] Art. 11 StHG; Art. 9 DBG (nur für Einkommenssteuern).

ein. Wenn mehrere Rechtsnachfolger in die Stellung des Erblassers eintreten, gelten die Regeln für die Gesamthandschaft.

1.8.3. Nutzniessung und Treuhandverhältnisse

Steuerpflichtig ist stets der Eigentümer, nicht der Nutzniesser.

Im Falle eines Treuhandverhältnisses ist der Treugeber steuerpflichtig, wenn der Treuhänder zur Rückübertragung des Grundstücks auf den Treugeber verpflichtet ist und das Treuhandverhältnis auch offen gelegt ist. Ist dies der Fall, ist die Übertragung des Grundstücks auf den Treuhänder grundstückgewinnsteuerrechtlich unbeachtlich.

1.8.4. Miteigentum

Ein Miteigentümer, der seinen Anteil an einem Grundstück veräussert, ist in Bezug auf seinen veräusserten Anteil Steuersubjekt für die Grundstückgewinnsteuer. Das gilt auch für den Stockwerkeigentümer, der Eigentümer an einem Miteigentumsanteil mit Sondernutzungsrecht ist. Der Miteigentümer hat nur die auf seinem Anteil anfallende Steuer zu übernehmen und haftet nicht für die Grundstückgewinnsteuer der übrigen Miteigentümer. Der Grundstückgewinn wird für jeden einzelnen Miteigentümer gesondert ermittelt. Zu beachten ist aber, dass eine Verkäufergemeinschaft vorliegt, wenn die Gesamtheit der Miteigentümer ein Grundstück in einem einheitlichen Willensakt veräussert. Eine solche Verkäufergemeinschaft, die eine einfache Gesellschaft bildet, haftet u. U. als Gesamthandschaft (dazu sogleich Ziff. 1.8.5) solidarisch für die ganze anfallende Steuer. Um Ungemach zu vermeiden, sind Miteigentümer deshalb gut beraten die Erlöse auf ein Sperrkonto fliessen zu lassen, das erst nach Begleichung der Steuerforderungen aufgelöst werden kann.

1.8.5. Gesamteigentum

Weil die Grundstückgewinnsteuerpflicht die Rechtsfähigkeit des Veräusserers voraussetzt, kommen als Steuersubjekt der Grundstückgewinnsteuer nur natürliche oder juristische Personen in Betracht. Gesamthandschaften fallen nicht darunter. Bei der Grundstückveräusserung durch eine gesamthänderisch verbundene Personengemeinschaft sind die einzelnen veräussernden Gesellschafter steuerpflichtig. Der Grundstückgewinn wird den Gesellschaftern anteilsmässig zugerechnet. Die Aufteilung des Grundstückgewinnes erfolgt aufgrund des internen Rechtsverhältnisses.

Diese Regelung gilt für die einfache Gesellschaft, die Kollektiv- und Kommanditgesellschaft, die Erbengemeinschaft und die Gütergemeinschaft. Die Gesamtheit der Veräusserer ist auch im Falle der Veräusserung von Anteilen an einer Immobiliengesellschaft durch mehrere, zusammen die Gesellschaft beherrschende Anteilsinhaber steuerbar. Es werden alle beteiligten Veräusserer in das Veranlagungsverfahren einbezogen. In der Steuerverfügung müssen alle Steuerpflichtigen genannt werden, ansonsten ist die Verfügung nichtig.

Die Gesamteigentümer haften wegen der Unteilbarkeit des Steuerobjekts für die Grundstückgewinnsteuer solidarisch. Durch eine Vereinbarung unter den Gesamteigentümern, wie der Grundstückgewinn auf die einzelnen Personen aufgeteilt wird, kann die Solidarhaftung nicht wegbedungen werden.

1.8.6. Steuerüberwälzung und Gewinnbeteiligungsrechte

Nicht massgeblich ist, wer im internen Verhältnis die Steuer bezahlt. Auch wenn sich der Erwerber des Grundstücks vertraglich verpflichtet, die Grundstückgewinnsteuer ganz oder teilweise zu übernehmen, bleibt allein der Veräusserer steuerpflichtig. Die Übernahme der Grundstückgewinnsteuer durch den Erwerber bedeutet vielmehr eine zusätzliche Leistung an den Veräusserer und ist zum Erwerbspreis hinzuzurechnen.

Es kommt auch nicht darauf an, wem der Grundstückgewinn zufliesst. Ein vereinbartes Gewinnbeteiligungsrecht eines Dritten ändert nichts an der gesetzlichen Steuerpflicht des Veräusserers. Dieser bleibt für den gesamten Grundstückgewinn steuerpflichtig, denn die gesetzliche Bestimmung des Veräusserers als Steuersubjekt kann nicht durch Parteivereinbarung abgeändert werden. Eine vertragliche Abweichung wirkt sich einzig zwischen den Vertragsparteien aus.

1.8.7. Zugehörigkeit

Die Steuerpflicht besteht am Ort des Grundstücks. Der steuerrechtliche Wohnsitz des Veräusserers spielt in keinem Fall eine Rolle.

1.8.8. Steuerbefreite Personen

Allgemeine oder teilweise Steuerbefreiungen von der Einkommens- und Vermögens- resp. von den Gewinn- und Kapitalsteuern erstrecken sich grundsätzlich auch auf die Grundstückgewinnsteuern. Das Steuerharmonisierungsgesetz schreibt den Kantonen jedoch zwingend vor, dass sie gewisse für die Belange der Gewinnsteuer steuerbefreite juristische Personen jedenfalls mit der Grundstückgewinnsteuer zu erfassen haben. Einrichtungen der beruflichen Vorsorge, Sozialversicherungs- und Ausgleichskassen, juristische Personen mit öffentlichen, gemeinnützigen oder Kultuszwecken haben danach die aus dem Verkauf ihrer Liegenschaften resultierenden Gewinne zu versteuern[413]. Dies kann auch für den privaten Erwerber durchaus relevant sein, wenn er von einer steuerbefreiten Institution oder Anstalt eine Liegenschaft übernimmt.

1.9. Objekt der Grundstückgewinnsteuer

1.9.1. Gewinn

Steuerobjekt der Grundstückgewinnsteuer ist der Grundstückgewinn, welcher bei einer Veräusserung des Grundstücks realisiert wird. Gegenstand der Steuer ist somit nicht die periodische Wertsteigerung der Liegenschaft, sondern die Wertzunahme, welche im Zeitpunkt des Verkaufs des Grundstücks zutage tritt. Diese ergibt sich aus der Differenz zwischen dem Veräusserungserlös und den Anlagekosten.

	Verkaufserlös
−	Anlagekosten
=	Grundstückgewinn

Abbildung 13 - Ermittlung des Grundstückgewinns

1.9.2. Grundsatz der vergleichbaren Verhältnisse

Aufgrund der Bestimmung des Gewinnes als Differenz zwischen Erlös und Anlagekosten stellt sich die Frage, wie Veränderungen am Grundstück selbst zu berücksichtigen sind. Bspw. wird es unmittelbar einleuchten, dass bei einem Stück Bauland, welches in zwei Parzellen geteilt und überbaut wird, wovon bloss eine veräussert wird, der Erlös für diese eine Parzelle nicht den gesamten Bauland und Baukosten gegenübergestellt werden kann.

Das Grundstückgewinnsteuerrecht behilft sich hier mit einer Fiktion. Nach dem Grundsatz der vergleichbaren Verhältnisse, auch Kongruenzprinzip genannt, muss sich die Grundstückgewinnermittlung auf das dem Umfang und dem Inhalt nach gleiche Grundstück beziehen. Substanzzunahmen und -abnahmen sind bei der Gewinnermittlung zu berücksichtigen resp. auszugleichen[414].

---

[413] Art. 23 Abs. 4 StHG.
[414] StHG-Zwahlen, Art. 12 N 45.

Die Beispiele aus der Praxis sind zahlreich, bei denen dem Verkaufserlös nicht unbesehen die Anlagekosten gegenübergestellt werden können[415].

- Wird Bauland überbaut, ist nach der Veräusserung nicht der Gewinn für das nackte Bauland heranzuziehen, sondern der Erlös für die Gesamtliegenschaft (Boden und Haus) wird dem Preis für das Bauland plus den Baukosten gegenüber gestellt.
- Bei der Parzellierung eines Grundstücks resp. der Zusammenlegung verschiedener Parzellen zu einer Gesamtparzelle wird der Erlös immer den auf die entsprechende Parzelle anzurechnenden Anlagekosten gegenübergestellt. Es wird dabei in aller Regel unterstellt, dass für das Gesamtgrundstück derselbe Quadratmeterpreis bezahlt worden wäre, wie für die einzelnen Parzellen zusammen. Dies kann zu groben Verzerrungen führen, wenn Parzellen an Aussichtslage mit solchen entlang einer Hauptstrasse erworben wurden. Hier wäre nicht eine nach Fläche proportionale Aufteilung angezeigt, sondern ein Verteilschlüssel der Anlagekosten im Verhältnis der aktuellen Verkehrswerte. Erfahrungsgemäss bieten die Steuerbehörden zu solchen pragmatischen sachgerechten Lösungen nicht selten Hand.
- Werden Eigenleistungen als liegenschaftliche Werte beim Erlös mit berücksichtigt, so sind sie auch bei den Anlagekosten zuzulassen. Bei mangelhaftem Nachweis hat eine Schätzung zu erfolgen[416].
- Nach der Begründung eines Baurechts (was grundsteuerlich keine Handänderung und damit keine Besteuerung auslöst) sind bei der nachfolgenden Veräusserung des baurechtsbelasteten Grundstücks keine Aufwendungen für die im Baurecht errichtete Baute zu berücksichtigen[417].
- Wird zugunsten eines Grundstücks ein Wegrecht über das Nachbargrundstück zum Bootsplatz am See gewährt und werden dafür CHF 50 000 bezahlt, so wird sich dies bei der Veräusserung mutmasslich in einem wesentlich höheren Grundstückgewinn niederschlagen. Die CHF 50 000 sind deshalb als Anlagekosten zuzulassen.

---

[415] Vgl. diese und weitere Bsp. in RICHNER/FREI/KAUFMANN/MEUTER, ZH-Komm. § 219 N 9 ff.
[416] RB 1992 Nr. 44.
[417] RB 1992 Nr. 45.

Eine unseres Wissens ungeklärte Frage ist, wie sich Veränderungen von Stockwerkeigentümerquoten auf die Gewinnermittlung auswirken. Im Unterschied zu den genannten Anwendungsfällen bewirkt die Quotenveränderung nämlich keine Wertverminderung oder – vermehrung eines Miteigentumsanteils. Vielmehr ist eine solche Wertänderung Voraussetzung für die Quotenanpassung[418]. Führt also bspw. der Ausbau eines Dachgeschosses, welches neu zu einer eigenen Stockwerkeinheit wird, zu einer Quotenanpassung, so sind bei einem späteren Verkauf diese geänderten Quoten massgebend. Nach dem Kongruenzprinzip wäre es nicht zulässig, dem Dachgeschoss keine Anlagekosten zuzuweisen, nur weil beim Erwerb der Liegenschaft dieses noch nicht als selbstständiges Steuerobjekt bestand.

Besondere Bedeutung kommt dem Kongruenzprinzip auch zu, wenn aufgrund sehr langer Besitzdauer der historische Verkehrswert als Anlagewert herangezogen wird[419]. Die Schätzung ist in diesem Fall so vorzunehmen, wie wenn das veräusserte Grundstück bereits zum historischen Zeitpunkt in vergleichbaren Zustand gewesen wäre. Dies kann für Schätzungsexperten eine grosse Herausforderung darstellen, weil hier eine rein fiktive Bewertung Platz greift.

1.9.3. Veräusserungserlös

1.9.3.1. Verkaufspreis

Als Erlös gilt der Verkaufspreis mit Einschluss aller weiteren Leistungen der erwerbenden Person, die in einem kausalen Zusammenhang mit der Veräusserung stehen. Massgebend ist die von den Parteien vereinbarte Gegenleistung für die Übertragung von Grundstücken oder Rechten daran. Auch Schwarzzahlungen gehören zum Verkaufserlös. Nicht massgebend sind Steuer- und Versicherungswerte. Der Verkaufserlös bestimmt sich allein nach der Vereinbarung der Parteien. Es spielt keine Rolle, in welcher Form der Verkaufspreis bezahlt wird. Wird der Kaufpreis in anderen Vermögensgegenständen als in Geldform geleistet, gilt der Verkehrswert des an Erfüllung statt Geleisteten als Kaufpreis. Entscheidend für die Bestimmung des Verkaufserlöses sind die Verhältnisse am Tag des Abschlusses des Vertrages zwischen den Parteien. Eine danach bis zum Grundbucheintrag eintretende Werteinbusse ist unbeachtlich.

---

[418] Vgl. 712e ZGB.
[419] Vgl. dazu 1.9.4.2, S. 210.

1.9.3.2. Weitere Leistungen

Zum Veräusserungserlös gehören auch alle weiteren Leistungen, welche der Veräusserer vom Erwerber aus dem Verkauf der Liegenschaft erhält. Als solche weiteren Leistungen gelten beispielsweise die Übernahme der Grundstückgewinnsteuer durch den Erwerber oder die Bezahlung der Mehrwertsteuer durch den Erwerber, wenn die Veräusserung mit Mehrwertsteuer erfolgt. Diese Praxis ist jedoch steuersystematisch abzulehnen, da die MWST nicht zum Erlös zählt, welche dem Verkäufer wirtschaftlich verbleibt[420]. Ebenso gehören zum Veräusserungserlös die Entschädigung an den Verkäufer für Umzugskosten oder die Einräumung einer Nutzniessung zu Gunsten des Veräusserers. Auch eine Entschädigung für entgangenen Zins während der Besitzesdauer von der Veräusserung an bis zum Grundbucheintrag ist eine zum Verkaufserlös gehörende weitere Leistung des Erwerbers. Dasselbe gilt auch für eine allfällige Vorauszahlung des Kaufpreises und für die Verzinsung des Kaufpreises vor Übergang des Nutzens.

1.9.3.3. Zusammenrechnungspraxis

Sind Landeigentümer und der Ersteller einer Baute identisch, kommt es in gewissen Kantonen zur Zusammenrechnung von Landwert und Werkpreis. Diese Praxis ist historisch bei der Handänderungssteuer entstanden, weil dort die Bemessungsgrundlage der Verkaufspreis ist und es offensichtlich einen grossen Unterschied ausmacht, ob der Werklohn dessen Teil ist oder nicht[421]. Bei der Grundstückgewinnsteuer macht diese Praxis indes keinen Sinn, weil der Grundstückgewinn nicht grösser wird, wenn der Werklohn zuerst zum Erlös hinzugerechnet und anschliessend auch bei den Anlagekosten berücksichtigt wird. Das Bundesgericht hat denn auch klar festgestellt, dass nur bei der Verschiebung von Gewinnanteilen aus dem Baulandverkauf in den (allenfalls tiefer besteuerten) Gewinn auf der Baute – d. h. faktisch beim Vorliegen einer Steuerumgehung – eine Zusammenrechnung bei der Grundstückgewinnsteuer erfolgen darf[422].

---

[420] Diese Praxis wird auch abgelehnt von LEBER/SCHUMACHER, Berücksichtigung der MWST bei der Bemessung der Grundstückgewinnsteuer, in ST 3/02, S. 249-252. Vgl. dazu auch E.3.7.4, S. 269.
[421] Vgl. deshalb ausführlicher bei der Handänderungssteuer, C.2.5.2, S. 229.
[422] BGE 2A.20/2005 vom 17. Oktober 2005. Dazu MÜLLER, MICHAEL in: StR Nr. 12/2006, 922.

1.9.3.4. Ausgenommene Leistungen

Nicht zum Veräusserungserlös gehören diejenigen Leistungen, welche nicht kausal mit der Grundstückveräusserung zusammenhängen. Entschädigungen für nichtliegenschaftliche Werte, z. B. für Mobiliar, sind von der Grundstückgewinnberechnung auszunehmen[423].

Bei der Enteignung ist nur die Vergütung für den Verkehrswert des Grundstücks Erlös, während Entschädigungen für durch die Enteignung mittelbar eingetretenen Schadens nicht dazu gehören. Als nichtliegenschaftliche Werte gelten auch Inkonvenienzentschädigungen, Zahlungen für Erwerbsausfall oder Umzugskosten.

1.9.3.5. Verkauf von Immobiliengesellschaften

Beim Verkauf einer Mehrheitsbeteiligung an einer Immobiliengesellschaft ergibt sich der Veräusserungserlös, indem zum Verkaufserlös allfällige Schuldübernahmen und das Fremdkapital der Gesellschaft dazugerechnet werden und alle nicht liegenschaftlichen Werte in Abzug gebracht werden[424].

1.9.4. Anlagekosten

Der Anlagewert besteht in der Regel aus dem Erwerbspreis der Liegenschaft, den im Zusammenhang mit dem Erwerb angefallenen Kosten sowie den vorgenommenen wertvermehrenden Aufwendungen.

1.9.4.1. Erwerbspreis

Für Veräusserungen, die ihren Niederschlag im Grundbuch finden, gilt als Erwerbspreis der notariell beurkundete Kaufpreis. Auch bei Kettengeschäften liegen in der Regel öffentlich beurkundete Verträge vor, welche für die Bestimmung der Anlagekosten herangezogen werden können. Bei anderen wirtschaftlichen Handänderungen kann der massgebliche Erwerbspreis indes mangels Urkunden nicht einfach abgelesen werden. Es ist in diesen Fällen auf die Gesamtheit der Leistungen abzustellen, die für die Übertragung der wirtschaftlichen Verfügungsgewalt erbracht wurden. Soweit keine Preisvereinbarung zwischen den Parteien feststellbar ist, gilt der Verkehrswert als Erwerbspreis. Der Verkehrswert ist der Preis, welcher bei einer Veräusserung im gewöhnlichen Geschäftsverkehr mutmasslich hätte erzielt werden

---

[423] Zur Frage der Abgrenzung von liegenschaftlichen und nichtliegenschaftlichen Werten sowie zu den Bestandteilen des Grundstücks resp. seiner Zugehör siehe Ziffer C.1.2, S. 167.
[424] Vgl. Berechnung in E.2.2.2, S. 260.

können. Massgebend ist der objektive, tatsächliche Verkehrswert im Zeitpunkt des Vertragsabschlusses oder der Übertragung der Verfügungsgewalt und nicht etwa der steuerliche Verkehrswert, auf welchem die Vermögenssteuer basiert. Der Verkehrswert wird aufgrund von Schätzungen nach den für den Liegenschaftenhandel anwendbaren Methoden ermittelt.

Bei Tausch und Schenkung ist trotz Eintrag im Grundbuch kein Kaufpreis ersichtlich. Es gilt der Verkehrswert des abgetauschten Vermögenswerts im Zeitpunkt des Tauschs als Erwerbspreis. Wird ein Aufpreis vereinbart, ist dieser zum Erwerbspreis hinzuzurechnen.

1.9.4.2. Ersatzwerte, insb. bei langer Besitzdauer

Der Verkehrwert wird als Ersatzwert für den vereinbarten Preis auch dann herangezogen, wenn der Preisvereinbarung der Parteien keine rechtsgeschäftliche Bedeutung zukommt. Liegt zwischen dem vereinbarten Kaufpreis und dem Verkehrswert einer Liegenschaft ein offensichtliches Missverhältnis vor, ist dies ein Indiz für die fehlende rechtsgeschäftliche Bedeutung der Preisvereinbarung. Die Steuerbehörde setzt den Verkehrswert anstelle des vereinbarten Kaufpreises ein, wenn letzterer weniger als 75% des Verkehrswerts ausmacht[425].

Wird ein Grundstück im Zwangsverwertungsverfahren erworben, gilt der Zuschlagspreis als Erwerbspreis

Bei der Überführung eines Grundstücks des Geschäftsvermögens in das Privatvermögen, ist auf den Verkehrswert abzustellen. Bei der Überführung eines Grundstücks des Privatvermögens ins Geschäftsvermögen gilt der Aktivierungswert als Erlös.

Wird ein Grundstück teilentgeltlich erworben, ist der Betrag, um den das beim teilentgeltlichen Erwerb bezahlte Entgelt die Anlagekosten des Rechtsvorgängers überstiegen hat, zum Erwerbspreis des Rechtsvorgängers hinzuzurechnen.

> **Praxisbeispiel 24 - Anlagekosten bei gemischtem Rechtsgeschäft**
> Peter erhält von seinem Vater eine Liegenschaft mit einem Verkehrswert von CHF 800 000 zu einem Preis von CHF 500 000. Der Vater hatte diese Liegenschaft seinerzeit für CHF 400 000 erworben.

---

[425] So die Praxis im Kt. ZH. Vgl. zu den gemischten Rechtsgeschäften hinten D.2.7, S. 241.

> Der Erwerbspreis für die Berechnung des Grundstückgewinns bei einer späteren Veräusserung durch den Sohn Peter beträgt:
>
> | | | |
> |---|---|---|
> | | CHF 400 000 | (Anlagekosten des Vaters) |
> | + | CHF 100 000 | (die Anlagekosten übersteigendes Entgelt des Sohnes) |
> | = | CHF 500 000 | |
>
> Die Grundstückgewinnsteuer wird vollständig aufgeschoben, weil beim Übergang vom Vater auf Peter der Erwerbspreis bloss 62,5% des Verkehrswertes ausmacht. Eine Schenkungssteuer wird im Verhältnis Vater – Sohn in den meisten Kantonen nicht erhoben.

Wird ein Grundstück veräussert, das der Veräusserer damals auf dem Wege einer steueraufschiebenden Veräusserung erworben hat, ist der Erwerbspreis der letzten steuerauslösenden Veräusserung massgebend, und die seither angefallenen Aufwendungen werden dazugerechnet[426].

Eine besondere Regelung ist in den meisten kantonalen Steuergesetzen vorgesehen für den Fall, dass der Erwerb einer Liegenschaft zeitlich weit zurück liegt. Je nach kantonaler Regelung hat der Verkäufer die Möglichkeit, anstelle des effektiven Erwerbspreises den Steuerwert der Liegenschaft vor einer Anzahl Jahre vor der Veräusserung oder einen historischen Verkehrswert geltend zu machen. Dadurch ergeben sich auf jeden Fall administrative Vereinfachungen und unter Umständen auch Steuereinsparungen. Liegt der historische Verkehrswert nämlich über den tatsächlichen Anlagekosten, kann ein steuerfreier Kapitalgewinn auf unbeweglichem Vermögen realisiert werden (!) wie Abbildung 14 am Bsp. des Kantons Zürich zeigt.

---

[426] Vgl. dazu auch C.1.7.1 insb. das Bsp. auf 189.

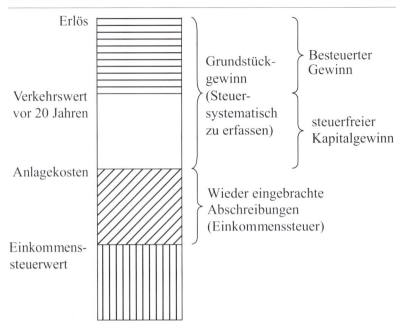

Abbildung 14 - Erwerbspreis bei langem Besitz im monistischen System (ZH)

Eine besondere Regelung kennt der Kanton Aargau. Ist das Grundstück im Zeitpunkt der Veräusserung überbaut und war es länger als zehn Jahre im Besitz der steuerpflichtigen Person, so werden die Anlagekosten pauschaliert, wobei die Pauschale in Prozent des Veräusserungserlöses bemessen wird[427]. Der Nachweis höherer effektiver Anlagekosten bleibt selbstverständlich vorbehalten.

Tabelle 16 - Ersatzwert bei der Bestimmung der Anlagekosten bei langer Besitzdauer

Kt.	Anzahl Jahre seit Erwerb	massgebender Wert	Kt.	Anzahl Jahre seit Erwerb	massgebender Wert
AG	10	Pauschalierung möglich: Anlagekosten je nach Besitzesdauer von 65–80% des Veräusserungserlöses	NW	–	150% des historischen Güterschatzungswertes, falls Erwerbspreis nicht feststellbar
AI	20	Amtlicher Verkehrswert	OW	20	Verkehrswert
AR	20	Amtlicher Verkehrswert	SG	50	Verkehrswert
BE	–	Keine Regelung	SH	10	Steuerwert
BL	20	Verkehrswert	SO	30	Verkehrswert

---

[427] § 105 StG/AG.

Kt.	Anzahl Jahre seit Erwerb	massgebender Wert	Kt.	Anzahl Jahre seit Erwerb	massgebender Wert
BS	Erwerb vor 01.01.1977	Realwert (Gebäudeversicherungswert abzüglich Altersentwertung zu dieser Zeit) oder höherer Einstandswert (Erwerbspreis)	SZ	25	Steuerwert
FR	15	Steuerwert vor mind. vier Jahren vor Veräusserung	TG	20	Steuerwert
GE	10	Steuerwert fünf Jahre (bei einer lokalen Liegenschaft) bzw. zehn Jahre vor der Veräusserung	TI	20	Schätzungswert
GL	30	Verkehrswert	UR	25	Steuerwert zuzüglich 50%
GR	Wenn Erwerbspreis nicht mehr feststellbar	Vermögenssteuerwert bei letzter Handänderung	VD	10	Steuerwert
JU	–	Keine Regelung	VS	–	Verkehrswert bei letzter Handänderung falls Erwerbspreis nicht feststellbar
LU	30	Katasterwert zuzüglich 25%	ZG	20	Verkehrswert
NE	25	Katasterwert	ZH	20	Verkehrswert

1.9.4.3. Weitere anrechenbare Kosten

Zum Anlagewert zählen auch alle unmittelbar mit dem Erwerb verbundenen Kosten und Gebühren (Nebenkosten) wie etwa Grundbuch- und Notariatskosten, Handänderungssteuern, Auslagen für die Errichtung von Grundpfandrechten und Kosten für ein Bewilligungsverfahren. Auch die üblichen Mäklerprovisionen sowie die Insertionskosten sind anrechenbare Auslagen des Veräusserers. Als üblich gelten Mäklerprovisionen von 2 bis 3% des Veräusserungswertes. Viele Kantone sind in ihrer Praxis aber sehr zurückhalten und lassen Provisionen nur bis zu einer bestimmten Maximalgrenze zu. Begründet wird diese Haltung damit, dass mit einer hohen Mäklergebühr auch Kosten abgegolten würden, welche nicht mit dem Verkauf der Liegenschaft in direktem Zusammenhang stünden. Dies ist bei Geschäften unter Nahestehenden nachvollziehbar, aber jedenfalls unzulässig bei reinen Drittgeschäften.

1.9.4.4. Wertvermehrende Aufwendungen

Vom Veräusserungserlös in Abzug gebracht werden können alle wertvermehrenden Aufwendungen. Darunter fallen diejenigen Auslagen für bauliche Verbesserungen, welche nicht dem Erhalt der Liegenschaft und deren Nutzungsmöglichkeit dienten, sondern zu deren dauernden Verbesserung geführt haben. Die Wertsteigerung eines Grundstückes kann nicht nur in körperlichen Verbesserungen liegen. Auch Kosten für rechtliche Verbesserungen wie beispielsweise die Kosten für die Ablösung eines zur Zeit des Erwerbs der Liegenschaft noch bestehenden Wohnrechts, sind zu den Anlagekosten zu schlagen.

Liegenschaftsaufwendungen, welche der Steuerkommissär bei der jährlichen Steuererklärung nicht als werterhaltend qualifiziert und deshalb nicht zum Abzug bei der Einkommens- bzw. Gewinnsteuer zugelassen hat, können nun immerhin bei der Grundstückgewinnsteuer geltend gemacht werden[428]. Dies gilt auch für die durch die Anwendung der Dumont-Praxis nach dem Erwerb nicht zugelassenen Sanierungskosten. Grundsätzlich gilt, dass Aufwendungen, die bei der Einkommens- bzw. Gewinnsteuer zu berücksichtigen sind, nicht nochmals bei der Grundstückgewinnsteuer als Anlagekosten geltend gemacht werden können. Dies betrifft vor allem die Liegenschaftsunterhaltskosten. Auch Schuldzinsen können grundsätzlich nicht bei der Ermittlung des Grundstückgewinnes als Anlagekosten in Abzug gebracht werden, sondern werden bei der Einkommens- bzw. Gewinnsteuer berücksichtigt.

Gewisse Schuldzinsen gelten aber als Anlagekosten. Baukreditzinsen beispielsweise, die für die Zeit vor der Fertigstellung einer Baute bezahlt werden und bei der Einkommenssteuer nicht erfasst werden können, stellen anrechenbare Anlagekosten dar[429].

Beispiele anrechenbarer Aufwendungen
- Aufwendungen für die bauliche Erschliessung eines Grundstücks
- Baukosten für die Erstellung oder Verbesserung eines Grundstücks
- Projektkosten von Architekten, Bauingenieuren und Generalunternehmern, wenn das Projekt ausgeführt oder mit dem Grundstück zusammen veräussert wurde
- Kosten für die rechtliche Verbesserung eines Grundstücks

---

[428] Siehe bei FN 237.
[429] Vgl. zur Kritik an dieser Praxis B.3.14, S. 130.

- Kosten für die Nachholung von Unterhaltsarbeiten in den ersten Jahren seit Erwerb einer im Unterhalt vernachlässigten Liegenschaft (gemäss so genannter Dumont-Praxis)
- Abbruchkosten
- Grundeigentümerbeiträge an die Kosten staatlicher Infrastruktur, soweit diese eine Wertsteigerung des Grundstücks bewirkt
- Mäklerprovisionen im ortsüblichen Umfang
- Handänderungssteuern
- Kosten für die Beurkundung des Vertrages und die Eintragung im Grundbuch
- Kosten für Bewilligungen
- Insertionskosten
- Baukreditzinsen
- Prozesskosten für Verfahren um die Durchsetzung des Anspruches auf Grundstücksübertragung
- Schätzungs-, Vermessungs-, Planungskosten
- AHV-Beiträge bei Immobilienhändlern
- MWST, falls diese zum Erlös gezählt wird (Bruttobetrachtung)

Beispiele regelmässig nicht anrechenbarer Aufwendungen
- Unterhaltskosten
- Umzugskosten
- Grundstückgewinnsteuern
- Gewinnbeteiligungsrechte Dritter
- Kosten im Zusammenhang mit der Finanzierung
- Schuldzinsen

Weil bis zur Wiederveräusserung einer privat genutzten Liegenschaft häufig Jahre vergehen, ist es von zentraler Bedeutung, alle diese Belege sorgfältig aufzubewahren. Wie alle steuermindernden Tatsachen hat der Steuerpflichtige die anrechenbaren Aufwendungen hinsichtlich Bestand und Umfang nachzuweisen. Die Vorlage quittierter Rechnungen ist ein genügender Beweis für die Zahlung. Von einem Hauseigentümer wird erwartet, dass er die nötigen Belege gesondert aufbewahrt. Immerhin ist anzufügen, dass fehlende Belege nicht einfach zur Streichung der entsprechenden Kosten führen dürfen (was in der Praxis leider dennoch allzu oft geschieht). Vielmehr hat die Steuerbehörde die vorgenommenen Wertvermehrungen, welche bei einem Gebäude in aller Regel ja sicht- und greifbar sind, betraglich zu schätzen.

Wichtige aufzubewahrende Belege
Urkunde Kauf und Verkauf
Abrechnungen Handänderungsteuer, Grundbuchgebühr, Makler
Rechnungen für Projektierung, Architektenhonorar etc.
Eigentümerbeiträge für Erschliessungen, Perimeterbeiträge. Quartierpläne
Baukostenabrechnungen, Handwerkerrechnungen
Rechnung für Aufrichtefest
Rechnungen für Erneuerungsarbeiten
Rechnungen für Begründung Stockwerkeigentum
Inseratekosten für Verkauf

Abbildung 15 - Aufzubewahrende Belege bei der GGSt

1.9.5. Gesamtveräusserung

Von einer Gesamtveräusserung spricht man, wenn zu verschiedenen Zeiten erworbene Grundstücke oder Anteile an solchen zusammen veräussert werden. Das Steuerharmonisierungsgesetz äussert sich nicht dazu, wie bei einer Gesamtveräusserung der Grundstückgewinn zu ermitteln ist und überlässt die Regelung den Kantonen.

Die kantonalen Regelungen sind unterschiedlich. Nach dem Grundsatz der gesonderten Ermittlung des Grundstückgewinnes wird sinnvollerweise zuerst der Gesamterlös auf die einzelnen Teilgrundstücke verteilt. Dann werden die Anlagekosten jedes Teiles gesondert ermittelt und einem bestimmten Teilgrundstück zugerechnet, sofern eine Zuordnung möglich ist. Aus der Differenz zwischen den Teilveräusserungserlösen und den Teilanlagewerten ergeben sich die Teilgewinne. Bilden die veräusserten Grundstücke zusammen eine wirtschaftliche Einheit, sehen die kantonalen Gesetze zum Teil eine andere Gewinnermittlung vor, indem der Gewinn auf allen Flächen gesamthaft ermittelt und dieser anschliessend im Verhältnis der Flächen der veräusserten Grundstücke verteilt wird.

1.9.6. Teilveräusserung

Wird ein Grundstück sukzessive veräussert, spricht man von einer Teilveräusserung. Eine solche liegt insb. in folgenden Fällen vor:

- Veräusserung von Anteilen an Grundstücken
- Übertragung von Miteigentumsanteilen, insb. Veräusserung von Stockwerkeigentumseinheiten nach der Stockwerkeigentumsbegründung

- Übertragung von Gesamteigentumsquoten
- Übertragung von Beteiligungsrechten an einer Immobiliengesellschaft
- Belastung eines Grundstücks mit privatrechtlichen Dienstbarkeiten oder öffentlich-rechtlichen Eigentumsbeschränkungen

Der Gesamterlös ist bei der Teilveräusserung bekannt. Separat zu ermitteln sind die auf die einzelnen Teile entfallenden Anlagekosten. Aufwendungen, die sich klar auf einen bestimmten Grundstücksteil beziehen, werden diesem direkt zugeordnet. Wenn eine eindeutige Zuordnung von Aufwendungen nicht möglich ist, erfolgt die Aufteilung nach objektiven Kriterien, wie z. B. nach der Fläche oder nach Wertquoten[430].

1.9.7. Verlustverrechnung

Unter welchen Voraussetzungen Verluste aus der Veräusserung von Grundstücken oder Grundstücksteilen des Privatvermögens mit Verlusten aus der Veräusserung anderer Grundstücke oder Teilen daran möglich ist, und welche Methode für diese Verrechnung Anwendung findet, überlässt der Bundesgesetzgeber den Kantonen. Die Darstellung sämtlicher kantonaler Regelungen in diesem Bereich würde den Rahmen der Darstellung sprengen. U. E. ist jedoch klar, dass das Prinzip der Besteuerung nach der wirtschaftlichen Leistungsfähigkeit es den Kantonen verbietet, Grundstückverluste gänzlich ausser Acht zu lassen. Jedenfalls wenn in der gleichen Steuerperiode Gewinne erzielt werden und Verluste aus der Veräusserung anderer Objekte eintreten, ist eine Verrechnung zwingend zuzulassen.

1.10. Steuerberechnung

1.10.1. Tarifautonomie und Leitplanken der Festlegung der Steuersätze

Das Steuerharmonisierungsgesetz vereinheitlicht die kantonalen Steuersätze nicht. Den Kantonen steht die Tarifautonomie zu. Das StHG bestimmt nur, dass kurzfristig realisierte Grundstückgewinne stärker zu besteuern sind[431]. Damit wird die Problematik der Spekulationsgewinne angesprochen, ohne zu sagen, wie genau eine Zuschlags-

---

[430] Zur Frage der Teilveräusserung nach Veränderung der Wertquoten bei Stockwerkeigentum vgl. C.1.9.2 a.E. des Abschnitts, S. 207.
[431] Art. 12 Abs. 5 StHG.

verpflichtung umzusetzen ist. Aufgrund der Gesetzessystematik ist auch klar, dass nicht nur auf in kurzer Zeit realisierte Gewinne auf Privatliegenschaften, sondern auch Spekulationsgewinne auf Geschäftsliegenschaften stärker zu besteuern sind. Ebenfalls ist diese Anforderung sowohl im monistischen System als auch im dualistischen umzusetzen, was steuersystematisch eine Fülle von Problemkreisen öffnet. Es ist deshalb nicht erstaunlich, dass bisher kaum ein Kanton mit dualistischem System der Aufforderung nachgekommen ist[432].

Die Höhe der Grundstückgewinnsteuer wird je nach kantonaler Regelung von unterschiedlichen Faktoren bestimmt[433]. Als Objektsteuer wird die Grundstückgewinnsteuer jedenfalls ohne Berücksichtigung der übrigen Einkommensverhältnisse der steuerpflichtigen Person erhoben. Je nach kantonaler Regelung kann die absolute Höhe des Grundstückgewinnes oder die relative Gewinnhöhe, d. h. das Verhältnis zwischen Gewinn und investierten Anlagekosten, den Steuerbetrag beeinflussen. In einzelnen Kantonen ist die Höhe des Gewinnes ohne Bedeutung für den Steuersatz (z. B. im Kanton Aargau). Der Steuertarif muss nicht progressiv ausgestaltet sein. Bei einem proportionalen Tarif wird jeder Gewinn, unabhängig von seiner Höhe, zum gleichen Steuersatz besteuert. Bei progressiver Ausgestaltung wird in beschränktem Umfang dem Grundsatz der wirtschaftlichen Leistungsfähigkeit Rechnung getragen, indem der Steuerpflichtige mit höheren Veräusserungsgewinnen einen höheren Prozentsatz davon an den Staat abliefern muss. Für den Fall, dass innerhalb derselben Steuerperiode und desselben Kantons mehrere Grundstückgewinne anfallen, sehen einige Kantone vor, dass diese Einzelgewinne für die Bestimmung des Steuersatzes für die Grundstückgewinnsteuer zusammenzurechnen sind. Ein weiterer Faktor, der die Höhe der Grundstückgewinnsteuer bestimmt, ist die Besitzesdauer.

---

[432] Vgl. als Ausnahme den Kt. SG (Art. 141 Abs. 1 StG), der allerdings Gewinne auf Liegenschaften im Geschäftsvermögen auch nicht speziell tarifiert. Erstaunlich ist die Weigerung der Kantone auch deshalb nicht, weil die Bestimmung in Abs. 5 von Art. 12 StHG verfassungswidrig ist, dazu StHG-Zwahlen, Art. 12 N 79.

[433] Tabelle 17 - Einfluss der Besitzesdauer auf die Tarifstruktur der GGSt, S. 220 f., zeigt die maximal möglichen Zuschläge sowie die minimalen Tarife im Falle sehr langer Besitzdauern.

1.10.2. Besitzesdauer

1.10.2.1. Bedeutung

Der zwingenden Vorschrift der stärkeren Besteuerung der kurzfristig realisierten Grundstückgewinne kann durch die tarifliche Ausgestaltung Genüge getan werden. Durch eine Ermässigung in Abhängigkeit von der Besitzesdauer, durch einen Zuschlag bei kurzer Dauer oder durch eine Kombination von Reduktion bei langer und einem Zuschlag bei kurzer Besitzesdauer wird die stärkere Steuerbelastung bei kurzfristiger Gewinnrealisierung gewährleistet. Im Kanton Genf als einzigem Kanton entfällt die Grundstückgewinnsteuer ab einer Besitzesdauer von 25 Jahren vollumfänglich. Alle anderen Kantone kennen einen Endlostarif. Damit ist unabhängig von der Besitzesdauer stets die Grundstückgewinnsteuer geschuldet, wenn ein Veräusserungsgewinn erzielt wird.

Die Besitzesdauer ist auch bedeutsam für die Berechtigung, statt der effektiven Anlagekosten einen durch den Kanton bestimmten Richtwert als Grundlage für die Grundstückgewinnberechnung einzusetzen[434].

---

[434] Vgl. Tabelle 16 - Ersatzwert bei der Bestimmung der Anlagekosten bei langer Besitzdauer, S. 212.

Tabelle 17 - Einfluss der Besitzesdauer auf die Tarifstruktur der GGSt

	GGSt Grenzsteuersatz	Anwendung Grenzsteuersatz ab wieviel Gewinn (in CHF)	Maximum: Maximale Erhöhung (in Prozenten des Steuerbetrages)	Haltedauer (in Jahren)	Minimum: Maximale Reduktion (in Prozenten des Steuerbetrages)	Haltedauer (in Jahren)	
AG	40%	100 000	5 - 40%, Satz ist proportional und nur von der Haltedauer abhängig				
AI	40%	100 000	36	< 1 Monat	50	>20	Bei Haltedauer < 3 Jahre: 1% Erhöhung pro fehlenden Monat Erhöhung
AR	30% proportional	-	50	1/2	50	>30	
BE	8.1% einfache Steuer	309 900	70	<1	70	>35	Einfache Steuer ist mit Steueranlagen von Kanton, Gemeinde und evtl. Kirchgemeinde zu multiplizieren
BL	25%	120 000	100	<1 Monat	*)	>30	*): 50 000 ab 30 Jahren Haltedauer bei selbstbenutzten Liegenschaften. Privileg, wenn Gewinn der Vorsorge dient.
BS	60% proportional	-	(keine Erhöhung)	-	60%	>25	Bei dauernd und ausschliesslich selbstgenutzten Wohnliegenschaften ist Steuersatz immer 30%. Zu versteuernder Grundstückgewinn wird ab 6 Jahren Haltedauer reduziert auf max. 60%.
FR			Es besteht kein Grundtarif. Die Steuer beträgt 10 - 22% des Gewinnes.				
GE			0 - 50%, Satz ist proportional und nur von der Haltedauer abhängig				ab 25 jähriger Besitzesdauer keine Grundstückgewinnsteuer
GL	30%	20 000	30	<1	90	30	
GR	15%	136 500	24	<1 Monat	51	>34	
JU	6%	210 000	50	<2	30	>30	keine Erhöhung, wenn Spekulationsabsicht ausgeschlossen
LU			40	<2	25	>32	Grundstückgewinnsteuersatz bemisst sich nach Einkommenssteuertarif, jedoch max. 6.1%, und wird mit Steuerfuss von derzeit 4.2 multipliziert
NE	30%		60	<1	60	>14	
NW			14 - 40%, Satz ist proportional und nur von der Haltedauer abhängig				
OW	2% proportional einfache Grundstückgewinnsteuer		30	<1	15	>20	Ordentliche Kantonssteuer ist 2.95 Einheiten der einfachen Grundstückgewinnsteuer. Zusätzlich ist letztere mit Gemeindesteuerfuss zu multiplizieren.
SG	10%	600 000	5	<1	*)	15	*): Maximale Ermässigung 40,5% für den Gewinn bis 500 000, 30% für Gewinnanteil über 500 000.
SH	15%	100 000	50	<6 Monate	60	17	Maximalbelastung für Kanton und Gemeinde zusammen 50%

Verkauf — Steuern und Immobilien

SH	15%	100 000	50	<6 Monate	60	17	Maximalbelastung für Kanton und Gemeinde zusammen 50%
SO	Besteuerung zum Grundtarif der Einkommensteuer + Gemeinde- und Kirchensteuer						Maximale Ermässigung aufgrund langer Besitzdauer: 50% nach 30 Jahren. Ermässigung aufgrund Alter (58) oder Invalidität: falls veräussertes Grundstück mehr als 1/4 des gesamten Vermögens und falls der Erlös als Vorsorge verwendet wird: Besteuerung zu dem Satz, wenn anstelle des Grundstückgewinns eine jährliche Leistung ausgerichtet würde.
SZ	30%	40 000	40	<1	70	25	Gewinne bis 2 000 sind steuerfrei im Sinne eines Freibetrages.
TG	40% proportional		36	<1 Monat	72	18	Ermässigung von 4% für die ersten 6 Jahre, dann 4% für jedes weitere Jahr bis maximal 72%.
TI	3 - 30%, Satz ist proportional und nur von der Haltedauer abhängig						
UR	35%	390 000	25	<1	65	>25	
VD	7 - 30%, Satz ist proportional und nur von der Haltedauer abhängig						
VS	Nach Gewinnhöhe und Besitzesdauer abgestuft und mit Gemeindesteuern						Maximum bei Gewinnen ab 100 001 im 1. Jahr liegt bei 38.4%, Minimum bei Gewinnen bis 50 000 nach 25 Jahren Haltedauer liegt bei 1%.
ZG	10-60%, abhängig von Rendite (bzw. Grundstückgewinn im Verhältnis zu Anlagekosten) sowie von der Besitzesdauer						Grundstückgewinne unter 5 000 werden nicht besteuert. Bei Besitzdauer bis 5 Jahren werden die (angefangenen) Monate mitgezählt. Ab 5 Jahren Besitzesdauer werden nur die (angefangenen) Jahre für die Satzberechnung mitgezählt.
ZH	40%	100 000	50	<1	50	>20	

1.10.2.2. Berechnung

Die Besitzesdauer entspricht der Zeitspanne zwischen Erwerb und Veräusserung. Das Steuerharmonisierungsgesetz enthält keine Bestimmung zur Besitzdauer.

Bei der Veräusserung von Grundstücken, die durch eine steueraufschiebende Veräusserung erworben worden sind, ist die Besitzesdauer des Rechtsvorgängers auf die eigene Besitzesdauer anzurechnen. Bei einem teilweisen Steueraufschub berechnet sich die Besitzesdauer für denjenigen Teil des Gewinns, der noch nicht besteuert wird, abweichend vom besteuerten Gewinnteil, bei dem sich die Besitzesdauer normal, nach der Zeit zwischen dem steuerbegründenden Erwerb und dem Zeitpunkt der die Steuer auslösenden Veräusserung bestimmt.

Bei der Gesamtveräusserung sowie der Teilveräusserung wird wie der Grundstückgewinn auch die Besitzdauer gesondert für jedes Teilgrundstück ermittelt.

Unvollständige Besitzjahre werden in den meisten Kantonen nicht berücksichtigt, so dass eine Abrundung nach unten stattfindet, selbst wenn nur noch eine kurze Zeit für die Vollendung eines weiteren Besitzjahres gefehlt hätte.

> **TIPP**
> Es empfiehlt sich vor einer Veräusserung die aktuelle Besitzesdauer abzuklären und den Beurkundungstermin – sofern der Käufer dazu Hand bietet – hinauszuschieben, bis das nächste Besitzjahr vollständig abgelaufen ist.

1.10.3. Bagatellgewinne

In vielen Kantonen werden Gewinne, die einen bestimmten Frankenbetrag nicht erreichen, nicht besteuert. Die Höhe dieser steuerfreien Bagatellgewinne variiert von Kanton zu Kanton. Einzelne Kantone stellen bei der Bestimmung eines Freibetrags nicht auf den erzielten Grundstückgewinn ab, sondern sehen von der Erhebung der Grundstückgewinnsteuer ganz ab, wenn die Steuer einen gewissen Betrag nicht erreicht.

Tabelle 18 - Steuerfreie Bagatellgewinne

Kanton	Es werden nicht besteuert		Kanton	Es werden nicht besteuert	
	Grundstück-gewinne unter CHF	Steuerbeträge unter CHF		Grundstück-gewinne unter CHF	Steuerbeträge unter CHF
AG	Kein Minimalbetrag	Kein Minimalbetrag	NW	–	
AI	4 000		OW	3 200	
AR	3 000		SG	2 200	
BE	5 000		SH	5 000	
BL	Kein Minimalbetrag	Kein Minimalbetrag	SO	6 884	
BS	500		SZ	2 000	
FR	6 000		TG	Kein Minimalbetrag	Kein Minimalbetrag
GE	Kein Minimalbetrag	Kein Minimalbetrag	TI	Kein Minimalbetrag	Kein Minimalbetrag
GL	5 000 (2 000 bei parzellenweiser Veräusserung)		UR	7 000	
GR	3 000		VD	5 000	
JU	4 000		VS		100
LU	13 000		ZG	5 000	
NE		100	ZH	5 000	

1.11. Verfahren

Der Veräusserer hat bei der Gemeinde, in der das veräusserte Grundstück liegt, eine Grundstückgewinnsteuererklärung einzureichen. In den kantonalen Gesetzen ist häufig eine Meldepflicht für Urkundspersonen und das Grundbuchamt vorgesehen, wonach jede Veräusserung den Steuerbehörden zu melden ist.

2. Handänderungssteuer

2.1. Charakter und Steuerhoheit

Die Handänderungssteuer ist der Zwilling der Grundstückgewinnsteuer, von dieser steuersystematisch jedoch grundverschieden. Während letztere im Zeitpunkt der Veräusserung den Mehrwert einer Liegenschaft besteuert, wird die Handänderungssteuer auf dem Grundstückgeschäft als solchem erhoben. Sie ist eine Rechtsverkehrssteuer, deren Steuerobjekt der Übergang eines dinglichen Rechts an Grundstücken von einer Person auf eine andere ist.

Es sind die Kantone oder die politischen Gemeinden oder beide, welche die Handänderungssteuer erheben. Der Bund hat keine Kompetenz, den Rechtsverkehr an Grundstücken zu besteuern. Im Unterschied zur Rahmengesetzgebung des Bundes im Bereich der Grundstückgewinnsteuern, sind die Handänderungssteuern und -gebühren allein die Domäne der Kantone[435].

Die Terminologie für die Steuererhebung ist sehr unterschiedlich. Eine eigentliche Handänderungssteuer erheben nur ca. die Hälfte der Kantone. Andere verbinden mit der Steuer auch die Erhebung der Grundbuchgebühren (sog. Gemengsteuer). Wiederum andere belassen es ganz beim Gebührencharakter der Abgabe, wie z. B. Aargau, Uri, Glarus und Schaffhausen.

Seit dem 1. Januar 2005 erhebt der Kantons Zürich keine Handänderungssteuer mehr. Die Grundbuchgebühr bleibt jedoch bestehen.

Die Steuerhoheit obliegt, was im Zusammenhang mit Grundstücken die Regel bildet, im interkantonalen und internationalen Verhältnis dem Kanton, in dem das Grundstück gelegen ist.

In Tabelle 19 ist angegeben, welchem Gemeinwesen die Steuererhebung zusteht.

Tabelle 19 - Steuerhoheit Handänderungssteuern

Kanton	Kantonssteuer	Gemeindesteuer		Gemeindebeteiligung am Ertrag der Kantonssteuer
		obligatorisch	fakultativ	
AG	Grundbuchabgabe nebst Kanzleigebühren			
AI	X			Die Bezirke, Kirch- und Schulgemeinden sind mit je 10% am Ertrag beteiligt.
AR		X		
BE	X			
BL	X			In den «Landgemeinden» Bettingen und Riehen werden nur 50% der Steuer durch den Kanton erhoben
BS	X			
FR	X		Gemeinden können einen Steuerzuschlag bis zur Höhe der Staatssteuer erheben	

---

[435] Von diesem Grundsatz gibt es seit Inkrafttreten des BG über Fusion, Spaltung, Umwandlung und Vermögensübertragung (FusG) eine Ausnahme. Art. 103 FusG bestimmt, dass die Erhebung von Handänderungsabgaben bei Umstrukturierungen ausgeschlossen ist. Diese Bestimmung wird für die Kantone per 1. Juli 2009 verbindlich.

Kanton	Kantonssteuer	Gemeindesteuer		Gemeindebeteiligung am Ertrag der Kantonssteuer
		obligatorisch	fakultativ	
GE	X			⅓ : jedoch max. MCHF 13 jährlich (für 2003); geht an den Fonds für gemeindeeigene Infrastruktur
GL	Gemengsteuer			
GR		(Da die Handänderungssteuer im Kanton GR eine reine Gemeindesteuer ist, können für diesen Kanton keine Aussagen mit Gültigkeit für das ganze Kantonsgebiet gemacht werden.)		
JU	X			
LU	X			⅓ zusätzlich 1% Veranlagungs- und Inkassoprovision
NE	X			
NW	X			
OW	X			50%
SG		X		
SH	Gemengsteuer			
SO	X			
SZ		X		
TG	X			
TI	X			
UR	Gemengsteuer			
VD	X		Gemeinden können Steuerzuschlag bis zu 50% der Staatssteuer erheben.	
VS	X			
ZG	X			50%
ZH	abgeschafft per 1.1.2005			

2.2. Steuerobjekt

Damit die Handänderungssteuer ausgelöst wird, muss eine Handänderung an einem Grundstückstück vorliegen. Der Begriff des Grundstücks bei der Handänderungssteuer ist mit jenem bei der Grundstückgewinnsteuer deckungsgleich, weshalb auf die entsprechenden Ausführungen verwiesen werden kann[436].

Steuerobjekt ist die Handänderung. Als solche gelten in den meisten Kantonen der zivilrechtliche Eigentumswechsel, die Übertragung der tatsächlichen und wirtschaftlichen Verfügungsgewalt (wirtschaft-

---

[436] C.1.2, S. 167.

liche Handänderung) sowie die entgeltliche Belastung mit privatrechtlichen Dienstbarkeiten oder öffentlich-rechtlichen Eigentumsbeschränkungen. Für die weiteren Details zur Handänderung in diesem weiten Sinn kann auf die Ausführungen zur Veräusserung bei der Grundstückgewinnsteuer verwiesen werden[437].

Indes ist nicht zu übersehen, dass die Regelungsvielfalt schier grenzenlos ist und einige Kantone resp. Gemeinden unter dem Begriff der Handänderung explizit nur zivilrechtliche Eigentumsübertragungen erfassen. Das genaue Studium der gesetzlichen Regelung ist deshalb unerlässlich.

2.3. Steuersubjekt

2.3.1. Gesetzliche Regelung

Steuersubjekt ist regelmässig der Erwerber. In einer Minderheit der Kantone teilt sich der Erwerber die Steuerpflicht mit dem Veräusserer. In diesen Fällen schulden die Parteien die Handänderungssteuer je zur Hälfte. Tabelle 20 gibt Auskunft über die im Einzelnen geltenden Regelungen.

Tabelle 20 - Steuersubjekt der Handänderungssteuer

Kanton	Veräusserer	Erwerber	Kanton	Veräusserer	Erwerber
AG	Parteivereinbarung, aber Solidarhaftung		NW		x
AI		x*	OW	½	½
AR	*	Parteivereinbarung	SG		x*
BE	**	x	SH	–	–
BL	½	½	SO		x
BS		x (mit Ausnahmen)	SZ		x
FR		x (mit Ausnahmen)	TG		x*
GE	Notar ist Steuerschuldner		TI		x
GL	Keine Regelung	Keine Regelung	UR	Parteivereinbarung	
GR		x***		x	x*
JU		x	VS		x
LU		x	ZG	Parteivereinbarung	
NE		x	ZH	HäSt abgeschafft	

* unter solidarischer Haftung des Veräusserers
** wenn Parteivereinbarung fehlt
*** Abweichende vertragliche Vereinbarungen werden berücksichtigt (soweit Veräusserer nicht steuerbefreit)

---

[437] C.1 u. C.1.5.2, S. 176.

2.3.2. Parteivereinbarungen

Oft kommen die Vertragsparteien überein, die Handänderungssteuern und Kosten des Geschäfts anders als gesetzlich vorgesehen unter sich aufzuteilen. In der Praxis sind diese Fixkosten häufig Manövriermasse für die Preisbildung, indem eine Partei eine Preisforderung zwar akzeptiert, aber im Rahmen der Übernahme der Steuern und Gebühren ein Entgegenkommen des Vertragspartners erwartet. Es fragt sich, ob solche Absprachen, auch wenn sie in öffentlich beurkundeten Kaufverträgen vereinbart werden, für den Fiskus verbindlich sind. Dies ist leider nur in den wenigsten Kantonen der Fall.

2.3.3. Haftung

Verschiedene Steuerordnungen sehen eine solidarische Haftung des Veräusserers vor, auch wenn dieser nicht Steuersubjekt ist. Und auch bei geteilter Steuerpflicht ist der Haftungsfrage in den Vollzugsbestimmungen der Kaufverträge die notwendige Beachtung zu schenken, weil die Bezahlung des eigenen Anteils nicht von der Haftung für den Anteil der Vertragspartei entbindet. Die Nichtbezahlung des Anteils an der Steuerschuld durch die andere Vertragspartei kann insbesondere für den Erwerber schmerzlich sein, wenn den Gemeinwesen für die Sicherung der Handänderungssteuer das effiziente Mittel des gesetzlichen Grundpfandes zur Verfügung steht[438].

2.4. Steuerbefreiung

2.4.1. Subjektive Steuerbefreiung

Wie bei den Grundstückgewinn- oder den Erbschafts- und Schenkungssteuern sind in der Regel die Eidgenossenschaft und ihre Anstalten, die Kantone und Gemeinden sowie die öffentlich-rechtlichen Körperschaften des kantonalen und kommunalen Rechts, die Landeskirchen sowie gemeinnützige Institutionen von der Handänderungssteuer befreit. Es gibt jedoch gewichtige Ausnahmen, auf die im Rahmen dieses Buches, welche den privaten Immobilenbesitzer im Fokus hat, nicht detailliert eingegangen werden kann[439].

2.4.2. Objektive Steuerbefreiung

Entsprechend ihrem Charakter als Rechtsverkehrssteuer sind gewisse Handänderungen von der Steuerpflicht befreit. Es handelt sich

---

[438] Vgl. zum gesetzlichen Pfandrecht A.9, S. 80 ff.
[439] Vgl. die Übersicht in STEUERINFORMATION, D Einzelne Steuern, Die Handänderungssteuer, Informationsstelle für Steuerfragen, 2003, S. 12.

in den meisten Kantonen um die gleichen Sachverhalte, in welchen bei der Grundstückgewinnsteuer ein Steueraufschub gewährt wird[440]. Indes basiert diese Koordination auf reiner Freiwilligkeit der Kantone und absolute Deckungsgleichheit besteht nur in wenigen Ausnahmefällen. Insbesondere folgende Handänderungen sind regelmässig steuerbefreit:

- unter Ehegatten und nahen Verwandten
- infolge Erbgangs
- im Zusammenhang mit steuerneutralen Umstrukturierungen von Gesellschaften
- zu öffentlichen oder gemeinnützigen Zwecken
- im Zusammenhang mit einem Zwangsverwertungsverfahren
- im Zusammenhang mit einem gerichtlichen Nachlassverfahren.

Im Unterschied zum Steueraufschub handelt es sich bei der handänderungsrechtlichen Steuerbefreiung aber um einen definitiven Verzicht auf die Besteuerung. Deshalb ist die Ersatzbeschaffung grundsätzlich kein Anlass, auf eine Erhebung zu verzichten. Dennoch sehen einige Kantone davon ab, im Fall des Verkaufs oder des Erwerbs einer selbst bewohnten Liegenschaft die Handänderungssteuer zu erheben[441]. Bei geteilter Steuerpflicht können der Veräusserer und der Erwerber die Befreiung aber nur für ihren Anteil verlangen, sofern sie je für sich die Voraussetzungen erfüllen.

2.5. Steuerbemessungsgrundlage

2.5.1. Grundsatz

Massgeblich für die Steuerbemessung ist in der Regel der Kaufpreis mit Einschluss aller weiteren Leistungen des Erwerbers. Als Kaufpreis gilt in erster Linie der von den Parteien vereinbarte Preis.

Ist kein Kaufpreis vereinbart worden, was bspw. bei Tausch, Schenkung oder Erbgang oft der Fall ist, so wird meistens auf den im Zeitpunkt der Veräusserung geltenden Verkehrswert als Ersatzwert oder auf einen amtlichen Steuer- oder Katasterwert abgestellt.

Dasselbe gilt für den Fall, dass die Parteien einen Kaufpreis vereinbart haben, der wesentlich unter dem amtlichen Verkehrswert liegt. Tabelle 21, S. 229, vermittelt einen Überblick über die in den Kantonen geltenden Bemessungsgrundlagen.

---

[440] C.1.7, S. 189.
[441] Z.B. § 82 Abs. 2 u. 3 StG/BL; § 229 Abs. 2 lit. c aStG/ZH (aufgehoben per 1.1.2005).

2.5.2. Zusammenrechnungspraxis

Wenn der Verkäufer des Bodens und der Architekt oder Generalunternehmer identisch sind oder zwischen diesen wirtschaftlich eine enge Verbindung besteht, werden der Landkaufpreis und der Werkpreis zusammengerechnet (z. B. bei Vorliegen einer einfachen Gesellschaft). Dies jedenfalls in Kantonen, welche als Bemessungsgrundlage den Kaufpreis mit Einschluss aller weiteren Leistungen des Erwerbers bestimmen (Kantone ZH [bis 2004], LU, SZ, OW, NW, ZG, BL, AI, SG, TG, NE).

Tabelle 21 - Bemessungsgrundlage Handänderungssteuer

Kanton	Bemessungsgrundlage			Einschluss aller weiteren Leistungen	Bemerkungen
	Kaufpreis	amtlicher Wert	Verkehrswert		
AG	X	*+	–	ja	Grundbuchgebühr
AI	X		*+	ja	
AR	X		*+	ja	
BE	X			ja	Spezialregeln für wiederkehrende Leistungen
BL	X		*+		
BS	X	+			
FR	X		+	X	sofern Preis mindestens Verkehrswert entspricht
GE	X				
GL	–	–	–	–	Grundbuchgebühr
GR	X		*+	X	
JU	X	+		X	
LU	X			X	Katasterwert, falls Kaufpreis tiefer als dieser ist
NE	X			X	In der Praxis Zusammenrechnung nicht angewandt
NW	X	*+		X	
OW	X		*	X	
SG	X		*+	X	Gemeindesteuer
SH	–	–	–	–	Grundbuchgebühr
SO			X		
SZ	X			X	
TG	X			X	Als Handänderungssteuern bezeichnet
TI	X	*			
UR	–	–	–	–	Grundbuchgebühr
VD	X		*+		

Kanton	Bemessungsgrundlage			Einschluss aller weiteren Leistungen	Bemerkungen
	Kaufpreis	amtlicher Wert	Verkehrswert		
VS	X	*			Notariatsgebühr
ZG		*+	X		Als Grundbuchgebühren bezeichnet
ZH	abgeschafft per 1.1.2005				Grundbuchgebühr

* falls kein Kaufpreis vereinbart
\+ falls Kaufpreis tiefer

2.6. Steuersätze

Der Steuersatz ist in den meisten Kantonen proportional ausgestaltet und liegt zwischen 0,5 und 3%. Nur vereinzelt gelten leicht progressive Steuertarife (Kantone Uri, Tessin, Wallis). Tarifreduktionen für Handänderungen zwischen Ehegatten und innerhalb der Familie sind verbreitet. Seit der Abschaffung der Handänderung im Kanton Zürich kennt kein Kanton mehr einen von der Besitzesdauer abhängigen Tarif.

D. Vererbung und Schenkung

1. Einführung

Bisher wurden Sachverhalte besprochen, bei welchen der Eigentümer bei der Hingabe seiner Liegenschaft einen Gegenwert erhält. Steuerlich werden diese als Realisationstatbestände bezeichnet. Beim Veräusserer findet wirtschaftlich eine Vermögensumschichtung in dem Sinne statt, dass er für die Hingabe eines Gutes (Liegenschaft) ein anderes erhält (z. B. Geld). Soweit das Gut während der Haltedauer an Wert zugenommen hat, wird dieser Mehrwert mit der Hingabe realisiert. Der Fiskus sichert sich seinen Anteil daran. Im vorliegenden Abschnitt geht es dagegen um Sachverhalte, bei denen mangels Entgelt keine Realisation eines Mehrwertes eintritt. Dieser geht mit der Immobilie vielmehr auf den Rechtsnachfolger über. Es wäre stossend, wenn in dieser Situation der Fiskus ebenfalls bei der zuwendenden Person, die gar nichts erhält, zugreifen würde. Das StHG schreibt den Kantonen deshalb zwingend vor, den Vermögensanfall und die Übertragung von Grundstücken durch Erbgang, Erbvorbezug oder Schenkung nicht durch die Einkommens- oder Grundstückgewinnsteuer zu erfassen[442]. Hingegen sind die Kantone frei, ob sie beim Erwerber der Zuwendung (dieser ist ja tatsächlich bereichert) zugreifen wollen. Davon handelt der nachfolgende Abschnitt.

2. Erbschafts- und Schenkungssteuern[443]

2.1. Steuerhoheit

2.1.1. Kompetenzaufteilung

Die verfassungsrechtliche Kompetenz zur Erhebung von Erbschafts- und Schenkungssteuern steht ausschliesslich den Kantonen zu. Der Bund ist nicht befugt, gleichartige Steuern zu erheben[444].

---

[442] Art. 7 Abs. 4 lit. c und Art. 12 Abs. 3 lit. a StHG.

[443] Die Informationsstelle für Steuerfragen der SSK publiziert Gesamtübersichten über die Erbschafts- und Schenkungssteuern in den Kantonen. Die nachfolgenden Ausführungen lehnen sich inhaltlich teilweise stark an diese Publikation an, die bei Drucklegung dieses Buches allerdings nicht aktualisiert war (Stand 2005).

[444] Die verbreitete Entlastung von Nachkommen und weiteren Personenkreisen von der Erbschafts- und Schenkungssteuer insb. in den Deutschschweizer Kantonen (vgl. Tabelle 22 - Erbschafts- und Schenkungssteuerbefreiungen und Maximalbeträge, S. 236) hat die Politiker auf den Plan gerufen. Selbst Bundesräte haben schon öffentlich über die Einführung einer eidg. Erbschaftssteuer nachgedacht. Zum heutigen Zeitpunkt ist eine Änderung der Kompetenzordnung jedoch nicht absehbar. Raschere Umsetzung verspricht der Vorstoss der Finanzdirektorenkonferenz, die kantonalen Erbschafts- und Schenkungssteuern auf dem Konkordatsweg zu harmonisieren.

Der Kanton Schwyz macht als einziger Kanton keinen Gebrauch von dieser Kompetenz. Unentgeltliche Vermögensübertragungen sind hier also absolut steuerfrei. Der Kanton Luzern verzichtet auf die Erhebung einer Schenkungssteuer[445].

In den Kantonen Luzern, Freiburg, Graubünden und Waadt sind sowohl der Kanton als auch seine Gemeinden befugt, Erbschafts- und Schenkungssteuern zu erheben, wobei letztere – ausser in Graubünden – ohne Veranlagungskompetenz nur am Steuerertrag partizipieren[446].

2.1.2. Begrenzung der Besteuerungsbefugnis

Anknüpfungspunkt für die Besteuerung von Immobilien ist stets der Ort, an welchem sich die Liegenschaft befindet. Für bewegliches Vermögen steht dagegen das Besteuerungsrecht dem Ort des letzten Wohnsitzes des Erblassers oder Schenkers zu. Diese vom Bundesgericht in konstanter Rechtsprechung verfolgten Grundsätze des interkantonalen Doppelbesteuerungsrechts gelten bezüglich Liegenschaften auch im internationalen Verhältnis[447]. Bei Auslandbezug sind jedoch die wenigen DBA in Erbschaftsangelegenheiten, welche die Schweiz geschlossen hat und der Umstand zu beachten, dass bei Schenkungen keine internationalen Kollisionsnormen bestehen, welche eine Doppelbesteuerung ausschliessen.

2.2. Steuerarten bei der Erbschaftssteuer

In der Schweiz werden Erbschaften meistens mit der Erbanfallsteuer belastet. Eine kleine Minderheit der Kantone erhebt eine Nachlasssteuer.

Bei der *Erbanfallsteuer* wird der Erbteil eines jeden Erben bei diesem einzeln besteuert. Der Erbe, dem etwas zukommt, hat einen Teil davon dem Fiskus abzuliefern. Der Vorteil dieser Besteuerungsart ist, dass je nach Verwandtschaftsgrad zum Erblasser und nach dem Umfang des Vermögensanfalls unterschiedliche Tarife angewandt werden können.

---

[445] Um eine Umgehung der Erbschaftssteuer zu vermeiden, besteuert der Kanton Luzern allerdings auch Schenkungen, die in den letzten fünf Jahren vor dem Tod ausgerichtet wurden, als Erbschaften.

[446] Dies tun ohne Erhebungskompetenz auch die Gemeinden der Kantone Aargau (33%), Appenzell-Ausserrhoden (50%), Bern (20%), Glarus (35%), Jura (20%), Nidwalden (20%), Obwalden (50%), Uri (33%), Wallis (66%) und Zug (100%).

[447] Vgl. zu Spezialfragen bei Immobiliengesellschaften hinten E. 2.2.2., S. 260.

Demgegenüber wird die *Nachlasssteuer* vom gesamten hinterlassenen Vermögen des Erblassers, ohne Rücksicht auf die Anzahl und das Verwandtschaftsverhältnis der Begünstigten, erhoben. Diese Steuerart kennen nur die Kantone Graubünden[448] und Solothurn, wobei letzterer nebst der Nachlasssteuer (als Nachlasstaxe bezeichnet) kumulativ die Erbanfallsteuer erhebt.

2.3. Subjektive Steuerpflicht

2.3.1. Grundsatz

Steuerpflichtig ist bei den Erbschafts- und Schenkungssteuern der Empfänger des Vermögensanfalls oder der Zuwendung. Im Falle des Vermögensübergangs zu Lebzeiten ist der Begünstigte der Beschenkte, beim Tod sind es die Erben oder Vermächtnisnehmer.

2.3.2. Bei Nutzniessung

Alle Kantone besteuern die Einräumung einer Nutzniessung beim Nutzniesser. I.d.R. ist der Kapitalwert der Nutzniessung in Abhängigkeit des Verwandtschaftsgrads zum Erblasser oder Schenker zu versteuern.

Bleibt der Schenker nicht Eigentümer, sondern überträgt er das Eigentum auf einen Dritten, so schuldet dieser die Steuer auf dem Wert des blossen Eigentums. D.h. dem Wert des Vermögensgegenstands nach Abzug des Kapitalwerts der Nutzniessung.

2.3.3. Bei Nacherbeneinsetzung

Der Erblasser kann durch Verfügung von Todes wegen zwei aufeinander folgende Erben oder Vermächtnisnehmer bestimmen[449]. Dabei ist der Vorerbe verpflichtet, das Empfangene bei seinem Tod dem Nacherben auszuliefern. Das Zivilrecht geht davon aus, dass der Vorerbe die Substanz des Erbanfalls nicht verzehrt, sondern diese dem Nacherben zukommt. Folgerichtig wird Sicherstellung der Vorerbschaft verlangt. Will der Erblasser den Vorerben von dieser Sicherungspflicht befreien und ihm erlauben, die Erbschaft zu verbrauchen, so hat er dies ausdrücklich anzuordnen. Eine solche Nacherbeneinsetzung auf den Überrest (der Nacherbe erhält nur, was noch übrig

---

[448] Den Bündner Gemeinden steht es frei, zusätzlich zur kantonalen Nachlasssteuer eine Erbanfallsteuer oder eine Nachlasssteuer zu erheben. Die Mehrheit der Gemeinden hat sich für die Erhebung einer Erbanfallsteuer entschieden (Vernehmlassung vom 24. Januar 2006 des Finanz- und Militärdepartements Graubünden zur Teilrevision des Steuergesetzes, S. 17).

[449] Zur Nacherbschaft aus zivilrechtlicher Sicht, vgl. Art. 488 ff. ZGB.

bleibt), entbindet aber nicht von der Pflicht zur Inventarisation der Vorerbschaft. Ob ein Vorerbe die Erbschaft erhalten muss oder diese verbrauchen darf, ist ein fundamentaler Unterschied, dem bei der Erhebung der Erbschaftssteuern nach vielen Steuerordnungen zu wenig Rechnung getragen wird[450].

Bei der Nacherbschaft handelt es sich also um zwei aufeinander folgende Erbfälle, weshalb die Mehrheit der Kantone zweimal die Erbschaftsteuer erhebt, nämlich beim Übergang vom Erblasser auf den Vorerben und beim Übergang vom Vorerben auf den Nacherben[451]. Neben diesem System der doppelten Besteuerung existieren aber zwei weitere: Bei der einmaligen Besteuerung werden der Vor- und der Nacherbe für die ganze Nacherbeneinsetzung zusammen nur einmal besteuert. Diese Besteuerung sehen die Kantone Freiburg, Waadt und Jura vor. Die wirtschaftlich für Nacherbschaften wohl systemkonformste Besteuerungsart sieht die Barwertbesteuerung beim Vorerben und die ordentliche Besteuerung beim Nacherben vor. Dabei handelt es sich letztlich aber um eine Unterart der doppelten Besteuerung, weil auch bei diesem dritten System sowohl Vor- wie Nacherbe steuerpflichtig werden. Differenzen ergeben sich aber bei der Bemessungsgrundlage und dem Zeitpunkt der Steuerfälligkeit[452].

Im interkantonalen Verhältnis steht das Recht zur Besteuerung von Vor- und Nacherbe ausschliesslich dem Wohnsitzkanton des Erblassers resp. dem Liegenschaftenkanton zu. Dies gilt selbst dann, wenn für die Bestimmung des Steuersatzes auf das Verhältnis zwischen Vor- und Nacherbe abgestellt wird. Denn auch in diesem Fall muss beachtet werden, dass der Nacherbe die Erbschaft direkt vom Erblasser und nicht vom Vorerben erwirbt. Selbst bei einem Umzug des Vorerben und seinem Tod in einem Kanton mit geringer oder gar keiner Erbschaftssteuerbelastung bleibt also in Bezug auf den Nacherben das Besteuerungsrecht beim Kanton des letzten Wohnsitzes des (ursprünglichen) Erblassers[453].

---

[450] Zum ganzen: CHRISTEN, Nacherbfolge aus steuerrechtlicher Sicht, ASA 63, 257 ff. Diese undifferenzierte Betrachtungsweise sieht z. B. ausdrücklich die Steuerordnung des Kt. Zürich (§ 8 Abs. 3 ESchG/ZH) vor.
[451] Zur Bemessungsgrundlage vgl. hinten D.2.9.6, S. 246.
[452] Dazu hinten Ziff. D.2.9.1, S. 243, u. Ziff. D.2.9.6, S. 246.
[453] BGE 123 I 264.

2.3.4. Ausnahmen von der Steuerpflicht

Sämtliche Kantone sehen Ausnahmen von der Steuerpflicht vor, welche gemeinhin als Steuerbefreiungen bezeichnet werden[454]. Nicht zu verwechseln sind solche generellen Steuerbefreiungen von den steuerfreien Beträgen und den persönlichen Abzügen[455].

2.3.4.1. Gemeinwesen, gemeinnützige Institutionen und Anstalten

Einerseits sind die öffentliche Hand und gemeinnützige Institutionen in allen Kantonen steuerbefreit. Erstere unabhängig davon, ob der Begünstigte der eigene Kanton bzw. eines seiner Gemeinwesen ist oder die Erbschaft resp. Schenkung an einen anderen Kanton geht. In den Kantonen Genf, Graubünden, Schaffhausen, Tessin, Waadt und Zürich gilt dies allerdings nur bei Vorliegen einer Gegenrechtsvereinbarung.

Anderseits sehen diverse Steuergesetze auch die Befreiung von Einrichtungen der beruflichen Vorsorge und inländischen Ausgleichs- und Sozialversicherungskassen vor. Verbreitet wird zudem öffentlichen, gemeinnützigen, wohltätigen oder kirchlichen Anstalten und Stiftungen Steuerbefreiung gewährt. Bei der Hingabe einer Liegenschaft an eine solche Institution empfiehlt es sich, vorgängig bei der Steuerverwaltung des Liegenschaftskantons anzufragen, wie eine Übertragung der Liegenschaft behandelt wird. Gute Dienste im Sinne einer Vorabklärung kann die öffentliche Liste der Schweizerischen Steuerkonferenz liefern, in welcher Institutionen und juristische Personen aufgeführt sind, an welche steuerbefreite Schenkungen im Rahmen der direkten Bundessteuer möglich sind. Viele Kantone wenden diese Liste auch für die Beurteilung der Steuerbefreiung im Rahmen der Erbschafts- und Schenkungssteuern an.

---

[454] Nebst dieser subjektiven Steuerbefreiung gibt es auch eine objektive. Diese beschränkt sich in den meisten Kantonen aber auf Bagatellfälle, wie Gelegenheitsgeschenke von geringem Wert oder die Beherbergung von Verwandten (vgl. z. B. § 12 ESchG/ZH).
[455] Diese werden anschliessend in Abschnitt D.2.9.2, S. 244, behandelt.

Tabelle 22 - Erbschafts- und Schenkungssteuerbefreiungen und Maximalbeträge

Kanton	Ehegatten	Nachkommen	Nichtverwandte
AG	steuerfrei	steuerfrei	max. 32%
AI	steuerfrei	1%[2]	max. 20%
AR	steuerfrei	steuerfrei	max. 32% (5 000 steuerfrei)
BL	steuerfrei	steuerfrei	(0,11 x Vermögensanfall) + 800 / Vermögensanfall + 50 000) (10 000 steuerfrei)
BS	steuerfrei	steuerfrei	max. 49,5% (2 000 steuerfrei, 10 000 bei Schenkung)
BE	steuerfrei	steuerfrei	max. 40% (10 000 steuerfrei)
FR[3]	steuerfrei	steuerfrei	max. 50%
GE	steuerfrei	steuerfrei	max. 24%
GL	steuerfrei	steuerfrei	max. 25%
GR[3]	steuerfrei	steuerfrei	max. 25%
JU	steuerfrei	steuerfrei	max. 35% (10 000 steuerfrei)
LU	steuerfrei	6–12%[2]	max. 40% (1 000 steuerfrei)
NE	steuerfrei	3%[2]	max. 45% (10 000 steuerfrei)
NW	steuerfrei	steuerfrei	max. 15% (20 000 steuerfrei)
OW	steuerfrei	steuerfrei	max. 20% (5 000 steuerfrei)
SG	steuerfrei	steuerfrei	max. 30%
SH	steuerfrei	steuerfrei	max. 40%
SO	steuerfrei	steuerfrei	max. 30% + Nachlasstaxe (14 100 schenkungssteuerfrei/ Jahr und Empfänger)
SZ	steuerfrei	steuerfrei	steuerfrei
TI	steuerfrei	steuerfrei	max. 41%
TG	steuerfrei	steuerfrei	max. 28%
UR	steuerfrei	steuerfrei	max. 30%
VD[3]	steuerfrei	1,2‰–3,5‰ (50 000 steuerfrei)	max. 25%
VS	steuerfrei	steuerfrei	max. 25% (10 000 steuerfrei)
ZG	steuerfrei	steuerfrei	max. 20%
ZH	steuerfrei	steuerfrei	max. 36%

[1] In vielen Kantonen sind Stief- und Pflegekinder ebenfalls steuerpflichtig
[2] Der steuerfreie Betrag für Nachkommen beträgt in Appenzell Innerrhoden CHF 1 000 000 (200 000, wenn Erben unter 35 Jahre alt)
im Jura CHF 1 000, in Neuenburg CHF 50 000 und in der Waadt CHF 250 000.
[3] In den Kantonen Freiburg, Graubünden und der Waadt erheben die meisten Gemeinden zusätzlich eine kommunale Erbschaftssteuer

2.3.4.2. Ehegatten und Nachkommen

In der Praxis sind die Befreiungen der Ehegatten und Nachkommen von der Steuerpflicht von grösster Bedeutung. Seit dem Inkrafttreten der Teilrevision des jurassischen Steuergesetzes per 1.1.2007 sind Ehegatten in allen Kantonen steuerbefreit. Damit wurde eine jahrzehntelange Periode beendet, in welcher insb. die Westschweizer Kantone teilweise erheblich von Vermögensübergängen an Verwitwete profitiert haben[456]. Eine ebenfalls rasante Entwicklung nahm die Steuerbefreiung direkter Nachkommen. Es kann von einem Dominoeffekt gesprochen werden, weil jeder Kanton die Abwanderung reicher Rentner in Nachbarkantone befürchtet. Objektive steuersystematische Kriterien für diese Privilegierungen werden dagegen kaum diskutiert. Stellvertretend werden hier die Erläuterungen zur Gesetzesrevision im Kanton Graubünden zitiert: *«Mit dem Kanton Bern verzichten nunmehr 21 Kantone auf die Besteuerung von Ehegatten und Nachkommen. Die verbleibenden Kantone werden aus Konkurrenzgründen folgen müssen – tun sie dies nicht, werden sie im Wettbewerb um die reichen Steuerpflichtigen unterliegen und Steuersubstrat verlieren. Die Befreiung der direkten Nachkommen von der Nachlasssteuer lässt sich nur mit dem interkantonalen und internationalen Standortwettbewerb begründen.»*[457]

Diese Entwicklung ist grundsätzlich zu begrüssen. Es besteht aber Handlungsbedarf, weil unter verfassungsrechtlichen Gesichtspunkten (Gleichmässigkeit der Besteuerung, Gleichheitsgebot und der Besteuerung nach der wirtschaftlichen Leistungsfähigkeit) diese Privilegierung problematisch ist, solange die Steuerpflicht für Pflege- und Stiefkinder, eingetragene Partner und die weiteren Verwandten unverändert bestehen bleibt. Insbesondere in Patchwork-Familien ist die Gleichbehandlung der gemeinsamen und der nicht gemeinsamen Nachkommen nahezu ein Ding der Unmöglichkeit (vgl. dazu Praxisbeispiel 25)[458].

---

[456] Im Kt. Genf betrug die Belastung bis 2002 bspw. 4,3% bei einem Vermögensanfall von Fr. 500 000.
[457] Vernehmlassungsunterlagen des Finanz- und Militärdepartements Graubünden zur Teilrevision des Steuergesetzes, S. 17.
[458] Einzelne Kantone sehen deshalb die Gleichstellung von leiblichen, anerkannten oder adoptierten Kindern und Stiefkindern ausdrücklich vor.

Praxisbeispiel 25 - Erbschaftsplanung Patchworkfamilie
Kurt Meier ist sehr vermögend (alles Vermögen stammt aus Errungenschaft), wohnhaft in Zürich, verwitwet und lebt mit der mittellosen Ruth in zweiter Ehe. Gemeinsam haben Kurt und Ruth zwei Kinder, Tim und Eva. Im gemeinsamen Haushalt leben auch Anna, aus erster Ehe von Kurt, und Xaver, den Ruth vorehelich gebar, den Kurt aber nie rechtlich anerkannte.

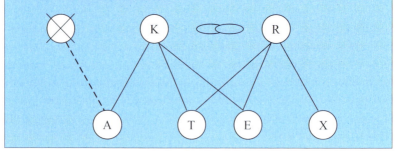

Beim Tod von Kurt würde ohne Verfügung von Todes wegen Ruth die Hälfte des Nachlasses erben und die Hälfte des ehelichen Vermögens als Vorschlag aus der güterrechtlichen Auseinandersetzung erhalten, total also drei Viertel des ehelichen Vermögens. Die andere Hälfte des Nachlasses würden sich Tim, Eva und Anna zu je einem Drittel teilen. Xaver ginge leer aus.

Diese gesetzliche Erbfolge empfinden alle Beteiligten als sehr ungerecht, ist doch gerade Xaver bei allen Familienmitgliedern sehr geschätzt und aufgrund seiner Behinderung am dringlichsten auf Eigenmittel angewiesen. Kurt setzt deshalb in einem Testament Ruth auf den Pflichtteil und bestimmt, dass alle vier Kinder zu gleichen Teilen erben sollen.

Angenommen das gesamte Nettovermögen von Kurt betrage CHF 32 Mio.[459] Was geht davon an den Züricher Fiskus?

Lösung:	R	T	E	A	X
Aus Errungenschaft	16	–	–	–	–
Aus Erbschaft	4	3	3	3	3
Erbschaftssteuer	befreit	befreit	befreit	befreit	36% = 1 074 600[460]

---

[459] Die Annahme eines aussergewöhnlich hohen Vermögens hat ihren Grund darin, dass auch nach dessen Aufteilung den Nachkommen Vermögensanteile zufallenden, auf welche die steuerlichen Maximalsätze anwendbar sind.
[460] Nach Anrechnung des Freibetrages von Stiefkindern von CHF 15 000 gem. § 21 Abs. 1 lit. d ESchG/ZH.

> Ruth steht – sofern auch sie alle Kinder gleich behandeln will – mit Bezug auf Anna bei der Regelung ihres Nachlasses vor dem gleichen Dilemma. Von den 24 Mio. wird Anna netto über 2 Mio. weniger erhalten als ihre Stiefgeschwister.
> Ruth und Kurt werden folglich um die Planung ihrer Erbschaften nicht herumkommen. Vgl. weiterführende Varianten zu diesem Grundsachverhalt in Praxisbeispiel 27, S. 247.

Zu beachten ist, dass Vorfahren, d. h. also insb. auch die Eltern (!), vielerorts steuerpflichtig sind. Wird also zu Lebzeiten ein Vermögenswert von den Eltern den Kindern steuerfrei geschenkt, kann es beim unerwarteten Vorversterben der Kinder, welche selbst noch keinen Nachwuchs haben, zu unliebsamen Steuerfolgen kommen.

> **TIPP**
> Bei lebzeitigen Zuwendungen von Liegenschaften ist zu prüfen, ob die geschenkte Sache im Falle des vorzeitigen Tod des Beschenkten nicht an den Schenker zurückfallen soll. Bei Liegenschaften können solche Rückfallsabreden auch im Grundbuch vorgemerkt werden.

Fatale Auswirkungen kann auch die Auflösung des biologischen Kindesverhältnisses durch Adoption haben, wie ein Erbe im Kanton Luzern erfahren musste. Ihm hat das Bundesgericht die Besteuerung als Nachkomme verwehrt, nachdem er von der Mutter seiner vorverstorbenen biologischen Mutter CHF 884 000 geerbt hatte. Anstelle von 2 Prozent musste er 40 Prozent Erbschaftssteuer bezahlen, weil er sich nach dem Tod seiner Mutter von der zweiten Ehefrau seines Vaters adoptieren liess und somit rechtlich nicht mehr der Enkel seiner einstigen Grossmutter war[461]. Zivilrechtlich ist nur ein Elternverhältnis möglich.

2.4. Steuerbezug

Die Veranlagung der Erbschaftssteuer erfolgt i. d. R. auf der Grundlage eines Nachlassinventars manchenorts verbunden mit einem Steuererklärungsverfahren. Dieses ist auch bei der Schenkungssteuer üblich. Die Steuerveranlagungen werden dann bei den Erbanfall- und Schenkungssteuern direkt von den bereicherten Erben oder den

---

[461] Nicht publiziertes Urteil des BGer vom 31. 11. 2004, 2P.139/2004, besprochen in: NZZ vom 6. Januar 2005 Nr. 4, S. 15.

Beschenkten eingezogen[462]. Bei der Nachlasssteuer des Kantons Graubünden wird der Steuerbetrag dagegen direkt vom Nachlassvermögen bezogen.

2.5. Haftung für die Erbschafts- und Schenkungssteuern

Eine Darstellung der weit reichenden und sehr unterschiedlichen Haftungsbestimmungen in den Kantonen würde den Rahmen der vorliegenden Darstellung sprengen. Aus Sicht des Immobilienbesitzers ist es aber wichtig zu wissen, dass für die Erbschaftssteuern alle Erben gegenseitig und für die Schenkungssteuer die Schenker solidarisch haften. Solidarische Haftung heisst, dass jeder Schuldner für die Erfüllung der ganzen Schuld einzustehen hat. Der Sicherung der Steuerforderung ist deshalb bei der Vertragsgestaltung die nötige Beachtung zu schenken.

2.6. Steuerobjekt

Der *Erbschaftssteuer* unterliegen alle Vermögensübergänge an die gesetzlichen und eingesetzten Erben und Vermächtnisnehmer. Den Vermögensübergängen kraft gesetzlichen Erbrechts gleichgestellt sind solche auf Grund von Erbeneinsetzung, Vermächtnis, Erbvertrag, Schenkung auf den Todesfall und Errichtung einer Stiftung auf den Todesfall.

Von der Schenkungssteuer werden alle Zuwendungen unter Lebenden erfasst, mit denen der Empfänger aus dem Vermögen des Schenkers ohne entsprechende Gegenleistung bereichert wird. Dieser steuerliche Schenkungsbegriff deckt sich mit jenem des Zivilrechts[463]. Nicht als Schenkung gelten damit Zuwendungen in Erfüllung einer sittlichen Pflicht und der Verzicht auf ein Recht, bevor es erworben wurde.

Der unentgeltliche Vermögenserwerb von im Kanton gelegenem Grundeigentum ist in allen Kantonen steuerbar. Den Erwerb von mit dem Grundeigentum zusammenhängenden Rechten wie Dienstbarkeiten, Nutzniessung etc. besteuern dagegen nicht alle Kantone.

---

[462] Ausnahmen: Der Kt. Wallis bezieht die Erbanfallsteuern direkt aus dem Nachlass und die Kt. Genf und Jura erstellen bloss eine Steuerrechnung für alle Erben, welche einem Vertreter oder Erbschaftsverwalter eröffnet wird.

[463] Art. 239 OR.

2.7. Gemischte Schenkungen

Bei unentgeltlichen Grundstückübertragungen sind reine Schenkungen, d. h. Geschäfte ohne jede Gegenleistung, im Sinne des vorstehenden Absatzes selten. In fast allen Fällen werden vom Erwerber mit dem Grundstück die darauf lastenden Hypothekarschulden übernommen. Damit liegt aber bereits eine gemischte Schenkung vor. Allerdings darf ein solcher, entgeltliche und unentgeltliche Elemente enthaltender Vertrag nur angenommen werden, wenn die Parteien den Kaufpreis bewusst unter dem wahren Wert des Grundstücks ansetzen, mit dem Willen, die Differenz dem Erwerber unentgeltlich zukommen zu lassen[464]. Ist dies nicht der Fall, so ist von einem für die eine Partei günstigen Rechtsgeschäft, einem «Schnäppchen» auszugehen. Gerade ältere Liegenschaften an weniger bevorzugter Lage sind vielfach schwer verkäuflich und potentielle Verkäufer müssen oft froh sein, die Fremdfinanzierungen vollumfänglich ablösen zu können. Von einer Deckung der Anlagekosten sind sie jedoch meist weit entfernt. In solchen Fällen kann niemals von einem Schenkungswillen ausgegangen werden. Dieser ist erst anzunehmen, wenn zwischen den beidseitigen Leistungen (Hingabe der Liegenschaft und dem dafür entrichteten Entgelt) ein offenbares, in die Augen springendes Missverhältnis besteht. Das Missverhältnis gilt dann als offensichtlich, wenn der Unterschiedsbetrag zwischen Kaufpreis und Verkehrswert mindestens 25% ausmacht[465]. Weiter ist zu fordern, dass eine nahe Beziehung, wie Verwandtschaft oder Freundschaft zwischen Zuwender und Empfänger besteht. So ist nach der Rechtssprechung bei Rechtsgeschäften unter nahen Verwandten zu vermuten, der Veräusserer habe den Willen gehabt, dem Erwerber eine Schenkung zukommen zu lassen.

Aus dem Gesagten leitet sich ab, dass bei gemischten Schenkungen von Liegenschaften ein vollständiger Steueraufschub bei der Grundstückgewinnsteuer zu erfolgen hat[466]. Es wäre unzulässig, einen Zuwender auf der Differenz zwischen seinem Erlös und den Anlagekosten zu besteuern. Vielmehr geht die latente Steuerlast auf diesem Betrag auf den Empfänger über, was mit nachfolgendem Beispiel veranschaulicht werden soll[467].

---

[464] OEHRLI, Die gemischte Schenkung im Steuerrecht, S. 13 ff.
[465] VGer ZH, RB 1986 Nr. 71.
[466] Vgl. C.1.7.2, S. 190; so auch StHG-Zwahlen, Art. 12 N 33 a. E.
[467] Vgl. zu den Systembrüchen bei der Koordination von Schenkungs- und Grundstückgewinnsteuer auch: OEHRLI, a. a. O., S. 189 ff. Vgl. dazu auch den anderslautenden Entscheid des Verwaltungsgerichts des Kt. Waadt vom 30. August 2006 in StR I/2007, 37.

Praxisbeispiel 26 - gemischte Schenkung

Kurt Meier kaufte vor 20 Jahren seine Liegenschaft in der Stadt Zürich für CHF 600 000 und nahm eine Hypothek von 80% des Kaufpreises auf. Vor zehn Jahren erhöhte er diese Hypothek auf CHF 700 000, was ihm die Bank deshalb ermöglichte, weil das Haus durch den Wegfall des bisher zu duldenden Durchgangsverkehrs enorm an Wert gewonnen hatte.

Heute hat die Liegenschaft von Kurt Meier einen Verkehrswert von CHF 1,3 Mio. Er entschliesst sich, diese seiner Nichte Dora zum Wert der Hypothek zu übertragen. Diese übernimmt die zu ungünstigen Konditionen abgeschlossene Festhypothek, welche noch vier Jahre läuft, nicht. Aufgrund eines unwiderstehlichen Angebots eines Interessenten verkauft Dora die Liegenschaft sechs Monate nach dem Erwerb für CHF 1,35 Mio.

Schenkungssteuerfolgen: Vor dem Verkauf erhält Dora die Liegenschaft unterpreislich. Es besteht ein offenbares Missverhältnis zwischen dem Wert der Liegenschaft und dem dafür entrichteten Entgelt (= Übernahme der Hypothek). Der Kaufpreis beträgt nur 54% des Verkehrswerts. Der Schenkungswille ist zu vermuten, weil Kurt und Dora verwandt sind. Dora hat rechnerisch die unentgeltliche Zuwendung von CHF 600 000 zu versteuern. Als Nichte zahlt sie grundsätzlich das Fünffache des Grundtarifs von CHF 29 400, d. h. CHF 147 000.

Grundstückgewinnsteuerfolgen: Aufgrund des Steueraufschubs zahlt Kurt keine Steuer, obwohl er einen Erlös erhält, der höher ist als seine Anlagekosten von CHF 600 000. Weil er diesen Erlös von CHF 700 000 – plus wohl eine Rücktrittsprämie – an die Bank weiterleiten muss, wäre es stossend, wenn er seinen Grundstückgewinn von CHF 100 000 versteuern müsste.

Der Steueraufschub bewirkt aber, dass die Anlagekosten von Dora CHF 600 000 (und nicht etwa 700 000) betragen. Sie hat folglich einen Grundstückgewinn von CHF 750 000 zu versteuern, wobei sie tarifmässig von der langen Besitzdauer von Kurt profitiert. Obwohl sie bloss sechs Monate Eigentümerin der Liegenschaft war (was einen Zuschlag von 50% auf dem Steuersatz von 40% bedeuten würde[468]), reduziert sich aufgrund der Besitzdauer von 20 Jahren ihre Steuerlast auf 20%, was CHF 150 000 ausmacht.

---

[468] § 225 Abs. 2 StG/ZH.

> Dieses Ergebnis befriedigt nicht ganz. Der mit der Schenkungssteuer erfasste Vermögenszugang beträgt nämlich nicht CHF 600 000, sondern wirtschaftlich nur rund CHF 450 000. U. E. ist es deshalb zwingend, dass im Rahmen der Bemessung der Schenkungssteuer die latente Grundstückgewinnsteuerlast angerechnet wird.

2.8. Querschenkungen

Es kommt nicht selten vor, dass Erben sich nicht an die vom Erblasser testamentarisch festgeschriebenen Vorgaben halten und den Nachlass, ohne die Erbschaft auszuschlagen, anders unter sich aufteilen. Dies ist zivilrechtlich ohne weiteres zulässig, sind die Erben mit dem Tod des Erblassers doch uneingeschränkt Eigentümer des Nachlassvermögens geworden.

Verzichtet ein Erbe im Rahmen der Erbteilung ganz oder teilweise auf seinen Erbteil zugunsten eines Miterben, so liegt eine Querschenkung vor[469]. Bestimmt bspw. der Erblasser, dass die Tochter das Haus und der Sohn die Firmenaktien erhalten soll und ordnet er weiter an, dass dem Sohn im Haus der Tochter ein Wohnrecht zustehen soll, als Ausgleich für dessen Mehrwert, so kann der Sohn nicht ohne Steuerfolgen auf dieses Wohnrecht verzichten. Brisant sind solche Verzichte deshalb, weil zwischen den Erben gleicher Stufe (häufig sind es Geschwister) keine Befreiung von der Schenkungssteuer vorgesehen ist[470]. Keine Querschenkung liegt indes vor, wenn Erben im Rahmen eines Erbvergleiches zur Beseitigung einer unklaren Rechtslage Verzichte leisten[471].

> **TIPP**
> Es empfiehlt sich immer, die Aufteilung eines Nachlasses nach Möglichkeit im Voraus zu besprechen und allenfalls einen Erbvertrag zu Lebzeiten des Erblassers abzuschliessen.

2.9. Steuerbemessungsgrundlage

2.9.1. Zeitpunkt der Bewertung

Die Erbschafts- und Schenkungssteuer ist eine einmalige Steuer, d. h. eine sog. Rechtsverkehrssteuer. Sie wird bei Erbschaften auf dem zum Zeitpunkt des Todes des Erblassers massgeblichen Wert berech-

---

[469] Sofern auch die anderen Schenkungselemente (Zuwendung, Bereicherung, Unentgeltlichkeit und Schenkungswille) gegeben sind; RICHNER/FREI, § 4 N 109.
[470] Bspw. zahlen im Kt. ZH Geschwister bis zu 18% Schenkungssteuer.
[471] VGer ZH vom 19. Dezember 2001, ZStP 3/2003, 261.

net. Bei Ersatzverfügungen, der Nacherbeneinsetzung und bei einem an eine aufschiebende Bedingung geknüpften Vermögensübergang wird die Erbschaft erst zu einem späteren Zeitpunkt ausgeliefert und auch erst zu jenem Stichtag bewertet. Bei Schenkungen erfolgt die Bewertung zum Zeitpunkt des Schenkungsvollzugs. Die von diesen Grundsätzen abweichenden kantonalen Regeln sind für die Übertragung von Immobilien von untergeordneter Bedeutung.

2.9.2. Steuerfreibeträge und persönliche Abzüge

Aus familien- und sozialpolitischen Gründen werden gewissen Empfängern Freibeträge gewährt, welche vom steuerbaren Nettovermögen in Abzug gebracht werden können. Diese Beträge sind meist geringfügig[472], können aber die Steuerprogression u. U. entscheidend brechen.

2.9.3. Bewertung des Nachlasses

Grundsätzlich ist für die Steuerberechnung der Verkehrswert der Vermögensgegenstände zu ermitteln. Darunter ist der Wert zu verstehen, der einem Gut im wirtschaftlichen Verkehr bei der Veräusserung unter normalen Umständen (d.h. beim Zusammenspiel von Angebot und Nachfrage) zukommt. Der Verkehrswert ist selten identisch mit dem Versicherungswert, der manchmal höher ist als der Marktwert und den Betrag darstellt, den der Eigentümer auslegen müsste, um den versicherten Gegenstand bei dessen Verlust neu zu beschaffen (Neuwertversicherung). Auch mit dem Steuerwert für die Belange der Vermögenssteuer stimmt der Verkehrswert nur in Ausnahmefällen überein. Dies ist unter dem Gesichtswinkel der Einheit der Rechtsordnung bedenklich, erklärt sich jedoch mit der i. d. R. bewusst tief angesetzten Bewertung für Vermögenssteuerzwecke. Einige Kantone sehen für die Belange der Erbschafts- und Schenkungssteuer, welche als Rechtsverkehrssteuer im Unterschied zur Vermögenssteuer einmalig und nicht wiederkehrend erhoben wird, deshalb eigene Bewertungsvorschriften vor[473]. Vereinheitlicht sind die Bewertungsvorschriften gesamtschweizerisch einzig für Wertpapiere. Kotierte, d.h. an einer

---

[472] D.h. sie betragen i. d. R. einige tausend Franken. Spitzenreiter bezüglich Abzügen sind der Kt. Waadt mit CHF 250 000 pro Kind sowie der Kt. Zürich, der den Eltern des Erblassers oder Schenkers einen Betrag von CHF 200 000 abzieht. Für weiterführende Hinweise wird auf die Übersicht der Steuerinformation, Ziff. 53 und 54 verwiesen.

[473] Vgl. die Weisung der Finanzdirektion des Kt. ZH über die Ermittlung des Verkehrswertes von Liegenschaften für die Erbschafts- und Schenkungssteuer vom 20. September 2005, abgedruckt in Anhang 5, S. 311.

Börse gehandelte Wertpapiere werden zum Kurswert besteuert. Für nicht kotierte Wertpapiere ist – vorbehältlich eines zeitnahen entgeltlichen Handels von Titeln unter Marktbedingungen – die Wegleitung zur Bewertung von Wertpapieren ohne Kurswert für die Vermögenssteuer massgebend[474].

2.9.4. Bewertung von Liegenschaften insbesondere

Die Mehrheit der Kantone erhebt die Erbschafts- und Schenkungssteuern bei nichtlandwirtschaftlichen Grundstücken aufgrund der Wertfestsetzung in der letzten Vermögenssteuererklärung. Dies gilt auch für landwirtschaftliche Liegenschaften, welche zum Ertragswert besteuert werden[475]. Davon gibt es jedoch gewichtige und u. U. gerechtfertigte Ausnahmen. Bei der Steuereinschätzung für die Kantons- und Gemeindesteuern werden die Liegenschaften im Interesse einer rationellen Veranlagung im Massenfallverfahren aufgrund genereller Richtlinien formelmässig bewertet. Bei der Veranlagung der Erbschafts- und Schenkungssteuer, welche auf einer Inventarisierung beruht, können die Verkehrswerte insb. bei Liegenschaften aber nach anerkannten Bewertungsgrundsätzen individuell festgelegt werden[476].

2.9.5. Ermittlung des Nettovermögens bei Erbschaften

Während bei Schenkungen die Steuer vom Verkehrswert des übergegangen Vermögens berechnet wird, d. h. grundsätzlich ohne Anrechnung von auf dem Vermögensgegenstand lastenden Schulden[477], werden Erbschaftssteuern vom Nettovermögen des Erblassers erhoben. Vom Verkehrswert der Gesamtheit der Nachlassgegenstände werden die Verbindlichkeiten des Erblassers gegenüber Dritten abgezogen. Dazu gehören als Erbschaftsschulden bspw. nicht bezahlte Einkommenssteuern bis zum Todestag. Als abzugsfähige Verbindlichkeiten lassen verschiedene Kantone auch die Erbgangsschulden zu, d. h. jene Ausgaben, die durch den Erbgang selbst verursacht wurden, wie bspw. Beerdigungskosten und die Kosten der Inventaraufnahme, der Testamentseröffnung, der Erbschaftsverwaltung etc.

---

[474] KS 28 vom 21. August 2006 der SSK.
[475] Art. 14 Abs. 2 StHG.
[476] ZH VGer vom 9. Juli 2003, ZStP 3/2003, 270, wo es für zulässig erachtet wurde, den erzielbaren Ertrag einer unternutzten Liegenschaft heranzuziehen.
[477] Vgl. aber zur gemischten Schenkung D.2.7, S. 241.

2.9.6. Bewertung bei Vor- und Nacherbschaft

Einige Kantone berücksichtigen die Besonderheit der Nacherbschaft[478] bei der Bewertung und Bemessung der Erbschaftssteuer nicht. Andere sehen in ihren Gesetzen ausdrücklich eine Differenzierung vor, wonach nur bei der Nacherbeneinsetzung auf den Überrest sowohl der Vorerbe als auch der Nacherbe grundsätzlich den gesamten Nachlass versteuern. Bei der Nacherbeneinsetzung mit Sicherstellung, welche vom Gesetzgeber gemäss Art. 490 Abs. 2 ZGB als Regelfall vorgesehen ist, wird dagegen der Vorerbe wie ein Nutzniesser behandelt. Der kapitalisierte Wert der Vorerbschaft ist diesfalls Bemessungsgrundlage für die Erbschaftssteuer[479]. Der Nacherbe wird nach dem ordentlichen Bewertungsverfahren besteuert, weil er keine Eigentumsbeschränkungen dulden muss.

2.10. Steuertarife und -belastungen

Soweit die Kantone überhaupt eine Schenkungssteuer erheben, wenden sie dafür den gleichen Tarif an wie für die Erbschaftssteuer[480]. I. d. R. sind die Tarife progressiv ausgestaltet, wobei sich die Progressionswirkung mit abnehmendem Verwandtschaftsgrad zum Erblasser resp. Schenker und zunehmendem Vermögensanfall pro Begünstigten verstärkt. Berechnungstechnisch und -methodisch sehen die Kantone sehr unterschiedliche, nicht immer einfach verständliche Tarifmodelle vor:

Die Gruppe der Kantone mit *progressivem Grundtarif je nach der Höhe des Vermögensanfalls* unterteilt sich in eine Untergruppe, welche je nach Verwandtschaftsgrad unterschiedliche Tarife anwendet: Aargau, Genf, Solothurn, Waadt, Zug; und jene Untergruppe, welche die einfache Steuer je nach Verwandtschaftsgrad mit Vielfachen multipliziert: Basel-Land, Bern, Schaffhausen, Uri und Zürich. Der Kanton Tessin schliesslich wendet je nach Verwandtschaftsgrad zwei unterschiedlich progressive Tarife an zu denen wiederum abhängig vom Verwandtschaftsgrad Vielfache hinzu geschlagen werden.

---

[478] Vgl. D.2.3.3, S. 233.
[479] Diese Regelung sehen die Kt. AG (§ 148 Abs. 2 StG), BE (Art. 13 ESchG), BL (§ 7 ESchG), SO (§ 228 StG), SG (Art. 151 Abs. 3 StG; StB 148 Nr. 1) u. ZG (§ 178 StG) vor. In einem zur Bewertung eines Fideikommiss ergangen Urteils hat das BGer diese Kapitalisierungsmethode als sachgerecht geschützt: BGE vom 25. November 2002, StR 4/03, S. 307.
[480] Ausnahmen bilden die Kt. Graubünden (unterschiedlicher Nachlasssteuer- und Schenkungssteuertarif) und Genf, welches unterschiedliche Tarife anwendet: art. 18 ff. loi sur les droits d'enregistrement (Schenkung) u. art. 16 ff. loi sur les droits de succession.

Eine zweite Gruppe wendet einen *proportionalen Tarif abgestuft nach Verwandtschaftsgrad* an. Appenzell-Ausserrhoden und -Innerrhoden, Freiburg, Neuenburg, Nidwalden, Obwalden, St.Gallen und Wallis sehen diesen in reiner Form ohne Zuschläge oder Vielfache vor. Eine zweite Untergruppe erhebt Zuschläge je nach der Höhe des Vermögensanfalls: Basel-Stadt, Glarus, Luzern und Thurgau. Der Kanton Jura macht den Zuschlag nicht nur von der Höhe des Vermögensanfalls abhängig, sondern zusätzlich vom Verwandtschaftsgrad.

Einen rein proportionalen Tarif (allerdings nur für Schenkungen) kennt einzig der Kanton Graubünden.

An dieser Stelle sei nochmals in Erinnerung gerufen, dass der Kanton Schwyz in der Auflistung bewusst fehlt: Er kennt weder eine Erbschafts- noch eine Schenkungssteuer.

Die maximalen Belastungen für Nichtverwandte sind Tabelle 22 – Erbschafts- und Schenkungssteuerbefreiungen und Maximalbeträge, S. 236, zu entnehmen.

Im Falle der Nacherbeneinsetzung bestimmt sich der Steuersatz sowohl des Vor- wie auch des Nacherben nach dem Verwandtschaftsverhältnis zum (ersten) Erblasser. Dies erklärt sich aus dem Umstand, dass zivilrechtlich beide Erben des ursprünglichen Erblassers sind. Es ist diese Tatsache, welche das Institut der Nacherbeneinsetzung insbesondere für Patchwork-Familien interessant macht, wie die nachfolgende Fallkonstellation zeigt.

Praxisbeispiel 27 - Nacherbeneinsetzung in Patchworkfamilie
Die Ausgangslage ist dieselbe wie in Praxisbeispiel 25, S. 238. Kurt Meier ist sehr vermögend (alles Vermögen stammt aus Errungenschaft), wohnhaft in Zürich, verwitwet und lebt mit der mittellosen Ruth in zweiter Ehe. Gemeinsam haben Kurt und Ruth zwei Kinder, Tim und Eva. Im gemeinsamen Haushalt leben auch Anna, aus erster Ehe von Kurt, und Xaver, den Ruth vorehelich gebar, den Kurt aber nie rechtlich anerkannte.

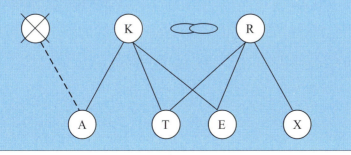

Kurt und Ruth möchten sich gegenseitig meistbegünstigen. Die schon erwachsenen Kinder sind auf die Erbschaft wirtschaftlich nicht angewiesen. Die Eheleute regeln in einem Ehevertrag, dass beim Ableben des einen, der überlebende Ehegatte seinen güterrechtlichen Vorschlag zu ½ in den Nachlass des anderen einschiesst. Alle Beteiligten vereinbaren sodann in einem Erbvertrag den Verzicht auf ihre Pflichtteile. Kurt setzt für den Fall seines Vorversterbens Ruth als Vorerbin ein und als Nacherben zu gleichen Teilen bestimmt er Tim, Eva und Anna. Ruth ihrerseits setzt Xaver als Alleinerben ein.

Angenommen das gesamte Nettovermögen von Kurt betrage CHF 32 Mio., wie sehen die güterrechtliche Auseinandersetzung, die Erbteilung und die Erbschaftssteuerfolgen aus Sicht des Kantons Zürich aus?

Lösung beim Vorversterben von Kurt:					
	R	T	E	A	X
Aus Errungenschaft	8	–	–	–	–
Aus Erbschaft	24	–	–	–	–
Erbschaftssteuer	befreit	–	–	–	–
Lösung beim Nachversterben von Ruth:					
		T	E	A	X
Aus Nacherbschaft (von Kurt)		8	8	8	–
Aus Erbschaft (von Ruth)		–	–	–	8
Erbschaftssteuer		befreit	befreit	befreit	befreit

Weil Kurt mit Xaver nicht verwandt ist, muss dafür gesorgt werden, dass Letzterer direkt von seiner leiblichen Mutter Ruth erbt. Anna ihrerseits ist auf die Nacherbschaft angewiesen. Nur so kann sichergestellt werden, dass für den Tarif der Erbschaftssteuer das Verwandtschaftsverhältnis zu Kurt herangezogen wird. Für Tim und Eva spielt es steuerlich hingegen keine Rolle, von welchem Elternteil sie erben.

E. Besondere Fragen

1. Ferienhäuser und -wohnungen

1.1. Begriffe Ferien-, Zweit- und Mietwohnung

Der Begriff Ferienwohnung ist unscharf definiert. Landläufig wird darunter eine Wohnung verstanden, die Erholungszwecken über Wochenenden und während Urlauben dient. Wer von «meiner Ferienwohnung» spricht, meint damit in aller Regel aber auch, dass diese sein Eigentum darstellt und nicht, dass die Wohnung oder das Haus bloss saisonweise oder während des ganzen Jahres gemietet wird. Eben so wenig ist mit dem Begriff Ferienwohnung geklärt, ob der Eigentümer oder Dauermieter sich das Objekt bloss zu seiner eigenen Verfügung hält oder dieses auch Drittpersonen vermietet resp. untervermietet oder es solchen unentgeltlich zur Verfügung stellt. Neben dem Begriff der Ferienwohnung wird häufig auch von Zeitwohnung gesprochen. Auch mit der Verwendung dieses Begriffs ist keine der obigen Fragen beantwortet.

Aus steuerlicher Sicht hat jede der Fallkonstellationen aber ganz unterschiedliche Auswirkungen. Im Sinne einer Vereinfachung der nachfolgenden Darstellung wird deshalb der Begriff Ferienwohnung nur für Objekte verwendet, welche auch anderen für Erholungszwecke zur Verfügung gestellt werden. Die Zweitwohnung ist demgegenüber ein Objekt, welches dauernd und ausschliesslich einer Person zur eigenen Verfügung steht[481]. Beide, sowohl die Ferien- als auch die Zweitwohnung, stehen entweder im Eigentum einer Person oder diese hat ein dingliches Nutzungsrecht daran (bspw. Nutzniessungs- oder Wohnrecht). Besteht kein Eigentum oder ein dingliches Recht an einer Wohnung, so wird der Begriff Mietwohnung verwendet.

1.2. Ferien- und Zweitwohnungen in der Schweiz

1.2.1. Erwerb

Für Fragen rund um den Kauf einer Ferienwohnung innerhalb oder ausserhalb des Wohnsitzkantons kann auf die grundsätzlichen Überlegungen zum Erwerb von Grundeigentum verwiesen werden[482]. Ins-

---

[481] Anders sieht dies der aargauische Gesetzgeber, der die Zeitwohnung als Objekt erfasst, welches nicht der dauernden Selbstnutzung am Hauptwohnsitz dient (§ 51 Abs. 3 StG, § 34 Abs. 1 StGV/AG). Damit bleibt offen, ob eine partielle oder dauernde Vermietung möglich sein soll und wie sich diese auf die Festsetzung des Eigenmietwerts auswirken soll.

[482] Vgl. A.3 u. A.4.

besondere die Frage, ob ein Objekt gekauft oder gemietet werden soll, ist bei Ferien- und Zweitwohnungen genauestens zu prüfen, weil mit dem Erwerb eines Objekts, welches bloss zeitweise genutzt wird, in jedem Fall ein erheblicher finanzieller Aufwand verbunden ist. Zudem sollte sich der Erwerber bewusst sein, dass die Privilegien des selbstbewohnten Grundeigentums bei Ferien- und Zweitwohnungen nicht gelten, worauf in den nachfolgenden Abschnitten einzugehen sein wird.

1.2.2. Nutzung

Bezüglich der Eigenmietwertbesteuerung und der Besteuerung der Mieteinnahmen kann auf die Ausführungen in Abschnitt B verwiesen werden[483]. Hier soll nochmals klargestellt werden, dass bei Ferien- und Zweitwohnungen bei der Festsetzung des Eigenmietwerts kein Einschlag berücksichtigt wird und ein Unternutzungsabzug nicht in Frage kommt[484]. Wesentlich für die Einkommensbesteuerung ist sodann die Praxis zu folgenden Fragen:

- Was für Liegenschaftspauschalabzüge gelten im Ferienkanton?
- Gibt es Bedingungen, welche erfüllt sein müssen, um vom Pauschalabzug zu den effektiven Liegenschaftsunterhaltskosten wechseln zu können?
- Können Rechnungen des Gärtners oder Kosten der Schneeräumung steuerlich abgezogen werden?
- Gewährt der Liegenschaftskanton den Abzug von Baukreditzinsen?

Die Antworten sind in den Kantonen selbstredend unterschiedlich, aber jeder Kanton behandelt für sich die Sachverhalte gleich, ob es sich nun um eine selbstbewohnte Hauptwohnung oder eine Ferien- oder Zweitwohnung handelt.

Bei den Vermögenssteuern gelten die Ausführungen zum Einkommen resp. zum Eigenmietwert analog[485].

Viele Personen erwerben Ferien- und Zweitwohnungen nicht im gleichen Kanton, in dem sie ihren Wohnsitz haben. Folglich ergeben sich interkantonale Sachverhalte mit Steuerausscheidungen[486]. Seit dem Jahre 2001 besteht eine erhebliche administrative Erleichterung

---

[483] Vgl. Ziff. B.1.4.3, S. 94.
[484] Vgl. Ziff. B.1.5.2, S. 98.
[485] Zum Vermögenssteuerwert, vgl. B.4.3.2, S. 147.
[486] Vgl. B.6, S. 160.

bei der Steuerdeklaration. Dem Kanton des Ferien- oder Zweitdomizils braucht nur noch eine Kopie der Steuererklärung des Wohnsitzkantons eingereicht zu werden[487]. Wer diesen Weg wählt, sollte aber auf jeden Fall die Bestimmungen über die zulässigen Abzüge im betreffend kantonalen Steuergesetz durchsehen. Diese werden oft nur gewährt, wenn sie vom Steuerpflichtigen geltend gemacht werden. Weil Spezialregelungen aus anderen kantonalen Steuergesetzen auf dem Formular des Wohnsitzkantons nicht berücksichtigt sind, hat die Einreichung einer blossen Kopie auch ihre Tücken.

Aus verfahrensrechtlicher Sicht ist zudem zu beachten, dass der Feriendomizilkanton den Steuerpflichtigen nicht vor dem Hauptsteuerdomizilkanton einschätzen darf. Letzterer hat die «Lead-Funktion» im Einschätzungs- und Steuerausscheidungsverfahren. Schätzt der Feriendomizilkanton trotzdem definitiv ein, riskiert er, dass er auf dieser Veranlagung behaftet wird. Das Vertrauen des Steuerpflichtigen in die Richtigkeit der Veranlagung ist nämlich höher zu gewichten als das Recht des Nebensteuerdomizilkantons seine Veranlagung aufgrund der Mitteilung des Hauptsteuerdomizilkantons zu korrigieren. Trotzdem kommt es nach wie vor recht häufig vor, dass «reine» Liegenschaftskantone aufgrund der Angaben in der Kopie der Steuererklärung oder gar aufgrund von Vorjahren definitive Veranlagungen erlassen. Hier lohnt es sich, in jedem Fall wachsam zu sein. Stellt sich nach der definitiven Einschätzung durch das Hauptsteuerdomizil heraus, dass der Nebensteuerdomizilkanton eine Veranlagung erlassen, welche den Steuerpflichtigen schlechter stellt, so kann diese gestützt auf das Verbot der interkantonalen Doppelbesteuerung auch nach Ablauf der Rechtsmittelfrist noch angefochten werden. Dies gilt aber nur für Fragen der Aufteilung der steuerbaren Faktoren, nicht jedoch für kantonsspezifische Abzüge etc., welche nicht gewährt wurden.

Als Besonderheit besteuern einige Kantone natürliche Personen mit Wohnsitz im Ausland, welche als Grundeigentümer nur zufolge wirtschaftlicher Zugehörigkeit hier steuerpflichtig sind auch nur zum Satz des im Kanton erzielten Einkommens. Sie verzichten also aus Praktikabilitätsgründen auf die Erhebung des weltweiten Einkommens und Vermögens und auf eine internationale Steuerausscheidung. Dies ist für die Betroffenen äusserst attraktiv, weil vom steuerbaren Ertrag (in aller Regel der Eigenmietwert) die Liegenschaftskosten und vom

---

[487] Stadelmann Ruth in HEV Schweiz, Steuerratgeber für Wohneigentümer, S. 57 ff.

Vermögenssteuerwert der Liegenschaft die darauf lastenden grundpfandgesicherten Schulden direkt abgezogen werden können[488].

1.2.3. Veräusserungssteuern

Hinsichtlich der Grundstückgewinn- und der Handänderungssteuer werden Ferien- und Zweitwohnungen wie normale Liegenschaften behandelt. An dieser Stelle sei einzig hervorgehoben, dass eine Ersatzbeschaffung bei der Grundstückgewinnsteuer mangels dauernder Selbstnutzung selbst bei Zweitwohnungen nicht in Frage kommt. Es hilft deshalb nichts, das Eigenheim im Mittelland gegen ein Haus in den Bergen «zu tauschen». Dies auch dann nicht, wenn am Hauptwohnsitz das verkaufte Haus durch eine Mietwohnung ersetzt wird. Nur bei Verlagerung des Lebensmittelpunktes an den Ort der Zweitwohnung – welche damit eben zum Hauptwohnsitz wird – könnte eine solche Absicht mit Erfolg umgesetzt werden. Eine Ersatzbeschaffung ist auch dann nicht möglich, wenn die Zweitwohnung durch ein anderes Objekt mit gleicher Nutzung ersetzt wird.

Besonderns in den Walliser und Waadtländer Alpen sind Deutschweizer Touristen oft überrascht ob der hohen Transaktionskosten. Die Handänderungstarife sind wesentlich höher als im schweizerischen Durchschnitt.

1.2.4. Erbschaftssteuern

Aufgrund der Tatsache, dass auch in Erbschaftssachen an den Ort der gelegenen Sache angeknüpft wird, sollte durch eine frühzeitige Planung verhindert werden, dass «nur» wegen des Besitzes an einem Ferienhaus die Erben besteuert werden. Dies insbesondere dann, wenn diese aufgrund ihres Verwandtschaftsverhältnisses am letzten Wohnsitz des Erblassers nicht besteuert würden.

> **Praxisbeispiel 28 - Erbvorbezug zwecks Ferienhauskaufs**
> Der verheiratete Kurt Meier, wohnhaft in Bremgarten bei Bern, kaufte vor 20 Jahren ein Ferienhaus im Neuenburger Jura, für CHF 350 000 (Anlagekosten heute CHF 400 000).
> Heute hat die Liegenschaft einen Verkehrswert von CHF 600 000. Weil Kurt Meier bereits mehrfach wegen Herz- und Kreislaufproblemen in Behandlung war und wegen seiner angeschlagenen

---

[488] Vgl. bspw. das Merkblatt des Kantons Bern, Bernische Grundstücke und Geschäftsbetriebe bei Wohnsitz im Ausland (teilweise steuerpflichtig), MB 3b 2006, mit Berechnungsbeispielen.

Gesundheit das Ferienhaus nicht mehr richtig geniessen kann, entschliesst er sich, dieses seinem einzigen Sohn Hans auf Anrechnung an den Erbteil zu Lebzeiten zu übertragen.

Die Schenkung des Hauses an Hans würde eine Steuer von 3% resp. CHF 18 000 auslösen. Kurt entschliesst sich deshalb dazu, Hans die Barmittel zum (günstigen) Erwerb des Ferienhauses zu vermachen. Um keine gemischte Schenkung – welche einen Steueraufschub bei der Grundstückgewinnsteuer und eine Schenkungssteuer auf der Liegenschaft auslösen würde – zu riskieren, setzen die Parteien den Verkaufspreis bei 85% des Verkehrswertes an, d. h. auf CHF 510 000.

Grundstückgewinnsteuerfolgen im Kanton Neuenburg:	
Massgeblicher Grundstückgewinn	110 000 (510 000 ./. 400 000)
Einfache Steuer (Art. 71 StG/NE)	22 250
./. Besitzesdauerabzug (Art. 73 StG/NE)	60% = 13 350
Grundstückgewinnsteuer	8 900
Handänderungssteuer fällt keine an, weil der Kt. NE Handänderungen zwischen Eltern und Nachkommen befreit.	

Im Kanton Bern fallen im Verhältnis zu direkten Nachkommen keine Schenkungssteuern an auf den Betrag von CHF 510 000. Damit kann durch die Barschenkung mit anschliessendem Liegenschaftskauf die gesamte Steuerlast halbiert werden.

Ob eine solche Vorgehensweise als Steuerumgehung qualifiziert werden könnte? Auszuschliessen ist dies nicht, weil eine effektive Steuerersparnis resultiert und wirtschaftlich eine Schenkung der Liegenschaft beabsichtigt ist. Immerhin wird der Vorteil aber mit dem Nachteil einer Unterbrechung der Besitzesdauer der Liegenschaft erkauft.

1.3. Ferien- und Zweitwohnungen im Ausland

1.3.1. Deklarationspflicht

Nach schweizerischem Steuerrecht erstreckt sich die Steuerpflicht ausdrücklich nicht auf Grundstücke im Ausland[489]. Daraus zu schliessen, die ausländischen Liegenschaften seien in der Schweizer Steuererklärung auch nicht zu deklarieren, ist jedoch irrig. Die Schweiz verlangt vielmehr von hier unbeschränkt steuerpflichtigen Personen die Deklaration des weltweiten Einkommens und Vermögens. Mittels internationaler Steuerausscheidung wird dieses Einkommen und Vermögen auf die verschiedenen betroffenen Staaten aufgeteilt, wobei für die Bestimmung der Steuersätze die gesamte Bemessungsgrundlage herangezogen wird[490]. Man spricht in diesem Zusammenhang von der

---
[489] Art. 6 Abs. 1 DBG
[490] Vgl. B.6, S. 160.

Befreiungsmethode unter Progressionsvorbehalt. Die Steuererklärungsformulare der Kantone sehen denn auch regelmässig in einer separaten Rubrik «im Ausland gelegene Vermögenswerte» Raum für die Deklaration ausländischer Liegenschaften vor. Die Nichtdeklaration solcher Liegenschaften, zu welcher heute leider selbst Steuerberater und Treuhänder noch allzu oft Hand bieten, ist aus zwei Gründen nicht empfehlenswert: Einmal besteht die rechtliche Möglichkeit, in ein Steuerhinterziehungs- und Bussenverfahren verwickelt zu werden. Dies deshalb, weil die Progressionswirkung des Eigenmiet- und Vermögenssteuerwertes der ausländischen Liegenschaft in der Schweiz systembedingt zu einer leicht höheren Steuerbelastung führt, auch wenn diese Steuerobjekte, wie gesagt, nicht in der Schweiz besteuert werden können. Es ist allerdings anzumerken, dass aus Praxis und Judikatur keine Fälle bekannt sind, in welchen Hinterziehungsverfahren allein aufgrund der Nichtdeklaration ausländischer Liegenschaften angestrengt wurden[491]. Zum andern hilft eine Deklaration ausländischer Liegenschaften Probleme bei der dereinstigen Veräusserung oder Vererbung der Liegenschaft zu vermeiden[492].

1.3.2. Erwerb

Beim Erwerb von Liegenschaften im Ausland muss mit Erwerbs-, Handänderungs- oder Umsatzsteuern gerechnet werden. Zusätzlich fallen auch Notariats- und Registergebühren an. Zu beachten gilt es zudem, dass in einigen Ländern auch für die Grundstückgewinnsteuern des Verkäufers die Liegenschaften haften, d. h. wirtschaftlich letztlich der Erwerber. Um keine unliebsamen Überraschungen zu erleben, sollten diese vor dem Kauf sichergestellt oder direkt offen vom Verkäufer als Teil seiner Kaufsumme übernommen werden.

1.3.3. Laufende Steuern und Steuerausscheidung

Ab dem Erwerbszeitpunkt der ausländischen Liegenschaft ist das in diese Liegenschaft investierte Vermögen und der daraus erzielte Ertrag inklusive einer allfälligen Eigenmiete in der Schweiz nur noch für die Satzbestimmung zu berücksichtigen, was zu einer Minderbelastung in der Schweiz führen kann. Viele Länder erheben auch eine

---

[491] Anders sieht es freilich aus, wenn die Liegenschaft beim Erwerb mit Schwarzgeld finanziert wurde. Diesfalls entgeht der Schweiz nicht nur die Steuer auf der Differenz zwischen zwei auf die korrekte Bemessungsgrundlage anzuwendenden Steuersätzen, sondern die Einkommenssteuer auf den Einkünften, welche für den Erwerb eingesetzt wurden.
[492] Vgl. A.8.1, S. 76.

Vermögenssteuer, welche in Prozent des Verkehrswertes bemessen wird.

Bei der internationalen Steuerausscheidung werden die Schulden und Schuldzinsen, wie bei der interkantonalen Steuerausscheidung, nach Lage der Aktiven verteilt. Es lohnt sich in der Regel kaum, die Hypothek bei einer lokalen Bank aufzunehmen, weil die Hypothekarzinsen in der Schweiz ausnahmslos tiefer sind als im Ausland. Probleme ergeben sich jedoch, weil in der Schweiz und in den ausländischen Liegenschaftsstaaten in der Regel die Liegenschaften nicht gleich bewertet werden. Je höher der Steuerwert der ausländischen Liegenschaft ist, desto höher sind die Schuldzinsen, welche in der Schweiz nicht vom steuerbaren Einkommen abgezogen werden können. Die Bewertungsfragen werden in den zwischen der Schweiz und ausländischen Staaten abgeschlossen Doppelbesteuerungsabkommen nicht geregelt und es gilt somit ausschliesslich das Landesrecht. Es kann also durchaus zu einer Doppelbesteuerung oder zu einer Steuerfreistellung kommen, wenn die beiden Staaten unterschiedliche Bewertungsregeln anwenden. Der Schweizer Fiskus bewertet ausländische Liegenschaften «nach pflichtgemässem Ermessen» oder stellt auf den Kaufpreis ab. Probleme ergeben sich auch, wenn der ausländische Liegenschaftsstaat keinen Eigenmietwert besteuert. Oft nimmt dann die Schweizer Steuerverwaltung einen Prozentsatz vom Steuerwert an und berücksichtigt diesen für die Festsetzung der Progression des steuerbaren Einkommens. So wird es im Verhältnis zu Deutschland für zulässig erachtet, deutsche Liegenschaften für schweizerische Steuerzwecke mit dem vier bis fünffachen Einheitswert zu erfassen[493].

Im internationalen Verhältnis ist jedoch umstritten, ob und in welchem Ausmass der Wohnsitzstaat den Verlustüberschuss einer ausländischen Liegenschaft übernehmen muss. Besonders bei einer hohen Fremdfinanzierung mit entsprechenden Schuldzinsen stellt sich diese Frage. In einigen europäischen Staaten wird kein Eigenmietwert besteuert, und es werden ebenso wenig Schuldzinsen auf Hypothekardarlehen steuerlich zum Abzug zugelassen.

---

[493] Verwaltungsrekurskommission SG vom 18. August 2004 in: StE 2/2005, B 52.21 Nr. 10.

> **TIPP**
> Wird eine ausländische Liegenschaft durch Aufstockung einer Hypothek auf einer schweizerischen Liegenschaft finanziert, so kann der zusätzliche Zins teilweise in der Schweiz vom steuerbaren Einkommen abgezogen werden, da eine Aufteilung der Schulden und Schuldzinsen nach Lage der Aktiven erfolgt.

Die meisten Länder erheben jährliche lokale Grundsteuern. Grosse Unterschiede bestehen bei der Besteuerung des Liegenschaftsertrags.

1.3.4. Veräusserungssteuern

Beim Verkauf einer ausländischen Liegenschaft fallen in der Regel Grundstückgewinnsteuern am Ort der gelegenen Sache, d. h. im Ausland, an. Oft entsteht dabei ein steuerpflichtiger Kapitalgewinn in ausländischer Währung, auch wenn es sich in Schweizer Franken gerechnet um einen effektiven Verlust handelt. In Deutschland wird der Verkauf einer Liegenschaft nicht besteuert, wenn die Liegenschaft nicht zu Spekulationszwecken (Besitzesdauer und kein Geschäftseinkommen) gehandelt wird.

Bei der Veräusserung von Aktien einer Immobiliengesellschaft im Ausland ist abzuklären, ob der Verkauf der Aktien einem Verkauf der Liegenschaft gleichgesetzt ist, wie dies in der Schweiz der Fall ist (wirtschaftliche Handänderung)[494].

1.3.5. Erbschaftssteuern

Sämtliche Schweizer Kantone besteuern nur Grundstückübergänge in ihrem Hoheitsgebiet. Im Ausland gelegene Grundstücke sind folglich nie Gegenstand schweizerischer Erbschaftssteuern. Dennoch sollte auch aus Schweizer Sicht den Auslandliegenschaften im Zusammenhang mit der Nachlassplanung die nötige Beachtung geschenkt werden. Häufig ist es nämlich so, dass aufgrund des internationalen Privatrechts, diese Liegenschaften gar nicht Teil des schweizerischen Nachlasses bilden, wenn das ausländische Recht eine ausschliessliche Zuständigkeit vorsieht[495]. Dies ist bspw. mit Bezug auf Frankreich oder England der Fall. Der Erblasser mit Wohnsitz in der Schweiz läuft folglich Gefahr, dass diese «Nachlassspaltung» zu

---
[494] Vgl. auch E.2.2.2, S. 260.
[495] Art. 86 Abs. 1 IPRG. Vgl. dazu und zum Folgenden: SCHNYDER/LIATOWITSCH, Internationales Privat- und Zivilverfahrensrecht, 2. A., Zürich 2006, 237 f.

Streit unter den Erben führt, wenn er in seinem Testament der Tochter das französische Ferienhaus und den beiden Söhnen das Elternhaus in Bern resp. das elterliche Unternehmen vermacht. Es ist nämlich umstritten, ob damit dem Pflichtteilsschutz der Tochter genügend Rechnung getragen wird oder ob diese am Nachlassteil «Schweiz» zumindest rechnerisch teilhat. Es ist deshalb unerlässlich, die Nachlassplanung ausländischer Grundstücke separat anzugehen und unter Beachtung des entsprechenden ausländischen Rechts einer Lösung zuzuführen.

Was die Planung und Abwicklung des ausländischen Nachlasses anbelangt, sind unbedingt ausländische Spezialisten zuzuziehen. Die Übertragung der Liegenschaft auf die nächste Generation kann im Ausland zu einschneidenden Steuerbezügen führen. So belaufen sich bspw. die Erbschaftssteuern im Verhältnis zu Nachkommen in Frankreich auf horrende 45% des Verkehrswerts. Wird die Liegenschaft über eine Immobiliengesellschaft gehalten, unterliegen die Aktien einer allfälligen Erbschaftsteuer in der Schweiz, da das bewegliche Vermögen am letzten Wohnsitz des Erblassers besteuert wird[496].

1.4. Mietwohnungen in der Schweiz und im Ausland

Um die Schwierigkeiten und zusätzlichen Kosten, welche mit dem Erwerb von Grundeigentum abseits des Hauptwohnsitzes verbunden sind zu vermeiden, kann es sinnvoll sein, am Feriendomizil eine Wohnung oder ein Haus bloss zu mieten. Die Mehrheit der Schweizer Wohnbevölkerung verfährt ja auch für die Hauptwohnung so. Das Schweizer Mietrecht bietet gute Möglichkeiten, auch ein Mietverhältnis auf lange Sicht zu begründen. So kann die Miete auf bestimmte Zeit fest, d. h. unkündbar, vereinbart oder im Grundbuch angemerkt werden. Damit kann sichergestellt werden, dass bei einem Eigentümerwechsel über den vom Gesetz ohnehin vorgesehenen Vertragsübergang auf den neuen Eigentümer zusätzliche «Bestandesgarantien» bestehen. Es ist auch häufig sinnvoll, mit dem Eigentümer ein Vorkaufsrecht zu vereinbaren.

Mitverhältnisse lösen keine beschränkte Steuerpflicht am Ort der gelegenen Sache aus, weder innerhalb der Schweiz noch im Ausland. Es ist deshalb aus steuerlicher Sicht keine Veränderung der Situation zu erwarten. Auch die Einkünfte aus einem Untermietverhältnis sind am Hauptsteuerdomizil des Wohnsitzes als Einkünfte aus bewegli-

---

[496] Zu den Ausnahmen von diesem Grundsatz vgl. aber E.2.2.2, S. 260.

chem Vermögen zu versteuern[497]. Mangels dinglicher Berechtigung liegt kein Einkommen aus unbeweglichem Vermögen im Sinne der Steuergesetze vor. Für die Ferienkantone geht die Rechnung dennoch auf, bleibt ihnen doch der Mietzins des Hauptmieters, den der Eigentümer am Ort der gelegenen Sache zu versteuern hat. Bei Untermieteinnahmen aus ausländischen Ferienwohnungen gehen solche Einnahmen, welche in der Schweiz effektiv steuerbar sind, also nicht nur satzbestimmend zu berücksichtigen sind, nicht selten «vergessen». In der Annahme, es handle sich dabei um eine steuerneutrale Reduktion der eigenen Lebenshaltungskosten, verschwinden solche Einnahmen auf dem ausländischen Mietzinskonto. Auch wenn die Kontrolle durch den Schweizer Fiskus schwierig sein dürfte, liegt rechtliche eine klassische Steuerhinterziehung vor.

2. Immobiliengesellschaften

2.1. Qualifikation

Die hohen Handänderungssteuern und -gebühren in gewissen Kantonen, insb. der Westschweiz, haben dazu geführt, dass auch privates Grundeigentum nicht direkt, sondern indirekt über Kapitalgesellschaften gehalten wird[498]. Durch das Zwischenschalten bspw. einer Aktiengesellschaft zwischen den Grundeigentümer und das Grundstück können Änderungen der Verfügungsmacht ohne formelle zivilrechtliche Eigentumsübertragung erfolgen. Der Erwerb und das Halten von Immobilien in einzig dafür geschaffenen Gesellschaften sind aber teuer und deshalb i. d. R. nicht zu empfehlen. Vor dem Hintergrund der Unternehmenssteuerreform II und der in vielen Kantonen bereits beschlossenen Dividendenprivilegien, könnte sich diese Aussage in Zukunft allerdings relativieren[499], weil die Milderung der wirtschaftlichen Doppelbelastung u. U. die Kostennachteile wettmachen kann. Daneben gibt es für Unternehmen, insb. in der Rechtsform einer juristischen Person, diverse betriebswirtschaftliche, operative und strategische geschäftliche Gründe, weshalb Liegenschaftsbesitz in einer

---

[497] Art. 20 Abs. 2 lit. d DBG.

[498] Eine Personengesellschaft kann selbstverständlich auch Rechtsträgerin von Immobilien sein. In diesem Fall stellen sich die hier besprochen Fragen aber nicht. Das unbewegliche Vermögen (und die Einkünfte daraus) von Personengesellschaften gehören in jedem Fall zum Geschäftsvermögensbereich der Gesellschafter. Eine Ausnahme könnte lediglich bei nicht kaufmännischen Personengesellschaften gemacht werden.

[499] SCHMID ADRIAN/GIGER RETO, Das schweizerische Dividendenprivileg, ST 1-2/07, 110.

Immobiliengesellschaft konzentriert wird. Die vielfältigen Beweggründe und die sich dabei stellenden Steuerfragen bilden aber nicht Gegenstand dieses Buches.

Der Begriff der Immobiliengesellschaft ist nicht einheitlich. Das StHG erwähnt ihn ohne Definitionsansatz[500]. Nach überwiegender Lehrmeinung und Praxis führt nicht jede Kapitalanlageliegenschaft, welche in einer Aktiengesellschaft gehaltene wird, zu deren Qualifikation als Immobilengesellschaft. Vorausgesetzt wird vielmehr, dass sie zur Beherrschung von Grundstücken benützt wird. Verfolgt eine AG noch andere Zwecke oder hält sie Betriebsliegenschaften, besteht keine Immobiliengesellschaft. Das Bundesgericht geht dann von einer Immobiliengesellschaft aus, wenn der Gesellschaftszweck ausschliesslich oder mindestens zur Hauptsache darin besteht, Grundstücke zu erwerben, zu verwalten, zu nutzen und zu veräussern[501]. Als Kriterien für die Erfüllung dieser Voraussetzungen gelten alternativ eine entsprechende Zweckumschreibung in den Statuten, die tatsächliche Gewinnerzielung aus Liegenschaftserträgen, sowie ein buchmässiger Immobilienanteil von mehr als fünfzig Prozent der Bilanzsumme[502].

2.2. Steuerfolgen[503]

2.2.1. Gewinn- und Einkommensbesteuerung

Die Tatsache, dass der Gewinn einer Gesellschaft aus Liegenschaftserträgen stammt, hat weder für die laufende Besteuerung der Gesellschaft selbst, noch für die Anteilsinhaber steuerliche Folgen. Dies selbst dann nicht, wenn die Immobilen in einem anderen Kanton liegen. Zwar wird die Gesellschaft selbst, den auf die ausserkantonalen Immobilien entfallenden Anteil am Kapital und den entsprechenden Gewinn im Belegenheitskanton versteuern müssen, auf die Aktionäre darf jedoch nicht durchgegriffen werden[504].

---

[500] Gemäss Art. 12 Abs. 2 lit. d StHG können die Kantone die Übertragung von Beteiligungsrechten des Privatvermögens an Immobiliengesellschaften besteuern. Vgl. dazu 1.5.2.3, S. 169.
[501] BGE 104 Ia 253.
[502] MAUTE/RÜTSCHE, ST 6/89, 265; RICHNER/FREI/KAUFMANN/MEUTER, ZH-Komm. § 216 N 93 ff.
[503] Zu den Steuerfolgen beim Erwerb einer Immobiliengesellschaft vgl. auch A.5.3, S. 50.
[504] Art. 4 Abs. 1 StHG, der die Begründung einer wirtschaftlichen Zugehörigkeit aufgrund der Nutzung von Grundstücken vorschreibt, bietet keine gesetzliche Grundlage für einen Durchgriff im interkantonalen Verhältnis; dazu auch RICHNER/FREI/KAUFMANN/MEUTER, ZH-Komm. § 4 N 34.

Der direkten Bundessteuer, welche Veräusserungsgewinne auf Liegenschaften grundsätzlich steuerfrei lässt, ist der Begriff der Immobiliengesellschaft unbekannt. Hier stellt sich bei der Erfüllung der entsprechenden Kriterien lediglich die Frage, ob eine gewerbsmässige Tätigkeit vorliegt[505].

2.2.2. Veräusserung der Mehrheitsbeteiligung

Die Veräusserung der Mehrheit der Anteile einer Immobiliengesellschaft stellt regelmässig eine wirtschaftliche Handänderung dar, welche in den Kantonen die anteilige, d. h. die der Beteiligungsquote entsprechende Grundstückgewinnsteuer sowie die Handänderungssteuer auslöst. Die Frage, ob eine Mehrheitsbeteiligung vorliegt, beantwortet sich nach den Stimmrechtsverhältnissen im Zeitpunkt der wirtschaftlichen Handänderung. Auch wenn zwei Personen Minderheitsbeteiligungen verkaufen, die zusammen eine Mehrheit an der Immobiliengesellschaft ausmachen, geht die wirtschaftliche Verfügungsmacht u. U. über. Die Gewinnberechnung wird anhand des Praxisbeispiels dargestellt.

Praxisbeispiel 29 - Grundstückgewinnberechnung bei Immobiliengesellschaften

Kurt Meier kaufte 1990 die Aktien der Immobilien AG mit einem Aktienkapital von CHF 100 000 für CHF 1 Mio. Am 1. Januar 2008 verkauft er das ganze Aktienpaket für CHF 1,1 Mio. Die Passiven gemäss Übernahmebilanz belaufen sich auf CHF 500 000 (ohne Aktienkapital). Unter den Aktiven befinden sich nicht liegenschaftliche Werte von CHF 75 000. Das Hauptaktivum der Immobilien AG ist ein Mehrfamilienhaus, welches 1980 für CHF 900 000 erworben wurde. Im Jahre 1995 wurden im Rahmen einer Totalsanierung CHF 200 000 wertvermehrend investiert.

Berechnung des massgeblichen Erlöses (in CHF):	
Aktienkaufpreis	1 100 000
Vom Käufer übernommene Passiven	500 000
./. nicht liegenschaftliche Werte	– 75 000
Erlös für die Grundstückgewinnsteuer (oder Kaufpreis für die Festsetzung der HäSt)	1 525 000

---

[505] Vgl. zum gewerbsmässigen Liegenschaftenhändler C.1.6, S. 183. Es kann sich bei der Veräusserung von Aktien überdies auch die Frage stellen, ob der Veräusserungsgewinn einer Immobiliengesellschaft als Folge der Qualifikation als gewerbsmässiger Wertschriftenhändler zu besteuern ist, was insbesondere bei der Veräusserung von Minderheitsbeteiligungen praktisch relevant sein könnte. Vgl. das Urteil des BGer vom 22. April 2005, StE 2006 B 23.2 Nr. 31.

Grundstückgewinnberechnung (in CHF):	
Erlös	1 525 000
./. Kaufpreis 1990	− 1 000 000
./. Aufwendungen für Totalsanierung	− 200 000
Massgeblicher Grundstückgewinn	325 000

An dieser Stelle wird im Weiteren vor allem auf die Folgen der Abrechnung einer wirtschaftlichen Handänderung sowie auf die internationalen Aspekte solcher Veräusserungen eingegangen.

Der mit der wirtschaftlichen Handänderung abgerechnete Wertzuwachsgewinn kann bei einer späteren Veräusserung der Liegenschaft nicht noch einmal besteuert werden[506]. Mit der dannzumal im Grundbuch einzutragenden zivilrechtlichen Handänderung wird lediglich die bereits abgerechnete wirtschaftliche Handänderung nachvollzogen. Allerdings wird die Besitzdauer unterbrochen, weshalb ein zwischen wirtschaftlicher und zivilrechtlicher Handänderung eingetretener Mehrwert der Liegenschaft zu einer höheren Progression besteuert wird, als wenn über die wirtschaftliche Handänderung nicht abgerechnet worden wäre. In Kantonen mit dualistischem System der Grundstückgewinnbesteuerung unterliegt der Veräusserungsgewinn bei der Immobiliengesellschaft der ordentlichen Gewinnsteuer. In den meisten Kantonen – ausser Genf[507] – kann der bereits besteuerte Wertzuwachsgewinn in Abzug gebracht werden.

Interessant sind die Unterschiede zwischen der Behandlung des Verkaufs im interkantonalen und internationalen Verhältnis. Die bundesgerichtliche Rechtsprechung behandelt eine Mehrheitsbeteiligung an einer Immobiliengesellschaft als unbewegliches Vermögen und weist die Besteuerungsbefugnis dem Liegenschaftskanton zu[508]. Ein in Zug wohnhafter Alleinaktionär einer in Zürich investierten Immobiliengesellschaft wird folglich den gesamten Wertzuwachsgewinn in Zürich zu versteuern haben. Der Vollständigkeit halber sei nochmals erwähnt, dass für die Belange der direkten Bundessteuer dieser Gewinn steuerfrei bleibt.

---

[506] Zu den sehr vielfältigen kantonalen Ansichten zur konkreten Umsetzung dieses Grundsatzes vgl. FREI/FUNKE, ZStP 4/2006, 294 ff. Eine ausdrückliche gesetzliche Regelung kennt z.B. der Kanton Bern (Art. 142 Abs. 2 lit. g StG/BE).

[507] Der Kanton Genf stellt sich auf den Standpunkt, es liege mangels Identität der Steuerpflichtigen (Aktionäre einerseits und Immobiliengesellschaft anderseits) keine unzulässige Doppelbesteuerung vor. Diese Auffassung ist unter dem Gesichtswinkel des steuerlichen Durchgriffs durch die Immobiliengesellschaft auf die Aktionäre nicht haltbar. Gl. M. FREI/FUNKE, a. a. O., 295.

[508] BGer 9. Juli 1999, StE 1999 A 24.34 Nr. 3.

Im internationalen Verhältnis wird nach den Vorgaben des OECD-Musterabkommens eine Mehrheitsbeteiligung an einer Immobiliengesellschaft dagegen zum beweglichen Vermögen gezählt. Der Veräusserungsgewinn aus der erwähnten, in Züricher Immobilien investierten Gesellschaft kann folglich grundsätzlich nicht besteuert werden. Dies gilt insbesondere im Verhältnis zu Deutschland[509]. Eine interessante, bisher nicht geklärte Frage ist, ob der veräussernde deutsche Mehrheitsaktionär trotz fehlenden Besteuerungsrechts der Schweiz Anspruch auf eine Veranlagungsverfügung der Grundsteuerbehörde hat. Eine solche Veranlagung hätte zur Konsequenz, dass – obwohl keine Steuern zu bezahlen wären – über den Wertzuwachsgewinn steuerlich abgerechnet würde und folglich beim späteren Verkauf der Liegenschaft durch die Gesellschaft diese Besteuerung nicht nachgeholt werden könnte. Diese auf den ersten Blick stossende Nichtbesteuerung eines dem Liegenschaftskanton resp. der Zürcher Gemeinde nach internem Recht zustehenden Mehrwertes wäre u. E. aber aufgrund des Vorrangs des internationalen Doppelbesteuerungsrechts zu akzeptieren.

Im Verhältnis zu Ägypten, Australien, China, Finnland, Frankreich, Grossbritannien, Indien, Irland, Kanada, Marokko, Mexiko, Norwegen, Thailand, USA, Venezuela und Vietnam gilt diese «Privilegierung» indes nicht[510]. Hier können Veräusserungsgewinne aus dem Verkauf einer Immobiliengesellschaft von beiden Staaten – mithin auch von der Schweiz – besteuert werden.

2.2.3. Veräusserung einer Minderheitsbeteiligung

Neben der in Abschnitt 2.2.2 dargestellten Veräusserung einer Mehrheitsbeteiligung gibt das Steuerharmonisierungsgesetz den Kantonen auch die Möglichkeit, Minderheitsbeteiligungen an Immobiliengesellschaften zu besteuern[511].

Vor allem die Westschweizer Kantone (GE, NE, VD und VS) sowie das Tessin machen von dieser Möglichkeit Gebrauch. In der Deutschschweiz kennen nur AG und LU eine entsprechende Regelung, welche sich allerdings sachlich auf Minderheitsbeteiligungen, welche mit einem Sondernutzungsrecht verbunden sind, beschränkt.

---

[509] RICHNER/FREI/KAUFMANN/MEUTER, ZH-Komm. § 205 N 4.
[510] Siehe bspw. die Formulierung in Art. 13 Abs. 4 DBA Schweiz – Grossbritannien.
[511] Vgl. C 1.5.2.3, S. 178.

Eigentlich müsste man annehmen, dass die steuerlichen Auswirkungen bei beiden Sachverhalten die Gleichen sind, weil auch bei einer Mehrheitsbeteiligung die Abrechnung nur quotal erfolgt. Bei der Veräusserung einer 75%-Beteiligung werden sowohl der Bemessung der Grundstück- als auch der Handänderungssteuer nur drei Viertel des Erlöses zu Grunde gelegt. Entsprechend ist bei einer Beteiligung zu verfahren, wenn weniger als 50% Beteiligungsanteile veräussert werden. Indessen darf eine analoge Anwendung der Grundsätze nur mit grosser Zurückhaltung und nur bei entsprechender gesetzlicher Grundlage vorgenommen werden. Es ist nämlich nicht zu übersehen, dass die Besteuerung von Minderheitsbeteiligungen nicht ins Konzept des Übergangs der Verfügungsmacht an einem Grundstück passt. Bei zersplitterten Beteiligungsverhältnissen ist zudem die Aufteilung des Erlöses, die Zuordnung entsprechender Anlagekosten und die Bestimmung der massgeblichen Besitzdauern für die jeweiligen Anteile eine kaum mehr lösbare Aufgabe. Wird anschliessend die Liegenschaft selbst durch die Immobiliengesellschaft veräussert, besteht zudem die Schwierigkeit, dass bei der Abrechnung der zivilrechtlichen Handänderung die zuvor bereits besteuerten Wertzuwachsquoten als Anlagekosten zu berücksichtigen sind. Wird ein historischer Ersatzwert herangezogen, wird eine Doppelbesteuerung oder eine Nichtbesteuerung kaum zu vermeiden sein.

Ungeklärt sind zudem die interkantonalen Sachverhalte. Unseres Wissens hatte das Bundesgericht bisher keine Gelegenheit, zur Frage Stellung zu nehmen, ob eine *Minderheits*beteiligung an einer Immobiliengesellschaft für die Belange der Einkommensbesteuerung ebenfalls als unbewegliches Vermögen anzusehen ist. Die Praxis scheint von diesem Grundsatz auszugehen, um noch grösseren Abgrenzungsproblemen auszuweichen. Aus systematischer Sicht ist dieser interkantonale Durchgriff aber problematisch. Insbesondere bei Liegenschaftenhändlern wäre es das legitime Interesse des Wohnsitzkantons, den Aktiengewinn auf Minderheitenbesitz zu besteuern. Nur bei Mehrheitsverhältnissen rechtfertigt sich unseres Erachtens eine Zuweisung an den Liegenschaftenkanton, weil die Verfügungsmacht tatsächlich am Ort der gelegenen Sache übergeht.

Diese Betrachtung wäre mit den internationalen Kollisionsnormen kongruent, welche regelmässig bloss bei der Übertragung einer Mehrheitsbeteiligung an einer Immobiliengesellschaft dem Belegenheitsstaat das Besteuerungsrecht zuweisen.

2.2.4. Immobiliengesellschaft im Erbgang und bei Schenkung

Die kantonalen Grundstückgewinn- und Handänderungssteuernormen schieben die Besteuerung regelmässig auf resp. nehmen Tatbestände von der Besteuerung aus, welche zu einem unentgeltlichen Übergang der Beteiligungen führen, wie z. B. bei Erbvorbezug, Erbgang und Schenkung.

Im interkantonalen Verhältnis ist jedoch zu beachten, dass – im Unterschied zur Einkommens- und Grundstückgewinnbesteuerung – Anteile an Immobiliengesellschaften zum beweglichen Vermögen gehören und folglich nicht am Ort der gelegenen Sache besteuert werden.

2.2.5. Steuerprivilegierte Liquidation

Um die Verbreitung von reinen Immobiliengesellschaften zu bremsen und Anreize zu einfachen und klaren Strukturen zu schaffen, führte der Gesetzgeber beim Erlass des DBG eine Übergangsbestimmung ein, welche es Aktionären zwischen dem 1.1.1995 und dem 31.12.2003 erlaubte, die Immobilien privilegiert ins Privatvermögen zu überführen[512]. Die Steuer auf dem Liquidationserlös von vor dem Inkrafttreten des DBG errichteten Immobiliengesellschaften wurde sowohl auf der Stufe der Gesellschaft wie auch beim Aktionär um 75% reduziert. Trotz dieser grosszügigen Anreizstrategie war der befristeten Privilegierung kein allzu grosser Erfolg beschieden, weil nur eine Minderheit der Kantone sich dazu durchringen konnte, gleiche oder ähnliche Regelungen wie der Bund zu erlassen. Einzig die Kantone Bern, Freiburg, Genf, Graubünden, Luzern, Neuenburg, Nidwalden, Obwalden, Schwyz und Waadt kannten befristete Liquidationsprivilegien. Die entsprechenden ÜbBest. sind aber überall ausser Kraft getreten, weshalb an dieser Stelle auf die äusserst komplexen Fragen der Berechnung und der interkantonalen Aufteilung der Liquidationsergebnisse nicht eingegangen wird[513].

Im Rahmen der Unternehmenssteuerreform II ist geplant, für die Überführung von Liegenschaften aus dem Geschäfts- ins Privatvermögen einen Steueraufschub sowohl bei der Einkommens- als auch bei der Grundstückgewinnsteuer einzuführen[514]. Dieser gälte jedoch

---
[512] Art. 207 DBG.
[513] Vgl. dazu weiterführend: Fischer, Steuerratgeber für Hauseigentümer, 287 ff. DBG-WEBER, Art. 207 N 1 ff.
[514] Vgl. FN 305. Gegen das Gesetz ist das Referendum ergriffen worden. Eine allfällige Inkraftsetzung ist frühestens auf die Steuerperiode 2009 zu erwarten.

nur für Personen – nicht jedoch für die hier besprochenen Immobiliengesellschaften in der Rechtsform einer juristischen Person.

2.3. Exkurs: Private Immobilienfonds

Aus Steuersicht kann es sich für sehr vermögende Privatpersonen lohnen, grössere Immobilienvermögen über einen privaten Immobilienfonds zu halten. Gegenüber einem Indirektbesitz über eine Kapitalgesellschaft wird die Gewinnsteuer auf Stufe Immobilienfonds beim Bund und in einigen Kantonen um die Hälfte reduziert.

Beim privaten Anleger werden Einkünfte aus Anteilen an Anlagefonds nur besteuert, soweit die Gesamterträge des Anlagefonds die Erträge aus direktem Grundbesitz übersteigen. Mit anderen Worten: Sind im Anlagefonds lediglich Immobilien und keine weiteren Aktiven vorhanden, ergibt sich insgesamt lediglich eine Belastung (mit der Einkommenssteuer) auf Stufe Anlagefonds, nicht aber zusätzlich beim Anteilsinhaber. Selbstredend kann dadurch die Steuerprogression beim Anlagefondsinhaber gebrochen werden. In Zürich beispielsweise ergäbe sich dadurch insgesamt eine Endbelastung auf Immobilienerträgen von lediglich rund 12% auf dem Erfolg vor Steuern.

Für eine solche Lösung ist die Konsultation von Spezialisten, insb. eines Steuerexperten, unumgänglich. Nebst den direktsteuerlichen Aspekten sind insbesondere vertragsrechtliche, regulatorische und aufsichtsrechtliche Gesichtspunkte zu berücksichtigen.

3. Mehrwertsteuer und Immobilien

3.1. Einleitende Bemerkungen

Die MWST wird für die Mehrheit der privaten Immobilienbesitzer, denen dieses Buch als Orientierungshilfe im Steuerdickicht dienen soll, einen reinen Kostenfaktor darstellen. Sie zahlen als Konsumenten beim Bau, der Renovation und dem Unterhalt ihrer Liegenschaft mit jeder Bauunternehmer- oder Handwerkerrechnung Mehrwertsteuer – und dies nicht zu knapp! Beim Kauf einer durchschnittlichen, schlüsselfertigen Wohnung oder eines Hauses werden verdeckt mehrere zehntausend Franken MWST entrichtet[515]. Verdeckt deshalb, weil im Grundstückkauf- und Werkvertrag mit dem Generalunternehmer keine MWST ausgewiesen ist. Diese lässt der Generalunternehmer als

---

[515] Werden für ein Haus CHF 700 000 bezahlt, davon CHF 150 000 für das Land, und behält der GU 8% der Bausumme für sich, so sind vom Bauherrn wirtschaftlich rund CHF 35 000 als MWST zu berappen.

steuerpflichtige Person aber in Form von nicht rückforderbaren Vorsteuern (welche die Handwerker ihm in Rechnung stellen) auf dem gesamten Werkpreis (ohne Land und ohne Gewinnanteil) beim Fiskus zurück. Gegenüber dem Bauherrn wird er diesen Umstand in seine Kalkulation einbeziehen, d. h. die MWST verdeckt «überwälzen».

Gewerbliche Liegenschaftenbesitzer, Immobilienhändler und Investoren, d. h. insb. auch Privatpersonen mit gewerblich vermieteten Renditeobjekten sind aber gut beraten, der MWST bereits vor dem Kauf die notwendige Beachtung zu schenken. In der Praxis ist es leider oft so, dass eine Vielzahl von Experten das Objekt durchleuchten, d. h. Lage, Bausubstanz, Mieterspiegel etc. analysieren, die Grundbucheinträge und den Kaufvertrag nach allen möglichen Risiken durchforsten und die Grundstückgewinn- und Handänderungssteuern im Voraus berechnen und sicherstellen lassen, ohne sich über die mehrwertsteuerliche Situation der Liegenschaft auch nur Gedanken zu machen. Dies geschieht nicht aus bösem Willen. Vielen Treuhändern, Rechtsanwälten und selbst Richtern ist die MWST vielmehr ein Graus und auch über zehn Jahre nach deren Einführung ein Buch mit sieben Siegeln. Für sie alle, sowie für die Privatperson, welche ihren Beratern auf die Finger schauen will, wurde dieses Kapital geschrieben.

Aus den erwähnten Gründen werden dabei über das eigentliche Thema hinaus das System der MWST und die Voraussetzungen für die Steuerpflicht resp. die freiwillige Versteuerung von Immobilienumsätzen eingehend beleuchtet.

Nicht detailliert eingegangen wird auf die Reformbestrebungen zur radikalen Vereinfachung der MWST, weil diese nach heutigem Kenntnisstand den Immobilienbereich von der Steuerpflicht weiterhin grundsätzlich ausnehmen werden[516].

3.2. Historischer Rückblick und Steuersätze

Am 1. Januar 1995 wurde in der Schweiz die Mehrwertsteuer eingeführt und trat die Mehrwertsteuerverordnung in Kraft[517]. Die MWST löste damals die Warenumsatzsteuer ab. Die Steuersätze wurden zu Beginn mit 6,5 % (Normalsatz) sowie mit 2,0 % für den reduzierten Satz festgelegt. In der Folge wurden die Sätze erhöht sowie ein Sondersatz für Beherbergungsleistungen eingeführt.

---

[516] Vgl. Bericht der Arbeitsgruppe Spori vom 12. Mai 2006 (abrufbar unter http://www.efd.admin.ch/dokumentation/zahlen/00578/01021/index.html?lang=de), Abschnitt 4.5, sowie die Vernehmlassungsvorlage des EFD vom Februar 2007, zu Art. 18 Ziff. 13–15 Entwurf MWSTG und Abschnitt 6.6 daraus.

[517] Verordnung über die Mehrwertsteuer gemäss Bundesratsbeschluss vom 22. Juni 1994.

Gemäss der seit dem 1. Januar 2000 in Kraft stehenden Bundesverfassung bildet der Art. 130 die Grundlage für die Erhebung der Mehrwertsteuer auf Bundesebene. Aufgrund dieser Verfassungsgrundlage trat am 1. Januar 2001 das MWSTG in Kraft[518]. In diesem Zusammenhang wurden sämtliche Publikationen der Eidgenössischen Steuerverwaltung vollständig überarbeitet und auch Praxisänderungen veröffentlicht.

Auf der nachfolgenden Tabelle ist die Entwicklung der MWST-Sätze aufgeführt.

In Kraft seit:	Nullsatz: steuerbefreite und steuerausgenommene Umsätze	Reduzierter Satz: täglicher Gebrauch	Sondersatz: Beherbergungsleistungen	Normalsatz:
1. Januar 1995	0%	2,0%	–	6,5%
1. Oktober 1996	0%	2,0%	3,0%	6,5%
1. Januar 1999	0%	2,3%	3,5%	7,5%
1. Januar 2001	**0%**	**2,4%**	**3,6%**	**7,6%**

Abbildung 16 - Mehrwertsteuersätze

3.3. Funktionsweise der MWST

Die MWST beruht auf dem so genannten «Allphasensystem mit Vorsteuerabzug». Die Steuer wird dabei auf allen Stufen des Produktions- und Verteilungsprozesses erhoben. Die quartalsweise Abrechnung des einzelnen Steuerpflichtigen mit der ESTV geschieht wie folgt:

- Der Steuerpflichtige hat seine gesamten Umsätze zusammenzuzählen und davon die steuerbefreiten Umsätze[519] und die von der Steuer ausgenommenen Umsätze[520] abzuzählen.
- Von diesem der MWST unterliegenden Gesamtumsatz hat er die Steuer zu den gesetzlichen Steuersätzen zu berechnen (=Umsatzsteuer).
- Um eine Steuerkumulation zu vermeiden, kann der Steuerpflichtige von der geschuldeten Umsatzsteuer die in der gleichen Abrechnungsperiode angefallenen Vorsteuern (MWST-Belastung auf Aufwendungen) abziehen.
- Der geschuldete Steuerbetrag bzw. das allfällige Steuerguthaben berechnet sich wie folgt:

---

[518] Bundesgesetz über die Mehrwertsteuer vom 2. September 1999 (SR 641.20).
[519] Art. 19 MWSTG; z. B. Warenexporte.
[520] Art. 18 MWSTG; z. B. Immobilienhandel und -vermietung, Versicherungsprämien, gewisse Umsätze im Bereich Geld- und Kapitalverkehr.

Geschuldete Umsatzsteuer
./. Anrechenbare Vorsteuern
= Steuerschuld bzw. -guthaben

Zur Vereinfachung besteht die Möglichkeit der Abrechnung mit Saldosteuersätzen. Da diese Abrechnungsmethode nur den MWST-Pflichtigen gewährt wird, welche nicht für die Versteuerung eines ausgenommenen Umsatzes (z. B. Vermietung oder Verkauf von Liegenschaften) optieren, ist diese Vereinfachung im Immobilienbereich nicht von grosser Bedeutung. Ein Steuerpflichtiger kann einen (in bestimmten Fällen höchstens zwei) branchenspezifischen Saldosteuersatz beantragen, mit welchem er seine Steuerschuld deklarieren und pauschal berechnen kann. Die Abrechnungen gegenüber der ESTV sind lediglich halbjährlich zu erstellen. Dabei muss der steuerpflichtige Bruttoumsatz (inklusive MWST) mit dem jeweiligen Saldosteuersatz ($0,6\%^{521}$–$6\%^{522}$) multipliziert werden, um so den an die ESTV abzuliefernden Betrag zu ermitteln. Damit ist das Vorsteuerguthaben pauschal berechnet und abgegolten. Formelle Anforderungen an Vorsteuerbelege sind bei dieser Abrechnungsart kaum zu beachten.

Die Steuerschuld ist innert 60 Tagen nach Quartalsende, bzw. nach Ablauf des jeweiligen Halbjahres bei der Abrechnung nach der Saldosteuersatzmethode, dem Fiskus abzuliefern. Ein allfälliges Steuerguthaben (infolge Vorsteuer-Überhang) wird innert 60 Tagen nach Einreichung der Abrechnung durch die Steuerverwaltung zurückerstattet. Für verspätete Zahlungen wird ein Verzugszins von 5% erhoben bzw. für verspätete Steuerrückzahlungen ein Vergütungszins von ebenfalls 5% gutgeschrieben.

3.4. Steuerpflicht

Warnend sei darauf hingewiesen, dass die MWST – im Gegensatz zu den meisten anderen Steuern – als reine Selbstveranlagungssteuer[523] ausgestaltet ist, welche den (auch nur potentiell) MWST-Pflichtigen sehr hohe Bürden auferlegt. Steuerverwaltung und Gerichte verlangen von den MWST-Pflichtigen, dass diese sämtliche relevante Bestimmungen (welche mehrere tausend Seiten umfassen) kennen und korrekt anwenden. Dieser Abschnitt behandelt die Frage, wer unter welchen Bedingungen MWST-pflichtig werden kann, also als Steuersubjekt betrachtet wird.

---

[521] Z. B. für Bibliotheken, Heizölhandel oder Zeitschriftenverlage.
[522] Z. B. für Architekten, Berater, Geometer, Hauswarte, Rechtsanwälte, Reinigungsfirmen oder Treuhänder.
[523] Art. 46 MWSTG.

Auch Immobilien-Investoren, und seien diese reine Privatpersonen, können MWST-pflichtig werden.

Die Steuerpflicht setzt das Erfüllen folgender vier Kriterien kumulativ voraus[524]:
- Erzielen von Einnahmen;
- Ausüben einer selbständigen, gewerblichen (oder beruflichen) Tätigkeit; Angestellte bzw. Lohnbezüger sind jedoch nicht MWST-pflichtig;
- Erreichen bestimmter Umsatzlimiten aus Lieferungen, Dienstleistungen und Eigenverbrauch;
- Ausübung der Tätigkeit über eine bestimmte Dauer bzw. nachhaltig.

Demgegenüber sind eine Gewinnabsicht oder die gewählte Rechtsform ausdrücklich nicht relevant. Neben juristischen Personen können auch natürliche Personen, Vereine und einfache Gesellschaften, insbesondere auch Erbengemeinschaften oder Stockwerkeigentümergemeinschaften, MWST-Subjekt sein.

Nach Gesetz bestehen weitere Möglichkeiten, MWST-pflichtig zu werden, die für private Immobilienbesitzer aber nicht von Bedeutung sind[525].

Die Steuerpflicht ist abhängig von der Art der Tätigkeit, mit welcher die Umsätze erzielt werden. Insbesondere die von der Steuer ausgenommenen Umsätze (wie Vermietung und Verkauf von Liegenschaften)[526] führen zu keiner Eintragungspflicht. Liegen jedoch der MWST unterliegende Umsätze vor und übersteigen diese den jährlichen Betrag von netto CHF 75 000 (Vereine CHF 150 000) ist die MWST-Pflicht gegeben[527]. Sofern die Steuerzahllast CHF 4 000 (Umsatzsteuer abzüglich Vorsteuern) nicht übersteigt, beginnt die Steuerpflicht ab einem jährlichen Umsatz von CHF 250 000[528].

Ein einmaliger Verkauf einer Liegenschaft überschreitet in vielen Fällen die Umsatzlimiten, führt aber für sich allein nicht zu einer MWST-Pflicht. Hingegen erfüllt beispielsweise ein Baukonsortium, welches für die Ausführung auch nur eines Bauwerks gegründet wird,

---

[524] Vgl. auch SB02 Steuerpflicht.
[525] Art. 21–25 sowie Art. 10 MWSTG.
[526] Abschliessend aufgezählt in Art. 18 MWSTG.
[527] Art. 21 MWSTG.
[528] Art. 25 MWSTG.

das Kriterium der Nachhaltigkeit und wird somit grundsätzlich MWST-pflichtig[529].

Sofern die nachfolgenden Bedingungen kumulativ erfüllt sind, wird nach der Praxis der ESTV ein Immobilien-Investor jedoch nicht mehr MWST-pflichtig und die ESTV verzichtet auf die Erhebung der Eigenverbrauchsbesteuerung[530]:

- Sämtliche Leistungen an Bauwerken werden durch Dritte erbracht, der Investor darf nur Überwachungstätigkeiten (Bauherrenaufsicht) selbst erbringen.
- Nach aussen hin besteht keine Bereitschaft, an Bauwerken für fremde Rechnung Arbeiten selbst vorzunehmen oder durch Dritte vornehmen zu lassen.
- Erbringt ein Dritter Leistungen an Bauwerken, so darf der Investor diesem Dritten keine Waren, Materialien oder Infrastruktur (insbesondere Maschinen) zur Verfügung stellen.

Ziel dieser Praxisänderung der ESTV ist es, dass Wohnbaugenossenschaften, Pensionskassen, Banken, Versicherungen und gewisse einfache Gesellschaften nicht mehr MWST-pflichtig werden und keine komplexen Eigenverbrauchsberechnungen erstellen müssen. Diese Erleichterung ist zu begrüssen. Diese Ausführungen sollen anhand des nachfolgenden Beispiels konkretisiert werden:

> **Praxisbeispiel 30 - MWST-Pflicht einer Personalvorsorgestiftung**
>
> Die Personalvorsorgestiftung der Meier Consulting AG lässt zu Anlagezwecken Wohnhäuser durch den Generalunternehmer Bertschi & Co erstellen, welche vermietet werden sollen. Im Stiftungsrat ist Herr Keller vertreten, der von Beruf Architekt ist. Herr Keller besucht viermal pro Monat die Baustelle um den Baufortschritt zu überwachen.
>
> Beurteilung der MWST-Pflicht anhand der drei oben erwähnten Bedingungen:
>
> Die Personalvorsorgestiftung lässt das Bauwerk erstellen, erbringt also selbst keine Leistungen. Die Tätigkeit von Herrn Keller ändert an dieser Qualifikation nichts. Eine Bereitschaft der Personalvorsorgestiftung, Arbeiten für Dritte selbst vorzunehmen oder vornehmen

---

[529] Vgl. auch BB04 Baugewerbe, Abschnitt 1.2.
[530] Vgl. Praxismitteilung ESTV Praxisänderungen ab 1.1.2005, Abschnitt 2.2.1.

> zu lassen, ist nach Aussen nicht erkennbar. Auch verfügt die Personalvorsorgestiftung über keine Ressourcen (Baumaschinen, Material), die sie dem Generalunternehmer zur Verfügung stellen könnte.
> Fazit: die Personalvorsorgestiftung wird nicht MWST-pflichtig. Sie muss keinen Eigenverbrauch abrechnen und hat kein Vorsteuerabzugsrecht.
> Variante: Herr Keller beauftragt als Bauleiter selbst Handwerker, Bertschi & Co ist nicht als Generalunternehmer beauftragt.
> Fazit: Da die Personalvorsorgestiftung Leistungen selbst erbringt, wird sie MWST-pflichtig, muss über den Eigenverbrauch abrechnen und wird vorsteuerabzugsberechtigt.

Steuerpflichtig können, wie erwähnt, auch natürliche Personen sein, sofern sie selbständig im Sinne der MWST handeln oder ein Unternehmen im Sinne der MWST betreiben. In der Praxis achtet die ESTV nicht darauf, ob eine natürliche Person ihre Immobilien im Privat- oder Geschäftsvermögen hält bzw. ob diese Person bei den direkten Steuern und Sozialversicherungen (AHV) als unselbständig oder selbständig behandelt wird. Dieser Praxis ist zuzustimmen, weil es nicht der Absicht des Gesetzgebers entspricht, z. B. MWST-pflichtige Immobilienhändler als gewerbsmässig i. S. der direkten Steuern zu qualifizieren und umgekehrt. Es kann auch durchaus Fälle geben, in welchen zwar eine selbständige Tätigkeit vorliegt, aufgrund fehlender oder ungenügender steuerbarer Umsätze aber eine MWST-Pflicht nicht entsteht. Es wird aber auch die Ansicht vertreten, dass im Sinne der Einheit der Rechtsordnung die MWST wie auch andere Steuern und Sozialversicherungen die gleichen Kriterien für die Qualifikation der selbständigen Erwerbstätigkeit anzuwenden hätten[531]. Indes ist nicht zu übersehen, dass die Registrierung als MWST-Pflichtiger ein Präjudiz für die Qualifikation der privat gehaltenen Renditeliegenschaft als Geschäftsvermögen bei den direkten Steuern und Sozialversicherungen darstellen könnte. Aufgrund der ganz unterschiedlichen Anknüpfungskriterien zur Steuerpflicht bei den direkten und indirekten (MWST) Steuern ist eine solche Argumentation der kantonalen Steuerbehörden oder der Sozialversicherungsbehörden jedoch abzulehnen.

---

[531] G. Schafroth/D. Romang, mwst.com Kommentar zum Bundesgesetz über die Mehrwertsteuer, Basel 2000, Art 21, Rz. 29.

3.5. Freiwillige Unterstellung unter die Steuerpflicht

Zur Wahrung der Wettbewerbsneutralität oder zur Vereinfachung der Steuererhebung können auch Unternehmen, welche die Voraussetzungen für eine Steuerpflicht nicht erfüllen, sich freiwillig der MWST unterstellen[532]. Man spricht in diesem Zusammenhang von der Option für die MWST-Pflicht. Gemäss heutiger Praxis muss der jährliche Umsatz jedoch mindestens CHF 40 000 betragen. Die freiwillige Unterstellung bei der MWST kann interessant sein, weil erst dadurch ein Vorsteuerabzugsrecht begründet wird.

3.6. Steuerbare Aktivitäten und Umsätze

Zur Bestimmung der steuerbaren Leistungen (Steuerobjekt) können die Umsätze (und weitere den Umsätzen gleichgestellten Tatbestände wie insbesondere Eigenverbrauch) gemäss Art. 5–20 MWSTG wie folgt gegliedert werden:

Gliederung der Umsätze

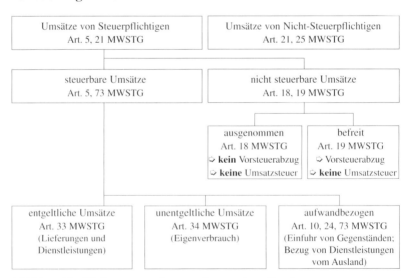

Abbildung 17 - Gliederung steuerbare – nicht steuerbare Umsätze

Der Verkauf und die Vermietung von Liegenschaften sind grundsätzlich von der MWST ausgenommen. Ebenfalls ausgenommen sind im Grundbuch eingetragene Kaufs- oder Vorkaufsrechte. Bei der Vermietung von Immobilien ist speziell zu beachten, dass es sich um klar

---
[532] Art. 27 MWSTG.

abtrennbare Räumlichkeiten handeln muss, zu welchen der Mieter das alleinige Zugangs- und Nutzungsrecht hat, damit die Vermietung ausgenommen ist. Dies ist bei beispielsweise bei Büroräumlichkeiten, Wohnungen und Garagen der Fall. Ist die Voraussetzung nicht erfüllt, liegt ein Nutzungsrecht vor, welches mit der MWST ordentlich abzurechnen ist. So ist auch die Vermietung von Hotelzimmern MWST-pflichtig[533]. Steuerbar sind ebenfalls Beurkundungen durch einen Notar, Bewertungen, Gutachten, Beratungen oder Provisionen eines Immobilienhändlers.

3.6.1. Eigenverbrauchssteuer

Eigenverbrauch führt ebenfalls dazu, dass Umsatzsteuer zu entrichten ist, auch wenn kein Umsatz getätigt wird. Einerseits wird mit der Besteuerung von Eigenverbrauch eine Korrektur der Vorsteuern erreicht. Dies ist insbesondere bei Nutzungsänderungen der Fall. Eine Liegenschaft wurde bspw. als Geschäftsliegenschaft erstellt, womit die Vorsteuern voll abgezogen werden konnten. Wird diese Liegenschaft später für Wohnungen umgenutzt, so wäre ein Teil der bei der Erstellung abgezogenen Vorsteuern nicht mehr abziehbar. Dies wird mit der Eigenverbrauchsbesteuerung korrigiert. Andererseits wird mit dem «baugewerblichen Eigenverbrauch» auch die Wertschöpfung des MWST-Pflichtigen erfasst und besteuert. Beide Formen des Eigenverbrauchs sind im Immobilienbereich häufig anzutreffen[534].

3.6.2. Parkplatz-Vermietung

Bei der Vermietung von Parkplätzen ist speziell zu unterscheiden, um was für eine Art Vermietung es sich handelt[535].

- Im Gemeingebrauch stehende Parkplätze auf öffentlichen Strassen oder Plätzen, die kurzzeitig (beispielsweise stundenweise) vermietet werden, sind ausgenommen.
- Durch Private oder Unternehmen vermietete Parkplätze, beispielsweise in Parkhäusern oder Bahnhöfen, sind hingegen steuerbar (sofern der Vermieter die Voraussetzungen für die Steuerpflicht erfüllt). Dies gilt unabhängig von der Dauer der Vermietung.
- Ein Parkplatz, Abstellplatz oder eine Garage mit alleinigem Nutzungsrecht für den Mieter wird als unselbständige Nebenleistung

---

[533] Art. 18 Abs. 20 und 21 MWSTG.
[534] Auf beide wird in Abschnitt E.3.8.2 ausführlich eingegangen.
[535] Details sind in MB18 Parkplätze geregelt, siehe S. 310.

mit einem anderen Liegenschaftsteil vermietet. In diesem Fall handelt es sich um einen ausgenommenen Umsatz, für welchen nur optiert werden kann, wenn der Mieter MWST-pflichtig ist.

3.6.3. Liegenschaftsverwaltung

Eine Liegenschaftsverwaltung oder ein sonstiger Steuerpflichtiger, welche Liegenschaften sowohl an Private als auch mit MWST an andere Steuerpflichtige vermietet oder selbst mindestens teilweise für steuerbare Zwecke nutzt, kann aufgrund dieser Tätigkeit MWST-pflichtig werden. Die Vorsteuern dürfen diesfalls jedoch nicht vollständig geltend gemacht[536] werden.

3.6.4. Stockwerkeigentümergemeinschaften (STWEG)

Die periodisch durch die Stockwerkeigentümer in den Erneuerungsfonds einzuzahlenden Beträge sind von der MWST ausgenommen, sofern sie gesondert in Rechnung gestellt werden. Die ESTV behandelt diese Einlagen als Umsätze im Bereich des Geld- und Kapitalverkehrs, welche aufgrund von Art. 18 Ziff. 19 MWSTG ausgenommen sind. Eine allfällige MWST-Pflicht der STWEG und die daraus resultierenden Konsequenzen sind speziell zu prüfen für den Fall, dass diese steuerpflichtige Umsätze tätigt und die weiteren Voraussetzungen für die Steuerpflicht erfüllt. Die meisten STWEG von Wohnliegenschaften fallen jedoch nicht darunter.

3.7. Freiwillige Versteuerung ausgenommener Umsätze

3.7.1. Grundsätze

In Abschnitt E.3.5. wurde die freiwillige Eintragung eines Unternehmens, welches erst dadurch MWST-pflichtig wird, dargestellt. Im Unterschied dazu behandelt dieser Abschnitt die Frage, welche Umsätze, die ausgenommen sind, dennoch freiwillig mit MWST abgerechnet werden können. Man spricht in diesem Zusammenhang von der «Option für die Versteuerung ausgenommener Umsätze». Diese Möglichkeit besteht für Unternehmen, die bereits MWST-pflichtig sind. Der Vorteil dabei ist, dass durch die freiwillige Abrechnung der Umsätze die Vorsteuern auf diesbezüglichen Aufwendungen geltend

---

[536] Details sind in SB06 Vorsteuerkürzung geregelt, Abschnitt 1.3.3. beschreibt ein vereinfachtes Verfahren zur Vorsteuerkürzung. Weitere Details sind auch in BB16 Liegenschaftsverwaltung geregelt.

gemacht werden können. Ist der Leistungsempfänger wiederum MWST-pflichtig, kann auch dieser die MWST wieder als Vorsteuern geltend machen. Wäre dies nicht möglich, würden die nicht geltend gemachten Vorsteuern als Kosten weiterverrechnet werden, was zu einer sog. «taxe occulte» führt.

In Art. 18 MWSTG sind die von der Steuer ausgenommenen Umsätze abschliessend aufgezählt. Art. 26 MWSTG besagt, dass auf einem Teil dieser ausgenommenen Umsätze optiert werden kann, also die freiwillige Versteuerung dieser Umsätze beantragt werden kann. Dies erfolgt mittels eines Optionsgesuchs, welches auf dem Formular 760 (für Immobilien) bzw. 762 (für andere Umsätze) bei der ESTV einzureichen ist. Das Formular ist spätestens in dem Quartal einzureichen, in dem eine Option erstmals gewünscht wird. Nachträgliche Optionsgesuche werden nicht bewilligt[537]. Sofern eine Option schon früher möglich gewesen wäre und der Steuerpflichtige sich so verhalten hat, wie wenn der Umsatz optiert gewesen wäre (insbesondere offener Ausweis und Abrechnung der MWST), so ist die ESTV mittlerweile pragmatisch und nimmt keine Korrektur mehr vor[538]. Wird eine Option gewünscht, muss diese mindestens 5 Jahre beibehalten werden. Bei Beginn einer Option kann allenfalls eine Einlageentsteuerung[539] stattfinden. Entscheidet man sich zur Aufhebung einer Option, kann die Eigenverbrauchssteuer[540] anfallen.

Bei gewissen ausgenommenen Umsätzen, insbesondere bei Immobilienvermietung und -verkauf, ist die Optierung nur möglich, wenn sie nachweislich gegenüber anderen inländischen Steuerpflichtigen erbracht wird[541]. In der Praxis reicht es, wenn dem Vermieter bzw. Verkäufer die MWST-Nummer des Mieters bzw. Käufers bekannt ist. Daneben müssen die formellen Bedingungen im Miet- oder Kaufvertrag erfüllt sein. Ein ausgefülltes Gesuch für die «Option für die Versteuerung von Immobilien» (Form. 760) ist nachfolgend auf Seiten 278 und 279 abgedruckt.

Insbesondere im Bereich der Immobilien gewährt die ESTV mittlerweile in ihrer Praxis oftmals eine Option für die Steuerpflicht bei gleichzeitiger Optierung (Versteuerung) von ausgenommenen Umsät-

---

[537] BB16 Liegenschaftsverwaltung, Abschnitt 4.2. Das BGer hat in BGE 2A.339/2003 die Praxis der ESTV nicht kommentiert.
[538] Weiter darf kein Steuerumgehungstatbestand vorliegen und für den Bund darf kein Steuerausfall entstehen.
[539] Vgl. Abschnitt E.3.8.3.
[540] Vgl. Abschnitt E 3.8.2.
[541] Art. 26 Abs. 1 lit. b MWSTG.

zen. Ob dies zulässig ist, war lange Zeit unklar. Diese Praxis ist aber zu begrüssen und soll unbedingt beibehalten werden. Da die ESTV derzeit sämtliche Publikationen überarbeitet, wäre es wünschenswert, wenn dieser Grundsatz explizit Erwähnung finden würde. Er entspricht als einzige der möglichen Betrachtungsweisen dem in Art. 1 Abs. 2 MWSTG festgehaltenen Prinzip der Wettbewerbsneutralität der MWST. Es wäre zudem zu begrüssen, wenn Art. 21 Entwurf-MWSTG (derzeit in der Vernehmlassung) dahingehend ergänzt würde, dass er auch ausdrücklich auf ausgenommene, aber optierte Umsätze Anwendung fände.

Ein weiterer Spezialfall soll ebenfalls Erwähnung finden: Herr Müller besitzt eine Renditeliegenschaft, die er vermietet. Diese Vermietung geschieht ohne Option. Nun möchte Herr Müller diese Liegenschaft an die Immo-AG veräussern. Die Immo-AG plant, die Liegenschaft in Zukunft für steuerbare Zwecke zu nutzen und/oder für die Mietverhältnisse zu optieren. In diesem Fall kann es interessant sein, dass Herr Müller als Verkäufer bereits für den Verkauf optiert und eine Einlageentsteuerung geltend macht. Die ESTV scheint solche Optionen jedoch, sofern sie den Sachverhalt überhaupt erkennt, nicht zu bewilligen. Da für eine ablehnende Praxis der ESTV kaum Gründe gefunden werden können und keine Grundlage im Gesetz besteht, wäre es wünschenswert, wenn die ESTV diese restriktive Praxis aufgeben würde[542].

3.7.2. Vermietung

Die Option wird vor allem für die Vermietung von Liegenschaften an MWST-pflichtige beantragt. Damit können für den Eigentümer Verbesserungen der Rendite erzielt oder dem Mieter reduzierte Mietpreise angeboten werden. Ein weiteres Argument für die Option ist die Verrechnung der Nebenkosten. Wird auf eine Liegenschaft optiert, kann die MWST auf den Nebenkosten offen an den Mieter überwälzt werden, welcher darauf das Vorsteuerabzugsrecht hat. Ohne Option bildet die von den Leistungserbringern (Stromproduzenten/Heizöllieferanten etc.) verrechnete MWST die ungeliebte taxe occulte.

Grundvoraussetzung für die Option auf einer Liegenschaftsvermietung ist der Hinweis auf die Optierung im Mietvertrag. Miete und Nebenkosten unterliegen dann der MWST. Der Optionsantrag (Form. 760) ist innert 30 Tagen nach dem Abschluss des Mietvertrages an die

---

[542] Vgl. auch R. Schumacher, Immobilienübertragung und MWST, in ST 3/2007, S. 207–208 sowie R. Schumacher, Option im Würgegriff, in ST 8/04, S. 689–690.

ESTV zur Genehmigung zuzustellen. Allfällige Mieterwechsel sind ebenfalls mit der Einsendung des Optionsantrags innert 30 Tagen an die ESTV zu melden. Gemäss neuster Praxis reicht der formelle Hinweis im Mietvertrag zur Geltendmachung der Vorsteuern. Trotzdem ist es empfehlenswert, dass dem Mieter zusätzlich formell korrekte Rechnungen oder Einzahlungsscheine zugestellt werden, damit der Mieter die von ihm bezahlte MWST als Vorsteuer geltend machen kann. Auf den Einzahlungsscheinen sind die Hinweise auf den Mietvertrag mit Datum sowie der Vermerk «inkl. 7,6% MWST» anzubringen.

> **TIPP**
> Zur Vermeidung allfälliger mietrechtlicher Auseinandersetzungen ist es bei optierten Vermietungen empfehlenswert, im Mietvertrag festzuhalten, dass der Mietzins bei Steuersatzänderungen entsprechend angepasst wird. Aus Sicht des Vermieters ist es zudem ratsam, in den Mietvertrag die Bestätigung des Mieters aufzunehmen, dass er das Objekt mindestens teilweise für steuerbare Zwecke verwendet und er, falls dies ändert, den Vermieter sofort darüber informiert.

Steuern und Immobilien   Besondere Fragen

Abbildung 18 – Muster-Formular Option für die Versteuerung von Immobilien

Eidgenössische Steuerverwaltung ESTV
Administration fédérale des contributions AFC
Amministrazione federale delle contribuzioni AFC
Administraziun federala da taglia AFT

Hauptabteilung Mehrwertsteuer

Ihre Anschrift bitte in Blockschrift ausfüllen

Datum des Poststempels
MWST-Nr. 123 456
Ref.-Nr. _____

Hans Müller
Beispielstrasse 12
1234 Musterbach

Option für die Versteuerung von Immobilien

Für welche Umsätze kann optiert werden?

Die Option (freiwillige Versteuerung) ist möglich für die gemäss Artikel 18 Ziffern 20 und 21 des Bundesgesetzes über die Mehrwertsteuer (MWSTG) von der Steuer ausgenommenen Leistungen, namentlich für die Übertragung und Bestellung von dinglichen Rechten an Grundstücken sowie für die Überlassung von Grundstücken und Grundstücksteilen zum Gebrauch oder zur Nutzung. Voraussetzung ist allerdings, dass die Leistungen nachweislich gegenüber Steuerpflichtigen erbracht werden und diese das Objekt ganz oder teilweise für ihre steuerbare Geschäftstätigkeit verwenden. **Keine Optionsmöglichkeit besteht für Bauland und Baurechtszinsen.**

Optieren kann auch, wer als Untervermieter Miet- und Pachtzinseinnahmen erzielt von Steuerpflichtigen, die das Objekt ganz oder teilweise für ihre steuerbare Geschäftstätigkeit verwenden. Die Optionsmöglichkeit besteht ebenfalls für die Vermietung von Immobilien an steuerbefreite begünstigte Einrichtungen.

Beginn der Option, zu erzielendes Umsatzvolumen und Dauer der Option

Eine Option ist jederzeit möglich, jedoch frühestens auf den Beginn des Quartals der Anmeldung, sofern die für die Option notwendige Mindestumsatzgrenze von mehr als 40'000 Franken jährlich erreicht wird. Beträgt das Total von Umsätzen aus ausgenommenen Leistungen zwar weniger als 40'000 Franken, ergeben diese aber zusammen mit allenfalls obligatorisch steuerbaren Umsätzen mehr als 40'000 Franken im Jahr, kann dennoch für die Steuerpflicht optiert werden. **Die Mindestdauer der Option beträgt fünf Jahre.** Nach Ablauf dieser Frist kann jährlich ein Widerruf auf den 31. Dezember erfolgen. Der Widerruf ist in schriftlicher Form bis spätestens Ende Februar des Folgejahres einzureichen.

Die Bewilligung für die Option wird davon abhängig gemacht, dass der Steuerpflichtige seine Obliegenheiten strikte erfüllt, insbesondere seine Steuerabrechnung regelmässig einsendet, die geschuldete MWST bezahlt und die verlangten Geschäftsbücher führt.

Option und Saldo-/Pauschalsteuersätze

Wer nach Saldo- oder Pauschalsteuersätzen abrechnet, kann für die von der Steuer ausgenommenen Umsätze nicht optieren.

Nutzungsänderungen, Einlageentsteuerung bzw. Eigenverbrauchsbesteuerung

In diesem Zusammenhang ist das gleichnamige Merkblatt Nr. 610.545.14 zu beachten.

ESTV / MWST 1 / 2
Schwarztorstrasse 50, CH-3003 Bern
D_MWST Nr. 0760 G / 02.06

Besondere Fragen Steuern und Immobilien

Gesuch für die Versteuerung ausgenommener Umsätze (Immobilien)

Für jedes Objekt (Liegenschaft oder Teil einer Liegenschaft) ist ein separates Gesuch zu stellen.

Der/Die Unterzeichnende optiert hiermit für folgendes Objekt:

Name des Antragstellers (Eigentümer der Liegenschaft oder Untervermieter)	Hans Müller, Musterbach
Strasse, PLZ und Ort des optierten Objektes	Beispielstrasse 10, 1234 Musterbach
Genaue Bezeichnung (ganze Liegenschaft, Stockwerk u.dgl.)	ganze Liegenschaft
Name, Adresse und MWST-Nr. des *Mieters/Käufers/STWE*	Handwerker Hugentobler AG, Beispielstr. 10, Musterbach, 654 321

Beginn der Option	01/07/07	Grundbuchblatt-Nummer	4321

		Visum ESTV:
Mutationsmeldung bei Mieterwechsel: Name, MWST-Nr., Beginn neues Mietverhältnis		
Mutationsmeldung bei Mieterwechsel: Name, MWST-Nr., Beginn neues Mietverhältnis		Visum ESTV:

Wir haben davon Kenntnis genommen, dass die Option, sofern keine Aenderung der Verhältnisse eintritt, **für mindestens 5 Jahre gilt**; dass eine ordnungsgemässe Buchhaltung zu führen ist und dass bei Beendigung der Option infolge Wegfall der Steuerpflicht oder aber infolge Nutzungsänderung die Eigenverbrauchssteuer geschuldet ist.
Sobald die Gründe für die Option wegfallen, werden wir **innert 30 Tagen** die Löschung im Register der Steuerpflichtigen beantragen. Falls das Unternehmen aus anderen Gründen steuerpflichtig bleibt, melden wir der ESTV spätestens **nach 30 Tage den Wegfall der Option**. Allfällige Mieterwechsel werden wir der ESTV durch Ergänzung der entsprechenden Rubriken im vorliegenden Formular anzeigen.

Ort und Datum Stempel und rechtsverbindliche Unterschrift
Musterbach, 20.06.2007 *H. Müller*

Haftungserklärung

Der/Die unterzeichnende Antragssteller(in) erklärt hiermit, die steuerlichen Konsequenzen betreffend Nutzungsänderung und Verkauf zur Kenntnis genommen zu haben und verpflichtet sich, die wegen Nutzungsänderung oder Verkauf geschuldete Steuer zu **bezahlen**.

Ort und Datum Stempel und rechtsverbindliche Unterschrift
Musterbach, 20.06.2007 *H. Müller*

Es werden nur vollständig ausgefüllte und unterzeichnete Gesuche bearbeitet.

Bewilligung

Die Option für vorstehend genannte(n) Liegenschaft/Liegenschaftsteil wird
☐ bewilligt ab:
☐ nicht bewilligt *

* Begründung siehe Beilage

Bern, den Abteilung Erhebung

3.7.3. Verkauf

Auch auf dem Verkauf einer Liegenschaft kann optiert werden. Dazu muss bereits im Kaufvertrag festgehalten werden, dass die Option auf dem Verkauf beantragt wird. Eine Option ist lediglich auf dem Gebäudeteil möglich. Der Wert des Bodens ist immer von der Steuer ausgenommen. Zur Vermeidung der taxe occulte wird in der Praxis oft nur auf dem Gebäudeteil optiert, welcher in Zukunft mindestens teilweise für eine steuerbare Tätigkeit genutzt wird. Beim Verkauf einer gemischt genutzten Liegenschaft ist der Kaufpreis im Vertrag wie folgt auszuweisen[543].

Praxisbeispiel 31 - Ausweis des Verkaufspreises bei optiertem Verkauf			
	CHF	CHF	MWST
Wohnung(en) ohne Boden		1 000 000	ausgenommen
Büro ohne Boden	1 600 000		optiert
+ 7,6% MWST	121 600	1 721 600	
Landpreis (Boden)		800 000	nicht steuerbar, nicht optierbar
Total zu bezahlender Betrag		3 521 600	

Wird eine Liegenschaft durch einen Steuerpflichtigen selbst für eine steuerbare Tätigkeit genutzt, besteht eine so genannte «stille Option» oder «Zwangsoption». D. h. die Liegenschaft untersteht automatisch der MWST. Vorsteuern auf sämtlichen Investitionen und Unterhaltskosten können abgezogen werden. Aus dem Verkauf einer solchen Liegenschaft an einen Nicht-Steuerpflichtigen ergibt sich eine Nutzungsänderung und auf sämtlichen wertvermehrenden Investitionen muss die MWST als Eigenverbrauch abgerechnet werden. Durch die Option auf dem Verkauf kann dies verhindert werden. Der Käufer übernimmt die latente Abrechnungspflicht bei einer allfälligen späteren Nutzungsänderung.

Bei der Wahl, ob eine Liegenschaft mit oder ohne Option verkauft werden soll, sind v. a. folgende Fragen vorgängig zu klären:
- Führt der Verkauf ohne Option beim Verkäufer zu einer ungewollten Eigenverbrauchsbesteuerung?
- Übernimmt der Käufer durch eine optiert gekaufte Liegenschaft das Risiko einer künftigen Eigenverbrauchsbesteuerung?

---

[543] BB16 Liegenschaftsverwaltung, Abschnitt 4.12.1 sowie SB05 Nutzungsänderungen, Abschnitt 5.1.

- Entgeht dem Käufer durch eine nicht optiert gekaufte Liegenschaft die Chance einer künftigen Einlageentsteuerung?
- Ist der Verkäufer bereit, relevante Belege dem Käufer zu übergeben (bei Übertragung mittels Meldeverfahren)?

Die Beantwortung dieser Fragen hängt vom jeweiligen Fall ab, generell gültige Aussagen können kaum gemacht werden. Oft können die notwendigen Abklärungen und Beurteilungen nicht gemacht werden, weil erst kurz vor Vertragsunterzeichnung das Thema MWST angegangen wird. Es empfiehlt sich daher bei grösseren Transaktionen insbesondere auf Renditeobjekten, rechtzeitig Spezialisten beizuziehen.

Nachfolgend werden die verschiedenen Phasen der Nutzung einer Liegenschaft und die verschiedenen steuerlichen Konsequenzen zusammengefasst, wobei eine Nutzungsänderung (ein Büro wird beispielsweise in eine Wohnung umfunktioniert) nicht dargestellt ist:

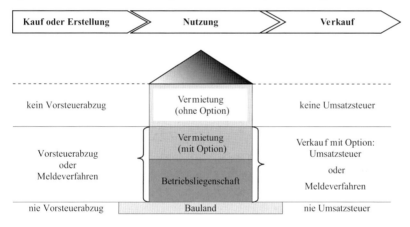

Abbildung 19 - Phasen der Liegenschaftennutzung i. S. der MWST

3.7.4. Auswirkungen auf die Bemessungsgrundlage der Grundstückgewinnsteuer

Es ist zu beachten, dass je nach kantonalen Bestimmungen die MWST bei einem optierten Verkauf in die Bemessungsgrundlage für die Grundstücksgewinn- und Handänderungssteuer einfliessen kann. Zur Bestimmung der Bemessungsgrundlage gelangt entweder das «dualistische» System (auch «St. Galler» System genannt) oder das «monistische» System (auch «Zürcher» System genannt) zur Anwendung. Art. 12 Abs. 1 StHG umschreibt die Bemessungsgrundlage nicht hinreichend genau, um den Steuerämtern eine Grundlage zu geben, dass die MWST bei einem optierten Verkauf in die Bemessungsgrundlage einfliessen müsste. Insbesondere Kantone, die das monistische System anwenden, handhaben dies jedoch so und unterwerfen die MWST ebenfalls der Grundstückgewinnsteuer. Nach Auffassung der Autoren kann jedoch die MWST nicht zum massgeblichen Erlös des Käufers hinzugerechnet werden, da dieser als MWST-Pflichtiger nur «Inkassostelle» für die MWST im Auftrag des Bundes ist und ihm die MWST nicht als Erlös verbleibt (eine optierte Veräusserung an einen Nicht-MWST-Pflichtigen ist systembedingt gar nicht möglich)[544].

3.8. Nutzungsänderungen

3.8.1. Allgemeines

Nutzungsänderungen im Sinne der MWST bedeutet, dass Gegenstände zwischen dem steuerbaren und dem ausgenommenen Bereich wechseln, beispielsweise durch Handänderungen bei Immobilien (so genannte «vollständige Nutzungsänderung»), oder wenn Gegenstände gemischt für diese beiden Bereiche verwendet werden und sich das Verhältnis der Nutzung stark ändert (so genannte «partielle Nutzungsänderung»).

Vollständige Nutzungsänderungen führen zu einer der nachfolgenden Besteuerungen:

a) Ein Steuerpflichtiger verwendet Gegenstände (Maschinen, Immobilien etc.), die zum vollen oder teilweisen Vorsteuerabzug berechtigt haben, nicht mehr für steuerbare Zwecke. Er hat darauf die Eigenverbrauchssteuer zu entrichten[545].

b) Ein Steuerpflichtiger verwendet Gegenstände (Maschinen, Immobilien etc.), die bisher nicht zum Vorsteuerabzug berechtigt haben, neu für eine steuerbare Tätigkeit. Er kann auf dem Zeitwert der eingebrachten Gegenstände eine Einlageentsteuerung vornehmen, was einem teilweisen nachträglichen Vorsteuerabzugsrecht gleichkommt[546].

---

[544] So auch: S. Leber/R. Schumacher, Berücksichtigung der MWST bei der Bemessung der Grundstückgewinnsteuer, in ST 3/02, S. 249–252. Das Zürcher Verwaltungsgericht hat – allerdings unter strengen Anforderungen an die Substanziierung der geltend gemachten Vorsteuer – die Netto/Netto-Lösung zugelassen, RB 2005, 105. In einem neueren Entscheid vom 6. Dezember 2006, StE 6/2007, B 44.1 Nr. 13, wurde auch die Brutto/Brutto-Betrachtung für zulässig erklärt, wobei hier Transaktionen zwischen Nahestehenden zu beurteilen waren.
[545] Art. 9 MWSTG.
[546] Art. 42 MWSTG.

Handänderungen bei Liegenschaften können aus Sicht der MWST auf drei Arten abgewickelt werden:

ohne Option	mit Option	Meldeverfahren
von der Steuer **ausgenommener** Umsatz Art. 18 Ziff. 20 MWSTG	**Steuerbarer** Umsatz Art. 26 Abs. 1 MWSTG	**Meldung** des **steuerbaren** Umsatzes Art. 47 Abs. 3 MWSTG
Verkäufer: Eigenverbrauchsbesteuerung, Verkaufserlös unterliegt nicht der MWST **Käufer:** kein Vorsteuerabzug. Keine Möglichkeit zur späteren Einlageentsteuerung	**Verkäufer:** Verkaufserlös unterliegt der MWST **Käufer:** Vorsteuerabzug. Bei späterer Nutzungsänderung entsteht Eigenverbrauchsbesteuerung	**Verkäufer:** Umsatz steuerbar, MWST wird via Meldeverfahren erledigt (schriftliche Zustimmung Verkäufer und Käufer) **Käufer:** Bei späterer Nutzungsänderung Einlageentsteuerung bzw. Eigenverbrauchsbesteuerung

Abbildung 20 - Drei Möglichkeiten der mehrwertsteuerlichen Liegenschaftsübertragung

3.8.2. Eigenverbrauchssteuer

Nebst Nutzungsänderungen können auch andere Sachverhalte zur Eigenverbrauchsteuer führen. Bspw. kann die subjektive MWST-Pflicht auch lediglich durch baugewerblichen Eigenverbrauch ausgelöst werden.

3.8.2.1. Eigenverbrauch aus Nutzungsänderungen sowie dessen Berechnung

Mit der Besteuerung des Eigenverbrauchs soll eine Gleichbehandlung zwischen MWST-Pflichtigen und Nicht-Pflichtigen (insbesondere privaten Endkonsumenten) erreicht werden. Entnimmt ein MWST-Pflichtiger etwas aus seinem Unternehmen für MWST-ausgenommene Zwecke oder den privaten Bedarf, für das er früher die Vorsteuer geltend machen konnte, so soll er aus MWST-Sicht gleich behandelt werden, wie wenn er das Wirtschaftsgut zukaufen müsste. Er muss deshalb auf der Entnahme die Eigenverbrauchssteuer entrichten. Voraussetzung für die Eigenverbrauchsbesteuerung ist, dass die entnommenen Gegenstände zum vollen oder teilweisen Vorsteuerabzug berechtigt haben (ob der Vorsteuerabzug tatsächlich vorgenommen wurde, ist nicht entscheidend).

Einer Entnahme sind auch Änderungen des Verwendungszweckes beispielsweise bei Immobilien gleichgestellt, wenn sie die für die MWST relevanten Nutzungsänderungen bewirken.

Auch ein länger andauernder Leerstand von bisher selbst für steuerbare Zwecke genutzten Räumlichkeiten (stille Option oder optierte Räume kann zu einer Eigenverbrauchsbesteuerung (aus Nutzungsänderung) führen. Gemäss neuerer Praxis[547] ist auch ein Leerstand, der länger als 12 Monate dauert, unter den nachfolgenden Bedingungen nicht im Eigenverbrauch abzurechnen, sofern der MWST-Pflichtige regelmässige Bemühungen für die Vermietung nachweisen kann (mittels Inseraten in Tageszeitungen, Internet-Publikationen etc.). Allenfalls kann auch eine Fristverlängerung aufgrund von Umbauarbeiten beantragt werden (Nachweis mittels Baugesuch, Werkverträge, Zeitplan Architekt etc.).

Bei gebrauchten Gegenständen ist die Eigenverbrauchssteuer nur vom Zeitwert geschuldet. Bewegliche Gegenstände werden dabei mit 20% pro Jahr, unbewegliche mit 5% pro Jahr abgeschrieben[548]. Bei Immobilien sind die Erstellungs- oder Kaufkosten sowie die wertvermehrenden Investitionen (>5% Gebäudeversicherungswert), welche zum Vorsteuerabzug berechtigten, jedoch ohne Wert des Bodens, für jedes abgelaufene (Kalender-)Jahr linear um 5% abzuschreiben. Der damit berechnete Zeitwert muss immer zum aktuellen MWST-Satz als Eigenverbrauch abgerechnet werden.

Praxisbeispiel 32 - Berechnung Eigenverbrauchssteuer aus Nutzungsänderung[549]

Objekt:	Geschäftshaus Musterstrasse 44, 8000 Zürich
Nutzungsänderung per:	31.07.2007
Grund bisher:	Eigennutzung als Betriebsliegenschaft
neu:	Vermietung ohne Option an Private

Jahr	Investitionen (exkl. MWST)	Abschreibungen kumuliert		Zeitwert per 31.01.2007 (exkl. MWST)	aktueller MWST-Satz	Eigenverbrauchssteuer
	CHF	%	CHF	CHF	%	CHF
1995	100 000	60	60 000	40 000	7,6	3 040
1998	320 000	45	144 000	176 000	7,6	13 376
2001	150 000	30	45 000	105 000	7,6	7 980
Total	570 000		249 000	**321 000**[1]		24 396

[1] Übertrag auf Ziff. 020 MWST-Abrechnung

---

[547] Praxismitteilung vom 27.5.2003 der ESTV.
[548] Art. 34 MWSTG.
[549] Details vgl. SB04 Eigenverbrauch, Abschnitt 6.2.2 sowie SB05 Nutzungsänderungen, Abschnitt 5. Da diese Berechnung für eine Nutzungsänderung (Art. 9 Abs. 1 lit. b MWSTG), und nicht für den baugewerblichen Eigenverbrauch (Art. 9 Abs. 2 lit. a MWSTG) gilt, spielt der Gebäudeversicherungswert keine Rolle. Vgl. dazu auch SB04 Eigenverbrauch, Abschnitt 7.3.3.

3.8.2.2. Baugewerblicher Eigenverbrauch sowie dessen Berechnung

Eigenverbrauch liegt auch vor, wenn ein MWST-Pflichtiger an bestehenden oder neu zu erstellenden Bauwerken, die zum Verkauf oder zur Vermietung bestimmt sind, Arbeiten vornimmt oder vornehmen lässt, und für den Verkauf oder die Vermietung nicht optiert oder nicht optieren kann[550]. In diesem Zusammenhang spricht man von «baugewerblichem Eigenverbrauch». Ausgenommen davon sind die durch die steuerpflichtige Person oder durch deren Angestellte erbrachten ordentlichen Reinigungs-, Reparatur- und Unterhaltsarbeiten (Hauswarttätigkeit)[551].

Steuerbare Lieferungen von Immobilien und baugewerblicher Eigenverbrauch werden nachfolgend tabellarisch zusammengefasst:

Lieferung	Eigenverbrauch
Arbeiten für fremde Rechnung	Arbeiten für eigene Rechnung
Voraussetzung: Bei Baubeginn besteht gegenüber Dritten eine Verpflichtung, das Eigentum am gesamten Bauwerk zu übertragen.	Voraussetzung: Bei Baubeginn besteht gegenüber Dritten **keine** Verpflichtung, das Eigentum am gesamten Bauwerk zu übertragen. Sofern bei Stockwerkeigentum o.ä. nicht alle Einheiten bei Baubeginn verkauft sind, kommt es ebenfalls zur Eigenverbrauchsbesteuerung.
⇨ Zum Entgelt gehört alles, was der Empfänger oder ein Dritter als Gegenleistung für die Lieferung erhält (exkl. Wert des Bodens).	⇨ Preis (exkl. Wert des Bodens) wie er einem unabhängigen Dritten in Rechnung gestellt würde (Art. 34 Abs. 4 MWSTG). Praxis: **Anlagekosten** (ohne Boden), MWST-spezifische Berechnungsmethode.
Wirkung: Vorsteuern können abgezogen werden, Entgelt unterliegt der Umsatzsteuer.	Wirkung: Vorsteuern können abgezogen werden, errechneter Eigenverbrauchswert unterliegt der MWST.

Abbildung 21 - Lieferung und baugewerblicher Eigenverbrauch

Der Unterschied zwischen beiden Varianten besteht primär in der unterschiedlichen Bemessungsgrundlage für die Umsatz- bzw. die Eigenverbrauchsteuer. Da die Varianten vom Vorliegen der Verkaufs-

---

[550] Siehe Abschnitt E.3.7.
[551] Hingegen führten Arbeiten eines «Green-Keepers» für einen Golfplatz zu baugewerblichem Eigenverbrauch nach BGE 2A.476/2002. Die ESTV hat dieses Urteil mit ihren Praxisänderungen per 1.1.2005, Abschnitt 2.2.3. korrigiert.

verträge abhängen, bestehen begrenzte Planungsmöglichkeiten. Sofern ein Objekt mit Gewinn an einen Privaten verkauft werden kann, ist in der Regel die Variante Eigenverbrauch anzustreben[552].

Die Berechnung der Anlagekosten für die MWST wird nachfolgend schematisch dargestellt[553]:

Baukonto	
Anlagekosten für MWST	**Übrige Aufwendungen**
Projektierungsleistungen Bauleistungen (inkl. Eigenleistungen und Partnerleistungen zum Preis wie für Dritte) Allgemeine Geschäftsunkosten	Wert des Bodens Bauzinsen, Gebühren, Versicherungen Aufwendungen im Zusammenhang mit der späteren Veräusserung, Vermietung oder Verpachtung der Bauten
⇨ Vorsteuerabzug zugelassen	⇨ **kein** Vorsteuerabzug Ausnahme: bei Option (ohne Wert des Bodens)

Abbildung 22 - Anlagekosten i. S. der MWST bei Immobilien

3.8.3. Einlageentsteuerung

Seit der Einführung des MWSTG ist der Vorsteuerabzug auch nachträglich möglich[554]. D. h. die Vorsteuern können in derjenigen Steuerperiode in Abzug gebracht werden, in welcher die Voraussetzungen dafür erfüllt sind. So kann die Vorsteuer zurückgefordert werden, wenn die Steuerpflicht erst zu einem späteren Zeitpunkt eingetreten ist oder ab der Periode, in welcher eine Option beantragt wird. Für die Berechnung des Vorsteuerguthabens ist zu beachten, dass für die vorgängige Nutzung von Immobilien jeweils pro abgelaufenes Kalenderjahr linear 5% Abschreibungen zu berücksichtigen sind[555].

Der Hauptunterschied bei der Berechnung der Einlageentsteuerung im Vergleich zur Eigenverbrauchsbesteuerung liegt in den anzuwendenden MWST-Sätzen. Eigenverbrauch ist immer zum aktuell gültigen MWST-Satz abzurechnen. Eine Einlageentsteuerung kann jedoch nur geltend gemacht werden auf den historisch angewendeten und somit oftmals tieferen MWST-Sätzen. Die Einlageentsteuerung

---

[552] Art. 9 MWSTG, Details sind in SB04 Eigenverbrauch, SB05 Nutzungsänderungen sowie in BB04 Baugewerbe geregelt.
[553] Details siehe SB04 Eigenverbrauch, Abschnitt 7, v. a. Abschnitt 7.3.4, sowie Praxisänderungen der ESTV ab 1. Januar 2005, Abschnitt 2.2.2.
[554] Art. 42 MWSTG.
[555] Vgl. Art. Art. 42 Abs. 3 MWSTG. Bewegliche Gegenstände und Dienstleistungen sind pro Jahr linear mit 20% abzuschreiben.

kann nur auf der seinerzeit bezahlten MWST, d.h. zum Satz bei der Anschaffung und unter Berücksichtigung der Abschreibungen vorgenommen werden[556]. Auf Aufwendungen, die vor dem 1.1.1995 angefallen sind, ist generell keine Einlageentsteuerung möglich, da damals die Bestimmungen über die WUST in Kraft waren[557].

Bei einer Einlageentsteuerung sind insbesondere die formellen Anforderungen an die Belege zu beachten[558].

Praxisbeispiel 33 - Berechnung Einlageentsteuerung

Objekt:	Geschäftshaus Musterstrasse 44, 8000 Zürich
Nutzungsänderung per:	30.9.2007
Grund bisher:	Vermietung ohne Option an Private
neu:	Eigennutzung als Betriebsliegenschaft

Jahr	Investitionen (exkl. MWST) CHF	Abschreibungen kumuliert %	CHF	Zeitwert per 30.9.2007 (exkl. MWST) CHF	historischer MWST-Satz %	Vorsteuern CHF
1995	100 000	60	60 000	40 000	6,5	2 600
1998	320 000	45	144 000	176 000	7,5	13 200
2001	150 000	30	45 000	105 000	7,6	7 980
Total	570 000		249 000	321 000[1)]		23 780[1)]

[1)] Übertrag auf Ziff. 111 MWST-Abrechnung

In Praxisbeispiel 32 – Berechnung Eigenverbrauchssteuer aus Nutzungsänderung, S. 284, wurde eine Eigenverbrauchssteuer von CHF 24 396 berechnet. In Praxisbeispiel 33 ergibt sich für die sonst gleiche Ausgangslage eine Einlageentsteuerung von CHF 23 780. Die Differenz von CHF 616 kommt aufgrund der im vorstehenden Absatz erwähnten Anwendung unterschiedlicher Steuersätze (historische MWST-Sätze bei der Einlageentsteuerung resp. aktueller MWST-Satz bei der Eigenverbrauchssteuer) zu Stande.

3.9. Übertragungen von Liegenschaften im Meldeverfahren

Im Normalfall wird die in einer Periode abgerechnete MWST gemäss Artikel 47 MWSTG innert 60 Tagen nach Ablauf der jeweiligen Abrechnungsperiode zur Zahlung fällig. Als Ausnahme ist die Steuerschuld aber nicht zu entrichten, sondern sie kann mittels eines schriftlichen Formulars der Verwaltung gemeldet werden. Sind fol-

---

[556] Die historischen MWST-Sätze sind in Abschnitt E.3.2 aufgeführt.
[557] Weitere Details sind in SB05 Nutzungsänderungen geregelt.
[558] Art. 37 MWSTG.

gende Bedingungen kumulativ erfüllt, kommt zwingend das Meldeverfahren zur Anwendung:
- Übertragung eines Gesamt- oder Teilvermögens. Eine einzelne Liegenschaft berechtigt nur in Ausnahmefällen zum Meldeverfahren.
- Vorliegen eines Reorganisationstatbestandes (Gründung, Liquidation, Umwandlung, Umstrukturierungen i. S. v. Art. 19 und 61 DBG).

Eine Übertragung kann entgeltlich oder unentgeltlich erfolgen.

Eine Übertragung im Meldeverfahren wird wie eine steuerpflichtige bzw. eine optierte Transaktion behandelt, jedoch wird die Deklaration und Zahlung der Umsatzsteuer sowie die Rückforderung der Vorsteuer durch das Meldeverfahren erledigt. Innert 30 Tagen nach der Übertragung muss an die ESTV das Formular 764 «Formular zur Meldung nach Art. 47 Abs. 3 MWSTG» eingereicht werden. Nähere Ausführungsbestimmungen sind im MB 11 «Übertragung mit Meldeverfahren» festgehalten.

Insbesondere im Zusammenhang mit Immobilien bestehen spezielle Bestimmungen im Bereich Nutzungsänderungen und Nachweis von bestimmten Sachverhalten.

Wird eine Liegenschaft zusammen mit weiteren Betriebsteilen im Meldeverfahren übertragen, kann der Verkäufer beantragen, dass die Liegenschaft nicht ins Meldeverfahren einbezogen wird. Dies kann in Situationen, bei denen der Käufer eine Liegenschaft nicht mehr für steuerbare Zwecke nutzen wird oder das Gebäude vor Inkrafttreten der MWST erstellt wurde, vorteilhaft sein. Der Verkäufer hat dann die Eigenverbrauchssteuer zu entrichten. Die ESTV verlangt in diesem Fall vom Verkäufer, dass dieser die allenfalls geschuldete Eigenverbrauchssteuer vor dem Zeitpunkt der Übertragung bezahlt oder sicherstellt. Die Regelung der MWST sieht diese Wahlmöglichkeit nur für den Verkäufer vor. Falls der Käufer ein solches Vorgehen wünscht, muss er dies vertraglich mit dem Verkäufer vereinbaren.

3.10. Anforderungen an Belege und deren Aufbewahrung

3.10.1. MWST-konforme Belege

Es ist empfehlenswert, die Anforderungen an Belege, trotz gewisser Erleichterungen in diesem Bereich, weiterhin zu beachten. Einerseits müssen für die Rückforderung der Vorsteuern die Originalrechnungen vorliegen (Beweisurkunden) und andererseits werden verschiedene formelle und materielle Anforderungen gestellt (MWSTG Art. 37). Werden einzelne Bedingungen nicht eingehalten, kann die ESTV eine Rückforderung ablehnen. Die jüngste Praxis der ESTV lässt auf ein pragmatischeres Verhalten hoffen, gewisse Erleichterungen sind in Art. 15a und 45a MWSTGV sowie der Praxismitteilung «Behandlung von Formmängeln» vom 27.10.2006 erwähnt. Sofern ein Mieter seine Miete mittels Dauerauftrag begleicht, er selbst MWST-pflichtig ist, für das Mietverhältnis optiert wurde, und der Mieter somit Vorsteuern geltend machen will, ist es nach wie vor empfehlenswert, MWST-konforme Rechnungen auszustellen. Als Mindestanforderung formuliert die ESTV, dass alle notwendigen Angaben im Mietvertrag aufzuführen sind, und die mittels Dauerauftrag erfolgten Zahlungen verbucht werden. Es ist weiter erforderlich, in diesem Falle im Buchungstext zu vermerken, dass die Zahlung mittels Dauerauftrag erfolgt.

3.10.2. Belegaufbewahrung und Verjährungsfristen

Der Steuerpflichtige hat seine Geschäftsbücher, Belege, Geschäftspapiere und sonstigen Aufzeichnungen während 10 Jahren ordnungsgemäss aufzubewahren (Art. 58 Abs. 2 MWSTG).

Bei den Akten und Unterlagen bezüglich Immobilien beträgt die Dauer der Beweispflicht jedoch 25 Jahre, was die normalen Aufbewahrungsfristen deutlich übersteigt. Dies lässt sich aus dem geforderten Nachweis bei Nutzungsänderungen ableiten. Der gesetzliche Abschreibungssatz von 5% p.a. ergibt 20 Jahre Abschreibungsdauer[559]. Dazu kommen die 5 Jahre der Verjährungsfrist[560].

Bei optierten Liegenschaften ist pro Liegenschaft ein Verzeichnis zu erstellen, aus dem die anzuwendenden Vorsteuerschlüssel für Unterhalt und Nebenkosten zu entnehmen sind. Allfällige Mutationen müssen laufend nachgetragen werden. Auch die Buchhaltungskonti sind speziell zu unterteilen (Anlagekosten, Wertberichtigung, wertvermehrende sowie werterhaltende Unterhaltskosten etc.) und je Liegenschaft zu führen, damit bei einer allfälligen Nutzungsänderung die notwendige Eigenverbrauchssteuer bzw. Einlageentsteuerung einfach ermittelt und vorgenommen werden kann.

---

[559] Art. 42 Abs. 3 MWSTG.
[560] Art. 50 MWSTG. 5 Jahre beträgt die relative Verjährungsfrist, diese kommt zur Anwendung solange keine Kontrolle oder Beanstandung durch die ESTV erfolgt; die absolute Verjährungsfrist beträgt jedoch sogar 15 Jahre.

Diese strengen Anforderungen an detaillierte Aufzeichnungen können auch für die direkten Steuern und insbesondere die Grundstückgewinnsteuern von Nutzen sein, weil dadurch die Anlagekosten aus früheren Jahren dargelegt werden können.

3.11. Ausblick

Die ESTV ist seit Frühjahr 2007 daran, sämtliche Broschüren zur MWST zu überarbeiten. Am 5.3.2007 wurde ein Entwurf der Branchenbroschüre 16 «Liegenschaftsverwaltung/Vermietung und Verkauf von Immobilien» publiziert. Zwei wesentliche Neuerungen sollen erwähnt werden. Abschnitt 2.7 regelt den Ort gewisser Dienstleistungen neu, insbesondere Vermittlungen von Immobilien sollen nicht mehr am Ort des Empfängers, sondern am Ort der gelegenen Sache, zu versteuern sein. Abschnitt 4.12 erweitert die Möglichkeiten, Liegenschaften zu übertragen, indem diese neu auch durch das Meldeverfahren übertragen werden können, ohne dass weitere Bedingungen zum Meldeverfahren anzuwenden sind. Ziel der ESTV ist, bis Ende 2007 alle Broschüren definitiv publiziert und in Kraft gesetzt zu haben.

Parallel dazu wurde am 15.2.2007 der Entwurf eines neuen MWSTG in die Vernehmlassung geschickt. Ob, wann und in welcher Fassung dieses in Kraft treten wird, ist derzeit offen. Es wird frühestens ab 1.1.2011 in Kraft treten können. Im Zusammenhang mit Immobilien ist insbesondere derzeit geplant, den baugewerblichen Eigenverbrauch ersatzlos zu streichen[561].

---

[561] Vgl. Vernehmlassungsvorlage zur Vereinfachung des Bundesgesetzes über die Mehrwertsteuer, Erläutender Bericht des EFD, Februar 2007, S. 91 f. sowie Art. 27 Entwurf MWSTG.

Anhänge

Anhang 1 – Tabelle 23 – Eigenmietwertfestlegungen
in den Kantonen 294

Anhang 2 – KS 1969, Nr. 12
KS 1969, Nr. 12 betreffend Ermittlung des steuerbaren
Mietertrages von Wohnliegenschaften 302

Anhang 3 – Auszug aus dem Merkblatt des Kt. Zürich
über die Aufteilung wertvermehrende
und werterhaltende Kosten 304

Anhang 4 – Merkblatt A 1995 der ESTV betreffend
Abschreibungen auf dem Anlagevermögen geschäftlicher
Betriebe 310

Anhang 5 – Weisung Kanton Zürich über die
Bewertung von Liegenschaften für die Erbschafts-
und Schenkungssteuern 311

Anhang 6 – MB Nr. 18 – Vermietung von Parkplätzen
für das Abstellen von Fahrzeugen 314

Steuern und Immobilien

Anhang 1

Tabelle 23 Eigenmietwertfestlegungen in den Kantonen für nichtlandwirtschaftliche Liegenschaften im Privatvermögen
(basierend auf den Steuerinformationen der Interkantonalen Kommission für Steueraufklärung, Bern 1999, aktualisiert per 1.7.2007)

Kanton	Berechnung des Eigenmietwertes (EMW) 1) Einfamilienhaus 2) Stockwerkeigentum 3) Selbst genutzte Wohnung im eigenen Mehrfamilienhaus ohne Stockwerkeigentum	Periodizität und Modus der Anpassung der Eigenmietwerte (EMW) an die Marktmieten	Quellen
AG	Für alle Objekte (1/2/3): Der Mietwert wird durch das Einzelbewertungsverfahren nach Raumeinheiten gemäss Anhang der kantonalen Bewertungsverordnung bestimmt. Der EMW beträgt 60% des Mietwertes. dBSt: 120% des kantonalen EMW.	Eine Anpassung der EMW an die Entwicklung des Wohnungsmarktes erfolgt in grösseren Abständen. Die letzte Anpassung erfolgte auf die Steuerperiode 2001.	§ 30 des Steuergesetzes (StG) vom 15. Dezember 1998 Verordnung über die Bewertung der Grundstücke (VBG) vom 4. November 1985
AI	Für alle Objekte (1/2/3): Der Mietwert selbstgenutzter Einfamilienhäuser, Ferienhäuser und Eigentumswohnungen beträgt 6% des Steuerwertes. Der EMW für das Eigenheim am Wohnort des Steuerpflichtigen macht 70% des Mietwertes aus. dBSt: Der EMW beträgt 80% (anstelle von 70%) des Mietwertes.	Eine Anpassung der EMW an die Marktentwicklung erfolgt in der Regel alle 10 Jahre durch die Revision der Steuerwerte. Die Anpassung erfolgt rollend, d.h. grundstückbezogen. Eine Neuschätzung erfolgt auch bei grösseren An- und Umbauten oder auf Verlangen der Steuerbehörden.	Art. 24 des Steuergesetzes (StG) vom 25. April 1999 Art. 11 StVO vom 20. November 2000 Standeskommissionsbeschluss zum Steuergesetz und zur Steuerverordnung vom 5. Dezember 2000
AR	Für alle Objekte (1/2/3): Der Mietwert selbst genutzter Liegenschaften bestimmt sich grundsätzlich nach den tatsächlich bezahlten Mietverträgen vergleichbarer Objekte an vergleichbarer Lage. Gemäss Wegleitung zur Steuererklärung 2005 wird bei Einfamilienhäusern in der Regel ein EMW in Höhe von 3,5 bis 5% der amtlichen Verkehrswertschätzung angenommen, falls Vergleichsobjekte fehlen. dBSt: Der kantonale EMW wird übernommen.	Die EMW werden in der Regel alle 10 Jahre an die Marktentwicklung angepasst durch eine Neuschätzung der Steuerwerte.	Art. 24 des Steuergesetzes vom 21. Mai 2000 Art. 11 der Verordnung zum Steuergesetz (Steuerverordnung) vom 8. August 2000 Wegleitung zur Steuererklärung 2006
BE	Für alle Objekte (1/2/3): Der EMW wird auf der Basis des "Protokollmietwertes" erhoben. Der Protokollmietwert wird im Rahmen der Bestimmung des amtlichen Wertes (Vermögenssteuerwert) im Einzelbewertungsverfahren festgesetzt. Die besonderen Merkmale einer Liegenschaft werden dabei berücksichtigt. Die Marktsituation wird mit einem Mietwertfaktor auf dem Protokollmietwert Rechnung getragen. Der Mietwertfaktor ist je Gemeinde unterschiedlich. dBSt: Je nach Gemeinde erfolgt ein Zuschlag von 17% bis 56% auf den Protokollmietwert.	Periodizität der Anpassungen je nach Entwicklung auf dem Wohnungsmarkt. Anpassung an die Marktmieten durch repräsentative Mietzinserhebungen. Die letzte Anpassung erfolgte auf den 1. Januar 1999.	Art. 25 Abs. 1 lit. b des Steuergesetzes (StG) vom 21. Mai 2000 Dekret über die amtliche Bewertung der Grundstücke und Wasserkräfte (ABD) vom 22. Januar 1997

Steuern und Immobilien

BL	1/2) Das bisherige System für die Ermittlung des Eigenmietwertes ging vom Gebäudekatasterwert aus. Neu ab 2007 leitet sich der Eigenmietwert selbst genutzter Einfamilienhäuser und Eigentumswohnungen vom einfachen Brandlagerwert einer Liegenschaft ab, welcher für steuerliche Zwecke noch zusätzlich korrigiert wird (regionale Korrektur auf Ebene Gemeinden; Korrektur nach Alter der Liegenschaft). Von diesem steuerlichen Brandlagerwert berechnet sich dann der Eigenmietwert, der für Stockwerkeigentum lediglich 80 % beträgt. Dadurch fällt die Erhöhung der Eigenmietwerte auf 60 % der entsprechenden Marktmiete differenziert aus, d.h. nicht jeder Wohneigentümer erfährt die gleiche prozentuale Erhöhung seines Eigenmietwertes. Liegenschaftseigentümer erhalten zu Beginn des Jahres 2007 das Informationsschreiben «Liegenschaftswerte im Kanton Basel-Landschaft», das neu den (einfachen) Brandlagerwert enthält. Mit diesen Angaben kann man unter www.steuern.bl.ch den Eigenmietwert für die Steuerperiode 2007 berechnen. 3) Bei Zwei- und Mehrfamilienhäuser ist der Mietwert der selbst genutzten Räume vom entsprechenden Anteil am Gesamteigenmietwert der Liegenschaft zu ermitteln. dBSt: Es kommt ein Zu-/Abschlag zur Anwendung vom Staatssteuer-EMW.	Jährlich durch den Regierungsrat.	§ 24 und § 27ter des Gesetzes über die Staats- und Gemeindesteuern (Steuergesetz) vom 7. Februar 1974, inkl. die am 1.1.2007 in Kraft getretene Änderung vom 21.09.2006 § 4 des Dekret zum Steuergesetz vom 19. September 1974, Fassung vom 2. November 2006 Wegleitung zur Steuererklärung 2007, S. 24-26
BS	1/2) Der Mietwert wird auf Grund Realwertes bestimmt. Der Realwert setzt sich zusammen aus dem geltenden Gebäudeversicherungswert abzüglich der Altersentwertung des Gebäudes und zuzüglich des relativen Landwertes. Der EMW beträgt grundsätzlich 4% des Vermögenssteuerwertes der Liegenschaft. 3) Mietwertfestsetzung durch Vergleich mit den vermieteten Wohnungen im gleichen Haus. dBSt: Zuschlag von 15% (4,6% anstelle von 4% des Vermögenssteuerwertes)	Selbst bewohnte Einfamilienhäuser und Eigentumswohnungen werden einer allgemeinen Neubewertung unterzogen, wenn sich das Verhältnis zwischen den Vermögenssteuer-Werten und den tatsächlich erzielbaren Verkehrswerten in einer erheblichen Zahl von Fällen im Durchschnitt wesentlich verändert hat. Die letzte Anpassung erfolgte auf den 1. Januar 1993.	§ 22 des Gesetzes über die direkten Steuern vom 12. April 2000 (Steuergesetz) § 16 der Verordnung zum Gesetz über die direkten Steuern (Steuerverordnung, StV)
FR	Für alle Objekte (1/2/3): Der Mietwert wird durch das Einzelbewertungsverfahren nach Raumeinheiten gemäss dem Kreisschreiben Nr. 12 der Eidg. Steuerverwaltung vom 25. März 1969 unter Einbezug eines speziellen Punktesystems bestimmt. dBSt: Der kantonale EMW wird übernommen.	Eine Anpassung der Mietwerte an die Teuerung erfolgte in unregelmässigen Abständen. Die letzte Anpassung erfolgte auf den 1. Januar 2001.	Art. 22 des Gesetzes vom 6. Juni 2000 über die direkten Kantonssteuern (DStG) Beschluss vom 9. April 1992 über die Besteuerung der nichtlandwirtschaftlichen Liegenschaften

Steuern und Immobilien

GE	1/2) Der EMW ist abhängig von der Wohnfläche, der Anzahl Räume, der Einrichtung, der Abnutzung, dem Alter, der Immissionsbelastung und der Lage. dBSt: Der Brutto-EMW wird anhand eines Fragebogens ermittelt, dessen objektive Kriterien die Wohnfläche, der Liegenschaftstyp, die Einrichtung, das Alter, allfällige Beeinträchtigungen sowie die allgemeine Lage sind. Dieser EMW wird an den Genfer Mietindex angepasst. Von diesem Brutto-EMW können die Unterhaltskosten in Abzug gebracht werden (Pauschale oder effektive Kosten gemäss Regelung für die dBSt). 3) Mietwertfestsetzung durch Vergleich mit den vermieteten Wohnungen im gleichen Haus. In diesem Fall sind die Unterhaltskosten abzugsfähig. dBSt: Der kantonale EMW wird übernommen.	Die EMW werden der Entwicklung auf dem Wohnungsmarkt in der Regel alle 10 Jahre angepasst durch die Revision der Steuerwerte.	Art. 7 de la Loi sur l'imposition des personnes physiques Impôt sur le revenu (revenu imposable) (LIPP-IV) du 22 Septembre 2000
GL	Für alle Objekte (1/2/3): Der EMW beträgt 60% des Marktwertes. Für Ferien- und Wochenendhäuser kommt der Marktwert zur Anwendung. dBSt: Der EMW beträgt 70% anstatt 60% des Marktwertes.	Anpassung an die Marktmieten bei stark gestiegenem Mietindex. Die letzte Anpassung erfolgte auf den 1. Januar 1997.	Art. 21 des Steuergesetzes vom 7. Mai 2000 Art. 24 der Verordnung über die Bewertung der Grundstücke vom 22. November 2000
GR	Für alle Objekte (1/2/3): Der Mietwert richtet sich grundsätzlich nach der Marktmiete, d.h. nach dem Wert, den der Eigentümer oder Nutzniesser erzielen würde, wenn er das Objekt vermieten würde. Für die am Wohnsitz dauernd selbst bewohnte Liegenschaft sind 70% des Mietwertes massgebend (= 30% Mietwertreduktion). dBSt: Der kantonale EMW wird übernommen, die Mietwertreduktion beträgt 20% anstatt 30% für selbstgenutzte Liegenschaften.	Periodische Anpassung des Mietwertes je nach Entwicklung auf dem Wohnungsmarkt.	Art. 22 des Steuergesetzes für den Kanton Graubünden vom 8. Juni 1986 Art. 11 Vollziehungsverordnung zum Steuergesetz für den Kanton Graubünden vom 27. Februar 1986
JU	Für alle Objekte (1/2/3): Der Mietwert wird durch das Einzelbewertungsverfahren nach Raumeinheiten gemäss dem Kreisschreiben Nr. 12 der Eidg. Steuerverwaltung vom 25. März 1969 unter Berücksichtigung der Standortgemeinde, Qualität und Grösse der Wohnung, Gebäudeart und Ausbau sowie des Alters der Liegenschaft durch die Gemeinde festgelegt. Das Parlament legt einen Prozentsatz fest zur Berechnung des EMW aus dem offiziellen Liegenschaftswert. dBSt: Der kantonale EMW wird übernommen.	Die EMW werden in der Regel alle 10 Jahre überprüft - je nach Entwicklung des Wohnungsmarktes - durch Revision der Steuerwerte. Die letzte Anpassung erfolgte auf den 1. Januar 1997.	Art. 19 de la Loi d'impôt du 26 mai 1988

Steuern und Immobilien

LU	Für alle Objekte (1/2/3): Der Mietwert beträgt 70% der mittleren Marktmiete. Die mittlere Marktmiete entspricht dem mittleren Mietzins, der an vergleichbarer Lage für vergleichbare Mietobjekte zu erzielen wäre. dBSt: Der kantonale EMW wird übernommen.	Anpassung an die aktuellen Verhältnisse durch den Regierungsrat auf den Beginn jeder Steuerperiode, wobei die unterschiedliche Mietzinsentwicklung je nach regionaler Lage und Alter der Objekte zu berücksichtigen ist.	§ 28 des Steuergesetzes vom 22. November 1999
NE	1/2) Der EMW wird so festgelegt, dass er rund 70% dessen beträgt, was für ein vergleichbares Mietobjekt an Miete bezahlt werden müsste. Er wird als Prozentsatz des Katasterschätzwertes festgelegt. Die Ansätze betragen: - 4,5% für die ersten 500'000 Fr. - 3,6% für den Teil des Katasterwertes, der zwischen 500'001 und 1'000'000 Fr. liegt, - 2,7% für den Teil zwischen 1,0 und 1,5 Millionen Fr., - 1,8% für den Teil zwischen 1,5 und 2,0 Millionen Fr., - 0,8% für den 2,0 Millionen Franken übersteigenden Teil. 3) Mietwertfestsetzung durch Vergleich mit den vermieteten Wohnungen im selben Haus. dBSt: Der kantonale EMW wird übernommen.	Die EMW werden regelmässig an die Entwicklung des Wohnungsmarktes angepasst. Die Katasterwerte werden alle 10 Jahre angepasst. Die letzte generelle Neuschätzung der Katasterwerte erfolgte auf den 1. Januar 1995.	Art. 24 de la Loi sur les contributions directes (LCdir) du 21 mars 2000 Art. 12 du Règlement général d'application de la loi sur les contributions directes (RELCdir) vom 1. November 2000
NW	Für alle Objekte (1/2/3): Der Regierungsrat legt alljährlich einen Prozentsatz des durch die amtliche Güterschatzung ermittelten Mietwertes fest, so dass die Marktmiete erreicht wird. dBSt: Der EMW beträgt 75% des Marktmietwertes anstelle von 70%.	Sporadische Anpassung der EMW durch Neufestsetzung des Güterschatzungswertes. Letztmals per 1. Januar 2001.	Art. 24 StG vom 22. März 2000 Vollzugsverordnung zum Gesetz über die Steuern des Kantons und der Gemeinden (Steuerverordnung) vom 19. Dezember 2000
OW	1/2): Ordentliche Bemessung Steuerwert wird aus Real- und Ertragswert berechnet (i. d. Regel gleich gewichtet). Der Kantonsrat setzt durch Verordnung den Prozentsatz des Steuerwertes fest, der den Netto-Steuerwert ergibt. Der ordentlich bemessene Eigenmietwert beträgt 4% des Netto-Steuerwertes. Ausserordentliche Bemessung Wenn der Eigenmietwert nach ordentlicher Bemessung über 70 % der Marktmiete beträgt und diese Abweichung offensichtlich ist, werden als Eigenmietwert 70 % einer Vergleichsmiete (Marktmiete) herangezogen. 3): Wenn sich mindestens 4 Wohnungen in einem Haus befinden, kommt immer die ausserordentliche Bemessung zur Anwendung. dBSt: Der EMW beträgt ab 1.1.2006 4,3% anstelle von 4% vom Netto-Steuerwert (gemäss Auskunft der Kantonalen Steuerverwaltung Obwalden)	Laufende Anpassung des Mietwertes an die Veränderung des Mietindexes und der Hypothekarzinsen durch Neufestsetzung der Prozentsätze. Die Steuerwerte werden rund alle 15 Jahre neu bestimmt.	Art. 23 des Steuergesetzes vom 30. Oktober 1994 (inkl. Nachtrag vom 14. Oktober 2005) Art. 10 - 11 Vollziehungsverordnung zum Steuergesetz vom 18. November 1994

SG	Für alle Objekte (1/2/3): Als Mietwert von selbst genutztem Wohnraum gilt grundsätzlich der Marktwert, d.h. der Betrag, den der Steuerpflichtige bei der Vermietung seines Objektes als Miete erzielen könnte. Als EMW wird in der Regel der amtliche Mietwert gemäss Verfahren nach dem Gesetz über die Durchführung angerechnet. Von diesem Wert kann abgewichen werden, wenn auf Grund von geeigneten Marktdaten oder vermieteten Vergleichsobjekten (gleiche Gegend, gleiche bzw. vergleichbare Wohnlage, ähnliche Grösse und Ausstattung) nachgewiesen werden kann, dass der amtlich geschätzte Mietwert nicht oder nicht mehr dem Marktwert entspricht. Zudem wird der massgebende EMW des vom Steuerpflichtigen an seinem Wohnort dauernd selbst bewohnten Eigenheimes (Erstwohnung) seit dem 1.1.2007 um 30%, jedoch höchstens um 9'000 Fr. herabgesetzt. dBSt: Der kantonale EMW wird übernommen.	Eine Anpassung der EMW an die Marktentwicklung erfolgt in der Regel alle 10 Jahre durch die Revision der Steuerwerte. Eine Anpassung erfolgt aber auf jeden Fall, wenn sich die Marktpreise im Vergleich zur letzten Ermittlung um mehr als 10 % verändert haben. Die Neuschätzungen erfolgen rollend, d.h. grundstückbezogen. Der Eigentümer, die Gebäudeversicherungsanstalt und die Steueranlagungsbehörde können jederzeit eine neue amtliche Grundstückschätzung verlangen.	Art. 34 Steuergesetz vom 9. April 1998 Art. 14 der Steuerverordnung vom 20. Oktober 1998 Gesetz über die Durchführung der Grundstückschätzung vom 9. November 2000 Verordnung über die Durchführung der Grundstückschätzung vom 5. Dezember 2000
SH	Für alle Objekte (1/2/3): Der für die Besteuerung massgebende Wert von selbst genutztem Wohneigentum beträgt höchstens 70% der Marktmiete (vorbehältlich Bundesrecht). Als Marktmiete gilt jener Betrag, der bei der Miete eines gleichartigen Objektes an vergleichbarer Wohnlage zu bezahlen wäre. 65 % des im Bewertungsverfahren gemäss Regierungsratsverordnung festgelegten Mietwertes ergeben den EMW. dBSt: Der kantonale EMW wird mit 1,08 multipliziert.	Generelle Anpassung, wenn EMW 70 % der Marktmiete übersteigt. Regierungsrat entscheidet über generelle oder partielle Anpassung der Schätzungswerte. Diese sind periodisch den Entwicklungen auf dem Liegenschaftsmarkt anzupassen (bei wesentlichen Änderungen des Zürcher Baukostenindex', des örtlichen Mietzinsniveaus oder der Baulandpreise).	Art. 23 des Gesetzes über die direkten Steuern vom 20. März 2000 Dekret über die Festsetzung des Eigenmietwertes vom 18. Dezember 1998 Verordnung des Regierungsrates vom 19. Dezember 2000 über die Bewertung der Grundstücke
SO	Für alle Objekte (1/2/3): Die Mietwertberechnung ist abhängig von der Höhe des Katasterwertes (KS-Wert); dieser errechnet sich aus Bauwert plus Verkehrswert des Landes oder aus dem Ertragswert der Liegenschaft. Liegenschaften mit KS-Werten bis 240'000 Fr.: Der Mietwert beträgt zwischen 8.80 und 10,63% des KS-Wertes. Liegenschaften mit KS-Werten über 240'000 Fr.: Der Mietwert wird durch ein Einzelbewertungsverfahren bestimmt. dBSt: - KS unter 180'000 Fr.: 125% des kantonalen EMW - KS zwischen 180'000 und 240'000 Fr.: degressiver Zuschlag - KS über 240'000 Fr.: kein Zuschlag (Einzelbewertungsverfahren).	Eigenmietwerte werden durch den Regierungsrat massvoll festgesetzt und nur in grösseren Zeitabständen angepasst.	§ 27 des Gesetzes über die Staats- und Gemeindesteuern (Steuergesetz) vom 1. Dezember 1985 Steuerverordnung Nr. 15 Bemessung des Mietwertes der eigenen Wohnung RRB vom 28. Januar 1986 Weisung I vom 2. Oktober 1978 und Weisung II vom 2. Februar 1979 über die allgemeine Revision der Katasterschätzung

Steuern und Immobilien

SZ	Für alle Objekte (1/2/3): Der Mietwert wird auf Grund des erzielbaren Norm-Mietwertes im Einzelbewertungsverfahren bestimmt. Dabei wird zunächst die Nettonutzfläche in Raumeinheiten umgerechnet. Dann wird die individuelle Wohnsituation durch Korrektur des Basiswertes des örtlichen Mietpreisniveaus berücksichtigt. Der Norm-Jahresmietwert wird berechnet. Er entspricht dem Marktmietwert. Für die Kantons- und Gemeindesteuer gelten für dauernd selbstbewohnte Liegenschaften 65% der so ermittelten Mietwerte als Eigenmietwert. dBSt: 1) Zuschlag von 10% 2/3) Eigentumswohnung Zuschlag 15%	Eine (prozentuale) Anpassung erfolgt periodisch; der Rhythmus wird vom Kantonsrat festgelegt. Eine generelle Neuschätzung der nichtlandwirtschaftlichen Grundstücke findet 2006/07 auf der Wertebasis per 31.12.04 statt.	§ 22 des Steuergesetzes vom 9. Februar 2000 Verordnung über die steueramtliche Schätzung nichtlandwirtschaftlicher Grundstücke vom 24. November 2004 Schätzungsanleitung des Regierungsrates vom 24. August 2005 für die steueramtliche Schätzung nichtlandwirtschaftlicher Grundstücke
TG	Für alle Objekte (1/2/3): Der Mietwert wird zum Marktwert bemessen. Grundlage bildet der von der Schätzungskommission für jede Liegenschaft ermittelte Mietwert, der jährlich indexiert wird. Für am Wohnsitz selbst genutztes Wohneigentum wird vom Mietwert ein Abzug von 40% gewahrt. dBSt: Für am Wohnsitz selbstgenutztes Wohneigentum beträgt der Abzug vom Mietwert 20% (anstelle von 40%)	Eine Neuschätzung der Mietwerte durch die Schätzungskommission erfolgt in der Regel alle 10 Jahre (rollende, d.h. grundstücksbezogene Schätzung). Durch eine Indexierung werden die Mietwerte jährlich den Entwicklungen des Wohnungsmarktes angepasst.	§ 23 des Gesetzes über die Staats- und Gemeindesteuern (Steuergesetz) vom 14. September 1992 Verordnung des Regierungsrates vom 24. November 1992 über die Steuerschätzung der Grundstücke (Schätzungsverordnung)
TI	Für alle Objekte (1/2/3): Der Mietwert richtet sich nach dem für ein vergleichbares Objekt bezahlten Mietzins. Fehlt eine solche Grundlage, wird der Mietwert als Prozentsatz des Steuerwertes festgelegt. Die Sätze sind allerdings je nach Zeitpunkt des Inkrafttretens der letzten Schätzung unterschiedlich. Bei krassen Abweichungen von den Marktmieten werden diese Werte allerdings anhand des Nutzwertes, der in der Gegend bezahlten Mietzinsen oder auf Grund anderer Kriterien korrigiert. Gemäss Art. 20 Abs. 2 StG TI beträgt der EMW 60 – 70% des Marktmietwerts. Sind Marktwerte für vergleichbare Objekte nicht vorhanden, entspricht der Mietwert i.d.R. 90% des für die Bestimmung des amtlichen Schätzungswertes zugrunde gelegten Ertragswerts. dBSt: Der kantonale EMW wird übernommen.	Eine Anpassung der Mietwerte an die Entwicklung auf dem Wohnungsmarkt erfolgt - bei Vornahme baulicher Veränderungen am Grundstück oder - anlässlich der kontinuierlichen Revision der Steuerwerte (Gemeinde um Gemeinde) oder - anlässlich der Generalrevision der Steuerwerte. Die nächste Generalrevision der Steuerwerte ist auf den 1. Januar 2001 vorgesehen.	Art. 21 Legge tributaria (LT) del 21 giugno 1994 Art. 2 Decreto esecutivo concernente l'imposizione delle persone fisiche valido per il periodo fiscale 2007

Steuern und Immobilien

UR	1/2): Der Mietwert wird mittels Einzelbewertungsverfahren der Liegenschaftsschätzungskommission bestimmt. Er wird nach vergleichbaren Marktmieten und wenn keine vorliegen, aufgrund des ortsüblichen Zinsniveaus berechnet, das der Regierungsrat feststellt. 3): Mietwertfestsetzung durch Vergleich mit ähnlichen Mietobjekten bzw. mit vermieteten Wohnungen im gleichen Haus. Auf den so ermittelten Mietwerten wird für die Erstwohnung bei der Kantonssteuer ein Abzug von 20%, höchstens aber 3'000 Fr. gewährt. Der Abzug entfällt bei einem Mietwert unter 6'000 Fr. dBSt: Der kantonale EMW wird übernommen (solange er 70% der Marktmiete nicht unterschreite).	Eine Anpassung an die Entwicklung des Mietkostenindexes erfolgt alle 4 Jahre durch die Neufestsetzung der Prozentsätze. Die letzte Anpassung erfolgte auf den 1. September 2003. Gemäss Mitteilung der Finanzdirektion vom 2. November 2006 („Schwerpunkte") wird eine allgemeine Neubewertung der Grundstücke und Eigenmietwerte durchgeführt und auf den 1. Januar 2010 in Kraft gesetzt.	Art. 25 des Gesetzes über die direkten Steuern im Kanton Uri (StG) vom 17. Mai 1992 Verordnung über die steueramtliche Schätzung der Grundstücke (Schätzungsverordnung [SchäV]) vom 9. April 2003
VD	Für alle Objekte (1/2/3): Der einfache Mietwert (entspricht einem Durchschnittszins, welcher mittels einer Mietzinsstatistik periodisch festgelegt wird) wird auf Grund der Wohnfläche berechnet. Der steuerbare EMW beträgt 65% des indexierten Statistikwertes. Der statistische Wert wird aufgrund einer Mietzinsstatistik festgelegt, die periodisch angepasst wird. Individuelle Faktoren wie Alter, Umgebung, Ausbaustandard etc. werden berücksichtigt. dBSt: Der EMW beträgt 90% des Mietwertes.	Mietzinsstatistik wird periodisch angepasst. Zwischen den Anpassungen der Statistik werden die Statistikwerte an die Teuerung sowie an die Entwicklung der Baukosten und der Mietzinsen angepasst.	Art. 24 et 25 de la Loi sur les impôts directs cantonaux (LI) du 4 juillet 2000
VS	Für alle Objekte (1/2/3): Der Mietwert richtet sich grundsätzlich nach der Marktmiete, d.h. nach dem Wert, den der Eigentümer oder Nutzniesser erzielen würde, wenn er das Objekt vermieten würde. Zum Zweck der Wohneigentumsförderung sollen angemessene Mietwerte festgelegt werden, d.h. der Mietwert soll 70% des für ein vergleichbares Objekt bezahlten Mietzinses ausmachen. dBSt: Der kantonale EMW wird übernommen.	Eine Anpassung der EMW an die Entwicklung des Wohnungsmarktes erfolgt frühestens jede zweite Veranlagungsperiode.	Art. 17 des Steuergesetzes vom 10. März 1976

Steuern und Immobilien

ZG	Für alle Objekte (1/2/3): Der EMW ist auf das zulässige Minimum festzusetzen Der EMW beträgt für am Wohnort selbst bewohnte Liegenschaften mindestens 60% des Marktmietwertes. Der Marktmietwert entspricht - unter Vorbehalt besonderer Verhältnisse, Vergleichsobjekten oder einer aktuellen Schätzung der Liegenschaftsschätzungskommission - einer Verzinsung des Verkehrswertes von 5%. 1) Der CHF 850 000 übersteigende Teil wird mit 2% berücksichtigt. 2) Der CHF 750 000 übersteigende Teil wird mit 2% berücksichtigt. dBSt: Der kantonale Eigenmietwert wird übernommen.	Eine Anpassung der Mietwerte an die Teuerung erfolgt in unregelmässigen Abständen. Die letzte allgemeine Anpassung erfolgte auf die Steuerperiode 2002.	§ 20 des Steuergesetzes vom 25. Mai 2000 § 6 Verordnung zum Steuergesetz vom 30. Januar 2001 Wegleitung der kantonalen Steuerverwaltung zur Festsetzung der Vermögenssteuerwerte und Eigenmietwerte ab Steuerperiode 2002 bzw. 2001 vom 31. Juli 2002
ZH	1) Der EMW beträgt 3,75% des Land- und Zeitbauwertes 2) Der EMW beträgt 4,75% des Land- und Zeitbauwertanteiles Der Zeitbauwert(anteil) setzt sich zusammen aus dem Neubauwertanteil, der z.Zt. 880% des Basiswertes der Gebäudeversicherung beträgt, abzüglich der Alters-entwertung (1% pro Jahr, höchstens 30%). Übersteigt der Basiswert(-anteil) 90'000 Fr. (Einfamilienhäuser) bzw. 40'000 Fr. (Stockwerkeigentum), wird der darüber hinausgehende Betrag bei der Berechnung des EMW nur mit 1% berücksichtigt. Übersteigt die Landfläche einen angemessenen Umschwung, ist bei der Berechnung des Vermögenssteuerwertes eine vom Basiswert abhängige Grundstückfläche zu berücksichtigen. 3) Der EMW wird durch Vergleich mit für gleiche oder ähnliche Objekte bezahlte Mieten ermittelt. Auf den so ermittelten Ausgangswerten wird ein Einschlag von 30% gewährt. Liegt ein nach obiger Methode berechneter Eigenmietwert unter 60% oder über 70% der Marktmiete, ist eine individuell Schätzung vorzunehmen. dBSt: Der kantonale EMW wird übernommen.	Der Regierungsrat setzt den Zeitpunkt fest, auf den eine allgemeine Neubewertung durchzuführen ist. Die letzte Anpassung erfolgte auf den 1. Januar 2003. Ausnahme: Der Mietwert von selbstgenutzten Wohnungen im eigenen Mehrfamilienhaus ist in jeder Steuerperiode neu festzulegen.	§ 21 des Steuergesetzes vom 8. Juni 1997 Weisung des Regierungsrates an die Steuerbehörden über die Bewertung von Liegenschaften und die Festsetzung der Eigenmietwerte ab Steuerperiode 2003 vom 19. März 2003

Steuern und Immobilien

Anhang 2 – KS 1969, Nr. 12
KS 1969, Nr. 12 betreffend Ermittlung des steuerbaren Mietertrages von Wohnliegenschaften

Wehrsteuer 15. Periode (1969-1970)

Eidg. Steuerverwaltung   Bern, den 25. März 1969

                                   An die kantonalen
                                   Wehrsteuerverwaltungen

Kreisschreiben Nr. 12

Ermittlung des steuerbaren Mietertrages von Wohnliegenschaften

Die Mietzinse sind infolge der allgemeinen Land- und Baukostenteuerung, der Erhöhung der Hypothekarzinssätze und des Abbaus der Metzinskontrolle angestiegen. Der Mietzinsanstieg ist verschieden für Alt- und Neuwohnungen. Ungleiche Mietzinserhöhungen ergeben sich auch aus der unterschiedlichen wirtschaftlichen Entwicklung in den einzelnen Regionen.

Bei den vermieteten Liegenschaften wird der Mietertrag laufend zum erhöhten Betrag erfasst, sofern der Hauseigentümer seine Deklarationspflicht richtig erfüllt. Bei den selbstbenutzten Liegenschaften dagegen erfolgt die Anpassung der Mietwerte an die neuen Verhältnisse mit Verspätung, weil in der Regel Neubewertungen nur in grösseren Zeitabständen durchgeführt werden. Mehrere Kantone, in denen keine neueren Schätzungen vorhanden sind, haben eine Anpassung in der Weise vorgenommen, dass sie für die Berechnung des Mietwertes auf Grund des kantonalen Steuerwertes der Liegenschaften erhöhte Prozentsätze angewendet haben.

Um eine möglichst gleichmässige Besteuerung des Mietertrages herbeizuführen, ist folgendes zu beachten:

a) Mietertrag der vermieteten Liegenschaften

Den Mietzinsdeklarationen der Eigentümer vermieteter Liegenschaften ist vermehrte Aufmerksamkeit zu schenken. Ein wichtiges Hilfsmittel hiefür ist der Fragebogen betreffend Liegenschaftsertrag (Formular 16a) bzw. die entsprechenden kantonalen Formulare. Diese Fragebogen sind in vermehrtem Masse zu verwenden und die darin gemachten Angaben in geeigneter Weise zu überprüfen.

b) Mietwert der von den Eigentümern selbst benutzten Liegenschaften

Die Mietwerte müssen den Mietzinsen vermieteter Liegenschaften angepasst werden, wobei der regional unterschiedlichen Entwicklung Rechnung zu tragen ist. Dadurch wird nicht nur die steuerliche Gleichbehandlung der Einfamilienhausbesitzer mit den Eigentümern von Mehrfamilienhäusern erreicht, sondern auch die Basis für den Pauschalabzug der Liegenschaftskosten gemäss Kreisehreiben Nr. 1 der 15. Periode, vom 31. Oktober 1967, verbessert. Im allgemeinen kann der Mietwert auf der Grundlage kantonaler Schätzungen ermittelt werden.

Soweit die Ermittlung der Mietwerte jedoch durch individuelle Bewertung erfolgen muss, sind geeignete Methoden und ein besonderes Bewertungsformular erforderlich.

Zusammen mit kantonalen Experten haben wir deshalb Richtlinien für die Ermittlung des Mietwertes der vom Eigentümer selbst benutzten Wohnliegenschaften sowie ein Formular für das Einzelbewertungsverfahren (Formular 16b) ausgearbeitet, die wir Ihnen in der Beilage zustellen. Die Richtlinien sind vom Ausschuss der Konferenz staatlicher Steuerbeamter gutgeheissen worden.

Sofern Sie weitere Exemplare der Richtlinien und des Formulars benötigen, bitten wir Sie, uns Ihren Bedarf bis zum 15. April 1969 auf dem beiliegenden Bestellschein aufzugeben. Bei genügender Bestellung werden wir das Formular in Druck geben.

Mit vorzüglicher Hochachtung
EIDG. STEUERVERWALTUNG
Abteilung Wehreteuer
Der Chef:
sig. Masshardt

Beilagen:
- Richtlinien für die Ermittlung des Mietwertes selbstbenutzter Wohnliegenschaften;
- Formular 16b (Protokoll für die Ermittlung des Mietwertes selbstbenutzter Wohnliegenschaften);
- Bestellschein (2 Exemplare pro Kanton).

W69-012D

Anhang 3 – Auszug aus dem Merkblatt des Kt. Zürich über die Aufteilung wertvermehrende und werterhaltende Kosten

Zürcher Steuerbuch Teil I

Nr. 18/820
Liegenschaftenunterhalt
Merkblatt KStA

K. Abgrenzungskatalog

Bei der Anwendung des Kataloges ist Folgendes zu beachten: 53

- Der Katalog ist nicht abschliessend. Er zeigt mit Bezug auf den Unterhalt einer Liegenschaft beispielhaft die Abgrenzung zwischen abzugsfähigen und nicht abzugsfähigen Kosten auf.
- Es handelt sich – mit Ausnahme der mit «E» gekennzeichneten Postionen – um Richtwerte für den Normalfall. Diese gelten, solange der Pflichtige im konkreten Fall keinen anderen Nachweis erbringt.
- Bei komplexen, umfangreichen Renovationsarbeiten ist in jedem Falle eine detaillierte Abklärung der konkreten Umstände notwendig.
- Aufwendungen für Energiesparen und Umweltschutz sind berücksichtigt.
- Die Regeln bei der Beurteilung anschaffungsnaher Liegenschaftskosten (Dumont-Praxis) sind zusätzlich zu beachten.

			Abzug als Unterhaltskosten		Nicht abzugsfähige Kosten
	Bezeichnung	E	Erste 5 Jahre	Normalfall	
1	**Gebäude aussen**				
1.1	**Fassadenrenovationen**				
	a. Neuanstrich		1/1	1/1	
	b. Fassadenreinigung (Hochdruck)		1/1	1/1	
	c. Überdecken einer bestehenden Verkleidung (auch Schindeln) durch Eternit, Aluminium, usw., statt Neuanstrich		2/3	2/3	Rest
	d. Renovationsarbeiten an Naturstein-Fassaden (Sandstein)		1/1	1/1	
	e. Wärmedämmungs-Massnahmen (Isolationen)	E	1/2	1/1	Rest
1.2	**Fenster, Vorfenster**				
	a. Reparatur / gleichwertiger Ersatz		1/1	1/1	
	b. Ersatz von Fenstern durch energetisch bessere Fenster als vorbestehend	E	1/2	1/1	Rest
1.3	**Windfang**				
	a. Neubau von unbeheizten Windfängen	E	1/2	1/1	Rest
	b. Reparatur / gleichwertiger Ersatz		1/1	1/1	
1.4	**Sonnenstoren**				
	a. Neueinbau		–	–	1/1
	b. Reparatur / gleichwertiger Ersatz		1/1	1/1	

Zürcher Steuerbuch Teil I

	Bezeichnung	E	Abzug als Unterhaltskosten		Nicht abzugs-fähige Kosten
			Erste 5 Jahre	Normalfall	
1.5	**Fensterläden und Rolläden** a. Neueinbau b. Reparatur / gleichwertiger Ersatz	E	1/2 1/1	1/1 1/1	Rest
1.6	**Gerüstkosten** Gerüstkosten sind im Verhältnis nach den Anteilen von Unterhalts-/Anlagekosten aufzuteilen				
1.7	**Brandmauer** a. Erstellung im Zusammenhang mit Anbauten b. Erstellung auf Verlangen der Feuerpolizei c. Reparatur / gleichwertiger Ersatz		– 1/2 1/1	– 1/2 1/1	1/1 Rest
1.8	**Balkone, Terrassen** a. Abdichten des Terrassenbodens und Verlegen von Zementplatten auf die Abdichtung b. Reparatur / gleichwertiger Ersatz c. Isolieren des Terrassenbodens	E	2/3 1/1 1/2	2/3 1/1 1/1	Rest Rest
1.9	**Wintergarten** a. Neueinbau b. Reparatur / gleichwertiger Ersatz		– 1/1	– 1/1	1/1
2	**Bedachungsarbeiten**				
2.1	**Dächer** a. Reparatur / gleichwertiger Ersatz b. Verbessern der thermischen Isolation	E	1/1 1/2	1/1 1/1	Rest
2.2	**Spenglerarbeiten** a. Neueinbau und Erweiterung infolge Um-, An- und/oder Aufbau b. Reparatur / gleichwertiger Ersatz		– 1/1	– 1/1	1/1
2.3	**Blitzableiter** a. Neueinbau und Erweiterung infolge Anbau b. Reparatur / gleichwertiger Ersatz		– 1/1	– 1/1	1/1
2.4	**Dachstockausbau** Einbau von Zimmern oder Wohnungen		–	–	1/1
3	**Gebäude innen**				
3.1	**Grundrissveränderungen** z.B. Herausbrechen von Wänden, Einbau neuer Wände und damit verbundene Anpassungsarbeiten		–	–	1/1
3.2	**Wände im Innern, Decken** a. Auffrischen / Reparatur / gleichwertiger Ersatz b. im Zusammenhang mit Umbauarbeiten und Anbauten entstehende Mehrkosten c. Erstbeschichtung oder -verkleidung d. Anbringen einer inneren Isolation an Fassadenwänden oder Kellerdecken	E	1/1 – – 1/2	1/1 – – 1/1	 1/1 1/1 Rest
3.3	**Wand- und Deckenverkleidungen, Bodenbeläge** a. Reparatur / gleichwertiger Ersatz (auch Parkett/Platten statt Teppich) b. Ersatz mit Komfortverbesserung (z.B. Platten oder Täfer anstelle Anstrich)		1/1 2/3	1/1 2/3	 Rest

Zürcher Steuerbuch Teil I

Nr. 18/820
Liegenschaftenunterhalt
Merkblatt KStA

	Bezeichnung	E	Abzug als Unterhaltskosten		Nicht abzugsfähige Kosten
			Erste 5 Jahre	Normalfall	
3.4	**Hausbock und Schwamm** Kosten für die Bekämpfung (Holzbehandlung)		1/1	1/1	
3.5	**Türen, Kipptore (Garagen)** a. Ersteinbau infolge Um- und Anbau b. Reparatur / gleichwertiger Ersatz c. Ersatz mit automatischem Torantrieb		– 1/1 1/2	– 1/1 1/2	1/1 Rest
3.6	**Treppen, Treppenhaus, Geländer** a. Reparatur / gleichwertiger Ersatz b. Ersetzen einer Holztreppe durch eine Betontreppe inklusive Folgekosten c. Ersetzen der Geländer durch bessere Qualität		1/1 1/3 2/3	1/1 1/3 2/3	 Rest Rest
3.7	**Aufzug, Lift** a. Neueinbau b. Reparatur, Serviceabonnement, gleichwertiger Ersatz		– 1/1	– 1/1	1/1
4	**Installationen**				
4.1	**Sanitärräume (Bad, Dusche, WC)** a. Modernisierung / Gesamtumbau inkl. sanitäre Einrichtungen b. Reparatur / gleichwertiger Ersatz sanitäre Einrichtungen c. Ersatz einzelner sanitärer Einrichtungen mit grösserem Komfort (z.B. Closomat, Dampfdusche) d. zusätzliche Neuinstallationen		2/3 1/1 1/4 –	2/3 1/1 1/4 –	Rest Rest 1/1
4.2	**Waschmaschine / Tumbler** a. Reparatur / gleichwertiger Ersatz b. erstmalige Anschaffung		1/1 –	1/1 –	 1/1
4.3	**Kücheneinrichtungen** a. Reparatur / gleichwertiger Ersatz b. Ersatz mit Komfortverbesserung (Bsp. bisher Kombination Chromstahl / neu Kombination mit z.B. Abdeckung aus Natur- oder Kunststein) c. Ersatz Einrichtung mit grösserem Komfort in Altwohnungen (Bsp. bisher keine Küchenkombination / neu Küchenkombination) d. zusätzliche Neuinstallationen		1/1 2/3 1/4 –	1/1 2/3 1/4 –	 Rest Rest 1/1
4.4	**Sanitäre Installationen (Wasser-/Abwasserleitungen)** a. Reparatur / gleichwertiger Ersatz b. Neuinstallationen		1/1 –	1/1 –	 1/1
4.5	**Elektrische Installationen (exkl. Beleuchtungskörper = Mobiliar)** a. Reparatur / gleichwertiger Ersatz b. Neuinstallationen		1/1 –	1/1 –	 1/1
4.6	**Antenneninstallationen (Anschluss an Kabelfernsehen)** a. Reparatur / Ersatz bestehender Anlagen b. Erstmalige Installation, Anschlussbeitrag		1/1 –	1/1 –	 1/1

Zürcher Steuerbuch Teil I

			Abzug als Unterhaltskosten		Nicht abzugsfähige Kosten
	Bezeichnung	E	Erste 5 Jahre	Normalfall	
4.7	**Überwachungs- und Löschanlagen** a. Reparatur / gleichwertiger Ersatz b. Erstmalige Installation		1/1 –	1/1 –	1/1
4.8	**Heizungsinstallationen** a. Reparatur / gleichwertiger Ersatz b. Zusätzliche Installationen **mit Energieeinsparung** (z.B. Isolation von Leitungen, Thermoventile, Wärmezähler, Warmlufteinsätze) c. Zusätzliche Installationen **ohne Energieeinsparung** (z.B. zusätzliche Heizkörper, Cheminée)	E	1/1 1/2 –	1/1 1/1 –	 Rest 1/1
4.9	**Kaminanlagen** a. Reparatur / gleichwertiger Ersatz b. Kaminsanierung im Zusammenhang mit dem Ersatz eines Wärmeerzeugers	E	1/1 1/2	1/1 1/1	 Rest
4.10	**Heizöltankanlagen** a. Ersteinbau (inkl. Tankraum) b. gleichwertiger Ersatz / Tanksanierung (Verkleidung) / Revision / Reinigung		– 1/1	– 1/1	1/1
4.11	**Fernwärmeversorgung (Anschluss)** Ausserbetriebnahme einer bestehenden Heizungsanlage und Anschluss an eine Fernwärme-Heizzentrale	E	1/2	1/1	Rest
4.12	**Warmwasseraufbereitung (Boiler)** a. Reparatur / gleichwertiger Ersatz b. Ersteinrichtung / zusätzliche Einrichtung c. Ersatz durch grösseres Modell d. Neueinrichtung zusätzlich zum bestehenden Heizkessel für die Warmwasseraufbereitung im Sommer	E	1/1 – 1/2 1/2	1/1 – 1/2 1/1	 1/1 Rest Rest
4.13	**Lüftung / Klimaanlage / Dampfabzug** a. Reparatur / gleichwertiger Ersatz b. Massnahmen, die dazu führen, dass auf eine Klimatisierung verzichtet werden kann	E	1/1 1/2	1/1 1/1	 Rest
5	**Umgebung**				
5.1	**Belagsarbeiten (Asphalt, Verbundsteine, etc.)** a. Reparatur / gleichwertiger Ersatz b. Neuanlage und Komfortverbesserung		1/1 –	1/1 –	1/1
5.2	**Stützmauern** a. Reparatur / gleichwertiger Ersatz b. Neuanlage / Qualitätsverbesserung		1/1 –	1/1 –	1/1

Zürcher Steuerbuch Teil I

Nr. 18/820
Liegenschaftenunterhalt
Merkblatt KStA

	Bezeichnung	E	Abzug als Unterhaltskosten Erste 5 Jahre	Abzug als Unterhaltskosten Normalfall	Nicht abzugsfähige Kosten
5.3	**Gartenunterhalt**				
	Einfamilienhäuser				
	A. Bäume, Sträucher und Pflanzen				
	a. Erstmaliges Ansetzen		–	–	1/1
	b. Pflege / gleichwertiger Ersatz		1/1	1/1	–
	B. Kosten für ordentlichen Gartenunterhalt Normale Rasenpflege, Rasenmäher, Baumschnitt, Schädlingsbekämpfung, etc. (keine luxuriösen Aufwendungen) / Keine Eigenleistungen		1/1	1/1	
	C. Kosten, die der blossen Annehmlichkeit dienen		–	–	1/1
	Mehrfamilienhäuser				
	Grundsätzlich gleiche Ausscheidung wie bei Einfamilienhäusern. Sofern der Garten/die Gartenanlage sämtlichen Bewohnern zur Verfügung steht, sind die Unterhaltskosten weniger eng auszulegen. Insbesondere gelten auch Rasenmähen, Schneeräumen usw. als Unterhalt. Soweit sie nicht über Nebenkostenabrechnungen allen Mietern weiterbelastet werden, können sie als Gewinnungskosten ebenfalls abgezogen werden.				
5.4	**Kanalisationen / Hauszuleitungen (inkl. Aushub und Erdarbeiten)**				
	A. Im allgemeinen				
	a. Reparaturen / gleichwertiger Ersatz		1/1	1/1	
	b. Vergrösserung/Erweiterung infolge Anbau		–	–	1/1
	c. einmalige Anschlussgebühren		–	–	1/1
	d. Anpassen gemäss Vorschrift an die Norm		2/3	2/3	Rest
	e. Ersteinbau		–	–	1/1
	B. Kanalisationen / Gruben / Schächte				
	a. Ersetzen infolge Korrektur der Strasse / Anschliessen an ein anderes Netz (ARA)		–	–	1/1
	b. Reinigen (Kanalspülung) / Entleerung		1/1	1/1	
	c. Ausserbetriebnahme der Klärgrube		1/1	1/1	
6	**Verschiedenes**				
	Architekten- / Ingenieurhonorare				
	a. Im Zusammenhang mit Renovationsarbeiten		1/1	1/1	
	b. Im Zusammenhang mit Umbauarbeiten / Anbauten / Neubau		–	–	1/1
	c. Studienhonorare und Kosten für die Grobanalysen der tatsächlich ausgeführten Arbeiten im Sinne des Energiesparens und des Umweltschutzes	E	1/2	1/1	Rest

Zürcher Steuerbuch Teil I

	Bezeichnung	E	Abzug als Unterhaltskosten		Nicht abzugs-fähige Kosten
			Erste 5 Jahre	Normalfall	
6.2	**Abbruchkosten** a. Abbruchkosten im Zusammenhang mit Neubau b. Abbruchkosten im Zusammenhang mit Um- und Ausbauten: Aufteilung im Verhältnis nach den Anteilen Unterhalts-/Anlagekosten c. Reine Abbruchkosten (vollständiger Abbruch des Gebäudes)		– –	– –	1/1 1/1
6.3	**Sauna / Solarium (fest eingebaut)** a. Neueinbau b. Reparatur / gleichwertiger Ersatz		– 1/1	– 1/1	1/1

E = Energiesparmassnahmen

L. Inkrafttreten

54 Dieses Merkblatt tritt ab Steuerperiode 2007 in Kraft.

Zürich, den 31. August 2006   Kantonales Steueramt Zürich
Chef a.i.

Alfred Walter

Steuern und Immobilien

Anhang 4 – Merkblatt A 1995 der ESTV betreffend Abschreibungen auf dem Anlagevermögen geschäftlicher Betriebe

Eidgenössische Steuerverwaltung, Direkte Bundessteuer
Administration fédérale des contributions, Impôt fédéral direct
Amministrazione federale delle contribuzioni, Imposta federale diretta

Merkblatt A 1995 – Geschäftliche Betriebe
Notice A 1995 – Entreprises commerciales
Promemoria A 1995 – Aziende commerciali

Abschreibungen auf dem Anlagevermögen geschäftlicher Betriebe[1]

Rechtsgrundlagen: Art. 27 Abs. 2 Bst. a, 28 und 62 des Bundesgesetzes über die direkte Bundessteuer (DBG)

1. Normalsätze in Prozenten des Buchwertes[2]

Wohnhäuser von Immobiliengesellschaften und Personalwohnhäuser
- auf Gebäuden allein[3] .... 2 %
- auf Gebäude und Land zusammen[4] .... 1,5 %

Geschäftshäuser, Büro- und Bankgebäude, Warenhäuser, Kinogebäude
- auf Gebäuden allein[3] .... 4 %
- auf Gebäude und Land zusammen[4] .... 3 %

Gebäude des Gastwirtschaftsgewerbes und der Hotellerie
- auf Gebäuden allein[3] .... 6 %
- auf Gebäude und Land zusammen[4] .... 4 %

Fabrikgebäude, Lagergebäude und gewerbliche Bauten (speziell Werkstatt- und Silogebäude)
- auf Gebäuden allein[3] .... 8 %
- auf Gebäude und Land zusammen[4] .... 7 %

Dient ein Gebäude nur zum Teil geschäftlichen Zwecken, so ist der Abschreibungssatz entsprechend zu reduzieren; wird es für verschiedene geschäftliche Zwecke benötigt (z.B. Werkstatt und Büro), so sind die einzelnen Sätze angemessen zu berücksichtigen.

Hochregallager und ähnliche Einrichtungen .... 15 %
Fahrnisbauten auf fremdem Grund und Boden .... 20 %
Geleiseanschlüsse .... 20 %
Wasserleitungen zu industriellen Zwecken .... 20 %
Tanks (inkl. Zisternenwaggons), Container .... 20 %
Geschäftsmobiliar, Werkstatt- und Lagereinrichtungen mit Mobiliarcharakter .... 25 %
Transportmittel aller Art ohne Motorfahrzeuge, insbesondere Anhänger .... 30 %
Apparate und Maschinen zu Produktionszwecken .... 30 %
Motorfahrzeuge aller Art .... 40 %
Maschinen, die vorwiegend im Schichtbetrieb eingesetzt sind, oder die unter besonderen Bedingungen arbeiten, wie z.B. schwere Steinbearbeitungsmaschinen, Strassenbaumaschinen ... 40 %
Maschinen, die in erhöhtem Masse schädigenden chemischen Einflüssen ausgesetzt sind .... 40 %
Büromaschinen .... 40 %
Datenverarbeitungsanlagen (Hardware und Software) ... 40 %
Immaterielle Werte, die der Erwerbstätigkeit dienen, wie Patent-, Firmen-, Verlags-, Konzessions-, Lizenz- und andere Nutzungsrechte; Goodwill .... 40 %
Automatische Steuerungssysteme .... 40 %
Sicherheitseinrichtungen, elektronische Mess- und Prüfgeräte ... 40 %
Werkzeuge, Werkgeschirr, Maschinenwerkzeuge, Geräte, Gebinde, Gerüstmaterial, Paletten usw. .... 45 %
Hotel- und Gastwirtschaftsgeschirr sowie Hotel- und Gastwirtschaftswäsche .... 45 %

2. Sonderfälle

Investitionen für energiesparende Einrichtungen
Wärmeisolierungen, Anlagen zur Umstellung des Heizungssystems, zur Nutzbarmachung der Sonnenenergie und dgl. können im ersten und im zweiten Jahr bis zu 50% vom Buchwert und in den darauffolgenden Jahren zu den für die betreffenden Anlagen üblichen Sätzen (Ziffer 1) abgeschrieben werden.

Umweltschutzanlagen
Gewässer- und Lärmschutzanlagen sowie Abluftreinigungsanlagen können im ersten und im zweiten Jahr bis zu 50 % vom Buchwert und in den darauffolgenden Jahren zu den für die betreffenden Anlagen üblichen Sätzen (Ziffer 1) abgeschrieben werden.

3. Nachholung unterlassener Abschreibungen

Die Nachholung unterlassener Abschreibungen ist nur in Fällen zulässig, in denen das steuerpflichtige Unternehmen in früheren Jahren wegen schlechten Geschäftsganges keine genügenden Abschreibungen vornehmen konnte. Wer Abschreibungen nachzuholen begehrt, ist verpflichtet, deren Begründetheit nachzuweisen.

4. Besondere kantonale Abschreibungsverfahren

Unter besonderen kantonalen Abschreibungsverfahren sind vom ordentlichen Abschreibungsverfahren abweichende Abschreibungsmethoden zu verstehen, die nach dem kantonalen Steuerrecht oder nach der kantonalen Steuerpraxis unter bestimmten Voraussetzungen regelmässig und planmässig zur Anwendung gelangen, wobei es sich um wiederholte oder einmalige Abschreibungen auf dem gleichen Objekt handeln kann (z.B. Sofortabschreibung, Einmalerledigungsverfahren). Besondere Abschreibungsverfahren dieser Art können auch für die direkte Bundessteuer angewendet werden, sofern sie über längere Zeit zum gleichen Ergebnis führen.

5. Abschreibungen auf aufgewerteten Aktiven

Abschreibungen auf Aktiven, die zum Ausgleich von Verlusten höher bewertet wurden, können nur vorgenommen werden, wenn die Aufwertungen handelsrechtlich zulässig waren und die Verluste im Zeitpunkt der Abschreibung verrechenbar gewesen wären.

---

[1] Für Land- und Forstwirtschaftsbetriebe, Elektrizitätswerke, Luftseilbahnen und Schiffahrtsunternehmungen bestehen besondere Merkblätter, erhältlich bei der Eidg. Steuerverwaltung, Hauptabteilung Direkte Bundessteuer, 3003 Bern, Telefon 031/322 74 11.

[2] Für Abschreibungen auf dem Anschaffungswert sind die genannten Sätze um die Hälfte zu reduzieren.

[3] Der höhere Abschreibungssatz für Gebäude allein kann nur angewendet werden, wenn der restliche Buchwert bzw. die Gestehungskosten des Gebäudes separat aktiviert sind. Auf dem Wert des Landes werden grundsätzlich keine Abschreibungen gewährt.

[4] Dieser Satz ist anzuwenden, wenn Gebäude und Land zusammen in einer einzigen Bilanzposition erscheinen. In diesem Fall ist die Abschreibung nur bis auf den Wert des Landes zulässig.

Anhang 5 – Weisung Kanton Zürich über die Bewertung von Liegenschaften für die Erbschafts- und Schenkungssteuern

Weisung der Finanzdirektion über die Ermittlung des Verkehrswertes von Liegenschaften für die Erbschafts- und Schenkungssteuer

(vom 20. September 2005)

Die Steuerbehörden werden angewiesen, bei der Veranlagung der Erbschafts- und Schenkungssteuer den Verkehrswert von Liegenschaften wie folgt zu bewerten:

A. Allgemeine Grundsätze

1 Die nicht land- oder forstwirtschaftlichen Grundstücke werden zum Verkehrswert bewertet. Massgebend ist der Verkehrswert im Zeitpunkt der Entstehung des Steueranspruches.

2 Der Verkehrswert kann nach dem Anlagewert (Erwerbspreis zuzüglich Aufwendungen), dem Anrechnungswert des Erbvorbezuges, dem Übernahmepreis in der Erbteilung, dem nach dem Bewertungsstichtag realisierten Verkaufspreis, der Verkehrswertschätzung durch die Grundsteuerbehörden oder an Hand von Privatgutachten ermittelt werden.

3 Bei schenkungs- und erbrechtlichen Übergängen von Liegenschaften werden die latenten Grundstückgewinnsteuern in Abzug gebracht.

4 Bei Handänderungen, für die infolge Erbvorbezuges oder Schenkung ein Aufschub der Grundstückgewinnsteuer beantragt ist, entspricht der für die Veranlagung der Schenkungssteuer massgebliche Verkehrswert wenigstens den um einen Drittel erhöhten Leistungen des Erwerbers.

5 Falls die erwähnten Kriterien zu keiner gesetzmässigen Bewertung führen, ist der Verkehrswert nach den folgenden Vorschriften zu ermitteln; zur Verkehrswertermittlung kann auch ein Gutachten eingeholt werden.

B. Unüberbaute Grundstücke

6 Der Verkehrswert von unüberbauten Grundstücken ist aufgrund der in den letzten drei Jahren für vergleichbare Objekte erzielten Verkaufspreise zu ermitteln.

7 Als vergleichbar gelten Preise, die vor oder unmittelbar nach dem Bewertungsstichtag für Grundstücke erzielt worden sind, die dem Schätzungsgrundstück lage-, zonen-, form-, ausnützungs- und erschliessungsmässig gleich oder ähnlich sind.

8 Als massgebender Verkehrswert gilt das angemessene Mittel der Vergleichspreise.

9 Extrem tiefe (Vorzugspreise) oder extrem hohe Preise (Liebhaberpreise) gelten nicht als Vergleichspreise.

10 Stehen nur wenige oder gar keine Vergleichspreise zur Verfügung, so ist der Landwert unter Berücksichtigung der Grundstückeigenschaften wie Lage, Form, Ausnützung, Erschliessungsgrad, Besonnung und Aussicht zu schätzen.

11 Abbruchobjekte gelten als unüberbaute Grundstücke. Zur Ermittlung des Verkehrswertes ist der Landwert abzüglich der Abbruchkosten massgebend.

C. Wohn- und Geschäftsliegenschaften sowie Stockwerkeigentum

1. Grundsatz

12 Der Verkehrswert von Wohn- und Geschäftsliegenschaften sowie Stockwerkeigentum ist in der Regel nach folgenden Formeln zu bewerten:

```
Einfamilienhäuser:                      Land- + Bauwert

Stockwerkeigentum:                      Land- + Bauwertanteil

Mehrfamilienhäuser          1 x (Land- + Bauwert) + (Ertragswertfaktor x
und vermietete                             Ertragswert)
Geschäftsliegenschaften:    -------------------------------------------
                                       (Ertragswertfaktor + 1)
```

13 Der Ertragswertfaktor beträgt für

    Zweifamilienhäuser   1

Steuern und Immobilien

Drei- und Vierfamilienhäuser 2

Grössere Mehrfamilienhäuser und vermietete Geschäftshäuser 3

2. Landwert

14 Als Landwert gilt der Verkehrswert des Bodens, der nach den für unüberbaute Grundstücke geltenden Bestimmungen zu schätzen ist.

15 Als Landwert in die Formelbewertung einzubeziehen ist die Gebäudegrundfläche sowie der unmittelbare Umschwung. Weiteres Land ist zum Erbschafts- oder Schenkungssteuerwert für unüberbautes Land zum Gesamtergebnis hinzuzuzählen. Die Fläche einer Privaterschliessungsstrasse fällt für die Bewertung ausser Betracht.

16 In der Regel gelten dabei als Gebäudegrundfläche zuzüglich Umschwung:

bis zu 1500 m2 für Zweifamilienhäuser

bis zu 2000 m2 für Drei- und Vierfamilienhäuser

17 Für grössere Mehrfamilienhäuser und Geschäftshäuser ist eine entsprechend angemessene Landfläche in die Formelbewertung einzubeziehen.

18 Für die Bewertung von Stockwerkeigentum wird der Wert des Bodens im Verhältnis der Wertquoten (Art. 712 e ZGB) aufgeteilt.

3. Bauwert

19 Der Bauwert wird aufgrund des von der Gebäudeversicherung des Kantons Zürich festgelegten Neuwert-Basiswertes und des Baukostenindexes sowie unter Berücksichtigung der Altersentwertung ermittelt.

20 Neubauwert ist nach der folgenden Formel zu berechnen:

$$\frac{\text{Basiswert} \times \text{Baukostenindex}}{100}$$

21 Vom Neubauwert ist die Altersentwertung mit einem Abzug von in der Regel 1 % pro Jahr Gebäudealter zu berücksichtigen. Der maximale Altersabzug beträgt dabei in der Regel 30 %.

22 Befinden sich in einem Gebäude gemeinschaftlich genutzte, mehreren Gebäuden dienende Anlagen und Einrichtungen, wie Heizungen, Autoeinstellräume usw., so ist der Wert dieser gemeinsamen Anlagen und Einrichtungen auf die beteiligten Bauten aufzuteilen. Der Basiswert von solchen gemeinsamen Anlagen und Einrichtungen ist in den Schätzungsprotokollen der Gebäudeversicherung des Kantons Zürich separat ausgewiesen.

23 Bei Stockwerkeigentum ist zur Berechnung des Bauwertanteils der Basiswert der Bauten im Verhältnis der Wertquoten (Art. 712 eZGB) aufzuteilen.

4. Ertragswert

24 Zur Ermittlung des Ertragswertes ist der Ertrag der Liegenschaft zu kapitalisieren, wobei in der Regel folgende Ansätze zu beachten sind:

Alter des Gebäudes in Jahren	Kapitalisierung des Ertrages zu
0-14	6,50 %
15-29	6,75 %
30-49	7,00 %
50 und mehr	7,25 %

25 Der Ertrag bestimmt sich nach den von den Mietern als Mietzinsen effektiv geleisteten Entschädigungen. Wurden Mieter vertraglich zur Übernahme von üblicherweise vom Eigentümer zu tragenden Unterhaltskosten und Abgaben verpflichtet, so ist der Wert dieser Leistungen zum vereinbarten Mietzins hinzuzuzählen. Ausser Betracht fallen Vergütungen der Mieter für

Heizung, Warmwasser und Treppenhausreinigung.

26 Bei der Ermittlung des Ertragswertes von nicht an Dritte vermieteten Grundstücken oder Grundstückteilen ist von jenem Mietzins auszugehen, der bei der Vermietung an einen Dritten im gewöhnlichen Geschäftsverkehr durchschnittlich erzielbar wäre. Verwandte des Grundstückeigentümers und mit ihm eng befreundete Personen gelten nicht als Dritte im erwähnten Sinne.

27 Bei Geschäftsräumen, die nicht an Dritte vermietet sind, wird der massgebende Mietwert durch Vergleich mit den Mieterträgen gleichartiger Räume ermittelt. Dabei sind die bestehenden Erfahrungszahlen zu berücksichtigen.

Üblich sind folgende Ansätze:

Branche	durchschnittlicher Mietwert in Prozenten des Umsatzes
Bäckereien	4
Metzgereien	3
Lebensmittel-Detailhandel	2-3
Drogerien, Apotheken	3
Autogaragen	2
Alkoholführende Wirtschaften	
a) mit überwiegendem Küchenaufwand	7-8
b) mit überwiegendem Getränkeaufwand	9-10
Alkoholfreie Wirtschaften	
a) mit überwiegendem Küchenaufwand	8-9
b) mit überwiegendem Getränkeaufwand	10-12

D. Industrielle und gewerbliche Liegenschaften

28 Der Verkehrswert von industriellen und gewerblichen Liegenschaften entspricht in der Regel der Summe von Land- und Bauwert.

29 Als Landwert gilt der Verkehrswert des Bodens, der nach den für unüberbaute Grundstücke geltenden Bestimmungen zu schätzen ist.

30 Der Bauwert wird aufgrund des von der Gebäudeversicherung des Kantons Zürich festgelegten Neuwert-Basiswertes und des Baukostenindexes sowie unter Berücksichtigung der Altersentwertung ermittelt.

31 Der Neubauwert ist nach der folgenden Formel zu berechnen:

$$\frac{\text{Basiswert} \times \text{Baukostenindex}}{100}$$

32 Vom Neubauwert ist die Altersentwertung mit einem Abzug von in der Regel 2 % pro Jahr Gebäudealter bei normaler Abnützung und 3 % pro Jahr Gebäudealter bei besonders starker Abnützung zu berücksichtigen. Der maximale Altersabzug beträgt dabei in der Regel 60 bzw. 90 %.

33 Der Ansatz bei besonders starker Abnützung ist in erster Linie Betrieben der chemischen Industrie und der Schwerindustrie zu gewähren.

E. Inkrafttreten

34 Diese Weisung ersetzt die Weisung vom 12. Juli 1989. Sie gilt ab 1. Januar 2005 und ist auf alle noch offenen Verfahren anzuwenden.

Steuern und Immobilien

Anhang 6 – MB Nr. 18 – Vermietung von Parkplätzen für das Abstellen von Fahrzeugen

 Eidgenössische Steuerverwaltung ESTV
Administration fédérale des contributions AFC
Amministrazione federale delle contribuzioni AFC
Administraziun federala da taglia AFT

Hauptabteilung Mehrwertsteuer

Merkblatt Nr. 18

Vermietung von Plätzen für das Abstellen von Fahrzeugen

Gültig mit Einführung des Mehrwertsteuergesetzes MWSTG per 1.1. 2001

Im Text verwendete Abkürzungen

MWSTG = Bundesgesetz vom 2. September 1999 über die Mehrwertsteuer
ESTV = Eidg. Steuerverwaltung
Ziff. = Ziffer in dieser Publikation

1. Vorbemerkungen

Aus Vereinfachungsgründen ist nachfolgend durchwegs von der Vermietung von Parkplätzen die Rede. Darunter sind jegliche markierten und unmarkierten Plätze für das Abstellen von Fahrzeugen zu verstehen (s. Ziff. 2). Als Fahrzeuge gelten hauptsächlich Automobile, Motorräder, Motorfahrräder, Velos, Anhänger, Bau- und landwirtschaftliche Maschinen, aber auch Boote und Flugzeuge. Als solche Plätze kommen Einzelgaragen, offene oder abschliessbare Garageboxen, Einstellhallenplätze (z. B. in Tiefgaragen, Parkhäusern), Autounterstände u. dgl. mehr in Frage, insbesondere aber auch Boots- und Trockenplätze (z. B. auf Wiesen, Kies- und Sandplätzen und in Gebäuden).

Mit dem vorliegenden Merkblatt sollen in erster Linie bereits steuerpflichtige Unternehmen angesprochen werden. Was die allfällige Steuerpflicht wegen der Vermietung von Parkplätzen durch andere Subjekte (z. B. private Hauseigentümer) und die damit verbundene Pflicht zur Anmeldung bei der ESTV betrifft, ist das unter Ziff. 9 Gesagte zu beachten.

2. Gesetzliche Grundlagen

Der Steuer unterliegen nach Artikel 5 MWSTG folgende durch steuerpflichtige Personen getätigte Umsätze, sofern sie nicht ausdrücklich von der Steuer ausgenommen sind (Art. 18 MWSTG):

a. im Inland gegen Entgelt erbrachte Lieferungen von Gegenständen;
b. im Inland gegen Entgelt erbrachte Dienstleistungen;
c. Eigenverbrauch im Inland;
d. Bezug von Dienstleistungen gegen Entgelt von Unternehmen mit Sitz im Ausland.

Nach Artikel 18 Ziffer 21, 1. Satzteil, MWSTG ist die Überlassung von Grundstücken und Grundstücksteilen zum Gebrauch oder zur Nutzung von der Steuer ausgenommen. Steuerbar ist demgegenüber die Vermietung von nicht im Gemeingebrauch stehenden Plätzen für das Abstellen von Fahrzeugen, ausser es handle sich um eine unselbständige Nebenleistung zu einer von der Steuer ausgenommenen Immobilienvermietung (Art. 18 Ziff. 21 Bst. c MWSTG).

3. Von der Steuer ausgenommene Vermietung von im Gemeingebrauch stehenden Parkplätzen

Im Gemeingebrauch stehen ausschliesslich die Parkplätze am Strassenrand oder auf öffentlichen Plätzen ohne Zugangssperre (z. B. Barriere). Dabei spielt es keine Rolle, ob die Parkgebühr mittels Parkingmetern, Ticketautomaten oder durch Abgabe von Parkkarten (z. B. für das Abstellen von Fahrzeugen in der blauen Zone durch Anwohner) erhoben wird.

4. Vermietung von Parkplätzen als unselbständige Nebenleistung zu einer von der Steuer ausgenommenen Immobilienvermietung

Um eine unselbständige Nebenleistung zu einer von der Steuer ausgenommenen Immobilienvermietung handelt es sich insbesondere dann, wenn im Mietvertrag für ein Gebäude oder einen Gebäudeteil (z. B. eine Wohnung) ein oder mehrere Parkplätze eingeschlossen sind. Dies trifft allerdings nur dann zu, wenn

- der Vermieter und der Mieter beider Objekte die gleichen Rechtspersonen sind und
- der oder die Parkplätze dem Mieter zur alleinigen, zeitlich uneingeschränkten Benützung (d. h. rund um die Uhr) während der ganzen Mietdauer zur Verfügung stehen.

In diesem Zusammenhang ist hervor zu heben, dass das Ausstellen von zwei separaten Verträgen zulässig ist.

Die Annahme einer Nebenleistung setzt nach Randziffer 366 der Wegleitung 2001 zur Mehrwertsteuer voraus, dass sie

- im Vergleich zur Hauptleistung nebensächlich ist;
- die Hauptleistung wirtschaftlich ergänzt, verbessert oder abrundet, dadurch mit ihr zusammenhängt und
- üblicherweise mit der Hauptleistung vorkommt.

Für die Annahme einer Nebenleistung bei Parkplätzen ist zudem erforderlich, dass ein örtlicher bzw. räumlicher Zusammenhang mit dem Grundstück/dem Gebäude und den Parkplätzen gegeben ist. Diese Voraussetzung ist erfüllt, wenn die Parkplätze Teil eines einheitlichen Gebäudekomplexes sind oder sich in unmittelbarer Nähe des Grundstücks befinden (z. B. Einfamilienhausüberbauung mit gemeinsamer Tiefgarage).

Beispiele:

Herr und Frau Kocher sind Mieter einer 5-Zimmer Wohnung in der Überbauung Hofmatt. Zusätzlich zur Wohnung haben sie in der Tiefgarage der Überbauung einen Parkplatz gemietet. Beim Vermieter handelt es sich um die gleiche Rechtsperson. Ihre 23-jährige Tochter Leonie wohnt noch zu Hause. Weil sie seit kurzem ein eigenes Auto besitzt, schliessen Herr und Frau Kocher mit dem Vermieter einen Mietvertrag für einen zusätzlichen Parkplatz in der Tiefgarage ab. Beim Vermieter gelten beide Parkplatzvermietungen als von der Steuer ausgenommen. Schliesst demgegenüber der Vermieter den Mietvertrag für den Parkplatz mit Tochter Leonie ab, so unterliegt diese Vermietung der Steuer.

Mme Hayoz wohnt in Givisiez und arbeitet in Bern. Im Mietvertrag zur Wohnung ist die Miete eines Parkplatzes in der Einstellhalle der von ihr bewohnten Liegenschaft inbegriffen. Da die Vermieterin auch Liegenschaften und Parkplätze in der Stadt Bern besitzt, mietet Mme Hayoz in der Nähe ihres Arbeitsplatzes einen zweiten Parkplatz. Die Vermietung des Parkplatzes in Bern stellt für die Vermieterin steuerbaren Umsatz dar, da es sich bei diesem Parkplatz nicht mehr um eine Nebenleistung handelt. Demgegenüber ist die Vermietung der Wohnung und des Einstellhallenplatzes in Givisiez von der Steuer ausgenommen.

Eine Schule mietet von einer Pensionskasse einen Gebäudeteil für die Unterbringung des Sekretariats sowie 15 Parkplätze. Deren drei stehen dem Sekretariatspersonal sowie Besuchern zur Verfügung. Die übrigen 12 Parkplätze vermietet die Schule mit dem Einverständnis der Pensionskasse an Lehrkräfte. Die Vermietung aller 15 Parkplätze stellt bei der Pensionskasse Nebenleistung zu der von der Steuer ausgenommenen Vermietung des Gebäudeteils dar. Ist die Schule steuerpflichtig, muss sie den Umsatz aus der Weitervermietung der 12 Parkplätze versteuern.

Eine Immobiliengesellschaft vermietet einem Detaillisten ein Verkaufslokal mit einer Fläche von 300 m² sowie 20 Parkplätze, die sich auf dem gleichen Areal befinden. Die Vermietung der Parkplätze gilt als Nebenleistung zu der von der Steuer ausgenommenen Lokalvermietung.

Ein Garagist gibt altershalber seine Geschäftstätigkeit auf und vermietet deshalb die ganze Betriebsliegenschaft, bestehend aus Werkstatt mit fünf Reparaturplätzen, Autowaschanlage, Ersatzteillager, Büro und Ausstellungsraum, seinem Sohn. Die Fläche der Parzelle erlaubt zudem das Abstellen von ca. 30 Fahrzeugen im Freien. Die Vermietung dieser Parkplätze stellt eine Nebenleistung zu der von der Steuer ausgenommenen Liegenschaftsvermietung dar.

Zwecks Durchführung eines Openair-Konzerts vermietet ein Landwirt dem Organisator eine Wiese. Der Umsatz aus deren Vermietung ist von der Steuer ausgenommen. In unmittelbarer Nähe vermietet er ihm eine Fläche für das Abstellen der Fahrzeuge der Konzertbesucher. Die Vermietung der Parkplatzfläche bildet Nebenleistung zu der von der Steuer ausgenommenen Vermietung der Wiese.

5. Steuerbare Vermietung von Parkplätzen

Die Vermietung aller andern als die unter Ziff. 3 und 4 behandelten Parkplätze ist grundsätzlich – ungeachtet der Mietdauer – steuerbar; so insbesondere Parkplätze in Parkhäusern und auf durch bauliche Massnahmen (z. B. Barrieren) abgegrenzten Grossparkplätzen sowie die zu bestimmten Gebäuden gehörenden Parkplätze (z. B. bei Spitälern, Verwaltungsgebäuden, Schulen, Bahnhöfen).

Ist die Vermietung von Parkplätzen oder einer Fläche für das Abstellen von Fahrzeugen Gegenstand der zwischen den Parteien (Vermieter und Mieter) getroffenen Vereinbarung, so ist diese Vermietung steuerbar; von der Steuer ausgenommen ist sie nur dann, wenn sie Nebenleistung zu einer von der Steuer ausgenommenen Immobilienvermietung bildet (Ziff. 4). Auf die tatsächliche Nutzung des Mietobjekts durch den Mieter kommt es hingegen nicht an.

Beispiele:

Ein Auto-Occasionshändler mietet vom gleichen Vermieter ein Areal für das Abstellen von 40 Fahrzeugen mit zwei darauf abgestellten, nicht im Grundbuch eingetragenen Containern, von denen er den einen als Büro, den andern für die Ausführung kleinerer Reparaturen und Unterhaltsarbeiten an Fahrzeugen verwendet. Aufgrund der Tatsache, dass es sich bei den Containern nicht um Immobilien handelt, kann sich hinsichtlich der Parkplätze die Frage einer Nebenleistung zu einer von der Steuer ausgenommenen Immobilienvermietung gar nicht stellen. Sowohl die Vermietung des Areals als auch diejenige der beiden Container unterliegen somit der Steuer.

Eine Pensionskasse vermietet einem Möbelhaus in der Nähe einer Grossstadt ein Lagerhaus. Das Möbelhaus hat seine Verkaufsräumlichkeiten in der Innenstadt von einer Immobiliengesellschaft gemietet. Um den Kunden und dem eigenen Personal Parkplätze anbieten zu können, mietet es von der Pensionskasse im Parkhaus neben den Verkaufsräumen in der Innenstadt zusätzlich 20 Parkplätze. Die Vermietung dieser Parkplätze gilt nicht als Nebenleistung zu der von der Steuer ausgenommenen Lagerhausvermietung; die Vermietung dieser Parkplätze ist somit steuerbar.

Im Rahmen der Durchführung eines Motocross vermietet eine Gemeinde dem Veranstalter eine Wiese für das Abstellen der Fahrzeuge der Besucher. Diese Vermietung unterliegt der Steuer.

Verschiedene Eigentümer von Wohnbauten in einer Überbauung haben für die Erstellung einer gemeinsamen Tiefgarage eine Miteigentümergemeinschaft (MEG) gebildet, die im Grundbuch als Eigentümerin eingetragen ist. Die von den Gemeinschaftern nicht selber benutzten Parkplätze werden durch die MEG vermietet. Die betreffenden Vermietungen unterliegen der Steuer.

Aufgrund eines Dienstbarkeitsvertrages sind sämtliche Stockwerkeigentümer einer kleinen Überbauung verpflichtet, in der darin errichteten Tiefgarage, die sich im Eigentum des seinerzeitigen Erstellers der Überbauung (Generalunternehmer) befindet, mindestens einen Parkplatz zu mieten. Die Vermietung dieser Parkplätze durch den Generalunternehmer unterliegt der Steuer. Soweit ein Stockwerkeigentümer sein Eigentum nicht selber bewohnt, sondern dieses vermietet und dem selben Mieter auch den vorstehenden Parkplatz weitervermietet, ist die Vermietung des Parkplatzes Nebenleistung zu der von der Steuer ausgenommenen Wohnungsvermietung.

Herr Müller ist Eigentümer eines dreigeschossigen Chalets im autofreien Wengen. Um dessen Vermietbarkeit zu steigern, mietet er im Parkhaus neben dem Bahnhof in Lauterbrunnen drei Parkplätze. Diese Vermietung ist beim Parkhausbetreiber steuerbar. Herr Müller vermietet nun das Chalet einerseits und die drei Parkplätze anderseits mit zwei separaten Mietverträgen an eine Familie mit drei erwachsenen Kindern, die in Wengen offiziell Wohnsitz begründet. Weil sich die Parkplätze an einem andern Ort als das Chalet befinden, unterliegt deren Vermietung der Steuer.

6. Parkplätze für das Personal, für Kunden und Lieferanten

Stellt eine Unternehmung ihren Angestellten Parkplätze gratis (mit oder ohne Rechtsanspruch) zur Verfügung, ist auf Zusehen hin weder eine Eigenverbrauchssteuer noch die Lieferungssteuer geschuldet. Dies ist auch dann der Fall, wenn diese Parkplätze den Angestellten zur alleinigen, zeitlich uneingeschränkten Benützung dienen. Auf den betreffenden Aufwendungen für Investitionen und Unterhalt sowie für das allfällige Zumieten von weiteren Parkplätzen kann die steuerpflichtige Unternehmung den Vorsteu-

erabzug im Rahmen ihrer steuerbaren Tätigkeit geltend machen. Gleiches gilt für die Parkplätze, die den Kunden und Lieferanten unentgeltlich zur Verfügung gestellt werden.

Müssen hingegen die erwähnten Parkplatzbenützer der Unternehmung eine Zahlung leisten, so unterliegt dieser Umsatz der Steuer.

7. Vereinfachtes steuerliches Vorgehen bei der Vermietung von Parkplätzen

Wer sowohl steuerbare (auch mittels Option nach Art. 26 Abs. 1 Bst. b MWSTG) als auch von der Steuer ausgenommene Umsätze aus der Vermietung von Parkplätzen erzielt, muss eine sachgerechte Vorsteuerabzugskürzung vornehmen (Art. 41 Abs. 1 MWSTG); dies unter Umständen mit der Folge, dass im Einzelfall aufwändige Unterlagen erstellt werden müssen. Ein sachgerechter Schlüssel kann beispielsweise durch die Aufteilung nach Verwendungsdauer in Kombination mit der Fläche (auch nur Teilflächen) ermittelt werden. Zudem kann im Übergang vom steuerbaren in den von der Steuer ausgenommenen Bereich (oder umgekehrt) eine Nutzungsänderung eintreten, die einen Eigenverbrauchs- (oder Einlageentsteuerungs-)tatbestand bewirkt (Art. 9 und Art. 42 MWSTG).

Wer solche, häufig wechselnde und in der Regel kurzfristige steuerbare und von der Steuer ausgenommene Umsätze aus der Vermietung von Parkplätzen erzielt, kann an Stelle einer Vorsteuerabzugskürzung sämtliche betreffenden Umsätze versteuern. Diese vereinfachte Abrechnungsart setzt einen **schriftlichen Antrag in Briefform (mit Begründung) bei der ESTV** voraus.

Mit der Versteuerung sämtlicher derartiger Umsätze ist die Eigenverbrauchssteuer abgegolten, die beim Übergang vom steuerbaren in den von der Steuer ausgenommenen Bereich anfallen würde. Anderseits dürfen die zur Erzielung der fraglichen Umsätze anfallenden Vorsteuern in vollem Umfang geltend gemacht werden.

Bei der Rechnungsstellung der von der Steuer ausgenommenen Umsätze, für deren Versteuerung nicht nach Artikel 26 MWSTG optiert wurde, ist es – auch bei Anwendung dieses vereinfachten Vorgehens – unzulässig, auf die Steuer hinzuweisen. Dies gilt ungeachtet dessen, ob der Mieter steuerpflichtig ist oder nicht.

Auf Beginn der vereinfachten Abrechnungsweise ist eine **Einlageentsteuerung** möglich. Wird diese Methode nicht mehr angewendet, liegt eine Nutzungsänderung vor, die **Eigenverbrauch** begründet. Für Näheres dazu wird auf die Erläuterungen in der Spezialbroschüre Nr. 05 Nutzungsänderungen verwiesen.

8. Abgrenzung zwischen Geschäfts- und Privatvermögen bei Parkplätzen

Während Liegenschaften bzw. Parkplätze im Eigentum von juristischen Personen (z. B. AG, GmbH) und Personengesellschaften (z. B. Kollektiv- oder Kommanditgesellschaften) in der Regel als Geschäftsvermögen gelten, sind sie bei Einzelfirmen primär dem Privatvermögen zuzuordnen.

Unter bestimmten Voraussetzungen sind jedoch solche Vermögenswerte für die Belange der Mehrwertsteuer zwingend Teil des Geschäftsvermögens einer Einzelfirma. Dies mit der Folge, dass die Umsätze aus der steuerbaren Vermietung von Parkplätzen der Steuer unterliegen können.

Weitergehende Auskünfte dazu ergeben sich aus Ziffer 5.1.2 und 6.8 der Branchenbroschüre Nr. 16 Liegenschaftsverwaltung/Immobilien.

9. Steuerpflicht wegen steuerbaren Umsätzen aus der Vermietung von Parkplätzen

Bisher nicht Steuerpflichtige müssen sich unaufgefordert bei der ESTV anmelden, wenn die steuerbaren Umsätze aus der Vermietung von Parkplätzen (zusammen mit allfälligen weiteren steuerbaren Umsätzen) jährlich Fr. 75'000.— übersteigen (Art. 21 Abs. 1 MWSTG). Eine Ausnahme von der Steuerpflicht besteht indessen dann, wenn der steuerbare Jahresumsatz nicht mehr als Fr. 250'000.— beträgt, sofern die nach Abzug der Vorsteuer verbleibende Steuer regelmässig nicht mehr als Fr. 4'000.— ausmacht (Art. 25 Abs. 1 Bst. a MWSTG).

Literaturverzeichnis

- **Agner Peter/Digeronimo Angelo/Neuhaus Hans-Jürg/ Steinmann Gotthard,** Kommentar zum Gesetz über die direkte Bundessteuer, Ergänzungsband, Zürich 2000
- **Agner Peter/Jung Beat/Steinmann Gotthard,** Kommentar zum Gesetz über die direkte Bundessteuer, Zürich 1995
- **Blumenstein Ernst/Locher Peter,** System des schweizerischen Steuerrechts, 6. Auflage, Zürich 2002
- **Camenzind Alois/Honauer Niklaus/Vallender Klaus A.,** Handbuch zum Mehrwertsteuergesetz – Eine Wegleitung für Unternehmer, Steuerberater und Studierende. Schriftenreihe Finanzwirtschaft und Finanzrecht, Band 100, 2. Auflage, Bern 2003
- **Can Harun,** MWST-Folgen des Verkaufs von Liegenschaften, FStR 2005, 184–199
- **Christen Thomas,** Nacherbfolge aus steuerrechtlicher Sicht, in: ASA 63, 257 ff.
- **Clavadetscher Diego/Glauser Pierre-Marie/Schafroth Gerhard,** MWST.com – Kommentar zum Bundesgesetz über die Mehrwertsteuer. Hrsg: Kompetenzzentrum MWST der Treuhand-Kammer, Basel 2000
- **Clopath, Gion,** Lohnt sich der Gang nach Lausanne?, in: StR 2/2005, 100 ff.
- **DBG-Autor,** Kommentar zum Schweizerischen Steuerrecht I/2, Bundesgesetz über die direkte Bundessteuer (DBG), Bd. I/2a (Art. 1–82), Bd. I/2b (Art. 82–222), Basel 2000
- **Duss Marco/Greter Marco/Von Ah Julia,** Die Besteuerung Selbständigerwerbender. Grundzüge des Steuerrechts, Band 1, Zürich 2004
- **Fierz Kaspar,** Der Schweizer Immobilienwert – Die moderne Lehre der Immobilienbewertung auf der Grundlage der Betriebswirtschaftslehre, der Finanzmathematik und der Ökonometrie, 5. Auflage, Zürich 2005
- **Frei Benno,** Das Mehrwertsteuergesetz. Handbuch für die Praxis, 2. Auflage, Muri/Bern 2002
- **Frei Walter/Funke Nadja,** Latente Steuern bei wirtschaftlicher Handänderung von Immobiliengesellschaften, in: ZStP 4/2006, 279
- **Häfelin Ulrich/Haller Walter,** Schweizerisches Bundesstaatsrecht, 6. Auflage, Zürich 2005

Literaturverzeichnis

- **Häfelin Ulrich/Müller Georg,** Allgemeines Verwaltungsrecht, 4. Auflage, Zürich 2002
- **Helbling Carl,** Personalvorsorge und BVG. Gesamtdarstellung der rechtlichen, organisatorischen und technischen Grundlagen der beruflichen Vorsorge in der Schweiz, 7. Auflage, Bern 2000
- **HEV Schweiz-Autor,** Steuerratgeber für Wohneigentümer, Kronbühl 2006
- **Hilty Thomas,** Kompaktkommentar zum Doppelbesteuerungsabkommen (DBA) Deutschland-Schweiz, 2. Auflage, Zürich 2005
- **Höhn Ernst/Waldburger Robert,** Steuerrecht Band 1, Grundlagen – Grundbegriffe – Steuerarten – Interkantonales und internationales Steuerrecht – Steuerverfahrens- und Steuerstrafrecht. Schriftenreihe Finanzwirtschaft und Finanzrecht, Band 8, 9. Auflage, Bern 2001
- **Höhn Ernst/Waldburger Robert,** Steuerrecht Band 2, Steuern bei Vermögen, Erwerbstätigkeit, Unternehmen, Vorsorge, Versicherung. Schriftenreihe Finanzwirtschaft und Finanzrecht, Band 8, 9. Auflage, Bern 2002
- **Interkantonale Kommission für Steueraufklärung,** Steuerinformationen, 2 Bände, Loseblattwerk, einschliesslich Nachtrag Januar 2006, Bern 2006
- **Kälin Christian H.,** Internationales Immobilienhandbuch – Erwerb, Besitz und Verkauf von Immobilien – Steuern und Erbrecht – Aufenthalt und Wohnsitznahme, Zürich 2003
- **Kantonale Steuerverwaltung Luzern,** Luzerner Steuerbuch, 5 Bände, Loseblattwerk, 17. Nachtrag, Luzern 2005
- **Kantonales Steueramt St.Gallen,** St.Galler Steuerbuch, 3 Bände, Loseblattwerk, 5. Nachtrag, St.Gallen 2005
- **Kantonales Steueramt Thurgau,** Steuerpraxis, 2 Bände, Loseblattwerk, 2. Nachtrag, Frauenfeld 2005
- **Klöti-Weber Marianne/Siegrist Dave/Weber Dieter,** Kommentar zum Aargauer Steuergesetz, 2. Auflage, Muri/Bern 2004
- **Leber Susanne, Schumacher Rudolf,** Berücksichtigung der MWST bei der Bemessung der Grundstückgewinnsteuer, in: Der Schweizer Treuhänder 3/02, S. 249–258
- **Langenegger Markus,** Handbuch zur bernischen Grundstückgewinnsteuer 2001, Muri/Bern 2002
- **Locher Peter,** Kommentar zum DBG – Bundesgesetz über die direkte Bundessteuer I. Teil, Art. 1–48 DBG; Allgemeine Bestimmungen, Besteuerung der natürlichen Personen, Bern 2001

- **Locher Peter,** Kommentar zum DBG – Bundesgesetz über die direkte Bundessteuer II. Teil, Art. 49–101 DBG; Besteuerung der juristischen Personen, Quellensteuer für natürliche und juristische Personen, Bern 2004
- **Locher Peter,** Einführung in das internationale Steuerrecht der Schweiz, 3. Auflage, Bern 2005
- **Locher Peter,** Einführung in das interkantonale Steuerrecht – Unter Berücksichtigung des Steuerharmonisierungs- und des bernischen sowie des tessinischen Steuergesetzes, 2. Auflage, Bern 2003
- **Mäusli-Allenspach Peter/Oertli Mathias,** Das Schweizerische Steuerrecht. Ein Grundriss mit Beispielen, 3. Auflage, Muri/Bern 2004
- **Masmejan-Frey Lydia/Masmejan Lucien,** Commentaire de la loi vaudoise sur les impôts directs cantonaux (LIVD), Loseblattwerk, einschliesslich 4. Nachtrag, Bern 2005
- **Maute Wolfgang/Rütsche Jakob,** Die Übertragung von Beteiligungen an Immobiliengesellschaften, ST 6/89, 264 ff.
- **Nefzger Peter B./Simonek Madeleine/Wenk Thomas P.,** Kommentar zum Steuergesetz des Kantons Basel-Landschaft, Basel 2004
- **Oehrli Markus,** Die gemischte Schenkung im Steuerrecht. Schriften zum Steuerrecht, Band 6, Zürich 2000
- **Paetzold Veronika,** Immobilienerwerb durch Ausländer in der Schweiz, 2. Auflage, Zürich 2005
- **Reimann August/Zuppinger Ferdinand/Schärrer Erwin,** Kommentar zum Zürcher Steuergesetz, 4 Bände, Bern 1961–1969
- **Richner Felix/Frei Walter/Kaufmann Stefan,** Kommentar zum harmonisierten Zürcher Steuergesetz, Zürich 1999
- **Richner Felix/Frei Walter/Kaufmann Stefan,** Kommentar zum harmonisierten Zürcher Steuergesetz, Ergänzungsband, Zürich 2001
- **Richner/Frei/Kaufmann/Meuter,** Kommentar zum harmonisierten Zürcher Steuergesetz, 2. A., Zürich 2006 [zit. ZH-Komm.]
- **Richner Felix/Frei Walter/Kaufmann Stefan,** Handkommentar zum DBG, Zürich 2003
- **Richner Felix/Frei Walter/Kaufmann Stefan,** Kommentar zum Zürcher Erbschafts- und Schenkungssteuergesetz, Zürich 1996
- **Schumacher Rudolf,** Immobilienübertragung und MWST, in: Der Schweizer Treuhänder 3/2007, S. 207–212

- **Schumacher Rudolf,** Option im Würgegriff, in: Der Schweizer Treuhänder 8/04, S. 689–690
- **Stadelmann Thomas,** Grundzüge des Steuerverfahrensrechts. Ein Leitfaden für den Praktiker. Schriftenreihe Finanz-, Rechts- und Steuerpraxis, Band 7, Muri/Bern 2001
- **Stähli Peter,** Das Steuergrundpfandrecht, unter besonderer Berücksichtigung des bernischen Rechts, Bern 2006
- **STHG-Autor,** Kommentar zum Schweizerischen Steuerrecht I/1, Bundesgesetz über die Harmonisierung der direkten Steuern der Kantone und Gemeinden (StHG), 2. A., Basel 2002
- **Vallender Klaus/Keller Heinz/Richner Felix/Stockar Carl,** Schweizerisches Steuerlexikon, Band 1, Bundessteuern, 2. Auflage, Zürich 2006
- **Vogel Manuel R.V.,** Grenzüberschreitender Dienstleistungs- und Warenverkehr im Lichte der Mehrwertsteuer – Rechtsvergleich zwischen Deutschland und der Schweiz unter Berücksichtigung der 6. EG-Richtlinie. Schriftenreihe Finanzwirtschaft und Finanzrecht, Band 97, Bern 2003
- **Weidmann Heinz/Grossmann Benno/Zigerlig Rainer,** Wegweiser durch das st.gallische Steuerrecht, 6. Auflage, Muri/Bern 1999
- **Zuppinger Ferdinand/Schärrer Erwin/Fessler Ferdinand/Reich Markus,** Kommentar zum Zürcher Steuergesetz, Ergänzungsband, 2. Auflage, Bern 1983

Verzeichnis der Kreisschreiben und Weisungen

Kreisschreiben

Eidgenössische Steuerverwaltung, Hauptabteilung Direkte Bundessteuer, Verrechnungssteuer, Stempelabgaben: Kreisschreiben Nr. 17, 2007, Wohneigentum mit Mitteln der beruflichen Vorsorge, Bern, 3. Oktober 2007 *(zit.: KS 17/2007)*

Eidgenössische Steuerverwaltung, Hauptabteilung Direkte Bundessteuer, Verrechnungssteuer, Stempelabgaben: Kreisschreiben Nr. 8, 2005, Gewerbsmässiger Wertschriftenhandel, Bern, 21.Juni 2005 *(zit.: KS 8/2005)*

Eidgenössische Steuerverwaltung, Hauptabteilung Direkte Bundessteuer, Verrechnungssteuer, Stempelabgaben: Rundschreiben 2-017-D-2005-d, Liste der Kantone mit unterschiedlichen Eigenmietwerten für die kantonalen Steuern und die direkte Bundessteuer ab Steuerperiode 2004, Bern, 15. März 2005 *(zit. Liste EStV EMW)*

Eidgenössische Steuerverwaltung, Hauptabteilung Direkte Bundessteuer, Verrechnungssteuer, Stempelabgaben: Kreisschreiben Nr. 6 zur Steuerperiode 2001/2002, Verordnung über die pauschale Steueranrechnung. Bern, 6. Juni 2001 *(zit.: KS Nr. 6 2001/2002)*

Eidgenössische Steuerverwaltung, Hauptabteilung Direkte Bundessteuer, Verrechnungssteuer, Stempelabgaben: Kreisschreiben Nr. 3 zur Steuerperiode 2001/2002, Die Begrenzung des Einkaufs für die berufliche Vorsorge nach dem Bundesgesetz vom 19. März 1999 über das Stabilisierungsprogramm, Bern, 22. Dezember 2000 *(zit.: KS Nr. 3 2001/2002)*

Eidgenössische Steuerverwaltung, Hauptabteilung Direkte Bundessteuer, Verrechnungssteuer, Stempelabgaben: Kreisschreiben Nr. 1 zur Steuerperiode 2001/2002, Die Beschränkung des Schuldzinsabzuges und die zum Geschäftsvermögen erklärten Beteiligungen nach dem Bundesgesetz vom 19. März 1999 über das Stabilisierungsprogramm 1998, Bern, 19. Juli 2000 *(zit.: KS Nr. 1 2001/2002)*

Eidgenössische Steuerverwaltung, Hauptabteilung Direkte Bundessteuer, Verrechnungssteuer, Stempelabgaben: Kreisschreiben Nr. 2 zur Steuerperiode 1997/1998, Abzug von Berufskosten und Bewertung der Naturalbezüge bei der direkten Bundessteuer, Bern, 26. Juli 1996 (zit.: KS, 1997/1998, Nr. 2)

Eidgenössische Steuerverwaltung, Hauptabteilung Direkte Bundessteuer: Kreisschreiben Nr. 26 zur Steuerperiode 1995/1996, Abzug von Berufskosten der unselbständigen Erwerbstätigkeit, Bern, 22. September 1995 *(zit.: KS, 1995/1996, Nr. 26)*

Eidgenössische Steuerverwaltung, Hauptabteilung Direkte Bundessteuer: Kreisschreiben Nr. 24 zur Steuerperiode 1995/1996, Kapitalversicherungen mit Einmalprämie, Bern, 30. Juni 1995 *(zit.: KS, 1995/ 1996, Nr. 24)*

Eidgenössische Steuerverwaltung, Hauptabteilung Direkte Bundessteuer: Kreisschreiben Nr. 23 zur Steuerperiode 1995/1996, Wohneigentumsförderung mit Mitteln der beruflichen Vorsorge, Bern, 5. Mai 1995 *(zit.: KS, 1995/1996, Nr. 23)*

Eidgenössische Steuerverwaltung, Hauptabteilung Direkte Bundessteuer: Kreisschreiben Nr. 22 zur Steuerperiode 1995/1996, Freizügigkeit in der beruflichen Alters-, Hinterlassenen- und Invalidenvorsorge, Bern, 4. Mai 1995 *(zit.: KS, 1995/1996, Nr. 22)*

Eidgenössische Steuerverwaltung, Hauptabteilung Direkte Bundessteuer: Kreisschreiben Nr. 21 zur Steuerperiode 1995/1996, Das Nachsteuer- und das Steuerstrafrecht nach dem Gesetz über die direkte Bundessteuer, Bern, 7. April 1995 *(zit.: KS, 1995/1996, Nr. 21)*

Eidgenössische Steuerverwaltung, Hauptabteilung Direkte Bundessteuer: Kreisschreiben Nr. 17 zur Steuerperiode 1995/1996, Steuerermässigung bei Liquidation von Immobiliengesellschaften, Bern, 15. Dezember 1994 *(zit.: KS Nr. 17 1995/1996)*

Eidgenössische Steuerverwaltung, Hauptabteilung Direkte Bundessteuer: Kreisschreiben Nr. 9 zur Steuerperiode 1995/1996, Verordnung über die Besteuerung nach dem Aufwand bei der direkten Bundessteuer, Bern, 3. Dezember 1993 *(zit.: KS, 1995/1996, Nr. 9)*

Eidgenössische Steuerverwaltung, Hauptabteilung Direkte Bundessteuer: Kreisschreiben Nr. 5 zur Steuerperiode 1995/1996, Abzug der Kosten von Liegenschaften des Privatvermögens, Bern, 4. Dezember 1992 *(zit.: KS Nr. 5 1995/1996)*

Eidgenössische Steuerverwaltung, Hauptabteilung Direkte Bundessteuer: Kreisschreiben Nr. 2 zur Steuerperiode 1995/1996, Einkommen aus selbständiger Erwerbstätigkeit nach Artikel 18 DBG (Ausdehnung der Kapitalgewinnsteuerpflicht, Übergang zur Präponderanzmethode und deren Anwendung), Bern, 12. November 1992 *(zit.: KS, 1995/1996, Nr. 2)*

Eidgenössische Steuerverwaltung, Hauptabteilung Direkte Bundessteuer: Kreisschreiben Nr. 1a zur Steuerperiode 1987/1988, Bundesgesetz zur Anpassung des BdBSt an das Bundesgesetz über die berufliche Vorsorge; Änderung des Kreisschreiben Nr. 1, Bern, 20. August 1986 *(zit.: KS, 1987/1988, Nr. 1a)*

Eidgenössische Steuerverwaltung, Hauptabteilung Direkte Bundessteuer: Kreisschreiben Nr. 1 zur Steuerperiode 1987/1988, Bundesgesetz zur Anpassung des BdBSt an das Bundesgesetz über die berufliche Vorsorge, Bern, 30. Januar 1986 *(zit.: KS, 1987/1988, Nr. 1)*

Eidgenössische Steuerverwaltung, Hauptabteilung Wehrsteuer: Kreisschreiben Nr. 5 zur Steuerperiode 1981/1982, Steuerliche Behandlung von Immobilien-Leasing, Bern, 19. Mai 1980 *(zit.: KS Nr. 5 1981/1982)*

Merkblätter
Eidgenössische Steuerverwaltung, Hauptabteilung Direkte Bundessteuer, Verrechnungssteuer, Stempelabgaben:
Merkblatt Nr. S-025.133 betreffend Rückerstattung der Verrechnungssteuer an Stockwerkeigentümergemeinschaften im Sinne von Art. 712a ff. des Schweiz. Zivilgesetzbuches (ZGB) vom April 2003

Eidgenössische Steuerverwaltung, Hauptabteilung Direkte Bundessteuer, Verrechnungssteuer und Stempelabgaben:
Merkblatt S-02.107 betreffend Treuhandverhältnisse vom Oktober 1967 (Nachdruck 1993)

Verzeichnis der Publikationen zur MWST:
Wegleitung:
Eidgenössische Steuerverwaltung, Hauptabteilung Mehrwertsteuer:
Wegleitung 2001 zur Mehrwertsteuer *(zitiert: Wegl. 2001)*

Branchenbroschüren:
Eidgenössische Steuerverwaltung, Hauptabteilung Mehrwertsteuer:
Branchenbroschüre 04 «Baugewerbe» *(zitiert BB04 Baugewerbe)*

Eidgenössische Steuerverwaltung, Hauptabteilung Mehrwertsteuer:
Branchenbroschüre 16 «Liegenschaftsverwaltung/Immobilien»
(zitiert BB16 Liegenschaftsverwaltung)

Merkblätter:
Eidgenössische Steuerverwaltung, Hauptabteilung Mehrwertsteuer:
Merkblatt 17 «Option nach Artikel 27 Absatz 2 MWSTG»
(zitiert: MB17 Option)

Eidgenössische Steuerverwaltung, Hauptabteilung Mehrwertsteuer:
Merkblatt 18 «Vermietung von Plätzen für das Abstellen von Fahrzeugen» *(zitiert: MB18 Parkplätze)*

Spezialbroschüren:
Eidgenössische Steuerverwaltung, Hauptabteilung Mehrwertsteuer:
Spezialbroschüre 02 «Steuerpflicht bei der Mehrwertsteuer»
(zitiert: SB02 Steuerpflicht)

Eidgenössische Steuerverwaltung, Hauptabteilung Mehrwertsteuer: Spezialbroschüre 04 «Eigenverbrauch» *(zitiert: SB04 Eigenverbrauch)*

Eidgenössische Steuerverwaltung, Hauptabteilung Mehrwertsteuer: Spezialbroschüre 05 «Nutzungsänderungen» *(zitiert: SB05 Nutzungsänderungen)*

Eidgenössische Steuerverwaltung, Hauptabteilung Mehrwertsteuer: Spezialbroschüre 06 «Kürzung des Vorsteuerabzugs bei gemischter Verwendung» *(zitiert: SB06 Vorsteuerkürzung)*

Praxisänderungen und -mitteilungen:
Eidgenössische Steuerverwaltung, Hauptabteilung Mehrwertsteuer: Praxisänderungen ab 1. Januar 2005

Eidgenössische Steuerverwaltung, Hauptabteilung Mehrwertsteuer: Praxismitteilung «Behandlung von Formmängeln» vom 27. 10. 2006

Eidgenössische Steuerverwaltung, Hauptabteilung Mehrwertsteuer: Praxismitteilung: Präzisierung der Praxis zum Zeitpunkt der Nutzungsänderung bei Leerstand von Immobilien (oder Teilen davon)

Sachregister

Abbruchkosten.................................... 215
Abschöpfungsmethode siehe absolute Methode
Abschreibungen 133, 146
absolute Methode 49, 200
Abstandszahlung siehe Rücktrittsprämie
Adoption... 239
Aktiengesellschaft.......................... 142, 258
Aktionär 142, 264
Alleineigentum............................... 39, 181
Altersguthaben siehe Vorsorgeguthaben
Alterswohnsitz 79
Amortisation von Hypotheken 52, **57**
Anlageinstrumente 29
Anlagekosten..................................... 209
Anlagen in Sparguthaben 52
Auflösungskommission siehe Rücktrittsprämie
Aufwandbesteuerung 97
Ausbeutung (des Bodens)......................... 111
Bagatellgewinn.................................. 222
baugewerblicher Eigenverbrauch 285
Bauhandwerkerpfandrecht 42
Baukreditzinsen **42**, 130
Baulanderwerb 41
Baurecht, selbständig und dauerndes 61, 93, **110**, 134, 145, 206
Baurechtszinsen............................. 111, 133
Bausparen 143
Bedingung....................................... 175
Begrenzung des Schuldzinsenabzugs 54
Belege 115
Bemessungsgrundlage 49, 246
beschränkte Steuerpflicht 33, 80, **151**, 187
Beschränkung des Schuldzinsenabzugs 54
Besitzesdauer 50, 184, 192, 208, **219**
Bestandteile.................................... 168
Beteiligung siehe Beteiligungsverhältnisse
Beteiligungsverhältnisse................... 176, 178
Betriebskosten, einer Liegenschaft......... 121, 130
Betriebsliegenschaft 281

Bewertung (des Nachlasses) 243
Bewertung (einer Liegenschaft) **146**, 149, 158, 245
BVG-Vorbezug siehe Vorbezug
dauernde Lasten 133
Denkmalpflege 128
Dienstbarkeiten...................... 66, 148, **181**, 202, 226
direkte Amortisation siehe Amortisation von Hypotheken
Dividendenprivileg 258
Doppelbesteuerung 78, 151, 169, 232, 255
dualistisches System **169**, 281
Dumont-Praxis **43**, 120, 124, 145, 214
effektive Kosten, Liegenschaften 121
Ehegatte, überlebender 248
Ehegüterrecht 40
Ehescheidung siehe Scheidung
Eigenbedarf (i. S. Wohneigentumsförderung) 60
Eigenleistungen... 122
Eigenmietwert 39, **85**
Eigenmietwertbesteuerung siehe Eigenmietwert
Eigennutzung siehe Selbstnutzung
Eigentumsbeschränkungen 181, 202, 217, 226
Eigentumsquote 39, 196
Eigentumsübertragung 174
Eigenverbrauch 269, 283
Eigenverbrauchssteuer 273
eingetragene Partnerschaft 66
Einkauf in die berufliche Vorsorge **64**, 150
Einkommenssteuer 122, 187
Einlageentsteuerung 275, 286
Einmalprämien 66
Einschlag (beim Eigenmietwert) 103
Einsprache 93, 112, 149
Eintrag
  – Grundbuch siehe Grundbucheintrag
Eintragungsprinzip 174, 181
Eintrittsrecht siehe Substitutionsklausel
Endlostarif 208
Energiespar- und Umweltschutzmassnahmen 125
energiesparende Aufwendungen 124
Enteignung 174, 209

Sachregister

Entschädigung für Vorfälligkeit	51
Erbanfallsteuer	232
Erben	45, **232**, 252
Erbengemeinschaft	46, 93, 187, 204
Erbgang	158, 174, 228, 231
Erbschaftssteuer	77, 146, **231**, 257
Erbteilung	190, 243
Erbvorbezug	45, 190, 231
ergänzende Vermögenssteuer	158
Erlös, bei der Grundstückgewinnsteuer	48
Ermessen	78, 116, 255
Ermessensspielraum siehe Ermessen	
Erneuerungsfonds	**129**, 141, 274
Ersatzanschaffung	81
Ersatzbeschaffung	48, **81**, 193, 228
– Kausalzusammenhang	193
Ersatzliegenschaft (bei der Ersatzbeschaffung)	48, 193
Ersatzobjekt	48, 81, 195
Ertrag aus unbeweglichem Vermögen	85
Erwerb	28
Erwerb von Bauland	41, 142, 195
Erwerber	196
Erwerbspreis	209
Expropriation siehe Enteignung	
Faktizitätsprinzip	174
Familienbesteuerung	40, 85, 95, 202
Ferienhaus/-wohnung	32, 252
Festhypotheken siehe Hypotheken	
Finanzierung	51, 60, 70, 77
Freihandverkauf	81
Freizügigkeitsanspruch	61
Freizügigkeitsleistung	61, 68
fremdfinanzierte Kapitalversicherung	73
Fusion	174, 224
Gartenunterhaltskosten	122, 130
Gebrauchsüberlassung siehe Vermietung	
Gebühren	46, 130, 213, 227
gebundene Selbstvorsorge	70
Gemeinwesen	235
Gemischte Schenkung	241

Sachregister

Generalunternehmervertrag 42
Gesamteigentum 39, **92**, 181, 203, 217
Gesamtveräusserung 216
geschäftliche Nutzung 117
geschäftliche Schuldzinsen 56
Geschäftsliegenschaft **139**, 171, 273
Geschäftsvermögen 57, 113, 135, 139, **146**, 169
Gesellschafter 180
Gesellschafterbestand
 – Änderung im 180
gesetzliches Pfandrecht 50
gewerbsmässiger Liegenschaftenhandel 136, **183**
Gewinnungskosten 55, 135
Grenzsteuerbelastung 53
Grundbucheintrag 174
Grundeigentümerbeiträge 42, 215
Grundlast 47
Grundlasten 148
Grundpfandrecht 80
Grundsteuern
 – Grundstückgewinnsteuern 137
 – Handänderungssteuern 41, 49
Grundstückbegriff 167
Grundstücke im Ausland 253
Grundstückgewinn 49, 173
 – absolute Höhe 218
 – Berechnung 211
Grundstückgewinnsteuer 108, 123, **167**
Gütergemeinschaft 204
Gütertrennung 191
Güterzusammenlegung 174
Haftung (für die GGSt/HäSt) 227
Haltedauer siehe Besitzesdauer
Handänderung 41, 191
 – wirtschaftliche **176**, 256, 260
 – Zeitpunkt der 81
Handänderungssteuer 49, **223**
Härtefälle (bei Eigenmietwertfestlegung) 104
Hypothekarkredit 52
Hypothekarmodelle 51

Sachregister

Hypothekarstaffelung 54
Hypothekarzinsen siehe Schuldzinsen
Hypotheken 52
Identität (bei der Ersatzbeschaffung) 196
Immobilienfonds 30, 35, **265**
Immobiliengesellschaft 51, 77, 178, 204, 209, 217, 256, **258**
Immobilienhändler siehe Liegenschaftenhandel
Immobilienmarkt 30, 32
Immobilienpreise 32
indirekte Amortisation siehe Amortisation von Hypotheken
Insertionskosten 213
Instandstellungskosten 45
interkantonale Steuerausscheidung 160
internationale Steuerausscheidung 160
Investitionen, Abzugsfähigkeit von 129
Jahressteuer 62, 71
juristische Person 146, 153, 180
Kapitalversicherungen mit Einmalprämie 56, 74
Katasterwert 228
Kauf **34**, 49, 77
Kaufsrecht 178
Kettenhandel/-geschäft 176
Kiesabbau siehe Ausbeutung des Bodens
Kommanditgesellschaft 176, 180, 204
Kongruenzprinzip 205
Konkubinat 65, 69
Landerwerb siehe Erwerb von Bauland
Leasing 107
Lebensgemeinschaft 65
Lebenshaltungskosten 36, 117, 124, 133, 258
leer stehende Liegenschaft 86
Lex Koller 96
Liegenschaft im Ausland **76**, 96
Liegenschaftengewinn siehe Grundstückgewinn
Liegenschaftenhandel 113, **183**
Liegenschaftsfinanzierung 60
Liegenschaftssteuern 33, 146, **155**
Liegenschaftsübertragung 283
Liegenschaftsunterhaltskosten 39, 115, 117, **121**, 123, 141, 144
Liquidation (einer Immobiliengesellschaft) 264

Luxusaufwendungen	124
Luxushäuser	94
Marktmiete	**87**, 95, 104
Marktzyklen	29
Maximalsatz	96
Mehrheitsbeteiligung	178, 209, 260
Mehrwertsteuer	83, 122, 148, 208, **265**
Meldeverfahren	281, 287
Miete	34, 138, 257
Mieterabzug	36, 117, **138**
Mietertrag	109, 138
Mieterwechsel	44, 276
Mietliegenschaft	44
Minderheitsbeteiligung (an einer Immobiliengesellschaft)	262
Minimalsteuer	95, 152
Miteigentum	39, 46, 149, 181, **203**
Mobiliar	168, 209
monistisches System	50, **169**, 281
Nacherbeneinsetzung	233, 244
Nachkommen	240
Nachlass	67, 69, 73, 187, 243
Nachlasssteuer	33, **232**
Nebenkosten	106, 130, 135, 213, 276
negative Einkünfte	138
Neuerwerber	85
Nichtausübung (eines Rechts)	112
nichtliegenschaftliche Werte	209
Niessbrauch siehe Nutzniessung	
Notariatsgebühren siehe Gebühren	
Nutzniessung	65, **108**, 129, 148, 182, 203, 208, 233
Nutzungsänderung	149, 158, 280, 282
Nutzungsdauer	141
Objektsteuer	155, 167, 218
Obligationen	52
Obligationen mit überwiegender Einmalverzinsung	56
Option (bei der MWST)	272
Ort der gelegenen Sache	150, 160, 252
Pacht siehe Verpachtung	
Pachtertrag	45
Partnerschaftsgesetz	66

Parzellierung 206
Patchwork-Familie 237, 247
Pauschalabzug siehe Liegenschaftsunterhaltskosten
Perimeterbeiträge 42, 122
Personaldienstbarkeiten 182
Personengesellschaft 180, 258
Pfandrecht siehe Grundpfandrecht
Pfandsumme 46, 68
Pflichtteil 238
Planungsmehrwerte 183
Präponderanzmethode 171, 195
Preisvereinbarung 209
private Schuldzinsen 54
Privateinlage siehe Überführung einer Privatliegenschaft
ins Geschäftsvermögen
Privatentnahme siehe Überführung einer
Geschäftsliegenschaft ins Privatvermögen
Privatliegenschaft 141, 171
Privatvermögen 117, **146**, 195
Quellensteuer 33, 63
Querschenkung 243
Quotenverschiebung 179
Realisation (eines Mehrwertes) 171
Realteilung von gemeinschaftlichem Eigentum 40, 181
Rechtsgleichheit 44, 152
Rechtsgrund 175
Rechtsverkehrssteuer 33, 223, 243
Reinvestition 48, 198
Rendite 37, 52, 150, 276
Renditeliegenschaft 33, 271, 276
Renovationskosten 43, 60, 70, 131, 265
Rentner 97, 114, 237
Repartitionswert 149, 161
Risikoversicherungen 72
Rückstellungen 141
Rücktrittsprämien **51**, 136
Sacheinlage 180
Sachentnahme 180
Saldosteuersatzmethode 268
Säule 3a 58, 70

Schadenersatz 137
Scheidung 69, 191
– Steueraufschub bei 192
Schenkung 45, 71, 158, 190, 210, **231**
Schenkungssteuer 108, 211, **231**, 243
Schenkungswille 241
Schulden siehe Hypotheken
Schuldzinsen 39, **134**
Schuldzinsenverlegung 164
Schwarz(geld)zahlungen 207
Selbst bewohntes Wohneigentum 34, 60, 95
Selbstnutzung 85, 194
Servituten siehe Dienstbarkeiten
Sparguthaben 29
Spezialeinkommenssteuer 167
Sphärenwechsel 171
Stabilisierungsprogramm 55, 135
Staffelung von Hypotheken siehe Hypothekarstaffelung
Standortwahl 30
Steueraufschub 189
Steueraufschub, bei der
– Grundstückgewinnsteuer 81, 172, **189**, 222, 241
Steuerausscheidung 56, 96, 149, **150**, 160
Steuerbefreiung 158, 227
Steuerdomizil 33
Steuerharmonisierung
– vertikale 90, 91, 121
Steuerhoheit 76, 167, 223, 231
Steuerklima 31
Steuermass siehe Steuertarif
Steuerobjekt
– der Grundstückgewinnsteuer 205
Steuerpflicht 31, 79, **151**, 204, 226, 233, 253, 268
Steuerplanung 78
Steuersubjekt
– der Grundstückgewinnsteuer 81, **201**
Steuersystematische Realisation 179
Steuertarif 152
Steuerüberwälzung 204
Steuerumgehung 74, 91, 194, 208

Sachregister

Stiefkinder. 237
Stiftung 77, 240
Stockwerkeigentum 40, **92**, 145, 149
Subjektidentität. 48
Substitutionsklausel 177, 202
Subventionen. 105
Systemwechsel (bei der Wohneigentumsbesteuerung). 85
Tausch. 174, 210, 228
Teilgewinne. 216
Teilveräusserung. 216
Testament 238, 257
Tod, des Steuerpflichtigen 65, 69, 191, 233
Trennung (der Ehegatten). 191
Treuhandverhältnis 178, 203
Trust 77
Überführung einer Geschäftsliegenschaft
ins Privatvermögen. 172, 210
Überführung einer Privatliegenschaft ins
Geschäftsvermögen 179, 210
Übernahme der Grundstückgewinnsteuer 204, 208
Umqualifikation 180
Umsatzsteuer. 267
Unfreiwilligkeitszuschlag siehe nichtliegenschaftliche Werte
Unterhaltskosten siehe Liegenschaftsunterhaltskosten
Unternutzungsabzug. 36, **98**, 250
Unterstützungsabzug. 87
Veräusserer 196
Veräusserungsbeschränkung. 62, 67
Veräusserungserlös 48, **207**
Veräusserungsgewinn 48, 113, **204**
Vererbung 231
Verfügungsgewalt (über ein Grundstück). 176, 202, 209, 225
Verkauf 49, 123, 165, 192, 272
Verkaufserlös siehe Veräusserungserlös
Verlegung der Schuldzinsen siehe Schuldzinsenverlegung
Verlustverrechnung. 217
Vermächtnis 45, 190, 240
Vermietung. **85**, 106, 267, 272, 276
Vermögensstandsvergleich 77
Vermögenssteuer. 150

Sachregister

Vermögensverwaltungskosten. 55
vernachlässigte Liegenschaft 44
Verpachtung 106
Verpfändung 51, 60, 68
Versteigerung 82
Verwaltungskosten siehe Liegenschaftsunterhaltskosten
Verwandtschaftsgrad. 232, 246
Vorbezug. 60, 64, 95
Vorfälligkeitsentschädigung siehe Rücktrittsprämie
Vorkaufsrecht 177, 257
Vorsorgeeinrichtung 61
Vorsorgeguthaben. 51, 60, 65
Vorsorgekonto. 58
Vorsorgeleistungen 33, 73
Vorsteuer. 277
Vorsteuerabzug 267
Vorzugsmiete. 89, 110
Wahlrecht, bei Baukreditzinsen 42
Wahlrecht, bei Liegenschaftsunterhaltskosten 120, 141
Werkpreis 41, 208, 229, 265
Werkvertrag. 41, 265
Wertsteigerung, der Liegenschaft. 39, 205, 214
Wertveränderungen. 147
wertvermehrende Aufwendungen. 128, 132
Wertzuwachs. 57
Wiederverkauf der Liegenschaft. 81
wirtschaftliche Handänderung 176
wirtschaftliche Veräusserung 176
Wohneigentum 29, 60, 85, 105, 143, 147
Wohneigentumsfinanzierung (siehe auch Finanzierung) 51
Wohneigentumsförderung. 60, 85, **105**
Wohneigentumsquote 28
Wohnliegenschaft 48, 194
Wohnrecht. **108**, 129, 182, 243, 249
Wohnsitz. 150, 175, 194, 250, 256
Wohnsitzstaat 76, 166, 255
Wohnungsmiete siehe Mietertrag
Zeitpunkt der Abzugsfähigkeit 143
Zeitpunkt der Handänderung 81
Zeitwert (bei der MWST). 282

Sachregister

Zinssatz 51, 60, 136
zivilrechtliche Veräusserung 174
Zivilstand 104
Zonenpläne 42
Zugehör 168, 208
Zusammenrechnungspraxis 41, 49, 208, 229
Zuschlag 82, 424, 247
Zwangsverwertung 81, 84
Zwangsvollstreckung 81, 174
Zweitwohnung 95, 249